KB086696

50일동안 1,000개의 문법 문항 완벽 마스터

❶ 주관식 1

❷ 주관식 2

❸ 주관식 3

❹ 객관식

❺ 선택&주관식

천일문 GRAMMAR 1 온라인 학습 50% 할인쿠폰

할인쿠폰 번호	**LFX8K682QUE3**
쿠폰 사용기간	**쿠폰 등록 후 90일 이내**

PC 쿠폰 사용 방법

1 쎄듀런에 학생 아이디로 회원가입 후 로그인해 주세요.
2 [결제내역→쿠폰내역]에서 쿠폰 번호를 등록하여 주세요.
3 쿠폰 등록 후 홈페이지 최상단의 [상품소개→(학생전용) 쎄듀캠퍼스]에서 할인쿠폰을 적용하여 상품을 결제해주세요.
4 [마이캠퍼스→쎄듀캠퍼스→천일문 GRAMMAR 1 클래스]에서 학습을 시작해주세요.

유의사항

- 본 할인쿠폰과 이용권은 학생 아이디로만 사용 가능합니다.
- 쎄듀캠퍼스 상품은 PC에서만 결제할 수 있습니다.
- 해당 서비스는 내부 사정으로 인해 조기 종료되거나 내용이 변경될 수 있습니다.

천일문 GRAMMAR 1 맛보기 클래스 무료 체험권 (챕터 1개)

무료 체험권 번호	**TGA7LM24LM9M**
클래스 이용기간	**23.07.01~24.12.31**

Mobile 쿠폰 등록 방법

1 쎄듀런 앱을 다운로드해 주세요.
2 쎄듀런에 학생 아이디로 회원가입 후 로그인해 주세요.
3 마이캠퍼스에서 [쿠폰등록]을 클릭하여 번호를 입력해주세요.
4 쿠폰 등록 후 [마이캠퍼스→쎄듀캠퍼스→천일문 GRAMMAR 1 맛보기 클래스]에서 학습을 바로 시작해주세요.

PC 쿠폰 등록 방법

1 쎄듀런에 학생 아이디로 회원가입해 주세요.
2 [결제내역→쿠폰내역]에서 쿠폰 번호를 등록하여 주세요.
3 쿠폰 등록 후 [마이캠퍼스→쎄듀캠퍼스→천일문 GRAMMAR 1 맛보기 클래스]에서 학습을 바로 시작해주세요.

쎄듀런 모바일앱 설치

 쎄듀런 홈페이지
www.cedulearn.com

쎄듀런 카페
cafe.naver.com/cedulearnteacher

천일문
GRAMMAR

LEVEL 1

Grammar Study with **1001 Sentences**

저자

김기훈 現 ㈜쎄듀 대표이사
現 메가스터디 영어영역 대표강사
前 서울특별시 교육청 외국어 교육정책자문위원회 위원

저서 천일문 / 천일문 Training Book / 천일문 GRAMMAR / 천일문 STARTER
첫단추 BASIC / 쎄듀 본영어 / 어휘끝 / 어법끝 / 문법의 골든룰 101
거침없이 Writing / 리딩 플랫폼 / READING RELAY / ALL 쏨 서술형
절대평가 PLAN A / Grammar Q / 잘 풀리는 영문법 / GRAMMAR PIC
독해가 된다 / The 리딩플레이어 / 빈칸백서 / 오답백서
첫단추 / 파워업 / 수능영어 절대유형 / 수능실감 등

쎄듀 영어교육연구센터
쎄듀 영어교육센터는 영어 콘텐츠에 대한 전문지식과 경험을 바탕으로
최고의 교육 콘텐츠를 만들고자 최선의 노력을 다하는 전문가 집단입니다.

인지영 책임연구원 · **한예희** 책임연구원 · **조현미** 선임연구원

검토위원

김용진 선생님 (대성학원) / 이현수 선생님 (경남퍼스트) / 최송락 선생님 (이상영어수학학원) / 김진성 원장 (김진성 열정어학원)

마케팅	콘텐츠 마케팅 사업본부
영업	문병구
제작	정승호
인디자인 편집	올댓에디팅
디자인	홍단, 윤혜영
표지일러스트	김수정
내지일러스트	그림숲, 아몬드 초콜릿
영문교열	Eric Scheusner

펴낸이	김기훈 김진희
펴낸곳	㈜쎄듀/서울시 강남구 논현로 305 (역삼동)
발행일	2017년 10월 18일 초판 1쇄
내용 문의	www.cedubook.com
구입 문의	콘텐츠 마케팅 사업본부
	Tel. 02-6241-2007
	Fax. 02-2058-0209
등록번호	제22-2472호
ISBN	978-89-6806-100-4

Foreword

영어 문장이 학습의 주(主)가 되는 천일문 시리즈 〈입문·기본·핵심·완성〉은 영어 학습의 대표 베스트셀러 시리즈로서 지난 10여 년간 많은 사랑을 받아 왔습니다. 〈천일문 GRAMMAR〉는 천일문 시리즈를 통해 입증된, 문장을 통한 영어 학습의 효과를 문법 학습에 고스란히 적용한 것입니다.

많은 학생들이 문법을 공부해도 문제를 대하면 어떻게 접근해야 할지 모르겠다는 어려움을 호소합니다. 이를 해결하기 위해서는 '예문에 중점을 두는 문법 학습'을 해야 합니다. 즉, 규칙과 공식의 기계적인 암기보다는 예문을 기억하고, 학습 후에는 예문을 보면서 배운 사항을 떠올리는 방식으로 해야 합니다. 예문 학습을 소홀히 하고 문제풀이만 과도하게 하는 것은 별 효과를 보지 못합니다. 엄선된 예문이 풍부한 〈천일문 GRAMMAR〉로 학습하여 예문만 봐도 학습 내용이 떠오를 수 있도록 한다면 위와 같은 어려움은 사라지리라 확신합니다.

이 외에도 〈천일문 GRAMMAR〉는 다음과 같은 특징이 있습니다.

| 첫째, 복잡한 문법 사항을 간략한 요약 POINT로 제시

학습 사항이 복잡할수록 요약이 필요합니다. 문법처럼 한꺼번에 많은 내용을 받아들여야 하는 것은 더더욱 그렇습니다. 이 POINT를 계속 염두에 두고 학습해 나간다면 학습 효율이 훨씬 높아질 것입니다. 또한, 내신에 많이 등장하는 POINT에는 별도로 "빈출" 표시를 하여 특히 주목할 수 있도록 하였습니다.

| 둘째, 다양한 문제 유형과 양질의 문제

전국 중학교의 내신 문법 문제 총 1만 6천여 문제를 취합 및 분석하여 내신 문법에도 완벽하게 대비할 수 있도록 다양한 유형으로 양질의 문제를 수록하였습니다. 충분한 예문 학습을 통해 길러진 문법 적용력을 확인해보기 바랍니다.

| 셋째, 막강한 부가서비스

학습한 내용을 확실히 내 것으로 만들 수 있도록 어휘리스트, 어휘테스트, 예문 해석/영작 연습지, 예문 MP3 파일 등을 마련하였습니다. 특히 예문 영작 연습지에서는 단계별 영작을 제시하여 서술형 대비까지 가능합니다.

영어 문법이 앞으로의 영어 공부 여정에 있어 걸림돌이 되지 않도록 심혈을 기울였습니다. 문법 학습을 시작하는 모든 독자들의 중요한 순간에 이 교재가 함께 하여 학습에 큰 정진을 이룰 수 있기를 간절히 기원합니다.

저자 일동

Preview 천일문 GRAMMAR 미리 보기

1 본책

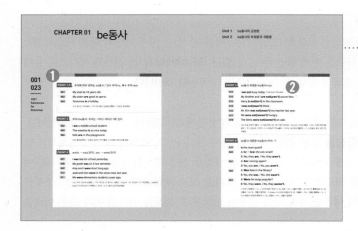

한눈에 정리하는 CHAPTER별 대표 예문

① 챕터에서 배우게 될 학습 POINT별 대표 예문과 해석
② 문장별 문법 사항의 간결한 설명

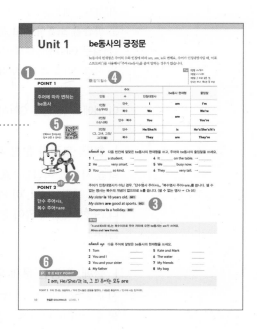

효과적인 POINT별 학습

① 복잡한 문법 사항을 간략한 요약 POINT로 제시
② 내신기출 빈도수에 따라 "빈출" 표시
③ 실용적이고 자연스러운 예문
④ 암기 필수: 반드시 외워야 하는 문법 사항
⑤ 암기가 쉬워지는 MP3 바로 듣기
⑥ 여러 POINT를 묶어 한 줄로 정리

단계적 학습을 위한 3단계 문제 구성 POINT별 check up → Unit Exercise → Chapter Test

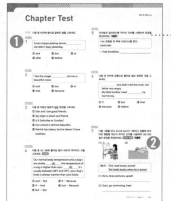

다양한 유형의 풍부한 연습 문제

서술형을 포함한
기출 유형 완벽 반영

① 복습이 쉬워지는 문제별 POINT 표시
② 서술형 REAL 기출 고난도 표시

2 WORKBOOK

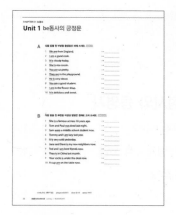

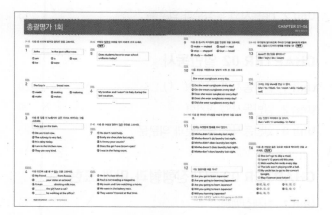

- Unit별 연습 문제
- 학교 내신 시험의 서술형 주관식 완벽 대비

- CHAPTER별 연습 문제
- 서술형 포함한 기출 유형 완벽 반영

- 총괄평가 총 3회분 수록
- 앞서 익힌 문법 사항의 누적 학습

---

3 무료 부가서비스

학습을 돕는 막강한 부가서비스로 완벽 학습!

모든 자료는 www.cedubook.com에서 다운로드 가능합니다

1. 어휘리스트

2. 어휘테스트

3. 예문 해석 연습지

4. 예문 영작 연습지

5. MP3 파일

수업용 PPT

교사용 추가 문제

교사용 부가서비스

교강사 여러분께는 위 부가서비스를 비롯하여,
문제 출제 활용을 위한 TEXT 파일, 수업용 PDF 및 PPT 파일,
CHAPTER별 추가 문제 등을 제공해드립니다.
파일 신청 및 문의는 book@ceduenglish.com

Contents 천일문 GRAMMAR LEVEL 1

CHAPTER 01 be동사

001
023

1001
Sentences
for
Grammar

POINT 1~2 주어에 따라 변하는 be동사 / 단수 주어+is, 복수 주어+are

001 *My sister* **is** 18 years old.

002 *My sisters* **are** good at sports.

003 *Tomorrow* **is** a holiday.

우리 언니는 18살**이다**. / 우리 언니들은 운동을 잘**한다**. / 내일은 휴일**이다**.

POINT 3 주어+be동사: 주어는 ~이다/~하다/(~에) 있다

004 I **am** a middle school student.

005 The weather **is** so nice today.

006 Kids **are** in the playground.

나는 중학생**이다**. / 오늘은 날씨가 아주 **좋다**. / 아이들이 놀이터**에 있다**.

POINT 4 am/is → was(과거), are → were(과거)

007 *I* **was** late for school yesterday.

008 *My grade* **was** an A last semester.

009 *Amy and I* **were** short long ago.

010 *Jade and Dan* **were** in the same class last year.

011 *We* **were** elementary students a year ago.

나는 어제 학교에 늦**었다**. / 지난 학기에 내 점수는 A**였다**. / Amy와 나는 옛날에 키가 작**았었다**. / Jade와 Dan은 작년에 같은 반**이었다**. / 우리는 일 년 전에 초등학생**이었다**.

POINT 5   be동사 부정문=be동사+not

012   I **am not** busy today. ⟨I am not = I'm not⟩
013   My brother and I **are not[aren't]** soccer fans.
014   Harry **is not[isn't]** in the classroom.
015   I **was not[wasn't]** there.
016   Mr. Kim **was not[wasn't]** my teacher last year.
017   We **were not[weren't]** hungry.
018   The items **were not[weren't]** on sale.

나는 오늘 바쁘지 **않다**. / 내 남동생과 나는 축구 팬이 **아니다**. / Harry는 교실에 **없다**. / 나는 그곳에 있지 **않**았다. / 김 선생님은 작년에 나의 선생님이 **아니셨다**. / 우리는 배고프지 **않았다**. / 그 상품들은 할인 중이 아니었다.

POINT 6   be동사 의문문=be동사+주어 ~?

019   **Is** *the room* quiet?
020   A: **Are** *the cats* small?
      B: Yes, they **are**. / No, they **aren't**.
021   A: **Am** I wrong again?
      B: Yes, you **are**. / No, you **aren't**.
022   A: **Was** *Kate* in the library?
      B: Yes, she **was**. / No, she **wasn't**.
023   A: **Were** *his songs* popular?
      B: Yes, they **were**. / No, they **weren't**.

그 방은 조용하니? / A: 그 고양이들은 **작니**? B: 응, **그래**. / 아니, **그렇지 않아**. / A: 제가 또 **틀렸나요**? B: 네, **그래요**. / 아니요, **그렇지 않아요**. / A: Kate는 도서관에 **있었니**? B: 응, **그랬어**. / 아니, **그렇지 않았어**. / A: 그의 노래들은 **인기가 많았니**? B: 응, **그랬어**. / 아니, **그렇지 않았어**.

Unit 1 be동사의 긍정문

be동사의 현재형은 주어의 수와 인칭에 따라 am, are, is로 변해요. 주어가 인칭대명사일 때, 아포스트로피(')를 사용해서 「주어+be동사」를 줄여 말하는 경우가 많습니다.

Tip 1인칭 나/우리
2인칭 너/너희
3인칭 그 이외 모든 것.
단수는 하나, 복수는 둘 이상

POINT 1

주어에 따라 변하는 be동사

반복해서 들어보세요.
쉽게 외울 수 있어요!

✏️ 암기 필수

주어			be동사 현재형	줄임말
인칭	수	인칭대명사		
1인칭 (나/우리)	단수	I	am	I'm
	복수	We	are	We're
2인칭 (너/너희)	단수 · 복수	You		You're
3인칭 (그, 그녀, 그것/그(것)들)	단수	He/She/It	is	He's/She's/It's
	복수	They	are	They're

check up 다음 빈칸에 알맞은 be동사의 현재형을 쓰고, 주어와 be동사의 줄임말을 쓰세요.

1 I _____ a student. → _____
2 He _____ very smart. → _____
3 You _____ so kind. → _____
4 It _____ on the table. → _____
5 We _____ busy now. → _____
6 They _____ very tall. → _____

POINT 2 빈출!

단수 주어+is, 복수 주어+are

주어가 인칭대명사가 아닌 경우, 「단수명사 주어+is」, 「복수명사 주어+are」를 씁니다. 셀 수 없는 명사는 복수의 개념이 없으므로 is를 씁니다. (셀 수 없는 명사 ☞ Ch 05)

My sister **is** 18 years old. 001
My sisters **are** good at sports. 002
Tomorrow **is** a holiday. 003

주의!

「A and B(A와 B)」는 복수이므로 주어 자리에 오면 be동사는 are가 쓰여요.
Minsu and I **are** friends.

check up 다음 주어에 알맞은 be동사의 현재형을 쓰세요.

1 Tom _____
2 You and I _____
3 You and your sister _____
4 My father _____
5 Kate and Mark _____
6 The water _____
7 My friends _____
8 My bag _____

P 한 줄 KEY POINT

I am, He/She/It is, 그 외 주어는 모두 are

POINT 2 우리 언니는 18살이다. / 우리 언니들은 운동을 잘한다. / 내일은 휴일이다. / 민수와 나는 친구이다.

POINT 3

주어+be동사: 주어는 ~이다/~하다 /(~에) 있다

be동사는 주어의 상태를 설명하거나 위치를 나타내며 다음과 같이 해석해요.

(무엇)**이다**	I **am** a middle school student. 004
(어떠)**하다**	The weather **is** so nice today. 005
(어디에) **있다**	Kids **are** in the playground. 006

check up 밑줄 친 be동사에 유의하여 우리말 해석을 완성하세요.

1 She is my younger sister. → 그녀는 나의 _____.

2 Junho is at the library. → 준호는 _____.

3 The actor is very famous. → 그 배우는 매우 _____.

POINT 4

am/is → was(과거) are → were(과거)

be동사의 과거형은 was, were 두 가지로 나타낼 수 있어요. 주어의 과거 상태, 위치를 나타내며 '(무엇)이었다, (어떠)했다, (~에) 있었다'로 해석합니다.

I **was** late for school yesterday. 007

My grade **was** an A last semester. 008

Amy and I **were** short long ago. 009

Jade and Dan **were** in the same class last year. 010

We **were** elementary students a year ago. 011

📙 암기 필수

be동사 현재형	am, is	are
be동사 과거형	**was**	**were**

암기TIP 현재형의 마지막 철자와 유사하게 바뀌어요.

is → wa**s**   are → we**re**

MORE +

be동사 과거형은 과거를 나타내는 말(yesterday, last ~, ~ ago 등)과 자주 쓰여요.

check up 다음 주어에 알맞은 be동사의 과거형을 쓰세요.

1 My uncle _____   4 Lily and Jane _____

2 You _____   5 Books _____

3 I _____   6 Jenny and I _____

POINT 3 나는 중학생이다. / 오늘은 날씨가 아주 좋다. / 아이들이 놀이터에 있다.　**POINT 4** 나는 어제 학교에 늦었다. / 지난 학기에 내 점수는 A였다. / Amy와 나는 옛날에 키가 작았었다. / Jade와 Dan은 작년에 같은 반이었다. / 우리는 일 년 전에 초등학생이었다.

Unit Exercise

정답 및 해설 p.02

A 다음 밑줄 친 부분을 어법상 알맞은 형태로 고쳐 쓰세요. POINT 1·2

1 You <u>is</u> always very nice. → _____

2 She <u>are</u> always a good teacher. → _____

3 <u>It're</u> sunny and clear today. → _____

4 I <u>are</u> very tired today. → _____

5 <u>We're</u> in the first grade this year. → _____

6 Suji and Inho <u>is</u> in the schoolyard now. → _____

B 다음 빈칸에 들어갈 be동사를 어법상 알맞은 형태로 쓰세요. POINT 1·2·4

1 Brad _____ in Canada last year.

2 I _____ in the restaurant now.

3 John _____ always very kind and gentle.

4 We _____ at the shopping mall yesterday.

5 Jina and I _____ sisters.

6 The wind _____ so strong last night.

C 괄호 안에서 알맞은 be동사를 고르고, 우리말 해석을 완성하세요. POINT 2·3·4

1 Jimin [are / is] in the hospital now.

　→ 지민이는 지금 _____.

2 The streets [is / are] very clean.

　→ 거리는 매우 _____.

3 The stars [was / were] so bright last night.

　→ 어젯밤에 별들이 매우 _____.

4 Sujin and Minho [is / are] my best friends.

　→ 수진이와 민호는 _____.

5 Your wallet [was / were] on the table.

　→ 너의 지갑은 _____.

clear (날씨가) 맑은　tired 피곤한　grade 학년　schoolyard 운동장　gentle 상냥한　shopping mall 쇼핑몰　bright 밝은

12　천일문 GRAMMAR LEVEL 1

Unit 2　be동사의 부정문과 의문문

POINT 5

**be동사 부정문
=be동사+not**

반복해서 들어보세요.
쉽게 외울 수 있어요!

・be동사의 부정문은 be동사 바로 뒤에 not을 붙여서 '(무엇)이 아니다. (어떠)하지 않다. (~에) 있지 않다'의 의미를 나타내요. 「be동사+not」은 아래 표와 같이 줄임말 형태로 자주 쓰입니다.

I **am not** busy today. 〔012〕

My brother and I **are not[aren't]** soccer fans. 〔013〕

Harry **is not[isn't]** in the classroom. 〔014〕

✅ 암기 필수

주어	be동사+not	줄임말	
I	**am not**	**I'm not**	
You/We/They	**are not**	**You're/We're/They're not**	**You/We/They aren't**
He/She/It	**is not**	**He's/She's/It's not**	**He/She/It isn't**

・be동사 과거형의 부정문도 was, were 바로 뒤에 not을 붙여 만듭니다. was not, were not은 줄임말로 쓸 수 있어요.

I **was not[wasn't]** there. 〔015〕

Mr. Kim **was not[wasn't]** my teacher last year. 〔016〕

We **were not[weren't]** hungry. 〔017〕

The items **were not[weren't]** on sale. 〔018〕

주의!

am not과 인칭대명사가 아닌 주어의 부정문은 한 가지 방법으로만 줄여 써요.
I amn't (×) → I'm not　　　　　　Jina's not (×) → Jina isn't

check up　다음 문장을 부정문으로 바꿔 쓸 때, 빈칸에 알맞은 말을 쓰세요. (단, 줄임말로 쓸 것)

〈보기〉　It is fresh milk. → It's not[It isn't] fresh milk.

1　I am thirsty. → _____ thirsty.

2　My father is a dentist. → My father _____ a dentist.

3　He was angry with you. → _____ angry with you.

4　Mina and I are lazy. → _____ lazy.

5　We were at home last night. → _____ at home last night.

POINT 5 나는 오늘 바쁘지 않다. / 내 남동생과 나는 축구 팬이 아니다. / Harry는 교실에 없다. / 나는 그곳에 있지 않았다. / 김 선생님은 작년에 나의 선생님이 아니셨다. / 우리는 배고프지 않았다. / 그 상품들은 할인 중이 아니었다.　***check up*** thirsty 목이 마른　lazy 게으른

POINT 6 빈출!

be동사 의문문 =be동사+주어 ~?

· be동사를 문장 맨 앞으로 보내고 문장 끝에 물음표(?)를 붙여서 의문문을 만들어요.

The room **is** quiet.

→ **Is** *the room* quiet? **019**

· 긍정문에서와 마찬가지로 주어의 수와 인칭에 알맞은 be동사를 사용해야 합니다. be동사 의문문에는 Yes나 No로 답하는 것이 원칙인데, 보통 부정의 응답일 때 「be동사+not」을 줄여 쓰는 것이 일반적이에요.

A: **Are** *the cats* small? **020**
B: Yes, they **are**. / No, they **aren't**.

A: **Am** I wrong again? **021**
B: Yes, you **are**. / No, you **aren't**.

A: **Was** *Kate* in the library? **022**
B: Yes, she **was**. / No, she **wasn't**.

A: **Were** *his songs* popular? **023**
B: Yes, they **were**. / No, they **weren't**.

주의!

의문문 주어의 수와 인칭뿐만 아니라 성(여자, 남자)에 따라서 알맞은 대명사로 바꿔 답해야 해요.

A: Were **you** nervous?
B: Yes, ~~you were~~(→ **I was**).

A: Are **we** ready for the meeting?
B: Yes, **we** are. / No, **we** aren't.

A: Are **Ted and Brian** from Spain?
B: Yes, **they** are. / No, **they** aren't.

A: Was **the book** boring?
B: Yes, **it** was. / No, **it** wasn't.

check up 1 다음 긍정문을 의문문으로 바꿀 때, 빈칸에 알맞은 말을 쓰세요.

1 The store is far from here. → _____ _____ _____ far from here?

2 You and Amy are tennis players. → _____ _____ _____ _____ tennis players?

3 They were in Seoul last week. → _____ _____ in Seoul last week?

check up 2 다음 의문문의 응답을 완성하세요.

1 A: Are you sick? — B: Yes, _____ _____.

2 A: Was Bill in Paris last year? — B: No, _____ _____.

POINT 6 그 방은 조용하다. / 그 방은 조용하니? / A: 그 고양이들은 작니? B: 응, 그래. / 아니, 그렇지 않아. / A: 제가 또 틀렸나요? B: 네, 그래요. / 아니요, 그렇지 않아요. / A: Kate는 도서관에 있었니? B: 응, 그랬어. / 아니, 그렇지 않았어. / A: 그의 노래들은 인기가 많았니? B: 응, 그랬어. / 아니, 그렇지 않았어. / A: 너는 긴장됐니? B: 응, 그랬어. / A: 우리는 그 회의를 위한 준비가 됐니? B: 응 그래. / 아니, 그렇지 않아. / A: Ted와 Brian은 스페인에서 왔니? B: 응, 맞아. / 아니, 그렇지 않아. / A: 그 책은 지루했니? B: 응, 그랬어. / 아니, 그렇지 않았어.

Unit Exercise

A 우리말과 일치하도록 빈칸에 알맞은 말을 쓰세요. POINT 5

1 Jane은 내 여자 친구가 아니다.

→ Jane _____ my girlfriend.

2 나는 작년에 아주 마르지 않았었다.

→ I _____ very thin last year.

3 그 책들은 재미있지 않다.

→ The books _____ interesting.

4 나는 거짓말쟁이가 아니다.

→ I _____ a liar.

5 그들은 지난 토요일에 놀이공원에 있지 않았다.

→ They _____ at the amusement park last Saturday.

B 다음 질문에 알맞은 대답을 쓰세요. POINT 6

1 A: Is Yuri a good dancer?

B: _____, _____ _____. She is a good dancer.

2 A: Were you at home yesterday?

B: _____, _____ _____. I was at school.

3 A: Are they famous baseball players?

B: _____, _____ _____. They're famous baseball players.

4 A: Was Peter sick last night?

B: _____, _____ _____. He was fine.

C 주어진 단어를 사용하여 질문을 완성하세요. POINT 6

1 A: _____ _____ _____ now? (you)

B: No, I'm not. I'm not sleepy.

2 A: _____ _____ _____ _____ _____ _____? (the key)

B: Yes, it is. It's on the table.

3 A: _____ _____ _____ _____ _____? (you and Minji)

B: Yes, we were. We were teammates.

4 A: _____ _____ _____ _____? (the subway)

B: No, it wasn't. It wasn't crowded.

teammate 팀 동료   crowded 붐비는, 혼잡한

Chapter Test

[1-3] 다음 중 빈칸에 들어갈 알맞은 말을 고르세요.

POINT 2

1

Jisu _____ in the bathroom now.

① is   ② am   ③ are
④ was   ⑤ were

POINT 6

2

_____ you and Lucy at the park last Saturday?

① Is   ② Am   ③ Are
④ Was   ⑤ Were

POINT 5

3

Yesterday, I _____ at home all day.

① am not   ② amn't   ③ isn't
④ wasn't   ⑤ weren't

[4-6] 다음 중 어법상 알맞지 <u>않은</u> 문장을 고르세요.

POINT 1·2·5

4

① We're in the shopping mall now.
② I am not a high school student.
③ My favorite sport is swimming.
④ Tony and I am neighbors.
⑤ She's not in the kitchen.

POINT 2·5·6

5

① The fruits and vegetables are fresh.
② Mr. Brown is not a scientist.
③ Are your brother an engineer?
④ An orange is in the basket.
⑤ I'm not busy now.

POINT 4·5·6

6

① I was very tired yesterday.
② My bag isn't in the classroom.
③ We weren't at the hospital last night.
④ Is your mother a nurse?
⑤ Are Jina and Minho in Japan last month?

POINT 4

7

다음 중 빈칸에 들어갈 단어가 나머지와 <u>다른</u> 하나를 고르세요.

① My sister _____ sick yesterday.
② They _____ in Busan last month.
③ He _____ a little boy 10 years ago.
④ The musical _____ great yesterday.
⑤ I _____ an elementary student last year.

POINT 3

8

다음 밑줄 친 be동사의 의미가 나머지와 <u>다른</u> 하나를 고르세요.

① You <u>are</u> not a pilot.
② They <u>are</u> in this building.
③ Ms. Han <u>is</u> my English teacher.
④ Curry <u>is</u> my favorite food.
⑤ Steve <u>is</u> my new classmate.

[9-10] 다음 문장을 괄호 안의 지시대로 바꿔 쓰세요. `서술형`

POINT 5

9

Bill and Ted are very brave. (부정문으로)

→ _____

POINT 6

10

James was absent from school yesterday.
(의문문으로)

→ _____

POINT 1-5

11 다음 중 밑줄 친 부분이 어법상 알맞지 <u>않은</u> 것을 고르세요.

① <u>They're</u> close friends.

② I <u>amn't</u> a student.

③ We <u>weren't</u> late for the meeting yesterday.

④ She <u>wasn't</u> there last night.

⑤ <u>He's</u> old but healthy.

[12-13] 다음 빈칸에 들어갈 대화의 알맞은 응답을 쓰세요.
`서술형`

POINT 6

12

A: Are your pants new?
B: No, _____ _____.

POINT 6

13

A: Was your sister in Europe last year?
B: Yes, _____ _____.

POINT 6

14 다음 빈칸에 알맞은 말을 넣어 대화를 완성하세요.
`서술형`

A: _____ John and Daisy in the
  cafeteria now?
B: Yes, _____ _____.

POINT 6

15 다음 대화의 빈칸에 공통으로 들어갈 말을 고르세요.
`REAL 기출`

A: Who is that? _____ your cousin?
B: Yes, he is. We go to the same school.
A: _____ in the same class with you?
B: No, he isn't. He's in the second grade.

① Is she
② Is he
③ Are we
④ Are you
⑤ Are they

POINT 2-4-5-6

16 다음 중 어법상 알맞은 문장 <u>두 개</u>를 고르세요.
`고난도`

① This camera isn't expensive.

② A: Are you a new teacher?
   B: Yes, you are.

③ His shoes were dirty and old.

④ Are your bag heavy?

⑤ Was your parents at the theater last night?

CHAPTER 02 　일반동사

024
048

1001
Sentences
for
Grammar

POINT 1 ┃ I, You, We, They...+동사원형

024 I/You/We **like** ice cream.

025 They **go** to the library.

026 My brother and I **walk** to school every day.

027 My friends **play** soccer after school.

나는/너(희)는/우리는 아이스크림을 **좋아한다**. / 그들은 도서관에 **간다**. / 내 남동생과 나는 매일 학교에 **걸어 간다**. / 내 친구들은 방과 후에 축구를 **한다**.

POINT 2 ┃ He, She, It...+동사원형+-(e)s

028 *He/She/It* **likes** ice cream. 〈동사원형+-s〉

029 *Jessica* **goes** to the library. 〈o, s, x, ch, sh로 끝나는 동사+-es〉

030 *Dan* **studies** Korean every day. 〈자음+y로 끝나는 동사: -y를 i로 바꾸고 +-es〉

031 *My brother* often **plays** the game. 〈모음+y로 끝나는 동사+-s〉

032 *She* **has** blue eyes. 〈불규칙: have → has〉

그는/그녀는/그것은 아이스크림을 **좋아한다**. / Jessica는 도서관에 **간다**. / Dan은 매일 한국어를 **공부한다**. / 내 남동생은 종종 게임을 **한다**. / 그녀는 파란색 눈을 **가지고 있다**.

POINT 3 ┃ 일반동사 과거형: 동사원형+-(e)d

033 I **cleaned** my room *yesterday*. 〈동사원형+-ed〉

034 He **moved** to a new city *last year*. 〈동사원형+-d〉

035 Dan **studied** Korean *yesterday*. 〈자음+y로 끝나는 동사: -y를 i로 바꾸고 +-ed〉

036 My brother **played** the game *last night*. 〈모음+y로 끝나는 동사+-ed〉

037 The driver **stopped** at the bus stop.

〈모음 1개+자음 1개로 끝나는 동사: 마지막 자음을 한 번 더 쓰고+-ed〉

나는 어제 내 방을 **청소했다**. / 그는 작년에 신도시로 **이사 갔다**. / Dan은 어제 한국어를 **공부했다**. / 내 남동생은 어젯밤에 게임을 **했다**. / 그 운전사는 버스 정류장에서 **멈춰 섰다**.

POINT 4   불규칙하게 바뀌는 일반동사의 과거형

038   We **ate** lunch together. 〈eat의 과거형〉

039   Kate and I **saw** a movie *last weekend*. 〈see의 과거형〉

040   I **bought** chocolate ice cream. 〈buy의 과거형〉

041   She **went** to England *a year ago*. 〈go의 과거형〉

우리는 함께 점심을 **먹었다**. / Kate와 나는 지난 주말에 영화를 **봤다**. / 나는 초콜릿 아이스크림을 **샀다**. / 그녀는 1년 전에 영국으로 **갔다**.

POINT 5   don't[doesn't]+동사원형: ~하지 않다

042   I **don't like** horror movies.

043   Helen and Mike **don't eat** vegetables.

044   *The shop* **doesn't[does not] open** on weekends. 〈3인칭 단수 주어+doesn't[does not]〉

나는 공포영화를 **좋아하지 않는다**. / Helen과 Mike는 채소를 **먹지 않는다**. / 그 가게는 주말에 **열지 않는다**.

POINT 6   Do[Does]+주어+동사원형 ~?: ~하니?

045   A: **Do** *you* **exercise** regularly?
         B: Yes, *I* **do**. / No, *I* **don't**.

046   A: **Does** *this bus* **go** downtown? 〈Does+3인칭 단수 주어+동사원형 ~?〉
         B: Yes, *it* **does**. / No, *it* **doesn't**.

A: 너는 규칙적으로 **운동하니**? B: 응, **맞아**. / 아니, **그렇지 않아**. / A: 이 버스는 시내로 **가나요**?
B: 네, **맞습니다**. / 아니요, **그렇지 않습니다**.

POINT 7~8   didn't+동사원형: ~하지 않았다 / Did+주어+동사원형 ~?: ~했니?

047   I **didn't sleep** well *last night*.

048   A: **Did** *your mom* **work** in a bank?
         B: Yes, she **did**. / No, she **didn't**.

나는 어젯밤에 잠을 잘 **자지 못했다**. / A: 너희 엄마는 은행에서 **일하셨니**? B: 응, **맞아**. / 아니, **그렇지 않아**.

Unit 1 일반동사의 현재형

일반동사란 be동사를 제외한 모든 동사를 말하는 것으로 동작이나 상태를 뜻해요. 일반동사의 현재형은 어떤 주어냐에 따라 그 형태가 변할 수도 있어요.

POINT 1

I, You, We, They...
+동사원형

주어가 1, 2인칭이거나 3인칭 복수(friends, teachers...)일 때, 동사원형을 그대로 씁니다.

I/You/We **like** ice cream. 024

They **go** to the library. 025

My brother and I **walk** to school every day. 026

My friends **play** soccer after school. 027

> **Tip** 1인칭 나/우리
> 2인칭 너/너희
> 3인칭 그 이외 모든 것.
> 단수는 하나, 복수는 둘 이상

check up 다음 중 빈칸에 들어갈 알맞은 말을 고르세요.

1 My sisters _____ many books nowadays.

  ① reads ② read ③ reades

2 Minji and I _____ English every day.

  ① learn ② learns ③ learnes

POINT 2 빈출!

He, She, It...
+동사원형+-(e)s

주어가 3인칭 단수일 때는 동사 뒤에 -s나 -es를 붙입니다.

He/She/It **like**s ice cream. 028

Jessica **go**es to the library. 029

Dan **stud**ies Korean every day. 030

My brother often **play**s the game. 031

She **has** blue eyes. 032

📝 **암기 필수** 일반동사의 3인칭 단수 현재형 만드는 법

대부분의 동사	+-s	laughs walks makes likes helps jumps puts gets reads hugs feels comes runs wears arrives takes
o, s, x, ch, sh로 끝나는 동사	+-es	goes does passes misses mixes fixes teaches watches catches brushes
「자음+y」로 끝나는 동사	-y를 i로 바꾸고 +-es	study → studies cry → cries
「모음+y」로 끝나는 동사	+-s	plays enjoys says buys
불규칙 변화	have → has	

반복해서 들어보세요.
쉽게 외울 수 있어요!

POINT 1 나는/너(희)는/우리는 아이스크림을 좋아한다. / 그들은 도서관에 간다. / 내 남동생과 나는 매일 학교에 걸어간다. / 내 친구들은 방과 후에 축구를 한다.　**POINT 2** 그는/그녀는/그것은 아이스크림을 좋아한다. / Jessica는 도서관에 간다. / Dan은 매일 한국어를 공부한다. / 내 남동생은 종종 게임을 한다. / 그녀는 파란색 눈을 가지고 있다.

check up 1 주어진 동사의 3인칭 단수 현재형을 쓰세요.

1	say	_____	**11**	marry	_____
2	go	_____	**12**	draw	_____
3	walk	_____	**13**	swim	_____
4	have	_____	**14**	begin	_____
5	try	_____	**15**	fly	_____
6	teach	_____	**16**	do	_____
7	study	_____	**17**	wait	_____
8	speak	_____	**18**	know	_____
9	enjoy	_____	**19**	stay	_____
10	pass	_____	**20**	hear	_____

check up 2 다음 중 빈칸에 들어갈 알맞은 말을 고르세요.

1 Rachel _____ to the radio in the morning.

① listen ② listens ③ listenes

2 My sister _____ to the gym every day.

① go ② gos ③ goes

check up 3 주어진 단어를 사용하여 현재형 문장을 완성하세요.

1 Tony _____ the piano very well. (play)

2 The baby _____ every night. (cry)

3 My father _____ TV in the living room. (watch)

4 Mina _____ her hands before meals. (wash)

5 The World Cup _____ place every four years. (take)

6 The restaurant _____ at 10 p.m. (close)

P 한 줄 KEY POINT

일반동사 현재형은 3인칭 단수 주어일 때만 형태 변화

---

check up gym 체육관   living room 거실   meal 식사   take place 개최되다   every 매 (기간)마다

Unit Exercise

정답 및 해설 p.04

A 다음 중 어법상 알맞은 것을 고르세요. POINT 1·2

1 We [want / wants] some fresh air.

2 She [have / has] short hair.

3 Emily [love / loves] her new shoes.

4 My brother and I [learn / learns] Chinese together.

5 Ben [like / likes] singing and dancing.

6 Kevin and Nancy [watch / watches] movies on Saturdays.

B 빈칸에 알맞은 단어를 〈보기〉에서 골라 문장을 완성하세요. (단, 현재형으로 한 번씩만 사용할 것)
POINT 1·2

〈보기〉 know	exercise	listen	take	study

1 Joe _____ Korean very hard.

2 Kevin and Jason _____ together in the gym.

3 Danny _____ all famous basketball players.

4 My dad _____ swimming lessons twice a week.

5 Jina always _____ to her friends carefully.

C 다음 밑줄 친 동사의 현재형이 맞으면 ○, 틀리면 ×하고 바르게 고치세요. POINT 1·2

1 Dan walks to school every morning. _____

2 Tom go to the library. _____

3 My dad get up early in the morning. _____

4 The doctors helps sick people. _____

5 He watches TV at night. _____

6 Mr. Lee teachs math. _____

7 My brother plaies baseball after school. _____

twice 두 번   carefully 주의 깊게

Unit 2　일반동사의 과거형

일반동사를 사용하여 과거에 일어난 일을 나타낼 때는 주어의 인칭과 수에 관계없이 일반동사의 과거형을 쓰고, '~했다'라고 해석해요. 주로 과거를 나타내는 말(yesterday, last ~, ~ ago 등)과 함께 쓰입니다.

POINT 3

**일반동사 과거형:
동사원형+-(e)d**

대부분의 일반동사는 동사원형에 –(e)d를 붙여서 과거형을 만들어요.

I **clean**ed my room *yesterday.* `033`
He **moved** to a new city *last year.* `034`
Dan **stud**ied Korean *yesterday.* `035`
My brother **play**ed the game *last night.* `036`
The driver **stop**ped at the bus stop. `037`

📝 **암기 필수**　일반동사의 과거형 만드는 법

대부분의 동사	+-ed	ask**ed**　learn**ed**　finish**ed**　watch**ed** pass**ed**　start**ed**　end**ed**　listen**ed**
e로 끝나는 동사	+-d	like**d**　danc**ed**　invit**ed**　mov**ed**
「자음+y」로 끝나는 동사	-y를 i로 바꾸고 +-ed	study → stud**ied**　try → tr**ied** worry → worr**ied**　reply → repl**ied**
「모음+y」로 끝나는 동사	+-ed	play**ed**　enjoy**ed**　stay**ed**
「모음 1개+자음 1개」로 끝나는 동사	마지막 자음을 한 번 더 쓰고 +-ed	stop → stop**ped**　drop → drop**ped** chat → chat**ted**　plan → plan**ned** *강세가 앞에 오는 2음절 이상의 동사는 +-ed (visit**ed** [vízitid], enter**ed** [éntərd])

반복해서 들어보세요.
쉽게 외울 수 있어요!

✍ **암기TIP** 3인칭 단수 현재형일 때 동사 뒤에 –(e)s를 붙이는 방법과 비슷해요.

 check up　다음 동사의 과거형을 쓰세요.

1 borrow _____
2 open _____
3 cook _____
4 marry _____
5 hurry _____
6 tie _____
7 shop _____
8 receive _____
9 stay _____
10 climb _____

11 cry _____
12 delay _____
13 arrive _____
14 cross _____
15 die _____
16 rain _____
17 love _____
18 add _____
19 fry _____
20 practice _____

POINT 3 나는 어제 내 방을 청소했다. / 그는 작년에 신도시로 이사 갔다. / Dan은 어제 한국어를 공부했다. / 내 남동생은 어젯밤에 게임을 했다. / 그 운전사는 버스 정류장에서 멈춰 섰다.
check up receive 받다　delay 미루다　practice 연습하다

POINT 4
불규칙하게 바뀌는 일반동사의 과거형

일부 일반동사의 과거형은 형태가 불규칙하게 변해요. 대부분 단어의 모음이나 단어 끝의 자음을 변화시키는데, 각각의 동사별로 반드시 외워야 합니다.

We **ate** lunch together. **038**

Kate and I **saw** a movie *last weekend*. **039**

I **bought** chocolate ice cream. **040**

She **went** to England *a year ago*. **041**

✎ 암기 필수 불규칙 과거형

모음이 바뀌는 동사	come → came	write → wrote	fall → fell
	become → became	drive → drove	hold → held
	drink → drank	rise → rose	meet → met
	run → ran	ride → rode	
	swim → swam	wake → woke	get → got
	begin → began	speak → spoke	forget → forgot
	give → gave	break → broke	
	sit → sat		wear → wore
	sing → sang	blow → blew	win → won
	ring → rang	grow → grew	see → saw
		know → knew	take → took
	stand → stood	throw → threw	find → found
	understand	draw → drew	eat → ate
	→ understood	fly → flew	
단어 끝이 바뀌는 동사	build → built	mean	make → made
	send → sent	→ meant[ment]	hear → heard[hərd]
	lend → lent	lose → lost	have → had
	spend → spent		
모음이 바뀌고 단어 끝이 d, t로 바뀌는 동사	feel → felt	think → thought	pay → paid[peid]
	keep → kept	bring → brought	say → said[sed]
	sleep → slept	buy → bought	
		fight → fought	leave → left
	tell → told	catch → caught	
	sell → sold	teach → taught	do → did
기타 동사	go → went		

✎ **암기TIP** 다소 비슷하게 변하는 동사들끼리 묶어서 외워보세요.

원형과 과거형의 형태가 같은 동사	hit → **hit**	cut → **cut**	let → **let**
	put → **put**	hurt → **hurt**	read[ri:d] → **read**[red]

반복해서 들어보세요.
쉽게 외울 수 있어요!

P 한 줄 KEY POINT

일반동사 과거형은 주어 상관없이 동사원형+(e)d, 또는 불규칙

POINT 4 우리는 함께 점심을 먹었다. / Kate와 나는 지난 주말에 영화를 봤다. / 나는 초콜릿 아이스크림을 샀다. / 그녀는 1년 전에 영국으로 갔다.

Unit Exercise

A 다음 중 어법상 알맞은 것을 고르세요. POINT 3·4

1 He [eated / ate] a hamburger for lunch.

2 Yesterday I [losed / lost] my cell phone at school.

3 Jenny and I [seed / saw] a movie yesterday.

4 I [bought / buyed] some snacks.

5 My family [goed / went] to the museum last weekend.

6 The rain [poured / pourred] this morning.

B 다음 밑줄 친 동사의 과거형을 바르게 고쳐 쓰세요. POINT 3·4

1 Jane stayd home yesterday.   → _____

2 The car stoped at the traffic lights.   → _____

3 They visitted the National Museum last month.   → _____

4 Last night, I studyed English until 11 p.m.   → _____

5 The train arriveed on time.   → _____

6 We chated on the phone last night.   → _____

C 우리말과 일치하도록 주어진 단어를 사용하여 빈칸에 알맞은 말을 쓰세요. POINT 3·4

1 나는 오늘 아침 7시에 일어났다. (get)

  → I _____ up at 7 o'clock this morning.

2 Robin은 은행으로 달려갔다. (run)

  → Robin _____ to the bank.

3 Thomas Edison이 전구를 발명했다. (invent)

  → Thomas Edison _____ the light bulb.

4 우리는 지난 방학에 스페인으로 여행가는 것을 계획했다. (plan)

  → We _____ a trip to Spain last vacation.

5 Kelly는 책값으로 10달러를 지불했다. (pay)

  → Kelly _____ 10 dollars for the book.

cell phone 휴대폰   pour 마구 쏟아지다. 퍼붓다   traffic light 신호등   the National Museum 국립 박물관   until ~까지   on time 제시간에
chat 이야기하다

Unit 3 일반동사의 부정문과 의문문

POINT 5

POINT 5

don't[doesn't]
+동사원형:
~하지 않다

일반동사 현재형의 부정문을 만들 때는 동사원형 앞에 do[does] not을 쓰며, 일상생활에서는 줄임말인 don't와 doesn't를 더 자주 사용합니다. 주어가 3인칭 단수일 때는 doesn't[does not]를 써야 하는 것에 특히 주의하세요.

I **don't like** horror movies. **042**
Helen and Mike **don't eat** vegetables. **043**
The shop **doesn't[does not] open** on weekends. **044**

✔ 암기 필수 일반동사의 부정문

1, 2인칭 주어 / 복수 주어	동사	3인칭 단수 주어	동사
I You We They ...	**don't[do not]** ~.	He She It ...	**doesn't[does not]** ~.

> **주의!**
> don't[do not], doesn't[does not] 뒤에는 항상 동사원형이 와요.
> *She* **doesn't like** chocolate. (○) *She* **doesn't likes** chocolate. (×)

check up 1 빈칸에 don't 또는 doesn't 중 알맞은 것을 골라 쓰세요.
1 They _____ like sports.
2 Mary _____ live in Busan.
3 My friend _____ sing very well.
4 Alice and Jane _____ have class today.
5 Nancy _____ speak Korean.
6 We _____ have homework today.

check up 2 주어진 동사를 사용하여 부정문을 완성하세요. (단, 현재형으로 쓸 것)
1 My brother _____ _____ coffee. (drink)
2 They _____ _____ computer games at night. (play)
3 The museum _____ _____ on Thursday. (open)
4 Andrew and I _____ _____ glasses. (wear)

POINT 5 나는 공포영화를 좋아하지 않는다. / Helen과 Mike는 채소를 먹지 않는다. / 그 가게는 주말에 열지 않는다. / 그녀는 초콜릿을 좋아하지 않는다.

POINT 6

Do[Does]+주어 +동사원형 ~?: ~하니?

• 일반동사 현재형의 의문문은 주어 앞에 Do나 Does를 써서 나타내요. 주어가 3인칭 단수일 때는 Does를 써야 해요.

Do *you* **go** to school by bus?

Does *Jimin* **live** near your house?

📝 암기 필수 일반동사의 의문문

Do	I/You/We/They/복수명사	**+ 동사원형 ~?**
Does	3인칭 단수(He/She/It/단수명사)	

주의!

「Do[Does]+주어」 뒤에는 항상 동사원형이 와요.
Does *the movie* **have** a happy ending? (○) **Does** *the movie* **has** a happy ending? (×)

• 일반동사 의문문에 대한 응답은 Yes, No로 하며, Yes 뒤에는 do[does], No 뒤에는 don't[doesn't]를 써요. 주어를 응답하는 사람/사물에 맞는 대명사로 고치고 인칭과 수를 고려하여 do나 does를 씁니다.

A: **Do** *you* **exercise** regularly? `045`

B: Yes, *I* **do.** / No, *I* **don't.**

A: **Does** *this bus* **go** downtown? `046`

B: Yes, *it* **does.** / No, *it* **doesn't.**

📝 암기 필수 일반동사의 의문문에 대한 응답

주어	긍정의 대답	부정의 대답
I/You/We/They/복수명사	Yes, 주어 + do.	No, 주어 + don't.
He/She/It/단수명사	Yes, 주어 + does.	No, 주어 + doesn't.

MORE +

Don't[Doesn't]+주어+동사원형 ~?: ~하지 않니? (☞ Ch 08)

Do[Does] 다음의 not의 여부와 상관없이 대답이 긍정이면 Yes, 부정이면 No를 씁니다.

A: **Don't** you **like** the music?

B: **Yes,** I **do.** (= I **like** the music.) / B: **No,** I **don't.** (= I **don't like** the music.)

POINT 6 너는 학교에 버스를 타고 가니? / 지민이는 너희 집 근처에 사니? / 그 영화는 행복한 결말이니? / A: 너는 규칙적으로 운동하니? B: 응, 맞아. / 아니, 그렇지 않아. / A: 이 버스는 시내로 가나요? B: 네, 맞습니다. / 아니요, 그렇지 않습니다. / A: 너는 그 음악을 좋아하지 않니? B: 아니, 좋아해. / 응, 좋아하지 않아.

CHAPTER 02 일반동사 **27**

다음 문장을 의문문으로 바꿀 때, 빈칸에 알맞은 말을 쓰세요.

1 You walk to school. → A: _____ you _____ to school?

　　　　　　　　　　　　　　B: Yes, I _____.

2 Your brother reads many books. → A: _____ your brother _____

　　　　　　　　　　　　　　many books?

　　　　　　　　　　　　　　B: No, _____ _____.

POINT 7

didn't+동사원형: ~하지 않았다

일반동사 부정문이 과거를 나타낼 때 주어의 인칭과 수에 상관없이 동사원형 앞에 didn't나 did not을 붙입니다. 대부분 줄임말인 didn't를 더 많이 사용해요.

I **didn't sleep** well *last night*. 047

You **didn't finish** your homework.

She **did not wait** for me *yesterday*.

> **주의!**
> didn't[did not] 뒤에는 항상 동사원형이 와요.
> Jason and I **didn't meet** yesterday. (○) Jason and I **didn't met** yesterday. (×)

check up 주어진 동사를 사용하여 과거를 나타내는 부정문을 완성하세요.

1 My sister _____ _____ her homework yesterday. (do)

2 They _____ _____ badminton last Saturday. (play)

3 He _____ _____ a shower last night. (take)

POINT 8

Did+주어+동사원형 ~?: ~했니?

일반동사 과거형의 의문문은 주어의 인칭과 수에 상관없이 주어 앞에 Did를 씁니다.

A: **Did** *they* **study** in the same class?

B: Yes, they **did**. / No, they **didn't**.

A: **Did** *your mom* **work** in a bank? 048

B: Yes, she **did**. / No, she **didn't**.

> **주의!**
> 일반동사 의문문이 과거를 나타내더라도 주어 뒤에는 반드시 동사원형이 와요.
> **Did** you **enjoy** the dinner? (○) **Did** you **enjoyed** the dinner? (×)

check up 주어진 단어를 사용하여 다음 대화를 완성하세요.

1 A: _____ you _____ Minho yesterday? (meet)

　　B: Yes, I _____.

2 A: _____ he _____ breakfast this morning? (eat)

　　B: No, he _____.

POINT 7 나는 어젯밤에 잠을 잘 자지 못했다. / 너는 네 숙제를 끝내지 않았다. / 그녀는 어제 나를 기다리지 않았다. / Jason과 나는 어제 만나지 않았다.　**POINT 8** A: 그들은 같은 반에서 공부했니? B: 응, 맞아. / 아니, 그렇지 않았어. / A: 너희 엄마는 은행에서 일하셨니? B: 응, 맞아. / 아니, 그렇지 않으셨어. / 너는 저녁을 맛있게 먹었니?

Unit Exercise

A   다음 문장을 부정문으로 바꿔 쓰세요. `POINT 5`

1 My cats sleep a lot.

→ My cats _____ _____ a lot.

2 I eat oranges.

→ I _____ _____ oranges.

3 My father watches the news programs.

→ My father _____ _____ the news programs.

4 She does a lot of exercise.

→ She _____ _____ a lot of exercise.

5 Sam and Peter work in the same office.

→ Sam and Peter _____ _____ in the same office.

B   주어진 단어를 사용하여 다음 의문문을 완성하세요. (단, 현재형으로 쓸 것) `POINT 6`

1 A: _____ you _____ my sister? (know)

B: No, _____ _____ .

2 A: _____ Peter _____ a girlfriend? (have)

B: Yes, _____ _____ .

3 A: _____ Jane _____ in London? (live)

B: No, _____ _____ .

4 A: _____ they _____ a lot of rice? (eat)

B: Yes, _____ _____ .

5 A: _____ their school _____ a swimming pool? (have)

B: Yes, _____ _____ .

C   다음 밑줄 친 부분을 어법상 알맞은 형태로 고쳐 쓰세요. `POINT 5·6·7·8`

1 Did he <u>bought</u> something in the supermarket?   → _____

2 <u>Does</u> your brothers clean the room?   → _____

3 Did they <u>spent</u> a lot of money yesterday?   → _____

4 We didn't <u>met</u> Susan. We met Ann.   → _____

5 He doesn't <u>stays</u> at home.   → _____

6 Does your sister <u>has</u> long hair?   → _____

a lot of 많은   swimming pool 수영장   spend (돈을) 쓰다

Chapter Test

[1-2] 다음 중 빈칸에 들어갈 말로 알맞지 <u>않은</u> 것을 고르세요.

POINT 1, 2

1

_____ wakes up very late in the morning.

① John   ② Susan   ③ He
④ My sister   ⑤ They

POINT 6

2

Do _____ love animals?

① they   ② Nancy
③ you   ④ Brad and Jane
⑤ your sisters

[3-4] 다음 중 (A), (B)에 들어갈 말이 바르게 짝지어진 것을 고르세요.

POINT 6

3

· _____(A)_____ the store open on Sundays?
· _____(B)_____ you jog in the morning?

① Does — Does   ② Do — Do
③ Does — Do   ④ Do — Does
⑤ Did — Does

POINT 4-8

4

A: _____(A)_____ you eat the pizza?
B: No, I didn't. My sister _____(B)_____ the pizza.

① Did — ate   ② Did — eaten
③ Do — ate   ④ Do — eaten
⑤ Does — ate

[5-6] 우리말과 일치하도록 주어진 단어를 사용하여 문장을 완성하세요. **서술형**

POINT 2

5

그는 매일 방에서 숙제를 한다.
(his homework, do, in the room)

→ _____
every day.

POINT 4

6

Kate는 어제 재킷을 하나 샀다.
(buy, a jacket)

→ _____
yesterday.

[7-9] 다음 중 어법상 알맞은 문장을 고르세요.

POINT 1·2·6

7

① He goes to the library.
② I reads a book.
③ Do you has a sister?
④ Kevin plaies soccer with his father.
⑤ Bora washs the dishes in the kitchen.

POINT 1·2·5·6

8

① He play the piano well.
② My brother doesn't likes apple.
③ I takes a walk on Sundays.
④ Does he has many books?
⑤ My mom doesn't go to work on Saturdays.

POINT 3·4·7·8

9

① Tom studied Chinese with his friends.
② They hadn't breakfast in the morning.
③ Did they played soccer yesterday?
④ Frank didn't watch TV last night.
⑤ I eated three pieces of cake.

[10-11] 다음 문장에서 어법상 알맞지 <u>않은</u> 부분을 찾아 바르게 고치세요. 서술형

POINT 4

10

> Simon getted up at 7 o'clock this morning.

_____ → _____

POINT 5

11

> Adam doesn't studies English on Monday.
> His English class is on Friday.

_____ → _____

POINT 6-8

12 다음 주어진 문장의 의문문이 바르지 <u>않은</u> 것을 고르세요.

① Tom played baseball after school.
  → Did Tom play baseball after school?

② You want some oranges.
  → Do you want some oranges?

③ Mr. Han washes his car on the weekend.
  → Does Mr. Han wash his car on the weekend?

④ They watch movies twice a week.
  → Do they watch movies twice a week?

⑤ He sent an e-mail to his friend.
  → Did he sent an e-mail to his friend?

POINT 2

13 다음 글에서 어법상 알맞지 <u>않은</u> 부분을 찾아 바르게 고치세요. 고난도 서술형

> Peter gets up at six and has breakfast.
> He leave for school at seven. He goes to
> school by bus. He listens to music on the
> bus.

_____ → _____

POINT 4-7

14 그림을 보고, 어젯밤에 소년이 한 일과 하지 않은 일에 대하여 주어진 단어를 사용하여 문장을 완성하세요.
REAL 기출 서술형

(1)  (2)

(1) He _____ a hamburger last night. (eat)

(2) He _____
computer games last night. (play)

POINT 2-6

15 다음 표는 두 사람의 취미 생활을 나타낸 것입니다. 표를 보고 대화를 완성하세요. REAL 기출 서술형

	read books	play the piano	play the guitar
Tom	○	×	○
Sujin	○	○	×

A: Does Tom read books?
B: Yes, he _____. He _____ many books.
A: Does Sujin play the guitar?
B: No, she _____. She _____ the piano.

현재진행형과 미래 표현

049
073

1001
Sentences
for
Grammar

POINT 1   ~하고 있다: am/are/is+동사의 -ing형

049   I **am doing** my homework now.
〈동사원형+-ing〉

050   A butterfly **is flying** around the flowers.
〈동사원형+-ing〉

051   We **are taking** a break.
〈-e를 빼고+-ing〉

052   Alice **is lying** on the sofa.
〈-ie를 y로 바꾸고+-ing〉

053   The children **are running** on the grass.
〈마지막 자음 한 번 더+-ing〉

나는 지금 숙제를 하고 **있다**. / 나비 한 마리가 그 꽃들 주변을 **날아다니고 있다**. / 우리는 잠시 휴식을 **취하고 있다**. / Alice는 소파에 **누워 있다**. / 아이들은 잔디 위를 **달리고 있다**.

POINT 2   ~하고 있지 않다: am/are/is not + 동사의 -ing형

054   I**'m not telling** a lie to you.
「인칭대명사 주어+be동사」 줄여 쓰기 가능

055   They **are not swimming** in the sea.

056   He **is not studying** now.

057   Steve **isn't trying** his best.
「be동사+not」 줄여 쓰기 가능

나는 너에게 거짓말을 **하고 있지 않다**. / 그들은 바다에서 **수영하고 있지 않다**. / 그는 지금 **공부하고 있지 않다**. / Steve는 최선을 **다하고 있지 않다**.

POINT 3   ~하고 있니?: Am/Are/Is+주어+동사의 -ing형 ~?

058   A: **Am** I **doing** all right? B: Yes, you **are**. / No, you **aren't**.

059   A: **Are** they **waiting** for me? B: Yes, they **are**. / No, they **aren't**.

060   A: **Is** she **working out** at the gym? B: Yes, she **is**. / No, she **isn't**.

A: 내가 잘하고 **있니**? B: 응, **그래**. / 아니, **그렇지 않아**. / A: 그들이 나를 기다리고 **있니**? B: 응, **그래**. / 아니, **그렇지 않아**. / A: 그녀는 체육관에서 **운동하고 있니**? B: 응 **그래**. / 아니, **그렇지 않아**.

POINT 4 will+동사원형: ~할[일] 것이다

061 I **will[I'll] be** there in 10 minutes. 〈인칭대명사 주어+will=주어'll〉

062 Daniel **will watch** a soccer match.
주어가 3인칭 단수여도 항상 「will+동사원형」

063 My family **will go out** for dinner on Saturday.

064 Jake **will not be** at home this evening.

065 I **won't have** breakfast today. 〈will not=won't〉

066 A: **Will** you **go** shopping today? 〈Will+주어+동사원형 ~?〉

B: Yes, I **will.** / No, I **won't.**

나는 10분 내로 거기에 **도착할 거야.** / Daniel은 축구 경기를 볼 것이다. / 우리 가족은 토요일에 저녁 식사를 하러 **나갈 것이다.** / Jake는 오늘 저녁에 집에 **있지 않을 것이다.** / 나는 오늘 아침을 **먹지 않을 거야.** / A: 너는 오늘 쇼핑하러 **갈 거니?** B: 응, **그럴 거야.** / 아니, **안 갈 거야.**

POINT 5 am/are/is going to+동사원형: ~할[일] 것이다

067 I**'m going to buy** a gift for my mom.
「인칭대명사 주어+be동사」는 줄여 쓰기 가능

068 Brad and I **are going to bring** some food.
=We   → be동사는 주어의 인칭과 수에 알맞게 쓰기

069 Jessy **is going to meet** her friends tonight.

070 I**'m not going to tell** anyone. 〈부정문: **be동사+not**+going to+동사원형〉

071 We **are not going to be** late.

072 A: **Are** you **going to stay** here? 〈의문문: **be동사+주어**+going to+동사원형 ~?〉

B: Yes, I **am.** / No, I'm not.

073 A: **Is** Eric **going to be** here soon?

B: Yes, he **is.** / No, he **isn't.**

나는 엄마를 위한 선물을 **살 것이다.** / Brad와 나는 음식을 좀 **가져올 것이다.** / Jessy는 오늘 밤 자신의 친구들을 **만날 것이다.** / 나는 아무에게도 **이야기하지 않을게.** / 우리는 늦지 **않을 것이다.** / A: 너는 여기에 **머무를 거니?** B: 응, **그래.** / 아니, **그렇지 않아.** / A: Eric이 여기에 곧 **올까?** B: 응, **그럴 거야.** / 아니, **그렇지 않을 거야.**

Unit 1 현재진행형

POINT 1

~하고 있다: am/are/is+ 동사의 -ing형

be eating

Past NOW Future

반복해서 들어보세요.
쉽게 외울 수 있어요!

현재진행형은 지금 진행 중인 일을 나타내며, '~하고 있다, ~하는 중이다'로 해석합니다.
be동사는 주어의 인칭과 수에 따라 알맞은 것을 써야 해요.

I **am doing** my homework now. `049`
A butterfly **is flying** around the flowers. `050`
We **are taking** a break. `051`
Alice **is lying** on the sofa. `052`
The children **are running** on the grass. `053`

📝 암기 필수 동사의 -ing형 만드는 법

대부분의 동사	동사원형+-ing	talk**ing**　sleep**ing**　fly**ing** work**ing**　rain**ing**	
e로 끝나는 동사	-e를 빼고+-ing	dance → danc**ing** take → tak**ing**	live → liv**ing** give → giv**ing**
ie로 끝나는 동사	-ie를 y로 바꾸고+-ing	die → dy**ing**	lie → ly**ing**
「모음 1개+자음 1개」로 끝나는 1음절 동사	마지막 자음을 한 번 더 쓰고+-ing	drop → drop**ping** shop → shop**ping** sit → sit**ting**	put → put**ting** run → run**ning** cut → cut**ting**

MORE +　과거진행형: be동사의 과거형(was/were)+동사의 -ing형 (☞ 2권 Ch 01)

과거의 특정 시점에 진행 중인 일(~하고 있었다/~하고 있는 중이었다)을 의미합니다.
He **was sitting** by the window.
The students **were talking** so loud.

---

check up 1 다음 동사의 -ing형을 쓰세요.

1 ride　→ _____
2 come　→ _____
3 swim　→ _____
4 sit　→ _____
5 cook　→ _____
6 take　→ _____

check up 2 다음 중 어법상 알맞은 것을 고르세요.

1 She is [eating / eatting] a hamburger.
2 He [does smiling / is smiling] beautifully.
3 I am [shopping / shoping] with my friend.
4 Many people are [dieing / dying] of hunger.
5 They are [singing / singging] happily.

POINT 1 나는 지금 숙제를 하고 있다. / 나비 한 마리가 그 꽃들 주변을 날아다니고 있다. / 우리는 잠시 휴식을 취하고 있다. / Alice는 소파에 누워 있다. / 아이들은 잔디 위를 달리고 있다. / 그는 창가에 앉아 있었다. / 학생들은 큰 소리로 떠들고 있었다. *check up* hunger 굶주림

POINT 2

**~하고 있지 않다:
am/are/is not+
동사의 -ing형**

현재진행형의 부정문은 '~하고 있지 않다, ~하는 중이 아니다'로 해석합니다. 「인칭대명사 주어+be동사」나 「be동사+not」은 자주 줄여 써요. (be동사의 부정문 ☞ Ch 01)

I'**m not telling** a lie to you. `054`

They **are not swimming** in the sea. `055`

He **is not studying** now. `056`

Steve **isn't trying** his best. `057`

check up 우리말과 일치하도록 진행형의 부정문을 완성하세요.

1 그 소녀는 모자를 쓰고 있지 않다. → The girl _____ wearing a hat.

2 나는 신문을 읽고 있지 않다. → I _____ reading a newspaper.

3 그들은 TV를 보고 있지 않다. → They _____ watching TV.

POINT 3

**~하고 있니?:
Am/Are/Is+주어+
동사의 -ing형 ~?**

· 현재진행형의 의문문은 주어와 be동사가 자리를 바꾼 형태로, '~하고 있니?'라는 의미예요.

Jim **is** sleeping now.

Is Jim sleeping now?

· 현재진행형 의문문에 대한 응답: Yes, 주어+be동사. (긍정) / No, 주어+be동사+not. (부정)
(be동사의 의문문과 대답 ☞ Ch 01)

A: **Am** I **doing** all right? `058`

B: Yes, you **are**. / No, you **aren't**.

A: **Are** they **waiting** for me? `059`

B: Yes, they **are**. / No, they **aren't**.

A: **Is** she **working out** at the gym? `060`

B: Yes, she **is**. / No, she **isn't**.

check up 다음 문장을 현재진행형 의문문으로 바꿔 쓰세요.

1 Becky is sitting on the sofa.

→ _____ _____ _____ on the sofa?

2 Your friends are playing games.

→ _____ _____ _____ _____ games?

3 You are drinking a cup of juice.

→ _____ _____ _____ a cup of juice?

POINT 2 나는 너에게 거짓말을 하고 있지 않다. / 그들은 바다에서 수영하고 있지 않다. / 그는 지금 공부하고 있지 않다. / Steve는 최선을 다하고 있지 않다. POINT 3 Jim은 지금 자고 있다. / Jim은 지금 자고 있니? / A: 내가 잘하고 있니? B: 응, 그래. / 아니, 그렇지 않아. / A: 그들이 나를 기다리고 있니? B: 응, 그래. / 아니, 그렇지 않아. / A: 그녀는 체육관에서 운동하고 있니? B: 응, 그래. / 아니, 그렇지 않아.

CHAPTER 03 현재진행형과 미래 표현   35

Unit Exercise

A 주어진 동사를 사용하여 다음 문장을 괄호 안의 지시대로 쓰세요. `POINT 1·2·3`

1 (wash)   Minsu _____ his dog now. (현재진행)

Minsu _____ his dog now. (현재진행 부정문)

_____ Minsu _____ his dog now? (현재진행 의문문)

2 (make)   Anna _____ a shopping list. (현재진행)

Anna _____ a shopping list. (현재진행 부정문)

_____ Anna _____ a shopping list? (현재진행 의문문)

3 (eat)   They _____ lunch together. (현재진행)

They _____ lunch together. (현재진행 부정문)

_____ they _____ lunch together? (현재진행 의문문)

B 우리말과 일치하도록 주어진 단어를 사용하여 빈칸을 완성하세요. `POINT 2·3`

1 나는 강에서 수영하고 있지 않다. (swim)

→ I'm _____ _____ in the river.

2 그 고양이는 의자에 누워 있니? (lie)

→ _____ the cat _____ on the chair?

3 그 아기들은 이제 울고 있지 않다. (cry)

→ The babies _____ _____ now.

4 그들이 그 나무에 올라가고 있니? (climb)

→ _____ they _____ the tree?

C 다음 밑줄 친 부분이 맞으면 ○, 틀리면 ×하고 바르게 고치세요. `POINT 1·2·3`

1 Is Andy <u>enjoying</u> the party with his friends?   _____

2 I <u>am drawing</u> frogs with a green pen.   _____

3 Sally <u>not is talking</u> on the phone.   _____

4 The boys <u>is running</u> really fast.   _____

5 She <u>is danceing</u> in the living room.   _____

6 Is he <u>does</u> his science homework?   _____

7 <u>Are you using</u> the computer now?   _____

list 목록, 명단

Unit 2 미래 표현

미래 의미를 나타내는 가장 대표적인 표현은 will과 be going to입니다. 이때 문장에는 다음과 같은 미래를 나타내는 시간 표현이 자주 쓰여요.

tomorrow(내일), soon(곧), later(나중에), tonight(오늘 밤), next week(다음 주), this Saturday(이번 주 토요일)

POINT 4

will+동사원형: ~할[일] 것이다

· will은 앞으로 일어날 일을 나타낼 때 사용해요. 주어의 인칭과 수에 상관없이 항상 「will+동사원형」의 형태로 씁니다. 「인칭대명사 주어+will」은 'll로 줄여 쓸 수 있어요.

I **will[I'll] be** there in 10 minutes. `061`
Daniel **will watch** a soccer match. `062`
My family **will go out** for dinner on Saturday. `063`

· 부정문: 「will not+동사원형」의 형태로 쓰며, 「will not」의 줄임말 won't로 자주 씁니다.

Jake **will not be** at home this evening. `064`
I **won't have** breakfast today. `065`

· 의문문: 「Will+주어+동사원형 ~?」 — Yes, 주어+will. / No, 주어+won't.

A: **Will** you **go** shopping today? `066`
B: Yes, I **will**. / No, I **won't**.

check up 우리말과 일치하도록 주어진 단어와 will을 사용하여 빈칸을 완성하세요.

1 그들은 오늘 밤 야구 경기를 볼 것이다. (watch)
 → They _____ _____ the baseball game tonight.

2 나는 내일 병원에 가지 않을 것이다. (go)
 → I _____ _____ _____ to the hospital tomorrow.

3 내 여동생은 파란색 리본을 살 것이다. (buy)
 → My sister _____ _____ a blue ribbon.

4 Jack이 너의 결혼식에 올까? (come)
 → _____ Jack _____ to your wedding?

5 그 가게는 이번 주 일요일에 문을 열지 않을 것이다. (open)
 → The store _____ _____ this Sunday.

6 A: 너는 그 음악 동아리에 가입할 거니? (join)
 B: 응, 그럴 거야.
 → A: _____ you _____ the music club?
   B: Yes, _____ _____.

POINT 4 나는 10분 내로 거기에 도착할 거야. / Daniel은 축구 경기를 볼 것이다. / 그녀는 다음 주에 도서관에 책을 반납할 것이다. / 우리 가족은 토요일에 저녁 식사를 하러 나갈 것이다. / Jake는 오늘 저녁에 집에 있지 않을 것이다. / 나는 오늘 아침을 먹지 않을 거야. / A: 너는 오늘 쇼핑하러 갈 거니? B: 응, 그럴 거야. / 아니, 안 갈 거야.

POINT 5

am/are/is going to +동사원형: ~할[일] 것이다

· be going to 역시 앞으로 일어날 일을 나타낼 때 사용해요. be동사는 주어의 인칭과 수에 따라 알맞은 것을 써야 해요.

I**'m going to buy** a gift for my mom. **067**

Brad and I **are going to bring** some food. **068**

Jessy **is going to meet** her friends tonight. **069**

· 부정문: 「be동사+not+going to+동사원형」

I**'m not going to tell** anyone. **070**

We **are not going to be** late. **071**

· 의문문: 「be동사+주어+going to+동사원형 ~?」 — Yes, 주어+be동사. / No, 주어+be 동사+not.

A: **Are** you **going to stay** here? **072**

B: Yes, I **am**. / No, I**'m not**.

A: **Is** Eric **going to be** here soon? **073**

B: Yes, he **is**. / No, he **isn't**.

주의!

진행형 be going vs. 미래 표현 be going to

be going to만 보고 무조건 미래 표현으로 생각하지 않도록 주의하세요.

I **am going** to the library now. 〈동사 go의 현재진행형 + to(전치사)〉

I **am going to** read the book. 〈미래 표현: be going to〉

check up be going to를 사용하여 다음 문장을 괄호 안의 지시대로 바꿔 쓰세요.

1 Jenny is going to make some apple juice.

→ Jenny _____ some apple juice. (부정문)

→ _____ some apple juice? (의문문)

2 You are going to take an English exam.

→ You _____ an English exam. (부정문)

→ _____ an English exam? (의문문)

3 They are going to grow flowers in the garden.

→ They _____ flowers in the garden. (부정문)

→ _____ flowers in the garden? (의문문)

4 He is going to wear a T-shirt today.

→ He _____ a T-shirt today. (부정문)

→ _____ a T-shirt today? (의문문)

POINT 5 나는 엄마를 위한 선물을 살 것이다. / Brad와 나는 음식을 좀 가져올 것이다. / Jessy는 오늘 밤 자신의 친구들을 만날 것이다. / 나는 아무에게도 이야기하지 않을게. / 우리는 늦지 않을 것이다. / A: 너는 여기에 머무를 거니? B: 응, 그래. / 아니, 그렇지 않아. / A: Eric이 여기에 곧 올까? B: 응, 그럴 거야. / 아니, 그렇지 않을 거야. / 나는 지금 도서관으로 가고 있다. / 나는 그 책을 읽을 것이다.

Unit Exercise

A 다음 문장을 괄호 안의 지시대로 바꿔 쓰세요. POINT 4·5

1 They prepare a special dinner.

→ They _____ a special dinner. (be going to 긍정문)

2 Aunt Polly takes me to Paris.

→ Aunt Polly _____ me to Paris. (will 부정문)

3 She decorates a Christmas tree.

→ _____ a Christmas tree? (will 의문문)

4 We travel to Brazil.

→ We _____ to Brazil. (be going to 부정문)

5 Fred waits for me after school.

→ Fred _____ for me after school. (will 긍정문)

6 He reads a history book.

→ _____ a history book? (be going to 의문문)

B 다음 밑줄 친 부분을 바르게 고치세요. POINT 4·5

1 <u>Are going to you cross</u> the street? → _____

2 Dave and I <u>will playing</u> badminton this afternoon. → _____

3 My sister <u>will going to visit</u> the car museum with her friends.

→ _____

4 My grandma <u>won't not sell</u> her house. → _____

5 Jenny <u>is going not to marry</u> Tony. → _____

C 우리말과 일치하도록 주어진 단어를 사용하여 문장을 완성하세요. POINT 4·5

1 너는 치과에 갈 거니? (be going to, go)

→ _____ to the dentist?

2 우리는 일주일 안에 숙제를 마칠 것이다. (be going to, finish)

→ We _____ our homework in a week.

3 나는 오늘 그에게 전화하지 않을 것이다. (will, call)

→ I _____ him today.

4 너는 5시에 Susan을 만날 거니? (will, meet)

→ _____ Susan at 5?

5 그들은 제주도에서 묵지 않을 것이다. (be going to, stay)

→ They _____ in Jejudo.

prepare 준비하다　decorate 장식하다

Chapter Test

POINT 1

1 다음 중 밑줄 친 부분이 어법상 알맞은 것을 고르세요.

① He is <u>swiming</u> in the lake.

② I'm <u>takeing</u> pictures of flowers.

③ The little girl is <u>crying</u> in the bus.

④ It is <u>rainning</u> outside now.

⑤ Sadly, my dog is <u>dyeing</u> now.

[2-3] 다음 중 (A), (B)에 들어갈 말이 바르게 짝지어진 것을 고르세요.

POINT 1·4

2

· Jake is _____(A)_____ orange juice.
· They will _____(B)_____ at two o'clock.

① drink — meet   ② drink — meeting

③ drinks — meet   ④ drinking — meet

⑤ drinking — meeting

POINT 4·5

3

· It won't _____(A)_____ this afternoon.
· What are you _____(B)_____ to do tomorrow?

① snow — go   ② snow — going

③ snows — go   ④ snows — going

⑤ snowing — going

[4-5] 다음 중 어법상 알맞지 <u>않은</u> 문장을 고르세요.

POINT 1·2·3

4 ① Are you going to school now?

② They're not talking to each other.

③ I'm watching a blue bird.

④ He is writing an e-mail to Jenny.

⑤ Mike isn't exercise right now.

POINT 4·5

5 ① Will you be at home this evening?

② We're going to building a new house.

③ Is he going to go to the beach?

④ I won't go out for lunch today.

⑤ She's not going to wear the dress at the party.

POINT 5

6 다음 질문에 대한 대답으로 가장 적절한 것을 고르세요.

A: Are they going to leave tomorrow?
B: _____ They will stay one more night.

① Yes, they do.   ② No, they don't.

③ Yes, they are.   ④ No, they aren't.

⑤ Yes, they will.

[7-8] 다음 문장을 괄호 안의 지시대로 바꿔 쓰세요. **서술형**

POINT 1

7

Ann lies on the grass in the park. (진행형으로)

→ _____

POINT 5

8

Fred is going to learn Korean this summer. (be going to 의문문으로)

→ _____

POINT 1·2·3·4·5

9 다음 중 어법상 알맞은 문장 **두 개**를 고르세요.

① I'm be a cook in the future.

② She is standing on the rock.

③ Is the boys playing soccer now?

④ She's enjoying not the concert.

⑤ Are you going to meet Mr. Smith?

10 다음 중 주어진 우리말을 바르게 영작한 것을 고르세요.

① 우리 어머니는 신문을 읽고 계신다.

→ My mother is read a newspaper.

② 그는 창밖을 보고 있다.

→ He'll looking out of the window.

③ 그녀는 아무것도 먹고 있지 않다.

→ She is eating not anything.

④ 내 여동생과 나는 우리 방을 청소하고 있다.

→ My sister and I am cleaning our room.

⑤ 우리 선생님이 미소 짓고 계시니?

→ Is our teacher smiling?

POINT 5

11 다음 일정표를 보고 〈보기〉와 같이 be going to를 사용하여 문장을 완성하세요. REAL 기출 서술형

Monday	play baseball with John
Wednesday	meet Jane after school
Friday	go to the movies

〈보기〉

A: What are you going to do on Monday?

B: I am going to play baseball with John.

A: What are you going to do on Friday?

B: _____

[12-13] 우리말과 일치하도록 주어진 단어를 올바르게 배열하세요. 서술형

POINT 4

12 너는 한국에 돌아올 거니?

(Korea / you / will / to / back / come)

→ _____ ?

POINT 5

13 우리는 내일 일하지 않을 것이다.

(not / tomorrow / work / to / are / going / we)

→ _____ .

[14-15] 다음 문장에서 어법상 알맞지 않은 부분을 찾아 바르게 고치세요. 서술형

POINT 1

14

The boy is useing the glue.

_____ → _____

POINT 5

15

A: Are you going to watch a movie this evening?

B: No, I'm not. I'm going to playing tennis.

_____ → _____

POINT 1

16 다음 그림을 보고 진행형과 주어진 단어를 사용하여 질문에 알맞은 대답을 완성하세요. REAL 기출 서술형

A: Is your brother outside?

B: Yes, he _____ outside.

(ride a bike)

POINT 1·5

17 다음 중 어법상 알맞은 문장끼리 짝지어진 것을 고르세요. 고난도

ⓐ I'm going to buy a new bag last week.

ⓑ Paul and I am going to visit Japan next month.

ⓒ David is studying at his desk.

ⓓ She is going to bake a cake for my birthday.

ⓔ Minju is runing around the playground.

① ⓐ, ⓒ   ② ⓒ, ⓓ   ③ ⓐ, ⓑ, ⓔ

④ ⓑ, ⓒ, ⓔ   ⑤ ⓓ, ⓔ

CHAPTER 04 조동사

074
100

1001
Sentences
for
Grammar

POINT 1 조동사+동사원형

074 Julie **can speaks**(→ **speak**) four languages.
075 We **should are**(→ **be**) honest.
076 He **can dived**(→ **dive**) into the river.
077 *The rumor* **mays**(→ **may**) be true.

Julie는 4개 국어를 할 수 있다. / 우리는 정직해야 한다. / 그는 강물 속으로 **다이빙할 수 있다.** / 그 소문은 사실일지도 모른다.

POINT 2 조동사+not+동사원형 / 조동사+주어+동사원형 ~?

078 I **cannot[can't] answer** that question.
079 We **must not break** the rules.
080 You **should not[shouldn't] make** noise.
081 **Can** *Mina* **plays**(→ **play**) the violin?

나는 그 질문에 **대답할 수 없다.** / 우리는 규칙을 **어기면 안 된다.** / 너는 떠들지 **말아야 한다.** / 미나는 바이올린을 **켤 수 있니?**

POINT 3~4 can(= be able to): ~할 수 있다(능력)/ ~해도 된다(허가)/~해 줄래요?(요청)

082 My sister **can(=is able to) swim** very well. 〈능력: ~할 수 있다〉
083 Penguins **cannot[can't] fly**. 〈능력의 부정: ~할 수 없다〉
=aren't able to
084 You **can leave** now. 〈허가: ~해도 된다〉
085 You **can't take** a photo here. 〈금지: ~하면 안 된다〉
086 **Can** I **sit** here? 〈허가: ~해도 될까요?〉
087 **Can** you **help** us? 〈요청: ~해 줄래요?〉

내 여동생은 **수영을** 아주 잘할 수 있다. / 펭귄은 **날 수 없다.** / 너는 이제 **가도 된다.** / 여기서 사진을 **찍으시면 안 됩니다.** / 여기 앉아도 될까요? / 우리 좀 **도와줄래요?**

POINT 5~6   may: ~해도 된다(허가)/~일[할]지도 모른다(추측)

088   You **may go** now. 〈허가: ~해도 된다〉

089   We **may not talk** loudly at the cinema. 〈금지: ~하면 안 된다〉

090   **May** I **ask** you something? 〈허가: ~해도 될까요?〉

091   It **may be** a good idea. 〈추측: ~일[할] 것이다, ~일[할]지도 모른다〉

092   He **may not agree** with my opinion. 〈추측: ~하지 않을 것이다〉

너는 지금 **가도 된다.** / 우리는 영화관에서 큰 소리로 **말하면 안 된다.** / 뭐 좀 **물어봐도 될까요?** / 그것은 좋은 생각**일지도 모른다.** / 그는 내 의견에 **동의하지 않을 것이다.**

POINT 7   must(= have to): ~해야 한다(의무)

093   Players **must(= have to) follow** rules. 〈의무: ~해야 한다〉

094   Jake **must(= has to) go** back home now.
                 주어가 3인칭 단수일 때는 has to

095   She **had to go** to the dentist yesterday. 〈had to: ~해야 했다〉

096   We'**ll have to do** better next time. 〈will have to: ~해야 할 것이다〉
     will must (×)

097   You **must not tell** the secret to anyone. 〈강한 금지: ~하면 안 된다〉

098   I **don't have to get up** early on Sundays. 〈불필요: ~할 필요가 없다〉

선수들은 규칙을 **따라야 한다.** / Jake는 지금 집에 돌아**가야 한다.** / 그녀는 어제 치과에 **가야 했다.** / 우리는 다음번엔 더 잘**해야 할 것이다.** / 너는 아무에게도 그 비밀을 **말하면 안 된다.** / 나는 일요일에는 일찍 **일어날 필요가 없다.**

POINT 8   should: ~해야 한다, ~하는 것이 좋다(의무 · 충고)

099   You **should come** home by 8 o'clock. 〈의무 · 충고: ~해야 한다〉

100   We **should not[shouldn't] waste** water. 〈금지: ~하지 말아야 한다〉

너는 집에 8시까지 **와야 한다.** / 우리는 물을 **낭비하지 말아야 한다.**

Unit 1 조동사의 기본 형태와 can/may

can, may, must, should와 같은 조동사는 be동사나 일반동사 앞에 쓰여서 '능력', '추측', '허가' 등의 의미를 더해주는 역할을 합니다. 조동사의 기본적인 형태와 문장에서의 쓰임을 잘 알아두세요.

POINT 1

조동사+동사원형

• 조동사 뒤에는 항상 동사원형을 써요.

Julie **can speaks**(→ **speak**) four languages. 074

We **should are**(→ **be**) honest. 075

He **can dived**(→ **dive**) into the river. 076

• 주어가 3인칭 단수이고 '현재'를 뜻할 때도 조동사의 형태가 변하지 않아요.

The rumor **mays**(→ **may**) be true. 077

check up 다음 밑줄 친 부분을 바르게 고치세요.

1 Andrew can speaks Japanese. → _____

2 I can playing the cello. → _____

3 It mays be sunny tomorrow. → _____

4 We must to follow the traffic rules. → _____

5 She should tells us the truth. → _____

POINT 2

조동사+not +동사원형/ 조동사+주어 +동사원형 ~?

조동사의 부정문에서 not은 조동사 바로 뒤에 오고, 의문문에서 조동사는 문장 맨 앞에 쓰여요.

I **cannot[can't] answer** that question. 078

We **must not break** the rules. 079

You **should not[shouldn't] make** noise. 080

Can *Mina* **plays**(→ **play**) the violin? 081

check up 다음 밑줄 친 부분을 바르게 고치세요.

1 You not must tell a lie. → _____

2 You should drink not soda too much. → _____

3 Can drive you a car? → _____

POINT 1 Julie는 4개 국어를 할 수 있다. / 우리는 정직해야 한다. / 그는 강물 속으로 다이빙할 수 있다. / 그 소문은 사실일지도 모른다. POINT 2 나는 그 질문에 대답할 수 없다. / 우리는 규칙을 어기면 안 된다. / 너는 떠들지 말아야 한다. / 미나는 바이올린을 켤 수 있니? *check up* traffic rules 교통 법규

44 천일문 GRAMMAR LEVEL 1

POINT 3 빈출!

can(= be able to): ~할 수 있다(능력)

조동사 can은 '~할 수 있다'라는 뜻으로 '능력'을 나타낼 수 있어요. 이때 같은 의미의 「be able to」로 바꿔 쓸 수 있습니다.

My sister **can(= is able to) swim** very well. 082 〈능력: ~할 수 있다〉
Penguins **cannot[can't, aren't able to] fly.** 083 〈능력의 부정: ~할 수 없다〉
Can you **play** the piano? 〈능력: ~할 수 있나요?〉

MORE +

조동사 두 개를 연달아 쓸 수 없으므로 다른 조동사와 쓰일 땐 can 대신 be able to를 써야 해요.
I **will can** do it again. (✕) I **will be able to** do it again. (○)

---

check up 우리말과 일치하도록 주어진 단어를 사용하여 문장을 완성하세요.

1 다람쥐는 나무에 오를 수 있다. (climb, can)
→ Squirrels _____ trees.

2 그녀는 그 차를 고칠 수 있다. (fix, able)
→ She _____ the car.

3 나는 그 문제를 풀 수 없다. (solve, can)
→ I _____ the problem.

POINT 4 빈출!

can: ~해도 된다(허가), ~해 줄래요?(요청)

• 조동사 can은 '허가'의 의미를 나타낼 수 있어요.

You **can leave** now. 084 〈허가: ~해도 된다〉
You **can't take** a photo here. 085 〈금지: ~하면 안 된다〉
A: **Can** I **sit** here? 086 〈허가: ~해도 될까요?〉
B: Yes, you **can.** / Of course. /
   No, you **can't.** / Sorry, you **can't.**

• can은 또한 '요청'의 의미도 나타낼 수 있어요. 이때 could를 쓰면 더 정중한 표현이 됩니다.

Can you **help** us? 087 〈요청: ~해 줄래요?〉
Could you **do** me a favor? 〈요청: ~해 주시겠어요?〉

check up 밑줄 친 부분에 해당하는 의미를 고르세요.

1 It's raining outside. <u>Can</u> I stay here?　　ⓐ ~해 줄래요?　ⓑ ~해도 될까요?
2 I'm busy now. <u>Can</u> you wait a moment?　　ⓐ ~해 줄래요?　ⓑ ~해도 될까요?
3 You <u>can't</u> swim in this river. It's too deep.　ⓐ ~해도 된다　ⓑ ~하면 안 된다

POINT 3 내 여동생은 수영을 아주 잘할 수 있다. / 펭귄은 날 수 없다. / 너는 피아노를 칠 수 있니?　POINT 4 너는 이제 가도 된다. / 여기서 사진을 찍으시면 안 됩니다. / A: 여기 앉아도 될까요? B: 네, 그렇게 하세요. / 물론이죠. / 아니요, 안 됩니다. / 죄송하지만, 안 됩니다. / 우리 좀 도와줄래요? / 제 부탁 좀 들어주시겠어요?　***check up*** moment 잠시, 잠깐

POINT 5

may: ~해도 된다 (허가)

조동사 may는 can처럼 '허가'의 의미를 나타낼 수 있어요. 허가를 나타내는 may가 부정문에 쓰이면 '~하면 안 된다'라는 '금지'를 나타내요.

You **may go** now. **088** 〈허가: ~해도 된다〉

We **may not talk** loudly at the cinema. **089** 〈금지: ~하면 안 된다〉

A: **May** I **ask** you something? **090** 〈허가: ~해도 될까요?〉

B: Yes, you **may**. / No, you **may not**.

check up 밑줄 친 부분에 해당하는 의미를 고르세요.

1 May I go to the bathroom now? ⓐ ~해 줄래요? ⓑ ~해도 될까요?

2 You may use my computer. ⓐ ~해도 된다 ⓑ ~해야 한다

POINT 6

may: ~일[할]지도 모른다(추측)

조동사 may는 불확실한 일에 대해 '추측'할 때도 쓰여요.

It **may be** a good idea. **091** 〈추측: ~일[할] 것이다, ~일[할]지도 모른다〉

He **may not agree** with my opinion. **092** 〈추측: ~하지 않을 것이다〉

check up 밑줄 친 부분에 해당하는 의미를 고르세요.

1 Steve may be tired. ⓐ ~해도 된다 ⓑ ~일[할]지도 모른다

2 You may borrow my pen. ⓐ ~해도 된다 ⓑ ~일[할]지도 모른다

3 Henry may not know your address. ⓐ ~해도 된다 ⓑ ~하지 않을 것이다

4 She may be in the kitchen now. ⓐ ~할 것이다 ⓑ ~해야 한다

POINT 5 너는 지금 가도 된다. / 우리는 영화관에서 큰 소리로 말하면 안 된다. / 뭐 좀 물어봐도 될까요? / 네, 됩니다. / 아니요, 안됩니다. POINT 6 그것은 좋은 생각일지도 모른다. / 그는 내 의견에 동의하지 않을 것이다.

Unit Exercise

A 다음 밑줄 친 부분이 올바르면 ○, 틀리면 ×하고 바르게 고치세요. POINT 1·2

1 This bird <u>cannot fly</u> now. _____

2 <u>You can</u> lift this box? _____

3 It <u>may be</u> rainy tomorrow. _____

4 <u>May I leaves</u> now? _____

5 You <u>must talk not</u> with a friend in class. _____

6 You <u>should wear</u> a seat belt. _____

B 밑줄 친 조동사의 의미로 가장 적절한 것을 〈보기〉에서 골라 그 기호를 쓰세요. POINT 3·4·5·6

〈보기〉 ⓐ ~할 수 있다 (능력)	ⓑ ~해도 된다 (허가)
ⓒ ~일[할]지도 모른다 (추측)	ⓓ ~해 줄래요? (요청)

1 It <u>may</u> be cold outside. _____

2 You <u>can</u> go home now. _____

3 She <u>can</u> speak French and English. _____

4 This lake <u>may</u> not be clean. _____

5 <u>Can</u> you pass me some sugar? _____

6 You <u>may</u> visit us any time. _____

C 우리말과 일치하도록 빈칸에 알맞은 말을 〈보기〉에서 골라 쓰세요. (단, 한 번씩만 쓸 것) POINT 3·4·5·6

〈보기〉 can   can't   may   may not

1 내일 다시 전화해 줄래?

→ _____ you call back tomorrow?

2 너는 게임을 하면 안 된다.

→ You _____ play games.

3 오늘 밤에 눈이 올지도 모른다.

→ It _____ snow tonight.

4 나는 그 소식을 믿을 수 없다.

→ I _____ believe the news.

lift 들다   outside 밖에

Unit 2 must/have to/should

POINT 7

must(= have to): ~해야 한다(의무)

• 조동사 must는 '~해야 한다'라는 뜻으로 '의무'를 나타내요. 이때 같은 의미의 have[has] to로 바꿔 쓸 수 있는데, must는 과거형이 없기 때문에 had to로 나타냅니다.

Players **must(= have to) follow** rules. **093** 〈의무: ~해야 한다〉

Jake **must(= has to) go** back home now. **094**

She **had to go** to the dentist yesterday. **095** 〈had to: ~해야 했다〉

We**'ll have to do** better next time. **096** 〈will have to: ~해야 할 것이다〉
will must (X)

• 부정형 must not은 '강한 금지'를, don't[doesn't] have to는 '~할 필요가 없다(불필요)' 라는 뜻으로 그 의미가 서로 달라요.

You **must not tell** the secret to anyone. **097** 〈강한 금지: ~하면 안 된다〉

I **don't have to get up** early on Sundays. **098** 〈불필요: ~할 필요가 없다〉

MORE +

조동사 must는 '~임이 틀림없다'라는 강한 추측의 의미로도 쓰여요.
Joy **must** be good at math. She always gets a perfect score in math.

---

check up 우리말과 일치하도록 빈칸에 알맞은 말을 쓰세요.

1 너는 네 약속을 지켜야 한다. → You _____ keep your promise.

2 너는 오늘 학교에 갈 필요가 없다. → You _____ go to school today.

3 그들은 실수를 하면 안 된다. → They _____ make mistakes.

POINT 8

should: ~해야 한다, ~하는 것이 좋다 (의무 · 충고)

• 조동사 should는 '~해야 한다, ~하는 것이 좋다'라는 뜻으로 must, have to보다는 가벼운 정도의 '의무나 충고'를 나타내요.

You **should come** home by 8 o'clock. **099** 〈의무 · 충고: ~해야 한다〉

• 부정형 should not은 '~하지 말아야 한다'라는 뜻으로 금지를 나타내요.

We **should not[shouldn't] waste** water. **100** 〈금지: ~하지 말아야 한다〉

check up 밑줄 친 부분에 유의하여 다음 해석을 완성하세요.

1 You <u>should</u> be polite to your teacher. → 너는 선생님께 _____

2 You <u>should not</u> fight with your brother. → 너는 남동생과 _____.

POINT 7 선수들은 규칙을 따라야 한다. / Jake는 지금 집에 돌아가야 한다. / 그녀는 어제 치과에 가야 했다. / 우리는 다음번엔 더 잘해야 할 것이다. / 너는 아무에게도 그 비밀을 말하면 안 된다. / 나는 일요일에는 일찍 일어날 필요가 없다. / 그는 숙제를 끝내야 한다. / 수진이는 살을 뺄 필요가 없다. / Joy는 수학을 잘하는 것이 틀림없다. 그녀는 항상 수학에서 만점을 받는다. **POINT 8** 너는 집에 8시까지 와야 한다. / 우리는 물을 낭비하지 말아야 한다. *check up* polite 공손한

Unit Exercise

A 두 문장의 의미가 일치하도록 빈칸에 알맞은 말을 쓰세요. POINT 7

1 He must see a doctor right now.

= He _____ _____ _____ a doctor right now.

2 We must recycle paper.

= We _____ _____ _____ paper.

3 Susan must finish her work.

= Susan _____ _____ _____ her work.

4 Sue must get up early tomorrow.

= Sue _____ _____ _____ _____ early tomorrow.

5 You must be quiet in the theater.

= You _____ _____ _____ quiet in the theater.

B 〈보기〉의 단어와 should 또는 should not을 사용하여 다음 문장을 완성하세요. POINT 8

〈보기〉	be	call	run	have	drive

1 너는 매일 아침을 먹어야 한다.

→ You _____ breakfast every day.

2 너는 너무 빨리 운전하지 말아야 한다.

→ You _____ so fast.

3 Tommy는 오늘 밤 Mary에게 전화해야 한다.

→ Tommy _____ Mary tonight.

4 너는 학교에 지각하지 말아야 한다.

→ You _____ late for school.

5 우리는 계단에서 뛰지 말아야 한다.

→ We _____ on the stairs.

C 우리말과 일치하도록 주어진 단어를 올바르게 배열하세요. (필요시 형태를 변형할 것) POINT 7·8

1 그녀는 자신의 개에게 먹이를 주어야 한다. (feed / must)

→ She _____ her dog.

2 우리는 종이컵을 사용하지 말아야 한다. (use / should / not)

→ We _____ paper cups.

3 Cindy는 약간의 돈을 모아야 한다. (save / have / to)

→ Cindy _____ some money.

4 너는 휴대폰을 꺼야 한다. (turn / off / should)

→ You _____ your cell phone.

see a doctor 병원에 가다   recycle 재활용하다

Chapter Test

[1-2] 우리말과 일치하도록 빈칸에 들어갈 알맞은 말을 고르세요.

POINT 3

1

> Nick은 세 가지 언어를 말할 수 있다.
> → Nick _____ speak three languages.

① can　　② cans　　③ may
④ mays　　⑤ must

POINT 7

2

> Mary는 운동을 좀 해야 한다.
> → Mary _____ do some exercise.

① can　　② may　　③ must
④ can't　　⑤ may not

[3-4] 다음 중 밑줄 친 부분의 쓰임이 <u>다른</u> 하나를 고르세요.

POINT 5·6

3 ① <u>May</u> I go on a picnic next Sunday?
② You <u>may</u> use my dictionary.
③ It <u>may</u> rain tonight.
④ You <u>may</u> go out and play.
⑤ You <u>may</u> eat these cookies.

POINT 3·4

4 ① Bill <u>can</u> play the guitar.
② I <u>can</u> ride a horse.
③ <u>Can</u> you solve this problem?
④ <u>Can</u> I leave now?
⑤ She <u>cannot</u> swim fast like you.

[5-6] 다음 중 대화의 빈칸에 들어갈 알맞은 말을 고르세요.

POINT 7

5

> A: Can you stay here with us tonight?
> B: I am sorry. I really _____ go now.

① must to　　② can　　③ cannot
④ may　　⑤ have to

POINT 5

6

> A: _____ I use your computer?
> B: Of course. Go ahead.

① Must　　② May　　③ Should
④ Do　　⑤ Does

POINT 1·2

7 다음 중 어법상 알맞은 문장을 고르세요.
① She can't dance well.
② Anna can makes a cake.
③ I cannot finding my umbrella.
④ You must park not here.
⑤ You must to stop at the red light.

POINT 5·6

8 다음 중 빈칸에 공통으로 들어갈 말로 옳은 것을 고르세요.

> · _____ I ask you a question?
> · He _____ be a doctor.

① Must[must]　　② Has to[has to]
③ May[may]　　④ Should[should]
⑤ Have to[have to]

POINT 1·7

9 다음 중 어법상 알맞지 <u>않은</u> 문장을 <u>모두</u> 고르세요.
고난도
① It may be true.
② You must see a dentist.
③ I can made model airplanes.
④ John don't have to hurry.
⑤ You should be nice to your neighbors.

POINT 8

10 should를 사용하여 다음 문장과 같은 뜻이 되도록 빈칸을 완성하세요. **서술형**

> Don't take the books home.

→ You _____.

POINT 2·7

11 다음 표지판이 나타내는 내용을 must와 주어진 단어를 사용하여 쓰세요. REAL 기출 서술형

(1)   (2)

(1) You _____ on the street. (trash, throw)

(2) You _____ here. (a bike, ride)

POINT 1·2·3

12 ⓐ~ⓔ 중 어법상 틀린 것을 찾아 기호를 쓰고, 알맞게 고쳐 쓰세요. 서술형

> A: ⓐ Can you understand English well?
> B: Yes I can. ⓑ I can English well.
> A: ⓒ Can Mandy bakes cookies?
> B: ⓓ No, she can't. But ⓔ she likes cookies.

(1) _____ → _____

(2) _____ → _____

POINT 3·4·5

13 다음 중 어색한 대화를 고르세요.

① A: May I enter the room?
　B: Yes, you may.

② A: Can I help you?
　B: No, thanks.

③ A: Can I read the letter?
　B: Yes, you can't.

④ A: Can I take a picture?
　B: No, you can't.

⑤ A: Could you lend me your pen?
　B: Of course.

POINT 7

14 다음 주어진 상황에 이어질 문장을 have to와 주어진 단어를 사용하여 완성하세요. REAL 기출 서술형

(1) Hojin's room is very dirty. He can't find anything easily in his room.
　→ He _____ it right now. (clean)

(2) I wear my school uniform on weekdays. But I don't go to school on weekends.
　→ I _____ my school uniform on weekends. (wear)

POINT 5

15 다음 대화의 빈칸에 들어갈 응답으로 알맞은 말을 고르세요.

> A: May I use the restroom?
> B: _____
> A: Thanks.

① Yes, you do.　② Yes, you may.

③ Yes, you may not.　④ No, you may.

⑤ No, you may not.

POINT 3

16 다음 도표의 내용을 보고 (1), (2) Susan이 할 수 있는 것과 (3) Andy가 할 수 없는 것을 can과 can't를 사용하여 쓰세요. REAL 기출 서술형

	Andy	Susan
play the piano	○	○
ride a bike	○	×
speak Chinese	×	○

(1) Susan _____.

(2) Susan _____.

(3) Andy _____.

CHAPTER 05 명사와 관사

POINT 1   셀 수 있는 명사 vs. 셀 수 없는 명사

101   Good **friends** are important in life. 〈셀 수 있는 명사〉

102   True **friendship** lasts long. 〈셀 수 없는 명사〉

좋은 **친구**는 인생에서 중요하다. / 진정한 **우정**은 오래 간다.

POINT 2   ~들: +-(e)s

103   In fall, many **trees** change color. 〈명사+-s〉

104   I exercise four **days** a week. 〈명사+-s〉

105   Those **boxes** are so heavy. 〈s, x, ch, sh로 끝나는 명사+-es〉

106   My mom grows **tomatoes** in her garden. 〈자음+o로 끝나는 명사+-es〉

107   Can I have some **candies**? 〈자음+y로 끝나는 명사: y를 i로 바꾸고+-es〉

108   The **leaves** are red and yellow. 〈f, fe로 끝나는 명사: f, fe를 v로 바꾸고+-es〉

109   Brush your **teeth** 3 times a day. 〈불규칙〉

110   The **sheep** were eating grass in the field. 〈단수형=복수형〉

가을에는, 많은 **나무들**이 색을 바꾼다. / 나는 일주일에 **4일** 운동한다. / 저 **상자들**은 매우 무겁다. / 엄마는 자신의 정원에서 **토마토**를 기르신다. / **사탕** 좀 먹어도 될까요? / **잎들**이 빨갛고 노랗다. / 하루에 **이**를 세 번 닦아라. / 들판에서 **양들**이 풀을 뜯고 있었다.

POINT 3   a cup of coffee / a piece of paper

111   I ordered **a cup of** *coffee*.

112   We have to buy **two bottles of** *water*.
           복수형은 단위를 나타내는 말에 +-(e)s

113   I need **a piece of** *paper*.

나는 커피 **한 잔**을 주문했다. / 우리는 물 **두 병**을 사야 한다. / 나는 종이 **한 장**이 필요하다.

POINT 4   a[an]+명사 = (어떤) 하나의 ~ / the+명사 = 그 ~

114   I have **a** question. 《(어떤) 하나의 / 처음 언급할 때》

115   I ate *a sandwich*. **The** sandwich was delicious. 〈앞에 나온 명사를 다시 언급〉

116   Could you close **the** window? 〈어떤 것을 가리키는지 분명〉

나는 질문이 **하나** 있다. / 나는 샌드위치 하나를 먹었다. **그** 샌드위치는 맛있었다. / 창문 좀 닫아주시겠어요?

POINT 5   There is a bird. / There is money. / There are birds.

117   **There is** *a bird* on the tree. 〈+단수명사〉

118   **There's** *money* in the wallet. 〈+셀 수 없는 명사〉

119   **There are** *four seasons* in Korea. 〈+복수명사〉

120   **There're** *a little girl and a cat* in the picture. 〈+A and B〉

121   **There was** *a soccer game* yesterday. 〈+단수명사〉

122   **There were** *many people* in the subway. 〈+복수명사〉

123   **There will be** *an English test* tomorrow. 〈미래: ~가 있을 것이다〉

124   **There is not[isn't]** a bookstore near here.

125   A: **Are there** many people in the mall?
B: Yes, **there are**. / No, **there aren't**.

나무 위에 새 한 마리가 **있다**. / 지갑에 돈이 **있다**. / 한국에는 사계절이 **있다**. / 사진 속에 작은 소녀 한 명과 고양이 한 마리가 **있다**. / 어제 축구 경기가 **있었다**. / 지하철에 많은 사람들이 **있었다**. / 내일 영어 시험이 **있을 것이다**. / 여기 근처에는 서점이 **없다**. / A: 쇼핑몰에 많은 사람들이 **있니**? B: 응, **그래**. / 아니, **그렇지 않아**.

Unit 1　명사/관사

POINT 1

셀 수 있는 명사 vs. 셀 수 없는 명사

명사란 사람이나 사물, 장소 등을 가리키는 이름으로, 그 수를 셀 수 있느냐 없느냐에 따라
문장 안에서 어떤 형태를 쓸지 결정이 돼요. 따라서 이를 잘 구분해 두어야 합니다.

Good **friends** are important in life. **101** 〈셀 수 있는 명사〉

True **friendship** lasts long. **102** 〈셀 수 없는 명사〉

· 셀 수 있는 명사

a student, a child, a girl, an animal, an apple, a book, a hospital, an island,
an eye, a week 등

· 셀 수 없는 명사

일정한 형태가 없는 물질	bread(빵)	butter(버터)	meat(고기)	gold(금)
	wood(목재)	glass(유리)	paper(종이)	rice(쌀)
	air(공기)	water(물)	oil(기름)	sand(모래) …
	salt(소금)	sugar(설탕)		
추상적인 의미의 개념	love(사랑)	health(건강)	help(도움)	luck(행운)
	beauty(아름다움)	time(시간)	advice(충고)	news(뉴스)
	peace(평화)	traffic(교통)	math(수학)	music(음악)
	friendship(우정) …			
종류 전체를 대표하는 단어	money(돈)	jewelry(보석류)	meat(고기)	
	동전　지폐	목걸이　반지	소고기　닭고기	
	furniture(가구) …			
	의자　책상			
사람, 장소 등의 고유한 이름	Jane	Mr. Kim	Korea	Seoul
	Monday	September …		
	* 첫 글자는 반드시 대문자로 씁니다.			

주의!

명사의 뜻이 여러 개인 경우, 뜻에 따라 셀 수 있을 수도, 없을 수도 있으므로 뜻과 함께 외워두세요.
glass(유리) vs. a glass(유리잔 하나)

check up　〈보기〉의 단어들을 셀 수 있는 명사와 셀 수 없는 명사로 구분하여 쓰세요.

〈보기〉	student	boy	bread	paper	dog	dish
	peace	water	door	banana	sugar	Korea
	rice	potato	piano	luck	day	love

1 셀 수 있는 명사: _____

2 셀 수 없는 명사: _____

POINT 1　좋은 친구는 인생에서 중요하다. / 진정한 우정은 오래간다.

POINT 2

~들: +-(e)s

둘 이상의 셀 수 있는 명사를 나타낼 때는 보통 명사 뒤에 -(e)s를 붙입니다. 또한, 마지막 철자에 따라 형태가 다르게 변하기도 하므로 그 규칙을 잘 암기해야 해요.

In fall, many **trees** change color. **103**

I exercise four **days** a week. **104**

Those **boxes** are so heavy. **105**

My mom grows **tomatoes** in her garden. **106**

Can I have some **candies**? **107**

The **leaves** are red and yellow. **108**

Brush your **teeth** 3 times a day. **109**

The **sheep** were eating grass in the field. **110**

🖍 **암기 필수** 셀 수 있는 명사의 복수형 만드는 법

대부분의 명사	명사+-s	desks	books	maps	cups
		lips	boats	houses	apples
		trees	bags	hours	cars
s, x, ch, sh로 끝나는 명사	명사+-es	classes	glasses	buses	boxes
		foxes	benches	watches	dishes
「자음+o」로 끝나는 명사	명사+-es	potatoes tomatoes heroes			
		*예외: pianos, photos, memos, radios, zoos			
「자음+y」로 끝나는 명사	y를 i로 바꾸고 +-es	baby → babies		candy → candies	
		story → stories		family → families	
		*「모음+-y」로 끝나는 명사+-s			
		days boys toys monkeys ways			
f, fe로 끝나는 명사	f, fe를 v로 바꾸고 +-es	leaf → leaves		knife → knives	
		half → halves		wife → wives	
		wolf → wolves		life(생명) → lives	
		*예외: roof → roofs			
불규칙		man → **men** woman → **women** tooth → **teeth**			
		foot → **feet** child → **children** mouse → **mice**[mais]			
형태가 같은 경우		fish → **fish** sheep → **sheep** deer → **deer**			

(ℓ **암기TIP** 일반동사의 3인칭 단수 현재형을 만드는 규칙과 비슷해요. (Ch 02)

MORE +

glasses(안경), shoes(신발), socks(양말), jeans(청바지), pants(바지), sneakers(스니커즈 운동화), gloves(장갑), scissors(가위) 등은 짝으로 이루어져 있어 항상 복수형을 씁니다.

수를 셀 때에는 **a pair of** pants(바지 한 벌), **two pairs of** shoes(구두 두 켤레)와 같은 형태로 나타내요.

그중 하나만 가리킬 때는 단수형으로 쓸 수 있습니다.

a shoe 신발 한 짝

반복해서 들어보세요.
쉽게 외울 수 있어요!

POINT 2 가을에는, 많은 나무들이 색을 바꾼다. / 나는 일주일에 4일 운동한다. / 저 상자들은 매우 무겁다. / 엄마는 자신의 정원에서 토마토를 기르신다. / 사탕 좀 먹어도 될까요? / 잎들이 빨갛고 노랗다. / 하루에 이를 세 번 닦아라. / 양들이 들판에서 풀을 뜯고 있었다.

POINT 3

a cup of coffee
a piece of paper

셀 수 없는 명사는 담는 그릇이나 모양 등 단위를 나타내는 표현을 써서 그 양을 나타내요.
복수형을 나타낼 때는 단위를 나타내는 말에 -(e)s를 붙여요.

I ordered **a cup of** *coffee*. (111)
We have to buy **two bottles of** *water*. (112)
I need **a piece of** *paper*. (113)

▨ 암기 필수 **셀 수 없는 명사의 수량 표현**

a piece[**sheet**](장) **of** paper **a cup**(컵) **of** tea/coffee **a glass**(잔) **of** water/milk/juice **a bottle**(병) **of** water/wine/juice	**a bowl**(그릇) **of** rice/soup **a slice**[**piece**](조각) **of** pizza/cheese/cake **a loaf**(덩이) **of** bread **a bar**(막대) **of** chocolate/soap

◟ **암기TIP** 어떤 그릇(cup, glass, bowl 등)에 담기는지, 어떤 모양(slice, piece 등)인지 떠올려 보세요.

주의!

셀 수 없는 명사를 복수형으로 만들지 않도록 주의하세요.
two loaf of **breads** (×) → *two* **loaves** of bread (○)

check up 우리말과 일치하도록 빈칸에 알맞은 말을 쓰세요.

1 주스 한 잔 → a _____ _____ juice
2 케이크 세 조각 → three _____ _____ cake
3 와인 네 병 → four _____ _____ wine

반복해서 들어보세요.
쉽게 외울 수 있어요!

POINT 4

a[an]+명사 =
(어떤) 하나의 ~
the+명사 = 그 ~

관사 a/an, the는 명사 앞에 쓰여 그 명사의 의미를 명확히 나타내거나 보충해주는 역할을 해요.
자음 발음으로 시작하는 단어 앞에는 a를, 모음 발음으로 시작하는 단어 앞에는 an을 붙여요.

a/an+셀 수 있는 명사의 단수형	**a** box, **an** apple, **an** hour 등
the+셀 수 있는 명사의 단수형/복수형, 셀 수 없는 명사 앞	**the** box, **the** apples, **the** water 등

특별히 정해지지 않은 하나 / 처음 언급할 때	I have **a** question. (114)
앞에 나온 명사를 다시 언급할 때	I ate *a sandwich*. **The** sandwich was delicious. (115)
어떤 것을 가리키는지 분명할 때	Could you close **the** window? (116)

주의!

명사 앞에 형용사가 있을 경우, 형용사의 처음 철자의 발음에 따라 a, an을 씁니다.
a wonderful day, **an o**ld building, **an h**onest [ɑ́nist] man

MORE +

the 뒤에 오는 단어의 첫 발음이 자음이면 [ðə(더)]로 읽고, 모음이면 [ði(디)]로 읽어요.
the [ðə(더)] pencil   **the** [ði(디)] orange

POINT 3 나는 커피 한 잔을 주문했다. / 우리는 물 두 병을 사야 한다. / 나는 종이 한 장이 필요하다.   **POINT 4** 나는 질문이 하나 있다. / 나는 샌드위치 하나를 먹었다. 그 샌드위치는 맛있었다. / 창문 좀 닫아주시겠어요?

Unit Exercise

A 다음 중 어법상 알맞은 것을 고르세요. POINT 1·2·4

1 Two [babys / babies] are lying on the bed.

2 Carl drank [water / a water] in the morning.

3 We can see many fallen [leafs / leaves] in fall.

4 Matt could move his heavy [boxs / boxes].

5 I found a box. [A / The] box was empty.

6 My father caught three [fish / fishes] in the river.

7 Two [dishs / dishes] and two cups are on the table.

B 그림과 일치하도록 주어진 단어를 사용하여 빈칸에 알맞은 말을 쓰세요. POINT 3

1	2	3	4

1 We had _____ pizza for lunch. (piece)

2 Laura drinks _____ milk every day. (glass)

3 Minsu ate _____ rice for breakfast. (bowl)

4 My sister drank _____ coffee today. (cup)

C 우리말과 일치하도록 주어진 단어를 사용하여 문장을 완성하세요. POINT 1·2·3

1 샌드위치 안에 치즈 두 조각을 넣어주세요. (slice)

→ Please put _____ cheese in the sandwich.

2 우리는 지금 신선한 공기가 좀 필요하다. (air)

→ We need some fresh _____ now.

3 다섯 명의 여성들이 줄을 서서 기다리고 있다. (woman)

→ _____ are waiting in line.

4 나는 수프를 위한 세 개의 감자와 두 개의 양파를 사야 한다. (potato)

→ I should buy _____ and two onions for soup.

lie 눕다　　fallen 떨어진　　empty 비어 있는

Unit 2   There is/are

POINT 5

There is a bird.
There is money.
There are birds.

- 「There is[are]+명사」는 '~개[이] 있다'라는 의미를 나타내며, 뒤에 나오는 명사의 수에 따라 be동사가 결정돼요. 과거형은 「There was[were]+명사」로 나타내며, '~개[이] 있었다'로 해석합니다.

There is *a bird* on the tree. `117` 〈+단수명사〉

There's *money* in the wallet. `118` 〈+셀 수 없는 명사〉

There are *four seasons* in Korea. `119` 〈+복수명사〉

There're *a little girl and a cat* in the picture. `120` 〈+A and B〉

There was *a soccer game* yesterday. `121` 〈+단수명사〉

There were *many people* in the subway. `122` 〈+복수명사〉

There will be *an English test* tomorrow. `123` 〈미래: ~가 있을 것이다〉

암기 필수

There is[was]	단수명사, 셀 수 없는 명사
There are[were]	복수명사

암기TIP 뒤에 복수명사가 오면 반드시 are[were]를 쓰고, 그 외에는 모두 is[was]를 써요.

- 부정문: ~개[이] 없다 / 의문문: ~개[이] 있니?

There is not[isn't] a bookstore near here. `124`

A: **Are there** many people in the mall? `125`
B: Yes, **there are.** / No, **there aren't.**

부정문	**There is[was] not** (= There isn't[wasn't])
	There are[were] not (= There aren't[weren't])
의문문	**Is[Was] there** ~? — Yes, **there is[was].** / No, **there isn't[wasn't].**
	Are[Were] there ~? — Yes, **there are[were].** / No, **there aren't[weren't].**

check up 다음 중 빈칸에 들어갈 알맞은 말을 고르세요.

1 There is _____ in my town.   ① tall buildings   ② a park
2 There are _____ on the table.   ① three bananas   ② a cup of coffee

---

POINT 5 나무 위에 새 한 마리가 있다. / 지갑에 돈이 있다. / 한국에는 사계절이 있다. / 사진 속에 작은 소녀 한 명과 고양이 한 마리가 있다. / 어제 축구 경기가 있었다. / 지하철에 많은 사람들이 있었다. / 내일 영어 시험이 있을 것이다. / 여기 근처에는 서점이 없다. / A: 쇼핑몰에 많은 사람들이 있니? B: 응, 그래. / 아니, 그렇지 않아.

Unit Exercise

정답 및 해설 p.11

A 다음 중 어법상 알맞은 것을 고르세요. POINT 5

1 There [is / are] an elephant in the zoo.

2 There [is / are] a pencil case and a textbook in my backpack.

3 [Was / Were] there tall trees in the park last year?

4 There is [butter / butters] in the refrigerator.

5 There are special [rule / rules] in my school.

6 There [wasn't / weren't] furniture in the new house.

7 There [was / were] Tom and Sam in the yard.

B 빈칸에 알맞을 말을 〈보기〉에서 골라 쓰세요. (단, 한 번씩만 쓸 것) POINT 5

〈보기〉 There is	There are	There was	There were

1 _____ three rooms in my house.

2 _____ a football stadium in the city before.

3 _____ many children in the park yesterday.

4 _____ a swimming pool in this hotel.

C 우리말과 일치하도록 주어진 단어를 사용하여 문장을 완성하세요. POINT 5

1 내 바지 주머니에 약간의 돈이 있다. (there, some money)

→ _____ _____ _____ _____ in my pants' pocket.

2 어제 한국과 일본 간의 축구 경기가 있었다. (a soccer match, there)

→ _____ _____ _____ _____ between Korea and Japan yesterday.

3 이 빵에는 설탕과 달걀이 들어있지 않다. (there, sugar and eggs)

→ _____ _____ _____ _____ in this bread.

4 여기에서 부산 가는 기차가 있나요? (any trains, there)

→ _____ _____ _____ _____ to Busan from here?

5 그 케이크 위에는 초가 없었다. (there, candles)

→ _____ _____ _____ on the cake.

backpack 배낭 refrigerator 냉장고 rule 규칙 stadium 경기장

Chapter Test

[1-2] 다음 중 빈칸에 들어갈 말로 어법상 알맞지 <u>않은</u> 것을 고르세요.

POINT 5

1

| There are _____ on the hill. |

① sheep   ② trees   ③ children

④ fox   ⑤ deer

POINT 3

2

| Linda needs a piece of _____. |

① cake   ② paper   ③ water

④ pizza   ⑤ cheese

[3-4] 다음 중 밑줄 친 부분이 어법상 알맞지 <u>않은</u> 것을 고르세요.

POINT 2

3

① My brother has many <u>toys</u>.

② Mrs. Brown has five <u>childs</u>.

③ Look at the <u>benches</u> over there.

④ I know many interesting <u>stories</u>.

⑤ Tony brushes his <u>teeth</u> every morning.

POINT 3

4

① John wants to have <u>a bowl of</u> salad.

② Can I have <u>two slices of</u> mango juice?

③ I ate <u>three pieces of</u> chocolate cake.

④ Helen likes to drink <u>two bottles of</u> milk.

⑤ Mom always drinks <u>a cup of</u> coffee after a meal.

[5-6] 다음 중 (A), (B)에 들어갈 말이 바르게 짝지어진 것을 고르세요.

POINT 4

5

| · I had a dog. ___(A)___ dog was very smart.
· My sister has ___(B)___ nice watch. |

① A — an   ② A — the

③ The — the   ④ The — an

⑤ The — a

POINT 5

6

| · There ___(A)___ many deer in the forest.
· ___(B)___ there any juice in the fridge? |

① was — Is   ② was — Are

③ were — Are   ④ were — Is

⑤ were — Were

POINT 3

7 주어진 단어를 올바르게 배열하여 다음 대화를 완성하세요. (필요시 단어의 형태를 변형할 것) **REAL 기출** **서술형**

| A: Can I help you?
B: Yes. Could you bring me (1) _____ _____ ? (pizza / three / slice / of)
A: Sure. Anything else?
B: (2) _____, please. (orange juice / two / glass / of) |

POINT 5

8 다음 중 어법상 알맞지 <u>않은</u> 문장을 고르세요.

① There is an apple tree in my backyard.

② There was some flowers in the vase.

③ There is a movie theater over there.

④ There was an accident on the road.

⑤ There are many cars in the city.

POINT 5

9 다음 중 빈칸에 들어갈 단어가 나머지와 <u>다른</u> 하나를 고르세요.

① There _____ lots of milk in the bottle.

② There _____ an old tree in my town.

③ There _____ 24 hours in a day.

④ There _____ some jewelry in my mom's drawer.

⑤ _____ there a bus stop on the corner?

POINT 2·5

10 다음 중 주어진 우리말을 바르게 영작한 것을 고르세요.

그 축제에는 많은 사람들이 있니?

① Are there many person at the festival?

② Is there many person at the festival?

③ Is there many people at the festival?

④ Are there many persons at the festival?

⑤ Are there many people at the festival?

POINT 2·5

11 그림과 일치하도록 주어진 단어를 사용하여 문장을 완성하세요. REAL 기출 서술형

(1) There _____ in the restaurant. (table)

(2) There _____ on the table. (plate)

(3) There _____ between the plates. (vase)

POINT 1·2·5

12 다음 중 어법상 알맞은 문장을 고르세요.

① I walked on the fallen leafs.

② She eats a bread for lunch.

③ The man caught many fishes in the sea.

④ There are many buses on the street.

⑤ There is oranges in the basket.

POINT 2·5

13 다음 표를 보고 〈보기〉와 같이 문장을 완성하세요.

REAL 기출 서술형

animal	number	place
lion	2	rock
bear	1	cage
bird	2	tree

〈보기〉 There <u>are two lions</u> on the rock.

(1) There _____ in the cage.

(2) There _____ on the tree.

POINT 2·5

14 다음 중 어법상 알맞지 <u>않은</u> 문장 두 개를 고르세요.

① There are some kids in the playground.

② I need three tomatoes for spaghetti.

③ The black cat caught two mouses.

④ The boxes are very heavy.

⑤ There is many people at the subway station.

POINT 1·2·5

15 다음 중 밑줄 친 부분이 어법상 알맞지 <u>않은</u> 두 개를 찾아 그 기호를 쓰고 바르게 고쳐 쓰세요.

고난도 서술형

There ⓐ <u>is</u> many interesting ⓑ <u>animals</u> in the zoo. Look! ⓒ <u>A koala</u> is sleeping on the tree. ⓓ <u>Koalas</u> usually sleep for about sixteen ⓔ <u>hour</u> a day.

(1) _____ → _____

(2) _____ → _____

CHAPTER 06 대명사

126
152

1001
Sentences
for
Grammar

POINT 1 역할에 따라 형태가 변하는 인칭대명사

126 **I** have two sisters. 〈주격: 나는〉

127 Judy and Rosa are **my** sisters. 〈소유격: 나의〉

128 My sisters help **me** a lot. 〈목적격: 나를〉

나는 두 명의 여동생이 있다. / Judy와 Rosa는 **나의** 여동생들이다. / 내 여동생들은 **나를** 많이 도와준다.

POINT 2 mine = my ~

129 It's not *your fault*. It's **mine**. = my fault

130 This is *my pen*. Where is **yours**? = your pen

그것은 네 잘못이 아니야. **내 잘못**이야. / 이것은 내 펜이야. **네 것**은 어디에 있니?

POINT 3 this(이것, 이 사람), that(저것, 저 사람)

131 **This** is not my umbrella. **That**'s my umbrella.

132 **These** are new shoes. **Those** are old shoes.

이것은 내 우산이 아니다. **저것이** 내 우산이다. / **이것들은** 새 신발이다. **저것들은** 오래된 신발이다.

POINT 4 this[that]+명사: 이 ~, 저 ~

133 **This[That]** *book* is interesting. 〈this[that]+단수명사〉

134 **These[Those]** *books* are boring. 〈these[those]+복수명사〉

이[저] 책은 재미있다. / **이[저]** 책들은 지루하다.

POINT 5 '그것'으로 해석하지 않는 it

135 **It** is sunny this morning. 〈날씨〉

136 **It**'s 26℃ today. 〈온도〉

137 **It** is 8 o'clock now. 〈시간〉

138 **It** is May 20th. 〈날짜〉

오늘 아침은 맑다. / 오늘은 26도이다. / 지금은 8시이다. / 5월 20일이다.

139	**It** is Saturday today. 〈요일〉
140	**It**'s winter in Japan now. 〈계절〉
141	**It**'s 2km to the market. 〈거리〉
142	**It**'s dark outside. 〈명암〉

오늘은 토요일이다. / 일본은 지금 겨울이다. / 시장까지 2km이다. / 밖이 어둡다.

POINT 6   one = a+명사

143	I lost my umbrella. I have to buy **one**.
	= an umbrella
144	My sister likes hot drinks, but I like cold **ones**.
	= drinks

나는 내 우산을 잃어버렸다. 나는 **우산 하나**를 사야 한다. / 내 여동생은 뜨거운 음료를 좋아하지만, 나는 찬 **음료**를 좋아한다.

POINT 7   some, any: 정확하지 않은 수량

145	These apples are fresh. I'll buy **some**.
146	Can I have **some** water?
147	I don't have **any** time today.
148	A: Do you have **any** good ideas?
	B: No. Sorry, I don't have **any**.

이 사과들은 신선하다. 나는 **몇 개** 살 것이다. / 물을 **좀** 마실 수 있을까요? / 나는 오늘 시간이 **전혀** 없다. / A: 너는 좋은 생각이 **좀** 있니? B: 아니. 미안해, 나는 **하나도** 없어.

POINT 8   -one, -body, -thing: 정해져 있지 않은 사람, 사물

149	**Something** *is* wrong with this machine.
150	Would you like **anything** else?
151	**Nobody** *knows* the correct answer.
152	Nowadays, **everyone** *uses* a cell phone.

이 기계에 **무언가**가 잘못됐다. / 다른 **무언가**가 필요하신가요? / **아무도** 정답을 모른다. / 요즘에는 **모든 사람**이 휴대전화를 사용한다.

Unit 1 인칭대명사

역할에 따라 형태가 변하는 인칭대명사

사람이나 사물의 이름을 대신하여 부르는 말을 인칭대명사라고 하며, 문장에서 어떤 역할을 하는지에 따라 형태가 바뀌어요.

[나는] **I** have two sisters. `126`

[나의] Judy and Rosa are **my** sisters. `127`

[나를] My sisters help **me** a lot. `128`

✍️ 암기 필수 인칭대명사

인칭 \ 격	단수			복수		
	주격 (~은/는, ~이/가)	소유격 (~의)	목적격 (~을/를, ~에게)	주격	소유격	목적격
1인칭	I (나는)	my (나의)	me (나를, 나에게)	we (우리는)	our (우리의)	us (우리를, 우리에게)
2인칭	you (너는)	your (너의)	you (너를, 너에게)	you (너희들은)	your (너희들의)	you (너희를, 너희에게)
3인칭	he (그는)	his (그의)	him (그를, 그에게)	they (그들은)	their (그들의)	them (그들을, 그들에게)
	she (그녀는)	her (그녀의)	her (그녀를, 그녀에게)			
	it(그것은)	its(그것의)	it(그것을)			

반복해서 들어보세요.
쉽게 외울 수 있어요!

> **주의!**
>
> **it's vs. its**
> it's는 it is의 줄임말이고 its는 it의 소유격이에요. 형태는 비슷하지만 서로 다른 쓰임에 주의하세요.
> **It's**(= It is) a giraffe. **Its**(= The giraffe's) neck is long.

MORE +

목적격 인칭대명사는 전치사 뒤에도 쓰일 수 있어요.

I'm very proud *of* **her**.

---

check up 1 주어진 우리말에 맞게 올바른 인칭대명사를 쓰세요.

1 그의 이름 → _____ name

2 나에게 전화하다 → call _____

3 그녀의 어머니 → _____ mother

4 우리의 계획 → _____ plan

5 그를 알다 → know _____

6 너의 신발 → _____ shoes

7 그들의 집 → _____ house

8 우리에게 말하다 → tell _____

9 나의 친구들 → _____ friends

10 그것의 꼬리 → _____ tail

11 그들을 돕다 → help _____

12 그것을 가져가다 → take _____

POINT 1 나는 두 명의 여동생이 있다. / Judy와 Rosa는 나의 여동생들이다. / 내 여동생들은 나를 많이 도와준다. / 그것은 기린이다. 그것의 목은 길다. / 나는 그녀가 매우 자랑스럽다.

check up 2 다음 밑줄 친 인칭대명사가 가리키는 것을 찾아 밑줄을 그으세요.

1 Matt is my best friend. I like <u>him</u> very much.

2 I can't find Sam and Jane. Are <u>they</u> in the art room?

3 We should have vegetables. <u>They</u> are good for health.

4 Did you see Danny's sister? <u>She's</u> so beautiful.

5 The blouse is too short. I won't buy <u>it</u>.

6 David is a new teacher. <u>He</u> teaches history.

7 My family traveled to Spain. <u>We</u> had a good time.

8 Susan is a cook. <u>She</u> can cook French food.

check up 3 다음 밑줄 친 부분을 알맞은 인칭대명사로 바꾸세요.

1 <u>Harry's father</u> is a firefighter.　　　　　→ _____

2 Were <u>Suji and Mina</u> in the park last night?　→ _____

3 We met <u>your sister</u> at the bank.　　　　　→ _____

4 I see <u>John and Amy</u> every day.　　　　　→ _____

5 <u>The T-shirt</u> is on the bed in my room.　　→ _____

6 Tomorrow is <u>my brother's</u> birthday.　　　→ _____

7 <u>My friend and I</u> played tennis.　　　　　→ _____

8 Did <u>you and your family</u> stay at home?　→ _____

9 My uncle gave gifts to <u>me and my sister</u>.　→ _____

check up health 건강 (상태)　　cook 요리사; 요리하다　　firefighter 소방관

POINT 2

mine = my ~

소유격과 소유대명사는 형태는 비슷하지만, 역할과 의미에 차이가 있어요. 소유격은 '~의'라는 의미로, 명사 앞에 쓰여 명사와의 소유 관계를 나타내요. 소유대명사는 '~의 것'이라는 의미로, 소유대명사는 「소유격＋명사」를 대신합니다.

It's not *your fault*. It's **mine**. **129**
　　　　　　　　　　= my fault

This is *my pen*. Where is **yours**? **130**
　　　　　　　　　　　　　= your pen

✔ 암기 필수　소유대명사

격 인칭	단수			복수		
	인칭대명사	소유격 (~의)	소유대명사 (~의 것)	인칭대명사	소유격	소유대명사
1인칭	I	my	**mine** (나의 것)	we	our	**ours** (우리의 것)
2인칭	you	your	**yours** (너의 것)	you	your	**yours** (너희들의 것)
3인칭	he	his	**his** (그의 것)	they	their	**theirs** (그들의 것)
	she	her	**hers** (그녀의 것)			
	it	its	-			

반복해서 들어보세요.
쉽게 외울 수 있어요!

> **주의!**
> 명사의 소유격과 소유대명사는 명사 뒤에 's를 붙여 나타내요. 이때, -(e)s가 붙는 복수형 명사에는 아포스트로피(')만 붙입니다.
> My hair is short, but **Jane's**(= Jane's hair) is long.
> I go to a **girls'** middle school. (girls's (×))

check up 1 다음 밑줄 친 부분을 대신할 수 있는 소유대명사를 쓰세요.

1 I put my bag on the desk.　　　　　　　　　→ _____

2 The blue camera is her camera.　　　　　　　→ _____

3 The green house is our house.　　　　　　　→ _____

4 There is a cell phone. It's his cell phone.　　→ _____

5 My eyes are black, and your eyes are brown.　→ _____

6 The pizza on the table is their pizza.　　　　→ _____

7 The new computer is Minji's computer.　　　→ _____

check up 2 다음 굵게 표시된 부분이 나타내는 것을 「소유격＋명사」 형태로 바꿔 쓰세요.

1 The hat is **mine**.　　　　　　　　　→ The hat is _____ _____.

2 The cats are **theirs**.　　　　　　　　→ The cats are _____ _____.

3 My dog is white, but **yours** is black.　→ My dog is white, but _____ _____ is black.

POINT 2 그것은 네 잘못이 아니야. 내 잘못이야. / 이것은 내 펜이야. 네 것은 어디에 있니? / 내 머리는 짧지만, Jane의 머리는 길다. / 나는 여자 중학교에 다닌다.

66　천일문 GRAMMAR LEVEL 1

Unit Exercise

A 다음 중 어법상 알맞은 것을 고르세요. POINT 1·2

1 We invited [his / him] to dinner.

2 You should be nice to [you / your / yours] friends.

3 Dad bought a bicycle for [my / me / mine].

4 Your laptop doesn't work. You can use [our / us / ours].

5 I met Ben yesterday. [We / Our] played soccer.

6 The restaurant is famous for [it's / its] desserts.

7 Do you know [she / her / hers] address?

B 주어진 단어를 어법에 맞게 쓰세요. POINT 1·2

1 The scarf is _____. (she)

2 It is my pen. _____ isn't here. (you)

3 You can use _____ mirror. (I)

4 He knows my name, but I don't know _____. (he)

5 _____ father is a science teacher. (she)

6 My shirt is blue. But _____ shirt is white. (he)

7 The cup on the right is _____. (I)

C 우리말과 일치하도록 빈칸에 알맞은 말을 쓰세요. POINT 1·2

1 그들은 그에게 빵 한 덩이를 주었다.

→ _____ gave a loaf of bread to _____.

2 그것은 Tom의 기타다.

→ _____ is _____ guitar.

3 그녀는 새 가방을 샀다. 나는 그것의 색깔이 마음에 든다.

→ _____ bought a new bag. _____ like _____ color.

4 그는 노트북을 가지고 있다. 나는 그의 것을 빌릴 것이다.

→ _____ has a laptop. _____ 'll borrow _____.

5 내 모자는 갈색이고, 그녀의 것은 보라색이다.

→ _____ hat is brown, and _____ is purple.

laptop 노트북   dessert 후식   scarf 스카프

Unit 2 　지시대명사와 it

POINT 3

this(이것, 이 사람),
that(저것, 저 사람)

지시대명사 this와 that은 어떤 대상을 가리킬 때 쓰는 대명사로, this는 말하는 사람과 가까이 있는 사물이나 사람, that은 말하는 사람과 멀리 있는 사물이나 사람을 가리킵니다. 복수 명사를 대신할 때는 각각 these와 those를 씁니다.

This is not my umbrella. **That**'s my umbrella. 131

These are new shoes. **Those** are old shoes. 132

> 주의!
>
> That is는 That's로 줄여 쓸 수 있지만, This is, These[Those] are는 줄여 쓸 수 없습니다.

MORE +

this[these]를 사용해서 누군가를 직접 소개할 수 있어요. 전화상으로 소개할 때에도 this를 씁니다.

This is my teacher, Steve.

A: Hello. Who is **this**?　B: **This** is Cindy.

---

check up　　우리말과 일치하도록 빈칸에 알맞은 말을 쓰세요.

1 이것은 내가 가장 좋아하는 책이다.　　→ _____ is my favorite book.

2 저것들은 Jack의 연필들이다.　　→ _____ are Jack's pencils.

3 이것들은 너의 반지들이니?　　→ Are _____ your rings?

4 저것은 새로 생긴 빵집이다.　　→ _____ is a new bakery.

POINT 4

this[that]+명사:
이 ~, 저 ~

this[these], that[those]이 명사 앞에서 명사를 꾸며 줄 때는, '이 ~(들)', '저 ~(들)'라는 의미의 형용사처럼 쓰이기도 해요.

This[That] *book* is interesting. 133

These[Those] *books* are boring. 134

check up　　우리말과 일치하도록 빈칸에 알맞은 말을 쓰세요.

1 안경 쓴 저 여자애를 아니?　　→ Do you know _____ girl with glasses?

2 이 꽃들은 정말 아름답다.　　→ _____ flowers are so beautiful.

3 이 산은 그리 높지 않다.　　→ _____ mountain isn't very high.

4 버스 정류장에 저 사람들을 봐.　　→ Look at _____ people at the bus stop.

POINT 3 이것은 내 우산이 아니다. 저것이 내 우산이다. / 이것들은 새 신발이다. 저것들은 오래된 신발이다. / 이분은 우리 선생님이신 Steve입니다. / A: 여보세요. 누구세요? B: 저는 Cindy예요.　　POINT 4 이[저] 책은 재미있다. / 이[저] 책들은 지루하다.

POINT 5

'그것'으로 해석하지 않는 it

it은 '그것'이라는 의미로 명사를 대신할 뿐만 아니라 날씨, 온도, 시간, 날짜, 요일, 계절, 거리, 명암 등을 나타낼 때도 쓰여요. 이때 it은 특별히 무엇을 가리키는 것이 아니므로 '그것'이라고 해석하지 않습니다. 이렇게 뜻이 없는 주어의 역할을 하는 it을 비인칭 주어라고 해요.

It is sunny this morning. 〈날씨〉 **135**

It's 26℃ today. 〈온도〉 **136**

It is 8 o'clock now. 〈시간〉 **137**

It is May 20th. 〈날짜〉 **138**

It is Saturday today. 〈요일〉 **139**

It's winter in Japan now. 〈계절〉 **140**

It's 2km to the market. 〈거리〉 **141**

It's dark outside. 〈명암〉 **142**

주의!

인칭대명사 it vs. 비인칭 주어 it
인칭대명사 it은 앞에 언급된 단수명사를 대신하여 '그것'이라고 해석되며, 날씨, 시간, 날짜 등을 나타낼 때 쓰이는 it은 아무 뜻이 없이 주어 자리에 사용됩니다.
She borrowed my pen and lost **it**(= my pen).
It rains a lot in summer.

---

check up 1 다음 중 밑줄 친 It이 사물을 가리켜 '그것'이라고 해석되면 ○, 해석하지 않는 것이 자연스러우면 ×표 하세요.

1 <u>It</u>'s Monday today. _____

2 <u>It</u> is not my watch. _____

3 <u>It</u>'s Boram's birthday today. _____

4 <u>It</u>'s November 28th. _____

check up 2 다음 문장을 It에 유의하여 해석하세요.

1 It is twelve o'clock.

→ _____

2 It's three kilometers from here.

→ _____

3 It takes an hour by bus.

→ _____

4 It is very cloudy now.

→ _____

POINT 5 오늘 아침은 맑다. / 오늘은 26도이다. / 지금은 8시이다. / 5월 20일이다. / 오늘은 토요일이다. / 일본은 지금 겨울이다. / 시장까지 2km이다. / 밖이 어둡다. / 그녀는 내 펜을 빌려 가서 그것을 잃어버렸다. / 여름에는 비가 많이 내린다.

Unit Exercise

A 우리말과 일치하도록 빈칸에 알맞은 말을 〈보기〉에서 골라 쓰세요. POINT 3·4

> 〈보기〉 this   that   these   those

1 저것은 그녀의 사진이니?

→ Is _____ her photo?

2 이것은 장난감 자동차이다.

→ _____ is a toy car.

3 이 인형들은 매우 비싸다.

→ _____ dolls are very expensive.

4 저 건물은 우리 학교이다.

→ _____ building is my school.

5 저것들은 낡은 신발들이다.

→ _____ are old shoes.

B 다음 밑줄 친 부분이 맞으면 ○, 틀리면 ×하고 바르게 고치세요. POINT 3·4·5

1 These is my father's suitcase.   _____

2 Can I borrow these books?   _____

3 This is raining outside.   _____

4 Do you know those person next to Jinsu?   _____

5 That are not our bikes over there.   _____

6 It is September 20th.   _____

7 Are this your boxes here?   _____

C 괄호 안의 단어를 이용하여 질문에 대한 답을 쓰세요. POINT 5

1 A: What day is it today?

B: _____. (Monday)

2 A: What time is it now?

B: _____. (11 o'clock)

3 A: What is the weather like today?

B: _____ today. (sunny)

4 A: How far is it to the airport from here?

B: _____ from here. (8 kilometers)

suitcase 여행 가방   far (거리가) 먼

Unit 3   one, some, any

POINT 6

one = a+명사

one은 앞에서 말한 단수명사 바로 그것이 아니라, '어느 것이든 같은 종류의 것으로 하나'를 말합니다. 복수명사는 ones로 대신해요.

I lost my umbrella. I have to buy **one**. 143
= an umbrella

My sister likes hot drinks, but I like cold **ones**. 144
= drinks

주의!

앞에서 언급한 명사와 <u>동일한 명사</u>를 가리킬 때는 it을 써요.
I found my umbrella. **It** was at home.
= My umbrella

check up   다음 밑줄 친 부분이 가리키는 것을 찾아 쓰세요.

1 I need a pencil. Do you have <u>one</u>?   →＿＿＿＿＿＿

2 I like blue pants. But Rachel likes black <u>ones</u>.   →＿＿＿＿＿＿

POINT 7

some, any: 정확하지 않은 수량

some과 any는 둘 다 정확하지 않은 막연한 수나 양을 나타내며, '약간(의), 조금(의)'라는 뜻으로 쓰여요. 명사와 함께 쓰일 때는 셀 수 있는 명사와 셀 수 없는 명사 둘 다에 쓰일 수 있어요.

• some은 '약간(의), 몇몇(의)'이라는 의미로, 주로 긍정문이나 긍정의 대답을 기대하는 의문문에 쓰여요.

These apples are fresh. I'll buy **some**. 145

Can I have **some** water? 146

Would you like **some** cake?

• any는 주로 부정문에 쓰여 '조금도 ～하지 않는, 전혀[하나도] ～없는'의 의미를 나타내거나, 의문문에 쓰여 '몇몇의, 약간의, 조금'이라는 의미를 나타냅니다.

I don't have **any** time today. 147

A: Do you have **any** good ideas? 148

B: No. Sorry, I don't have **any**.

check up   다음 빈칸에 some과 any 중 알맞은 것을 쓰세요.

1 I bought ＿＿＿＿＿＿ popcorn and a drink.

2 I looked for an eraser. But there weren't ＿＿＿＿＿＿.

POINT 6 나는 내 우산을 잃어버렸다. 나는 우산 하나를 사야 한다. / 내 여동생은 뜨거운 음료를 좋아하지만, 나는 찬 음료를 좋아한다. / 나는 내 우산을 찾았다. 그것은 집에 있었다.
POINT 7 이 사과들은 신선하다. 나는 몇 개 살 것이다. / 물을 좀 마실 수 있을까요? / 케이크 좀 드실래요? / 나는 오늘 시간이 조금도 없다. / A: 너는 좋은 생각이 좀 있니? B: 아니. 미안해, 나는 하나도 없어. **check up** look for 찾다

POINT 8

-one, -body, -thing:
정해져 있지 않은
사람, 사물

-one, -body는 사람, -thing은 사물을 가리켜요.
-one, -body, -thing으로 끝나는 대명사들은 3인칭 단수로 취급해요.

Something *is* wrong with this machine. **149**

Would you like **anything** else? **150**

Nobody *knows* the correct answer. **151**

Nowadays, **everyone** *uses* a cell phone. **152**

> **Tip** 1인칭: 나/우리, 2인칭: 너/너희,
> 3인칭: 그 이외 모든 것
> 단수는 하나, 복수는 둘 이상

someone = somebody (어떤 사람, 누군가)	anyone = anybody (누군가, 누구라도)	no one = nobody (아무도 ~않다)	everyone = everybody (모든 사람, 모두)
something (무언가)	anything (무언가, 무엇이든)	nothing (어떤 것도 ~아니다)	everything (모든 것)

> **주의!**
> no one, nobody, nothing은 그 자체로 부정의 의미를 나타내므로 not과 함께 쓰지 않습니다.
> I don't know **nobody** in the room. (×)
> I don't know **anybody** in the room. (○)

check up 우리말과 일치하도록 주어진 단어를 사용하여 문장을 완성하세요.

1 무언가 바비큐 같은 냄새가 난다. (smell)

→ Something _____ like barbecue.

2 때때로 모든 사람이 슬픔을 느끼거나 외로움을 느낍니다. (feel)

→ Sometimes everyone _____ sad or lonely.

3 아무도 그의 비밀을 모른다. (know)

→ Nobody _____ his secret.

4 누구 질문 있는 사람 있나요? (do)

→ _____ anyone have any questions?

POINT 8 이 기계에 무언가가 잘못됐다. / 다른 무언가가 필요하신가요? / 아무도 정답을 모른다. / 요즘에는 모든 사람이 휴대전화를 사용한다. / 나는 방 안에 있는 사람을 아무도 모른다.

Unit Exercise

정답 및 해설 p.13

A 빈칸에 알맞은 단어를 〈보기〉에서 골라 쓰세요. POINT 6

> 〈보기〉 one   ones   it

1 The T-shirt is too small. Do you have a big _____?

2 Will you buy black boots or blue _____?

3 I found my necklace. _____ was in the living room.

4 They have old chairs. Now they need new _____.

5 A: Do you have a brother?

　 B: Yes, I have _____.

6 My mother bought a new fan this summer. I use _____ every day.

B 다음 밑줄 친 부분이 맞으면 ○, 틀리면 ×하고 바르게 고치세요. POINT 7

1 Bill doesn't have <u>some</u> money.　　　　　　　_____

2 Are there <u>any</u> interesting stories in this book?　_____

3 Would you like <u>any</u> cookies?　　　　　　　_____

4 Jisu will bring <u>any</u> sandwiches tomorrow.　　_____

5 Can I have <u>some</u> water?　　　　　　　　　_____

6 She didn't give me <u>some</u> help.　　　　　　_____

C 주어진 단어를 사용하여 현재형 문장을 완성하세요. POINT 8

1 Somebody _____ singing on the stage. (be)

2 In my class, everybody _____ the movie. (like)

3 _____ everyone well in your family? (be)

4 _____ anybody know the way to the toilet? (do)

5 Nothing _____ me. I'm brave. (scare)

6 Something _____ wrong with my computer. (be)

necklace 목걸이　fan 선풍기　stage 무대　toilet 화장실　scare 겁나게 하다

Chapter Test

POINT 1

1 다음 중 밑줄 친 부분의 성격이 <u>다른</u> 하나를 고르세요.

① <u>My</u> shoes are white.

② Are you <u>Jane's</u> teacher?

③ <u>His</u> name is Minsu.

④ <u>It's</u> my book.

⑤ <u>Its</u> color is brown.

POINT 1

2 다음 중 〈보기〉의 밑줄 친 부분과 어법상 쓰임이 같지 <u>않은</u> 것을 고르세요.

> 〈보기〉 I have <u>her</u> notebook.

① It is <u>her</u> homework.

② <u>Her</u> uncle doesn't live in Seoul.

③ They know <u>her</u> well.

④ She lost <u>her</u> gloves.

⑤ Jinsu is <u>her</u> little brother.

POINT 1

3 다음 중 (A), (B), (C)에 들어갈 말이 순서대로 바르게 짝 지어진 것을 고르세요.

> Peter and I are best friends. I visit ___(A)___ on Sundays. ___(B)___ play computer games. And I have dinner with ___(C)___ family.

① he — We — he

② him — Our — him

③ his — We — his

④ him — We — his

⑤ he — Us — him

POINT 1

4 다음 중 빈칸에 들어갈 알맞은 말을 고르세요.

> Emma has a cat and a dog. She will go to the park with _____.

① it　　　② them　　　③ its

④ they　　　⑤ their

POINT 1·2·3

5 다음 중 어법상 알맞지 <u>않은</u> 문장을 고르세요.

① These are not his pets.

② The cat is mine.

③ She is my aunt.

④ It's hers umbrella.

⑤ I like her very much.

POINT 5

6 다음 중 밑줄 친 It[it]의 쓰임이 <u>다른</u> 하나를 고르세요.

① <u>It's</u> 5 o'clock.

② Is <u>it</u> Tuesday today?

③ <u>It</u> takes 30 minutes by subway.

④ <u>It</u> will be cloudy tomorrow.

⑤ <u>It's</u> his eraser.

POINT 5

7 그림의 내용과 일치하도록 대화의 빈칸에 알맞은 응답 을 쓰세요. 서술형

(1) 　　(2)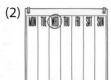

(1) A: What time is it now?

　　B: _____

(2) A: What day is it today?

　　B: _____

POINT 5

8 다음 중 〈보기〉의 밑줄 친 부분과 어법상 쓰임이 같은 것을 고르세요.

〈보기〉 It is snowing outside.

① It is very fun.
② It is my pencil case.
③ It is not a nice building.
④ It is July 11th.
⑤ It is her sketchbook.

POINT 5

9 다음 중 밑줄 친 ⓐ와 쓰임이 같은 것 두 개를 고르세요.

REAL 기출

Welcome to my school. Let's take a tour. This is the school cafeteria. ⓐ It is lunch time now. Today's menu is Bulgogi. It's a popular Korean dish.

① Do you like it?
② It is dark outside.
③ It is my dog, Kevin.
④ It is different from mine.
⑤ It is 8 o'clock in the morning.

[10-11] 다음 중 (A), (B)에 들어갈 말이 바르게 짝지어진 것을 고르세요.

POINT 1

10

I saw ____(A)____ , but he didn't see ____(B)____ .

① he — I   ② him — my
③ him — me   ④ his — my
⑤ he — me

POINT 7

11

• I need ____(A)____ flour and eggs.
• She doesn't have ____(B)____ pens in her bag.

① any — any   ② some — any
③ any — some   ④ some — some
⑤ many — any

POINT 1·2·6·8

12 다음 중 밑줄 친 부분이 어법상 알맞지 않은 것을 고르세요.

There is a computer. It's ① mine. But I can't use ② it. My brother plays computer games every day and my sister does ③ her homework with it. Everyone ④ use it. So I need a new ⑤ one!

POINT 1·8

13 다음 글에서 어법상 알맞지 않은 부분 두 군데를 찾아 바르게 고치세요. 고난도 REAL 기출 서술형

Brian has a cool cell phone. He loves them! He watches TV and uses the Internet on it. In fact, everybody in his class want a brand-new cell phone.

(1) _____ → _____
(2) _____ → _____

POINT 6·7·8

14 다음 중 어법상 알맞은 문장을 고르세요.

① I need an eraser. Do you have ones?
② Are there some supermarkets near here?
③ There are someone outside the door.
④ Can I have some juice?
⑤ Jinsu wants any milk.

POINT 8

15 다음 문장에서 어법상 알맞지 않은 부분을 찾아 바르게 고치세요. 서술형

Almost everyone have their favorite food.

_____ → _____

CHAPTER 07 형용사, 부사, 비교

153
178

1001
Sentences
for
Grammar

POINT 1 형용사+명사: 명사를 꾸밈

153 I bought a **nice** *bike*.

154 He has a **round** *face*.

나는 **멋진** 자전거를 샀다. / 그는 **둥근** 얼굴을 가지고 있다.

POINT 2 주어+동사+형용사: 주어를 보충 설명

155 My bike *is* **nice**.

156 The Earth *is* **round**.

내 자전거는 **멋지다**. / 지구는 **둥글다**.

POINT 3 many students vs. much sugar

157 Jessica has **many** *books* in her room. 〈many＋복수명사〉

158 I have so **much** *homework* to do. 〈much＋셀 수 없는 명사〉

159 **A lot of** *people* were waiting in line. 〈a lot of[lots of]＋복수명사/셀 수 없는 명사〉

Jessica는 자신의 방에 **많은** 책이 있다. / 나는 해야 할 매우 **많은** 숙제가 있다. / **많은** 사람들이 줄 서서 기다리고 있었다.

POINT 4 (a) few students vs. (a) little sugar

160 I have **a few** *problems* with my plan. 〈a few(약간의, 조금 있는)＋복수명사〉

161 **Few** *students* passed the exam. 〈few(거의 없는)＋복수명사〉

162 She poured **a little** *milk* into her tea. 〈a little(약간의, 조금 있는)＋셀 수 없는 명사〉

163 I have **little** *interest* in science. 〈little(거의 없는)＋셀 수 없는 명사〉

나는 내 계획에 **약간의** 문제가 있다. / 그 시험을 통과한 학생은 **거의 없었다**. / 그녀는 자신의 차에 **약간의** 우유를 부었다. / 나는 과학에 흥미가 **거의 없다**.

POINT 5   동사, 형용사, 부사, 문장 전체를 꾸미는 부사

164   A baby *cried* **loudly** in the subway. 〈동사 수식〉

165   **Too** *strong* sunlight is bad for skin. 〈형용사 수식〉

166   I forget things **very** *easily*. 〈부사 수식〉

167   **Luckily**, *I got free tickets for the movie.* 〈문장 전체 수식〉

한 아기가 지하철에서 **큰 소리로** 울었다. / **너무** 강한 햇빛은 피부에 안 좋다. / 나는 무언가를 **매우** 쉽게 잊어버린다. / **운 좋게도**, 나는 그 영화의 공짜 표를 얻었다.

POINT 6   '얼마나 자주' 일어나는지를 나타내는 빈도부사

168   I **never** have breakfast on the weekend.

169   I am **often** late for school.

170   Ray **always** does his best.

나는 주말에는 아침을 **전혀** 먹지 **않는다**. / 나는 **종종** 학교에 지각한다. / Ray는 **항상** 최선을 다한다.

POINT 7   빈도부사+일반동사, be동사/조동사+빈도부사

171   Dad **always** *jogs* in the morning. 〈일반동사 앞〉

172   She *is* **always** in the library on Sunday. 〈be동사 뒤〉

173   We *can* **always** learn from others. 〈조동사 뒤〉

아빠는 아침에 **항상** 조깅하신다. / 그녀는 일요일에는 **항상** 도서관에 있다. / 우리는 **언제나** 다른 사람들에게서 배울 수 있다.

POINT 10~11   비교급+than ~: ~보다 더 …한[하게]
the+최상급+in[of] ~: ~ 중에서 가장 …한[하게]

174   My hair is **longer than** Susan's.

175   I get up **earlier than** my parents.

176   Jeju Island is **the biggest** island *in Korea*.

177   Health is **the most important** *in my life*.

178   Minji sings **the best** *of us all*.

내 머리카락은 Susan의 머리카락**보다 더 길다**. / 나는 우리 부모님**보다 더 일찍** 일어난다. / 제주도는 한국에서 **가장 큰** 섬이다. / 건강은 내 삶에서 **가장 중요하다**. / 민지는 우리 중에서 노래를 **가장 잘** 부른다.

Unit 1 형용사

형용사+명사: 명사를 꾸밈

'멋진 자전거'를 영어로 하면 a **nice** bike지요. 여기서 형용사는 nice예요. 그냥 a bike보다 명사에 대해 좀 더 자세히 설명을 해주지요. 이를 가리켜, '형용사는 명사를 꾸며준다, 수식한다'라고도 해요.

I bought a **nice** *bike*. 153

He has a **round** *face*. 154

주의!

-thing, -body, -one으로 끝나는 단어는 형용사가 뒤에서 꾸며줍니다.
I can't find *anything* **wrong** with this plan.

check up 굵게 표시된 형용사가 꾸며주는 말에 밑줄을 그으세요.

1 He bought a **new** shirt.

2 My school has a **large** playground.

3 There is something **important** in the box.

주어+동사+형용사: 주어를 보충 설명

형용사는 또한, be동사와 같은 동사 뒤에서 보어로 쓰여 명사인 주어를 설명해주기도 해요. (☞ Ch 09)

My bike *is* **nice**. 155
주어

The Earth *is* **round**. 156
주어

check up 굵게 표시된 부분을 보충 설명하는 형용사를 찾아 밑줄을 그으세요.

1 **The puzzle** was difficult.

2 **Your answers** are right.

P 한 줄 KEY POINT

형용사는 주어나 뒤에 오는 명사를 자세히 설명해준다.

POINT 1 나는 멋진 자전거를 샀다. / 그는 둥근 얼굴을 가지고 있다. / 나는 이 계획에서 잘못된 어떤 것도 찾을 수 없어. **POINT 2** 내 자전거는 멋지다. / 지구는 둥글다.

형용사에는 명사의 수나 양을 나타내는 것들도 포함돼요. 그런데 아래와 같이 '많다, 약간 있다, 거의 없다' 등의 표현은 명사가 셀 수 있느냐, 없느냐에 따라 달라지므로 구별해서 잘 알아두어야 합니다.

POINT 3

many students vs. much sugar

many는 셀 수 있는 명사의 복수형 앞에, much는 셀 수 없는 명사 앞에 쓰고, a lot of, lots of는 두 경우 모두 쓸 수 있어요.

Jessica has **many** *books* in her room. **157**

I have so **much** *homework* to do. **158**

A lot of *people* were waiting in line. **159**

✍ 암기 필수

	셀 수 있는 명사의 복수형 앞	셀 수 없는 명사 앞
많은	many	much
	a lot of, lots of	
약간의, 조금 있는	a few	a little
거의 없는	few	little

check up 다음 중 주어진 명사 앞에 올 수 있는 것을 모두 고르세요.

1 [lots of / many / much] singers

2 [much / many / a lot of] money

3 [lots of / many / much] mistakes

4 [much / a lot of / many] fun

5 [many / a lot of /much] help

6 [a lot of / many / much] milk

7 [much / lots of / many] snow

8 [many / much / lots of] problems

9 [a lot of / much / many] butter

10 [much / many / lots of] water

POINT 4

(a) few students vs. (a) little sugar

(a) few는 항상 셀 수 있는 명사의 복수형 앞에, (a) little은 셀 수 없는 명사 앞에 쓰입니다. 관사 'a'가 있는지 없는지에 따라 뜻이 달라지므로 주의하세요.

I have ***a few*** *problems* with my plan. **160**

Few *students* passed the exam. **161**

She poured ***a little*** *milk* into her tea. **162**

I have ***little*** *interest* in science. **163**

check up 다음 중 주어진 명사 앞에 올 수 있는 것을 고르세요.

1 [a few / a little] questions

2 [a few / a little] hope

3 [a few / a little] hours

4 [a few / a little] words

5 [few / little] luck

6 [a few / a little] things

7 [few / little] people

8 [a few / a little] weeks

POINT 3 Jessica는 자신의 방에 많은 책이 있다. / 나는 해야 할 매우 많은 숙제가 있다. / 많은 사람들이 줄 서서 기다리고 있었다.　**POINT 4** 나는 내 계획에 약간의 문제가 있다. / 그 시험을 통과한 학생은 거의 없었다. / 그녀는 자신의 차에 약간의 우유를 부었다. / 나는 과학에 흥미가 거의 없다.　***check up*** mistake 실수

Unit Exercise

A 〈보기〉와 같이 형용사를 찾아 밑줄을 긋고 그것이 꾸미는 말에 동그라미 하세요. POINT 1

〈보기〉 A giraffe has a long neck.

1 This is a difficult problem.

2 They live in a small apartment.

3 He did something exciting.

4 She told us interesting stories.

5 He wrote beautiful poems for her.

B 다음 중 어법상 알맞은 것을 고르세요. POINT 3·4

1 We didn't get [much / many] rain this summer.

2 There are [much / lots of] flowers in the garden.

3 You can read [much / many] books in the library.

4 There were [a little / a few] children in the playground.

5 She spent [a little / a few] time alone.

6 I took [a lot of / much] pictures with him.

7 [Few / Little] students know about the writer.

C 우리말과 일치하도록 빈칸에 알맞은 말을 〈보기〉에서 골라 문장을 완성하세요. POINT 3·4

〈보기〉 many   much   a few

1 나는 이번 방학 동안에 많은 책을 읽을 것이다.

→ I will read _____ books during this vacation.

2 어떤 나라에는 물이 많지 않다.

→ There isn't _____ water in some countries.

3 그 버스는 몇 분 전에 버스 정류장을 떠났다.

→ The bus left the bus stop _____ minutes ago.

4 너는 이 가이드북에서 아주 많은 정보를 얻을 수 있다.

→ You can find so _____ information in this guidebook.

5 그 정원에는 많은 식물들이 있다.

→ There are _____ plants in the garden.

apartment 아파트   exciting 신나는, 흥미진진한   poem 시   playground 운동장; 놀이터

Unit 2   부사

형용사는 명사를 설명해주지만 부사는 다른 모든 어구를 더 자세히 설명해줄 수 있어요.

POINT 5

동사, 형용사, 부사, 문장 전체를 꾸미는 부사

• 부사는 주로 동사와 형용사를 더 자세하게 설명하거나 꾸며줘요. 부사가 형용사를 꾸며줄 때는 형용사 바로 앞에 위치합니다.

A baby *cried* **loudly** in the subway. 164
　　　동사 ↑——⏋

Too *strong* sunlight is bad for skin. 165
　　⎿——↑ 형용사

• 부사는 문장 내에서 다른 부사나 문장 전체를 꾸며주기도 해요.

I forget things **very** *easily*. 166
　　　　　　⎿——↑ 부사

Luckily, *I got free tickets for the movie.* 167
　⎿——————————↑ 문장 전체

> **주의!**
> 명사에 -ly가 붙어서 형용사로 쓰이는 단어들이 있는데, -ly만 보고 무조건 부사로 생각하지 않도록 주의하세요.
>
> a **lovely** girl(사랑스러운 소녀)　　**friendly** people(친절한 사람들)　　**lively** music(경쾌한 음악)
> a **weekly** meeting(주간 회의)　　a **monthly** report(월간 보고서)　　an **elderly** woman(나이 든 여성)
> The actress has a **lovely** smile.
> 　　　　　　　　　　　形容词

check up　다음 문장에서 부사를 찾아 밑줄을 그으세요. (두 개 이상일 수도 있음)

1 She solved the problem easily.

2 Subin is a very lovely girl.

3 We know the friendly girl so well.

4 The weather is changing very fast.

5 My father was so angry.

6 School finished an hour early.

7 We studied so hard.

8 The shirt suits you perfectly.

9 Luckily, nobody was hurt.

10 The classroom was completely empty.

POINT 5 한 아기가 지하철에서 큰 소리로 울었다. / 너무 강한 햇빛은 피부에 안 좋다. / 나는 무언가를 매우 쉽게 잊어버린다. / 운 좋게도, 나는 그 영화의 공짜 표를 얻었다. / 그 여배우는 사랑스러운 미소를 가지고 있다.　***check up*** solve (문제 등을) 해결하다, 풀다　suit (옷 등이) 어울리다　hurt 다친; 다치게 하다

POINT 6

'얼마나 자주' 일어나는지를 나타내는 빈도부사

부사 중에서도, 어떤 일이 얼마나 자주 일어나는지를 나타내는 부사를 '빈도부사'라고 해요. 아래와 같은 종류가 있습니다.

I **never** have breakfast on the weekend. **168**

I am **often** late for school. **169**

Ray **always** does his best. **170**

0% ──▶ 100%

never(전혀 ~ 않다) < sometimes(때때로, 가끔) < often(자주, 종종) < usually(대개, 보통) < always(항상, 늘)

check up 우리말과 일치하도록 다음 빈칸에 알맞은 빈도부사를 쓰세요.

1 우리 가족은 가끔 외식을 한다.

→ My family _____ eats out.

2 너는 저녁 식사 후에 보통 TV를 보니?

→ Do you _____ watch TV after dinner?

3 Harry는 이웃들에게 항상 공손하다.

→ Harry is _____ polite to his neighbors.

POINT 7

빈도부사+일반동사, be동사/조동사+빈도부사

빈도부사의 종류를 잘 알아두어야 하는 이유는 문장에서 정해진 위치에 써야 하기 때문이에요. 일반동사가 쓰인 문장에서는 일반동사 바로 앞에, be동사나 조동사가 쓰인 문장에서는 be동사/조동사 뒤에 쓰입니다.

Dad **always** *jogs* in the morning. **171** 〈일반동사 앞〉

She *is* **always** in the library on Sunday. **172** 〈be동사 뒤〉

We *can* **always** learn from others. **173** 〈조동사 뒤〉

check up 주어진 빈도부사가 들어갈 위치를 고르세요.

1 It ① snows ② in January. (often)

2 My father ① has ② breakfast. (always)

3 I ① will ② forget this moment. (never)

4 Peter ① goes ② to school by bicycle. (usually)

5 She ① is ② late for class. (sometimes)

6 I ① am ② hungry in the morning. (always)

7 Do you ① get up ② early? (usually)

8 We ① can ② make mistakes. (sometimes)

9 Emily ① misses ② a class. (never)

POINT 6 나는 주말에는 아침을 전혀 먹지 않는다. / 나는 종종 학교에 지각한다. / Ray는 항상 최선을 다한다. **POINT 7** 아빠는 아침에 항상 조깅하신다. / 그녀는 일요일에는 항상 도서관에 있다. / 우리는 언제나 다른 사람들에게서 배울 수 있다.

Unit Exercise

A 다음 굵게 표시된 부사가 꾸며주는 말에 밑줄을 그으세요. POINT 5

1 She danced **beautifully** on the stage.

2 The movie was **very** scary.

3 An elderly couple smiled **so** gently.

4 He greeted people **kindly**.

5 This apple pie is **too** sweet.

6 **Suddenly**, my father's car stopped on the road.

B 우리말과 일치하도록 〈보기〉에서 알맞을 말을 골라 빈칸에 쓰세요. POINT 5·6

〈보기〉 really	never	tightly	often	too

1 그 어린 소년은 아버지의 손을 꽉 잡았다.

→ The little boy held his father's hand _____.

2 저녁에 너무 많이 먹지 마라.

→ Do not eat _____ much at night.

3 Evan은 고기나 생선을 전혀 먹지 않는다.

→ Evan _____ eats meat or fish.

4 오늘은 날씨가 정말 좋다.

→ The weather is _____ nice today.

5 나는 내 남동생과 자주 다툰다.

→ I _____ argue with my younger brother.

C 우리말과 일치하도록 주어진 단어를 올바르게 배열하세요. POINT 6·7

1 그 커피숍은 보통 붐빈다. (usually / is)

→ The coffee shop _____ _____ crowded.

2 그녀는 저녁 식사 후에 자주 개들을 산책시킨다. (walks / often)

→ She _____ _____ her dogs after dinner.

3 김 선생님은 주중에 늘 바쁘시다. (is / always)

→ Mr. Kim _____ _____ busy during weekdays.

4 우리는 때때로 밤에 유성을 볼 수 있다. (see / can / sometimes)

→ We _____ _____ _____ shooting stars at night.

stage 무대   scary 무서운   greet 맞이하다, 환영하다

Unit 3 비교급과 최상급

POINT 8 빈출!

비교급 = 형용사/부사
+ -er
최상급 = 형용사/부사
+ -est

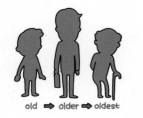

old ➡ older ➡ oldest

반복해서 들어보세요.
쉽게 외울 수 있어요!

• 형용사, 부사를 써서 표현할 때 '더 넓은(larger), 가장 넓은(largest)'과 같은 방식으로 다른 것들과 비교하는 경우가 있어요.

• 우리말에서는 '넓은'이라는 단어의 형태가 변하지 않지만, 영어는 large라는 형용사의 형태를 변화시킨 답니다. 주로 형용사나 부사 뒤에 -er/-est를 붙여요.

> **Tip** 음절: 한 번에 소리 낼 수 있는 소리마디.
> 모음 발음이 2개이면 2음절: happy[hǽpi]
> 모음 발음이 3개이면 3음절: umbrella[ʌmbréla]

🖊 암기 필수 비교급과 최상급의 형태

대부분의 형용사/부사	+ -er/-est	tall**er** – tall**est**　　shor**ter** – short**est**
e로 끝나는 형용사/부사	+ -r/-st	nic**er** – nic**est**　　larg**er** – larg**est**
「자음 + y」로 끝나는 형용사/부사	-y를 i로 고치고 + -er/-est	heav**y** – heav**ier** – heav**iest** happ**y** – happ**ier** – happ**iest**
「모음 1개 + 자음 1개」로 끝나는 형용사/부사	마지막 자음을 한 번 더 쓰고 + -er/-est	big – big**ger** – big**gest** hot – hot**ter** – hot**test**
ful, less, ous, ive, ish, ing, ed, ly로 끝나는 2음절 이상의 형용사/부사	more/most +	careful – **more** careful – **most** careful famous – **more** famous – **most** famous slowly – **more** slowly – **most** slowly *예외: early – earl**ier** – earl**iest**
3음절 이상의 형용사/부사		difficult – **more** difficult – **most** difficult important – **more** important – **most** important

check up 다음 단어의 비교급과 최상급을 쓰세요.

1 long _____ _____

2 cute _____ _____

3 high _____ _____

4 important _____ _____

5 cheap _____ _____

6 small _____ _____

7 funny _____ _____

8 fast _____ _____

9 great _____ _____

10 delicious _____ _____

11 brave _____ _____

12 cold _____ _____

13 old _____ _____

14 young _____ _____

15	early	_____	_____
16	pretty	_____	_____
17	close	_____	_____
18	dirty	_____	_____
19	interesting	_____	_____
20	slowly	_____	_____
21	warm	_____	_____
22	expensive	_____	_____
23	wide	_____	_____
24	cool	_____	_____
25	popular	_____	_____
26	big	_____	_____
27	light	_____	_____
28	smart	_____	_____
29	strong	_____	_____
30	famous	_____	_____
31	large	_____	_____
32	easy	_____	_____
33	thin	_____	_____
34	healthy	_____	_____
35	slim	_____	_____
36	beautiful	_____	_____
37	hot	_____	_____

POINT 9 빈출!

불규칙하게 변하는 비교급과 최상급

일정한 규칙을 따르지 않고 변하는 비교급과 최상급의 형태를 외워두세요.

Jake is a **better** player than me. He is the **best** player in our team.

📝 암기 필수 자주 쓰이는 비교급과 최상급의 불규칙 형태

good/well – **better** – **best**	many/much – **more** – **most**
bad – **worse** – **worst**	little – **less** – **least**

check up 다음 단어의 비교급과 최상급을 쓰세요.

1 much	_____ _____	4 bad	_____ _____
2 little	_____ _____	5 many	_____ _____
3 good	_____ _____	6 well	_____ _____

POINT 10

비교급+than ~: ~보다 더 …한[하게]

Me   Susan

비교급 뒤에 than ~을 사용해서 표현하면 기준이 되는 'than ~'로 인해 더 명확한 의미를 만들 수 있어요. 「비교급(+명사)+than ~」의 형태로 쓰며, '~보다 더 …한[하게]'로 해석합니다.

My hair is long.

→ My hair is **longer than** Susan's. `174`

I get up **earlier than** my parents. `175`

주의!

than(~보다) 앞에는 항상 비교급을 써야 해요.
Tomorrow will be ~~cold~~(→ **colder**) *than* today.

check up 주어진 단어를 사용하여 비교급 문장을 완성하세요.

1 My brother is ＿＿＿＿＿＿＿＿ than my dad. (tall)

2 Your bag is ＿＿＿＿＿＿＿＿ than mine. (big)

3 This dress is ＿＿＿＿＿＿＿＿ than that one. (beautiful)

4 Betty can cook ＿＿＿＿＿＿＿＿ than Alice. (well)

POINT 11

the+최상급+in[of] ~: ~ 중에서 가장 …한[하게]

최상급 역시 범위를 나타내는 'in[of]~'를 사용하여 더 명확한 의미를 만들 수 있어요. 즉 셋 이상의 대상 중에서 정도가 가장 심하거나 가장 덜한 것을 나타낼 수 있지요. 「the+최상급(+명사)+in[of] ~」의 형태로 쓰며, '~ 중에서 가장 …한'이라고 해석합니다.

Jeju Island is big.

→ Jeju Island is **the biggest** island *in Korea*. `176`

Health is **the most important** *in my life*. `177`

Minji sings **the best** *of us all*. `178`

check up 주어진 단어를 사용하여 최상급 문장을 완성하세요.

1 Brad is the ＿＿＿＿＿＿＿＿ of my friends. (tall)

2 Russia is the ＿＿＿＿＿＿＿＿ country in the world. (big)

3 He is the ＿＿＿＿＿＿＿＿ actor in America. (popular)

4 Mina ran the ＿＿＿＿＿＿＿＿ in the class. (fast)

POINT 10 내 머리카락은 길다. / 내 머리카락은 Susan의 머리카락보다 더 길다. / 나는 우리 부모님보다 더 일찍 일어난다. / 내일은 오늘보다 더 추울 것이다.   **POINT 11** 제주도는 크다. / 제주도는 한국에서 가장 큰 섬이다. / 건강은 내 삶에서 가장 중요하다. / 민지는 우리 중에서 노래를 가장 잘 부른다.

Unit Exercise

A 밑줄 친 부분을 바르게 고쳐 쓰세요. POINT 8·9

1 Rachel is <u>richher</u> than Nick. → _____

2 It was the <u>happyest</u> moment of my life. → _____

3 Jenny's pies tasted <u>gooder</u> than mine. → _____

4 This mountain is <u>beautifuler</u> than last year. → _____

5 My cat is <u>fater</u> than my dog. → _____

6 This is the <u>badest</u> movie of this year. → _____

7 My father is still <u>more strong</u> than I am. → _____

8 Books are the <u>usefulest</u> teaching materials. → _____

B 우리말과 일치하도록 주어진 단어를 사용하여 문장을 완성하세요. POINT 8·9·10·11

1 이 멜론은 이 슈퍼마켓에서 가장 크다. (big)

→ This melon is _____ in this supermarket.

2 나는 지난 학기보다 숙제가 더 많다. (much, homework)

→ I have _____ last semester.

3 그들은 그 호텔에서 가장 좋은 방을 예약했다. (good, room)

→ They booked _____ of the hotel.

4 보통 남자들의 목소리가 여자들의 목소리보다 더 낮다. (low)

→ Men's voices are usually _____ women's.

C 빈칸에 알맞은 말을 〈보기〉에서 골라 적절한 형태로 바꿔 문장을 완성하세요. (단, 한 번씩만 사용할 것) POINT 10·11

〈보기〉	cold	important	tall	young	difficult

1 This week is _____ than last week.

2 She is _____ of her classmates.

3 The last question was _____ in the test.

4 Time is _____ than money for me.

5 I am _____ in my family. I have two older brothers.

moment 순간   still 여전히   useful 유용한   material 자료, 재료

Chapter Test

POINT 1

1 다음 중 빈칸에 들어갈 말로 어법상 알맞지 <u>않은</u> 것을 고르세요.

> Daniel is a _____ person.

① smart   ② good
③ very   ④ perfect
⑤ quiet

POINT 3·4

2 다음 밑줄 친 부분이 어법상 알맞지 <u>않은</u> 것을 고르세요.
① The singer got <u>many</u> letters from his fans.
② We had so <u>much</u> fun all day.
③ I have <u>a little</u> friends in my neighbor.
④ My family will be out of town <u>a few</u> days.
⑤ There isn't <u>much</u> water in the bottle.

POINT 1

3 우리말과 일치하도록 주어진 단어를 올바르게 배열하세요. 서술형

> 나는 부모님을 위해 무언가 특별한 것을 요리할 것이다. (special / something / cook)

→ I will _____ for my parents.

POINT 3·4

4 다음 중 빈칸에 들어갈 말로 어법상 알맞지 <u>않은</u> 것을 고르세요.

> We visited _____ places in Tokyo.

① many   ② a few
③ lots of   ④ much
⑤ few

POINT 3·4

5 다음 중 빈칸에 들어갈 알맞은 말을 고르세요.

> She drinks _____ water every day.

① many   ② an
③ few   ④ a few
⑤ lots of

[6-7] 다음 중 어법상 알맞은 문장을 고르세요.

POINT 5

6 ① Lucky, she passed the test.
② Did you see the weekly news?
③ The girl has a love smile.
④ He went out his office quiet.
⑤ The dog was surprising smart.

POINT 5

7 ① She quick crossed the road.
② The turtle moved slow on the sand.
③ You should drive carefully.
④ Ian talked very fastly.
⑤ I couldn't choose an answer easy.

POINT 5

8 다음 짝지어진 두 단어의 관계가 나머지와 <u>다른</u> 하나를 고르세요.
① wise — wisely   ② glad — gladly
③ loud — loudly   ④ love — lovely
⑤ strong — strongly

POINT 7

9 주어진 단어를 알맞은 곳에 넣어 문장을 다시 쓰세요.
서술형

> I will use plastic bags from now on. (never)

→ _____

POINT 7

10 다음 중 밑줄 친 부분의 위치가 알맞지 <u>않은</u> 것을 고르세요.

① My school <u>usually</u> starts at 9.

② Jennifer <u>always</u> walks to school.

③ I will <u>often</u> visit their homes.

④ You can <u>sometimes</u> borrow my books.

⑤ They <u>always</u> are busy on Mondays.

POINT 8·9

11 다음 중 비교급과 최상급의 형태가 <u>잘못</u> 연결된 것을 고르세요.

① nice — nicer — nicest

② big — biger — bigest

③ many — more — most

④ happy — happier — happiest

⑤ popular — more popular — most popular

POINT 8·10·11

12 표를 보고 주어진 단어를 사용하여 빈칸을 완성하세요.
REAL 기출 서술형

	Boa	Bill	Eric
age	13	14	15
height	161cm	167cm	165cm
weight	50kg	70kg	48kg

(1) Boa is _____ Bill. (young)

(2) Bill is _____ Eric. (tall)

(3) Eric is _____ of the three. (light)

POINT 10·11

13 다음 중 (A), (B)에 들어갈 말이 바르게 짝지어진 것을 고르세요.

> · It is the _____(A)_____ restaurant in this area.
> · She speaks English _____(B)_____ than Chinese.

① more crowded — well

② more crowded — better

③ more crowded — best

④ most crowded — better

⑤ most crowded — best

POINT 4·8

14 다음 대화를 읽고 어법상 알맞지 <u>않은</u> 부분 두 군데를 찾아 바르게 고치세요. REAL 기출 서술형

> A: Did you get a new bag? It is nice!
> B: Thank you. I bought it a little days ago.
> A: It is a big bag. Isn't it heavy?
> B: It is more light than my old one.

(1) _____ → _____

(2) _____ → _____

POINT 3·4·7·8·9·10

15 다음 중 어법상 알맞지 <u>않은</u> 문장을 <u>모두</u> 고르세요.

> ⓐ Don't put too many sugar in it.
> ⓑ Mary knows a little Chinese words.
> ⓒ My teacher give always good advice to me.
> ⓓ August is the hottest month.
> ⓔ My condition is worst than yesterday.

① ⓐ, ⓑ　　　② ⓒ, ⓓ　　　③ ⓑ, ⓒ, ⓔ

④ ⓐ, ⓓ, ⓔ　　⑤ ⓐ, ⓑ, ⓒ, ⓔ

CHAPTER 08 여러 가지 문장 종류

POINT 1 ~해라: 동사원형 ~

179 **Be** nice to your friends.

180 **Do** your best for your dream.

너의 친구들에게 친절하게 **대하라**. / 네 꿈을 위해 최선을 **다하라**.

POINT 2 ~하지 마라: Don't[Do not]+동사원형 ~

181 **Don't give up** your dreams.

182 **Do not cross** the line, please.

네 꿈을 **포기하지 마라**. / 선을 **넘지 마세요**.

POINT 3 ~하자: Let's+동사원형

183 **Let's study** together for the test.

184 **Let's not be** too hasty. 〈부정문: Let's+not+동사원형〉

그 시험을 위해 **함께 공부하자**. / 너무 **서두르지 말자**.

POINT 4 정말 ~하구나!: What/How ~!

185 **What** *a good idea* (it is)! 〈What+a(n)+형용사+명사(+주어+동사)!〉

186 **How** *delicious* (this dish is)! 〈How+형용사/부사(+주어+동사)!〉

그건 정말 좋은 생각이구나! / 이 요리는 정말 맛있구나!

POINT 5~7 의문사+동사+주어 ~? / what 의문문 / who/which/whose 의문문

187 **What** is your favorite food? 〈무엇, 무엇이, 무엇을〉

188 **Who** is that boy over there? 〈누구, 누가, 누구를〉

189 **Which** do you like better, pants or a skirt? 〈어느 것: 사람, 사물〉

190 **Which color** do you prefer? 〈어느 ~〉

191 **Whose** are these glasses? 〈누구의 것〉

192 **Whose idea** is this? 〈누구의 ~〉

네가 가장 좋아하는 음식은 **무엇이니**? / 저쪽에 있는 저 남자아이는 **누구니**? / 너는 바지랑 치마 중에 **어느 것**이 더 좋니? / 너는 **어느 색깔**을 선호하니? / 이 안경은 **누구의 것**이니? / 이것은 **누구의 생각**이니?

Unit 1   명령문, 제안문, 감탄문
Unit 2   의문사 의문문
Unit 3   부가의문문, 부정의문문

POINT 8~9   where/when/why 의문문 / how 의문문

193   **Where** do you live now? 〈어디서, 어디에〉

194   **When** is your birthday? 〈언제〉

195   **Why** were you late today? 〈왜〉

196   **How** do you go home? 〈어떻게, 어떤〉

197   **How often** do you talk to your parents? 〈얼마나 ~한[하게]〉

너는 지금 **어디에** 사니? / 네 생일은 **언제**니? / 너는 오늘 **왜** 늦었니? / 너는 집에 **어떻게** 가니? / 너는 네 부모님과 **얼마나 자주** 대화하니?

POINT 10~11   ~, 그렇지 (않니)?: ~, is(n't) it? / 부가의문문에 대한 대답

198   He is late today, **isn't he**?
         be동사 → be동사 / 긍정문, 동사+not+주어?

199   *You can't* swim, **can you**?
         조동사 → 조동사 / 부정문, 동사+주어?

200   *Ted and Kate said* the right answer, **didn't they**?
         일반동사 → do, does, did / 주어 → 인칭대명사

201   *Open* the window, **will you**? 〈명령문, will you?(~해주실래요?)〉

202   *Let's not rush* it, **shall we**? 〈제안문, shall we?(~할래요?)〉

203   A: It *is* cold today, **isn't it**?
       B: **Yes**, it **is**. (응, 추워.) / **No**, it **isn't**. (아니, 안 추워.)

〈대답이 긍정이면 Yes, 부정이면 No로 대답〉

그는 오늘 늦었어, **그렇지 않니**? / 너는 수영을 못해, **그렇지**? / Ted와 Kate는 정답을 말했어, **그렇지 않니**? / 창문을 **열어주실래요**? / 서두르지 **말까**? / A: 오늘은 춥네, **그렇지 않니**? B: **응**, 추워. / **아니**, 안 추워.

POINT 12   ~하지 않니?: Aren't you ~? / Don't you ~?

204   **Aren't** you hungry now?

205   **Doesn't** he raise a big dog?

너는 지금 배고프지 **않니**? / 그는 큰 개 한 마리를 기르지 **않니**?

Unit 1 명령문, 제안문, 감탄문

~해라: 동사원형 ~

상대방에게 '~해라, ~하세요'와 같이 어떤 행동을 지시하거나 요구하는 문장을 명령문이라고 해요. 주어가 없는 특이한 문장인데, 사실은 상대방인 You에게 말하는 것이 당연하므로 주어 You를 생략하고 동사원형으로 시작하는 것입니다. 좀 더 공손하게 표현하기 위해 문장 맨 앞이나 뒤에 please를 붙여 쓰기도 해요.

Be nice to your friends. **179**

Do your best for your dream. **180**

Please **be** on time for the train.

check up 다음 문장을 긍정명령문으로 바꿔 쓸 때, 빈칸에 알맞은 말을 쓰세요.

1 You are polite to old people. → _____ polite to old people.
2 You take off your shoes. → _____ off your shoes.
3 You are quiet in the library. → _____ quiet in the library.

~하지 마라:
Don't[Do not]+동사
원형 ~

'~하지 마라, ~하지 마세요'라고 '금지'를 나타낼 때는 「Don't[Do not]+동사원형」의 형태를 씁니다.

Don't give up your dreams. **181**

Do not cross the line, please. **182**

Don't be nervous.

주의!

be동사로 시작하는 명령문의 부정은 Be not이 아니라 Don't be ~.입니다.

MORE +

강한 금지를 나타낼 때는 「Never+동사원형 ~.(절대 ~하지 마라.)」으로 나타내기도 합니다.
Never run on an escalator.

Don't

check up 다음 문장을 부정명령문으로 바꿔 쓸 때, 빈칸에 알맞은 말을 쓰세요.

1 You use a cell phone in class. → _____ _____ a cell phone in class.
2 You play the guitar at night. → _____ _____ the guitar at night.
3 You are afraid of failure. → _____ _____ afraid of failure.

POINT 1 너의 친구들에게 친절하게 대하라. / 네 꿈을 위해 최선을 다하라. / 기차 시간에 맞춰 오세요. **POINT 2** 네 꿈을 포기하지 마라. / 선을 넘지 마세요. / 긴장하지 마라. / 에스컬레이터 위에서 절대 뛰지 마라. ***check up*** polite 공손한, 예의 바른 afraid 두려워하는 failure 실패

POINT 3

~하자:
Let's+동사원형

'~하자'라고 상대방에게 권유나 제안을 할 때는 「Let's+동사원형」을 써서 나타낼 수 있어요.
'~하지 말자'라고 부정문을 쓸 때는 「Let's+not+동사원형」을 씁니다.

Let's study together for the test. **183**

Let's not be too hasty. **184**

MORE +

제안을 나타내는 기타 표현

Why don't we play badminton this weekend? 〈Why don't we+동사원형 ~?〉
How about playing badminton this weekend? 〈How about -ing ~?〉

check up 다음 문장을 제안문으로 바꿔 쓸 때, 빈칸에 알맞은 말을 쓰세요.

1 We play basketball after school.　　→ _____ _____ basketball
　　after school.

2 We have dinner at an Italian restaurant.　→ _____ _____ dinner at an
　　Italian restaurant.

3 We are ready for the next class.　　→ _____ _____ ready for the
　　next class.

POINT 4

정말 ~하구나!:
What/How ~!

'정말 ~하구나!'라고 기쁨, 놀람, 슬픔 등의 감정을 나타내는 문장을 감탄문이라고 해요.
What이나 How로 시작하는 감탄문으로 나타낼 수 있는데, 주어와 동사를 생략해도 의미가
통해요. What을 쓰느냐, How를 쓰느냐는 감정을 나타내는 부분에 명사가 있느냐 없느냐로
결정이 됩니다. What은 명사가 포함된 어구를 강조하며, How는 형용사나 부사를 강조해요.

· | What | + | a(n) | + | 형용사 | + | 명사 | (+ | 주어 | + | 동사 |)!

What *a good idea* (it is)! **185**

What *an interesting story* (it is)!

· | How | + | 형용사/부사 | (+ | 주어 | + | 동사 |)!

How *delicious* (this dish is)! **186**

How *fast* (he runs)!

주의!

· What으로 시작하는 감탄문에 복수명사나 셀 수 없는 명사가 쓰일 때는 a나 an을 쓰지 않아요.
What beautiful *flowers* (these are)!　　**What** lovely *weather* (it is)!
· 의문사가 있는 의문문과 '주어+동사'의 순서를 혼동하지 않도록 주의하세요.
How delicious **is this**! (×)

check up 다음 빈칸에 what이나 how를 넣어 감탄문을 완성하세요.

1 _____ a big school!

2 _____ handsome he is!

3 _____ a wonderful festival it is!

POINT 3 그 시험을 위해 함께 공부하자. / 너무 서두르지 말자. / 이번 주말에 배드민턴을 치는 게 어때?　**POINT 4** 그건 정말 좋은 생각이구나! / 그건 정말 재미있는 이야기구나!
/ 이 요리는 정말 맛있구나! / 그는 정말 빨리 달리는구나! / 이것들은 정말 아름다운 꽃이구나! / 정말 좋은 날씨구나!　*check up* festival 축제

Unit Exercise

A 다음 밑줄 친 부분이 맞으면 ○, 틀리면 ×하고 바르게 고치세요. POINT 1·2·3

1 <u>Honest</u> to your family. _____

2 <u>Let's met</u> at four. _____

3 <u>Take</u> the medicine three times a day. _____

4 <u>Don't took</u> a picture here. _____

5 <u>Let's play not</u> baseball today. _____

6 <u>Don't angry</u> with him. _____

7 <u>Not go</u> backward. _____

B 다음 문장을 주어진 단어를 사용하여 감탄문으로 바꿔 쓰세요. POINT 4

1 It is a very old piano. (what)

→ _____ it is!

2 The shoes are very pretty. (how)

→ _____ the shoes are!

3 It is a very big house. (what)

→ _____ it is!

4 They are very handsome boys. (what)

→ _____ they are!

5 The movie is very interesting. (how)

→ _____ the movie is!

C 우리말과 일치하도록 주어진 단어를 사용하여 문장을 완성하세요. POINT 1·2·3

1 식사 전에 손을 씻어라. (your hands, wash)

→ _____ before meals.

2 수업 시간에 떠들지 마라. (noise, make)

→ _____ during the class.

3 네 말에 신중해라. (careful, be)

→ _____ with your speech.

4 내일 점심을 같이 먹자. (lunch, have)

→ _____ together tomorrow.

5 학교에 지각하지 마라. (late, be)

→ _____ for school.

backward 뒤쪽으로, 뒤를 향해

Unit 2 의문사 의문문

의문사는 상대방에게 누가, 언제, 어디서, 무엇을, 어떻게, 왜 등과 같이 구체적인 정보를 묻는 말이에요. 즉, 잘 모르는 내용 대신에 의문사를 쓰면 돼요. 그러므로 대답할 때는 Yes, No가 아니라 각 의문사가 묻는 정보로 대답합니다.

POINT 5

의문사+동사+주어 ~?

• 의문사를 포함한 의문문은 be동사와 일반동사, 또는 조동사의 의문문 맨 앞에 의문사를 써서 나타내요. 의문문의 주어, 시제, 응답 내용에 따라 동사를 적절하게 바꿔야 합니다.

📝 암기 필수   **의문사가 있는 의문문의 어순**

의문사+be동사+주어 ~?	**Who is** your English teacher?
의문사+do/does/did+주어+동사원형 ~?	**What did** you *have* for lunch?
의문사+조동사+주어+동사원형 ~?	**Where can** I *find* the toilet?

• 의문사가 주어 역할을 할 때는 「의문사+동사 ~」의 순서이며, 의문사를 3인칭 단수 취급하여 단수동사가 옵니다.

Who *knows* the answer?
주어　동사 (Who does know the answer? (×))

What *made* you so angry?
주어　동사 (What did make you so angry? (×))

POINT 6

what 의문문

what은 '무엇, 무엇이, 무엇을'의 의미로, 주로 '사물'을 나타냅니다.

A: **What is** your favorite food? **187** ⟨What+ be동사 +주어 ~?⟩
B: I really like noodles. / It's pizza.

A: **What was** she **talking** about? ⟨What+ be동사 +주어+-ing형 ~?⟩
B: She was talking about her friends.

A: **What will** you *do* on Saturday? ⟨What+ 조동사 +주어+동사원형 ~?⟩
B: I'll *go* to see a movie.

A: **What did** you *do* last weekend? ⟨What+ do/does/did +주어+동사원형 ~?⟩
B: I traveled to Busan.

A: **What kind** of music do you like? ⟨what+명사: 무슨 ~, 어떤 ~⟩
B: I like rap music.

POINT 5 너의 영어 선생님은 누구시니? / 너는 점심으로 무엇을 먹었니? / 화장실을 어디서 찾을 수 있을까요? / 누가 그 답을 아나요? / 무엇이 너를 그렇게 화나게 만들었니?
POINT 6 A: 네가 가장 좋아하는 음식은 무엇이니? B: 나는 면을 정말 좋아해. / 피자야. / A: 그녀는 무엇에 대해 이야기하고 있었니? B: 그녀는 자신의 친구들에 대해 이야기하고 있었어.
/ A: 너는 토요일에 뭐 할 거니? B: 나는 영화 보러 갈 거야. / A: 너는 지난 주말에 뭐했니? B: 나는 부산으로 여행갔었어. / A: 너는 어떤 종류의 음악을 좋아하니? B: 나는 랩 음악을 좋아해.

check up 주어진 단어를 올바르게 배열하여 의문문을 완성하세요.

1 _____ _____ _____ _____ you wear? (what / shoe / do / size)

2 _____ _____ _____ _____ on weekends? (you / what / do / do)

3 _____ _____ _____ _____ now? (is / she / what / watching)

POINT 7

who/which/whose
의문문

· who: 누구, 누가, 누구를

A: **Who** is that boy over there? `188`

B: He's my brother.

· which는 '어느 것[쪽], 어느'의 의미로, 두 가지 이상의 정해진 것들 중에서 어느 하나를 선택하도록 물을 때 사용해요. 명사 앞에서 형용사처럼 쓰이기도 합니다.

A: **Which** do you like better, pants or a skirt? `189` 〈어느 것: 사람, 사물〉

B: I like pants better.

A: **Which color** do you prefer? `190` 〈어느 ~〉

B: I prefer blue.

· whose는 '누구의 것, 누구의'라는 의미로, 명사 앞에서 형용사처럼 쓰이기도 합니다.

A: **Whose** are these glasses? `191` 〈누구의 것〉

B: They're mine.

A: **Whose idea** is this? `192` 〈누구의 ~〉

B: It's Dan's idea.

MORE +

---

what은 여럿이거나 정해지지 않은 범위에서 선택을 묻는 반면, which는 한정된 범위에서 '어느 것'인지 물을 때 씁니다.

What fruits do you like? (정해지지 않은 범위)

Which fruit do you like better, *apples or oranges*? (정해진 선택 범위)

---

check up 우리말과 일치하도록 주어진 단어를 사용하여 빈칸에 알맞은 말을 쓰세요.

1 너는 빨간색과 파란색 중에 어느 것이 더 좋니? (do)

→ _____ _____ you like better, red or blue?

2 그녀는 여름과 겨울 중에 어느 계절을 좋아하니? (season)

→ _____ _____ _____ she like, summer or winter?

3 이 가방은 누구의 것이니? (this, bag)

→ _____ _____ _____ _____ ?

POINT 7 A: 저쪽에 있는 저 남자아이는 누구니? B: 그는 내 남동생이야. / A: 너는 바지랑 치마 중에 어느 것이 더 좋니? B: 나는 바지가 더 좋아. / A: 너는 어느 색깔을 선호하니? B: 나는 파란색을 선호해. / A: 이 안경은 누구의 것이니? B: 그것은 내 것이야. / A: 이것은 누구의 생각이니? B: Dan의 생각이야. / 너는 어떤 과일을 좋아하니? / 너는 사과랑 오렌지 중에 어느 과일을 더 좋아하니?

POINT 8

where/when/why 의문문

A: **Where** do you live now? ⟨193⟩ 〈어디서, 어디에〉
B: I live in Seoul.
A: **When** is your birthday? ⟨194⟩ 〈언제〉
B: It's November 9th.
A: **Why** were you late today? ⟨195⟩ 〈왜〉
B: (Because) I missed the bus.

주의!

Why(왜)로 시작하는 의문문에는 주로 because(왜냐하면)로 대답을 시작하는데, 생략할 수 있어요.

check up 우리말과 일치하도록 빈칸에 알맞은 말을 쓰세요.
1 그 버스는 언제 떠나나요? → _____ _____ the bus leave?
2 어젯밤에 나에게 왜 전화했니? → _____ _____ you call me last night?

POINT 9

how 의문문

· how는 '어떻게, 어떤'의 의미로 방법, 수단, 상태 등을 묻는 의문사입니다.

A: **How** do you go home? B: By bus. ⟨196⟩ 〈방법, 수단: 어떻게〉

A: **How was** last winter vacation? 〈상태: 어떤 상태로〉
B: It was very exciting.

· how 뒤에 형용사나 부사가 쓰여서 '얼마나 ~한[하게]'라는 의미의 정도나 수치를 묻기도 해요.

A: **How many** students are there in your class? B: There are 30.

A: **How often** do you talk to your parents? ⟨197⟩
B: Almost every day.

📝 **암기 필수** 자주 쓰이는 「How+형용사/부사」 표현

How many	얼마나 많은 (수의) ~?	**How long**	얼마나 긴/오래 ~?
How much	얼마나 많은 (양의)/많이 ~?	**How tall**	얼마나 키가 큰/높은 ~?
How old	몇 살인 ~?	**How often**	얼마나 자주 ~?
How big	얼마나 큰 ~?	**How far**	얼마나 먼 ~?
How heavy	얼마나 무거운/심하게 ~?	**How good**	얼마나 좋은 ~?

반복해서 들어보세요.
쉽게 외울 수 있어요!

check up 우리말과 일치하도록 빈칸에 알맞은 말을 쓰세요.
1 너희 형은 얼마나 키가 크니? → _____ _____ is your brother?
2 그녀는 프랑스에서 얼마나 오래 머물렀니? → _____ _____ did she stay in France?
3 네 체중은 얼마나 많이 나가니? → _____ _____ do you weigh?

POINT 8 A: 너는 지금 어디에 사니? B: 나는 서울에 살아. / A: 네 생일은 언제니? B: 11월 9일이야. / A: 너는 오늘 왜 늦었니? B: (왜냐하면) 나는 버스를 놓쳤어. POINT 9 A: 너는 집에 어떻게 가니? B: 버스로 가. / A: 지난 겨울 방학은 어땠어? B: 정말 재밌었어. / A: 너희 반에는 얼마나 많은 학생들이 있니? B: 30명이 있어. / A: 너는 네 부모님과 얼마나 자주 대화하니? B: 거의 매일 해.

Unit Exercise

정답 및 해설 p.18

A 다음 대답을 보고 빈칸에 알맞은 표현을 〈보기〉에서 골라 쓰세요. (단, 한 번씩만 쓸 것) POINT 6·7·8·9

〈보기〉	what	how long	where
	which color	how much	when

1 A: _____ is the fish?　　　　　B: It's 38 centimeters.

2 A: _____ does the next bus arrive?　B: It arrives in 15 minutes.

3 A: _____ do you like?　　　　　　　B: I like black.

4 A: _____ does she live?　　　　　　B: She lives in Incheon.

5 A: _____ do you do after dinner?　　B: I usually watch TV with my family.

6 A: _____ is this bag?　　　　　B: It is 10 dollars.

B 대화가 자연스럽도록 알맞은 것을 골라 연결하세요. POINT 6·7·8·9

1 Whose wallet is on the chair?　　　　　　　•　　　• ⓐ By Saturday.

2 Which do you prefer, chicken or beef? •　　　• ⓑ It's Jisu's.

3 When should I return this book?　　　　　　•　　　• ⓒ She's taking a nap.

4 How was the musical yesterday?　　　　　　•　　　• ⓓ I like beef better.

5 What is your sister doing now?　　　　　　　•　　　• ⓔ It was fantastic.

C 우리말과 일치하도록 주어진 단어를 사용하여 문장을 완성하세요. POINT 5·6·7·8·9

1 너는 얼마나 자주 야구를 하니? (play)

→ _____ _____ _____ _____ _____ baseball?

2 Frank는 지금 누구와 통화중이니? (talk)

→ _____ _____ _____ _____ with on the phone

now?

3 너는 왜 화가 났니? (upset)

→ _____ _____ _____ _____?

4 Lisa는 방학 동안에 어디를 방문했니? (visit)

→ _____ _____ _____ _____ during the vacation?

5 너는 내일 Cindy와 몇 시에 만날 거니? (meet)

→ _____ _____ _____ _____ with

Cindy tomorrow?

return 반납하다　　take a nap 낮잠을 자다　　musical 뮤지컬

Unit 3   부가의문문, 부정의문문

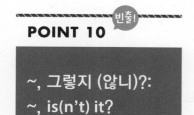

POINT 10 빈출!

~, 그렇지 (않니)?:
~, is(n't) it?

부가의문문이란 문장 끝에 콤마를 찍고 두 단어의 의문형을 문장 끝에 덧붙인 의문문이에요. 상대방에게 동의나 확인을 받기 위한 것으로, '그렇지?, 그렇지 않니?'를 의미해요.

· 부가의문문의 형태와 만드는 법

긍정문, **동사+not+주어?** *동사와 not의 줄임말을 써요.	부정문, **동사+주어?**

① 문장의 동사가 be동사나 조동사이면 그대로 씁니다.

He is late today, **isn't he?** 198

You can't swim, **can you?** 199

② 일반동사는 시제와 주어의 수에 맞춰 do, does, did를 씁니다.

You don't live near here, **do you?**

She likes spicy food, **doesn't she?**

He won the contest, **didn't he?**

③ 문장의 주어가 명사이면 인칭대명사로 바꿔 씁니다.

Mr. Park isn't your teacher, **is he?**

Ted and Kate said the right answer, **didn't they?** 200

This is really boring, **isn't it?**

· 긍정, 부정에 상관없이 명령문의 부가의문문은 will you?를, 제안문의 부가의문문은 shall we?를 써요.

Open the window, **will you?** 201 〈명령문, will you?(~해주실래요?)〉

Let's not rush it, **shall we?** 202 〈제안문, shall we?(~할래?)〉

check up 다음 중 어법상 알맞은 것을 고르세요.

1 He sings this song well, [doesn't / isn't] he?

2 The pasta was so delicious, [wasn't / was not] it?

3 It's not his fault, [is / isn't] it?

4 Ann will come to my house, [will / won't] she?

5 Tom doesn't eat meat, does [Tom / he]?

POINT 10 그는 오늘 늦었어, 그렇지 않니? / 너는 수영을 못해, 그렇지? / 너는 여기 근처에 살지 않아, 그렇지? / 그녀는 매운 음식을 좋아해, 그렇지 않니? / 그는 대회에서 우승했어, 그렇지 않니? / 박 선생님은 너의 선생님이 아니야, 그렇지? / Ted와 Kate는 정답을 말했어, 그렇지 않니? / 이건 정말 지루해, 그렇지 않니? / 창문을 열어주실래요? / 서두르지 말까?
check up fault 잘못; 책임

POINT 11

부가의문문에 대한 대답

부가의문문의 대답은 물어보는 내용과 상관없이 대답이 긍정이면 Yes, 부정이면 No로 답해요. 이때 Yes, No의 의미는 우리말의 '네', '아니요'와는 반대이므로 주의해야 합니다.

A: It *is* cold today, **isn't it?** 203
B: **Yes**, it **is**. (응, 추워.) / **No**, it **isn't**. (아니, 안 추워.)

A: It *isn't* cold today, **is it?**
B: **Yes**, it **is**. (아니, 추워.) / **No**, it **isn't**. (응, 안 추워.)

check up 다음 의문문의 응답에 맞게 빈칸을 완성하세요.

1 A: You cannot join us, can you?   B: No, _____ _____.
2 A: She was angry about it, wasn't she?   B: Yes, _____ _____.

POINT 12

~하지 않니?: Aren't you ~? / Don't you ~?

부정의문문은 동사의 부정형으로 시작하는 의문문으로, '~하지 않니?'라는 의미를 나타내요. 주로 상대방으로부터 긍정의 답을 기대하거나 상대방을 설득할 때 쓰입니다.
부정의문문의 대답도 대답이 긍정이면 Yes, 부정이면 No로 답해요.

Aren't you hungry now? 204

Wasn't the last test difficult?

Doesn't he raise a big dog? 205

A: **Didn't** you have dinner?
B: **Yes**, I **did**. (아니, 먹었어.) / **No**, I **didn't**. (응, 안 먹었어.)

check up 다음 문장을 부정의문문으로 바꿔 쓸 때, 빈칸에 알맞은 말을 쓰세요.

1 Is this your umbrella?   → _____ this your umbrella?
2 Did you miss the train?   → _____ you miss the train?
3 Was Jenny with you?   → _____ Jenny with you?
4 Does he like Korean food?   → _____ he like Korean food?
5 Do they live in Seoul?   → _____ they live in Seoul?

POINT 11 A: 오늘은 춥네, 그렇지 않니? B: 응, 추워. / 아니, 안 추워. / A: 오늘은 춥지 않네, 그렇지? B: 아니, 추워. / 응, 안 추워.
POINT 12 너는 지금 배고프지 않니? / 지난 시험은 어렵지 않았니? / 그는 큰 개 한 마리를 기르지 않니? / A: 너는 저녁을 안 먹었니? B: 아니, 먹었어. / 응, 안 먹었어.

Unit Exercise

A 다음 밑줄 친 부분이 맞으면 ○, 틀리면 ×하고 바르게 고치세요. `POINT 10`

1 The actor is very famous, <u>doesn't he</u>? _____

2 Hojin's birthday is in April, <u>isn't he</u>? _____

3 My teacher looks upset now, <u>doesn't she</u>? _____

4 Tell me about your last vacation, <u>shall you</u>? _____

5 Jack can play the trumpet, <u>can't he</u>? _____

6 Nick and Betty don't know your address, <u>do you</u>? _____

B 빈칸에 알맞은 말을 써서 대화를 완성하세요. `POINT 10-11`

1 A: She is a nurse, _____ _____?
　 B: Yes, _____ _____.

2 A: You don't like hot weather, _____ _____?
　 B: No, _____ _____.

3 Let's go to the movies, _____ _____?

4 A: He can speak Chinese, _____ _____?
　 B: Yes, _____ _____.

5 A: Jane was in New York last year, _____ _____?
　 B: No, _____ _____.

6 Don't put off today's work until tomorrow, _____ _____?

C 우리말과 일치하도록 주어진 단어를 사용하여 문장을 완성하세요. `POINT 10-12`

1 그 영화는 매우 낭만적이었어, 그렇지 않니? (be very romantic)
　 → The movie _____, _____?

2 민호는 여동생이 있지 않니? (have)
　 → _____ a sister?

3 오늘 밤에 콘서트에 갈래? (go to the concert)
　 → _____ tonight, _____?

4 길 건너에 저 사람 Rachel이지 않니? (that)
　 → _____ across the street?

5 Frank는 노래 대회에 참가하지 않았어, 그렇지? (participate in)
　 → Frank _____ the singing contest,
　 _____?

trumpet 트럼펫　　put off 미루다

Chapter Test

[1-2] 다음 중 빈칸에 들어갈 알맞은 말을 고르세요.

POINT 1

1

_____ kind to your sisters and help each other.

① Be   ② Do   ③ Never

④ Don't   ⑤ Let's

POINT 1

2

_____ slowly. You speak too fast.

① Be speak   ② Doesn't speak

③ Don't speak   ④ Let's speak

⑤ Please speak

POINT 10

3 다음 중 밑줄 친 부분이 어법상 알맞지 <u>않은</u> 것을 고르세요.

① Your sister doesn't like sports, <u>do you</u>?

② You and I are good friends, <u>aren't we</u>?

③ They don't play tennis, <u>do they</u>?

④ Eric studies hard, <u>doesn't he</u>?

⑤ The girl is from America, <u>isn't she</u>?

[4-5] 우리말과 일치하도록 주어진 단어를 올바르게 배열하세요. 서술형

POINT 2

4

밤에 컴퓨터 게임을 하지 마라.
(computer games / play / at night / don't)

→ _____.

POINT 4

5

그것은 정말 재미있는 이야기구나!
(it / an / story / what / interesting / is)

→ _____!

POINT 10-12

6 다음 중 어법상 알맞지 <u>않은</u> 문장을 고르세요.

① The store doesn't open on weekends, does it?

② Tim and Sally are friends, aren't they?

③ Amy will travel France, won't Amy?

④ Don't you live near my house?

⑤ Wasn't Paul late for school yesterday?

POINT 2

7 다음 표지판을 보고, 주어진 단어를 사용하여 문장을 완성하세요. `REAL 기출` `서술형`

(1)   (2)

(1) _____ _____ _____ _____ to the restaurant. (pets, bring)

(2) _____ _____ _____ in the library. (run)

[8-9] 다음 대화의 빈칸에 들어갈 알맞은 말을 고르세요.

POINT 10

8

A: The question was difficult, _____?
B: Yes, it was.

① was it   ② was they   ③ wasn't it

④ did it   ⑤ didn't it

POINT 12

9

A: Aren't you thirsty?
B: _____ I drank enough water.

① Yes, I am.　　② No, I'm not.
③ Yes, I'm not.　④ No, I am.
⑤ Yes, I do.

POINT 6·7·8·9

10 다음 중 어색한 대화를 고르세요.

① A: What is Jane doing?
　B: She is riding a bike.
② A: What time do you have breakfast?
　B: Usually at 7.
③ A: Where does she go after dinner?
　B: She usually has dinner at 7:30.
④ A: Whose jacket is this?
　B: It is mine.
⑤ A: How long does it take to Daegu?
　B: It takes about three hours.

POINT 10

11 다음 중 빈칸에 들어갈 말로 어법상 알맞지 <u>않은</u> 것을 고르세요.

You _____, don't you?

① like hamburgers
② play baseball
③ are handsome
④ exercise every day
⑤ go to school early

POINT 4

12 다음 문장을 감탄문으로 알맞게 바꿔 쓴 것을 고르세요.

It is a very exciting game.

① How very exciting game it is!
② How exciting game it is!
③ What an exciting game it is!
④ What a very exciting game it is!
⑤ What very exciting game you have!

POINT 1·2

13 다음 중 어법상 알맞은 문장을 고르세요.

① Don't to mix them up.
② Not bite your nails.
③ Don't angry with me.
④ Go straight and turn left.
⑤ Turns off the TV.

POINT 4·5·6

14 밑줄 친 우리말과 일치하도록 주어진 단어를 사용하여 대화를 완성하세요. REAL 기출 서술형

A: (1) 네가 가장 좋아하는 동물이 무엇이니?
　(favorite)
B: I like cats. I have two cats in my house.
　Here are some pictures of them.
A: Oh, (2) 그들은 정말 귀여운 고양이들이구나!
　(cute)

(1) _____?
(2) _____!

POINT 1·2·3

15 다음 중 어법상 알맞지 <u>않은</u> 문장을 <u>모두</u> 고르세요. 고난도

① Let's repeat this sentence.
② Not let's take a taxi.
③ Careful with your words.
④ Don't eat fast food too often.
⑤ Please taking off your shoes here.

POINT 9

16 다음 대화의 빈칸에 공통으로 들어갈 알맞은 말을 쓰세요. 서술형

A: _____ was the first day in your new class?
B: It was great.
A: _____ many students are there in your class?
B: There are about 25 students.

→ _____

CHAPTER 09 문장의 여러 형식

206
231

1001
Sentences
for
Grammar

POINT 1 be동사+명사/형용사

206 My father **is** *a math teacher*. 〈명사 보어〉

207 We **became** *close friends*. 〈명사 보어〉

208 The building **is** *tall*. 〈형용사 보어〉

209 She **gets** *tired* easily. 〈형용사 보어〉

우리 아버지는 수학 선생님**이시다.** / 우리는 친한 친구가 **되었다.** / 그 건물은 **높다.** / 그녀는 쉽게 피곤**해진다.**

POINT 2 look/sound/smell...+형용사

210 The students **look** *sleepy*. 〈~하게 보이다〉

211 Her voice **sounds** *soft*. 〈~하게 들리다〉

212 This steak **tastes** *good*. 〈~한 맛이 나다〉

213 The boy **felt** *angry*. 〈~하게 느끼다〉

214 Popcorn **smells** *sweet*. 〈~한 냄새가 나다〉

학생들은 졸려 **보인다.** / 그녀의 목소리는 부드럽게 **들린다.** / 이 스테이크는 **맛이 좋다.** / 그 소년은 화가 **났다.** / 팝콘은 달콤한 냄새가 **난다.**

POINT 3 동사+A+B: A에게 B를 ~(해) 주다

215 He **gave** *me a concert ticket*.

216 I will **send** *you this photo* soon.

217 Can you **show** *me another one*?

218 Kate **teaches** *my children English*.

219 John **made** *his sister a cake*.

그는 내게 콘서트 표를 **주었다.** / 내가 너에게 곧 이 사진을 **보내 줄게.** / 내게 다른 것을 **보여 줄 수 있니?** / Kate는 우리 아이들에게 영어를 **가르친다.** / John은 여동생에게 케이크를 **만들어 주었다.**

POINT 4   동사+B+to/for+A

220
I **gave** Jane a book. 〈주어+동사+간접목적어+직접목적어〉
→ I **gave** a book *to* Jane. 〈주어+동사+직접목적어+to+간접목적어〉

221
Sumin **sent** her friend a Christmas card.
→ Sumin **sent** a Christmas card *to* her friend.

222
My sister **bought** me a present. 〈주어+동사+간접목적어+직접목적어〉
→ My sister **bought** a present *for* me. 〈주어+동사+직접목적어+for+간접목적어〉

223
His mother **made** us delicious pizza.
→ His mother **made** delicious pizza *for* us.

나는 Jane에게 책 한 권을 **주었다**. / 수민이는 자신의 친구에게 크리스마스 카드를 **보냈다**. / 우리 언니는 나에게 선물을 **사 주었다**. / 그의 어머니는 우리에게 맛있는 피자를 **만들어 주셨다**.

POINT 5   명사 목적격보어: 목적어 = 목적격보어

224 The book **made** her *a famous writer*.

225 We **called** him *Bob*.

226 I **named** my dog *Tori*.

227 They **thought** him *a nice person*.

그 책은 그녀를 유명한 작가로 **만들어 주었다**. / 우리는 그를 Bob이라고 **불렀다**. / 나는 내 개를 Tori라고 **이름 지었다**. / 그들은 그를 좋은 사람이라고 **생각했다**.

POINT 6   형용사 목적격보어: 목적어의 상태, 성질

228 The contest **made** me *nervous*.

229 This blanket **keeps** me *warm*.

230 I **found** this cookie *delicious*.

231 Sara **left** her cat *alone*.

그 대회는 나를 초조하게 **만들었다**. / 이 담요는 나를 계속 따뜻하게 **해 준다**. / 나는 이 쿠키가 맛있다는 것을 **알게 되었다**. / Sara는 자신의 고양이를 혼자 **두었다**.

Key Understandings

문장의 형식과 동사

문장이 되려면 의미가 잘 전달되도록 문장에 꼭 필요한 것들을 갖추고 있어야 합니다.
'I smiled.'는 문장이 될 수 있지만 주어인 'I'나 동사인 'smiled'만 쓰면 문장이 될 수 없어요.

I smiled. 나는 웃었다.

(×) I.   → 내가 무엇을 했는지가 나와 있지 않아서 의미 전달이 안 돼요.

(×) smiled.   → 누가 웃었는지 나와 있지 않아서 의미 전달이 안 돼요.

영어의 문장이 되기 위해 주어나 동사는 아주 특수한 경우를 제외하고는 꼭 필요하답니다.

그런데, 어떤 동사는 앞에 있는 주어만 가지고는 의미를 제대로 전달하기가 어려워요. 동사가 가지고 있는 의미가 'smile(웃다)'
처럼 완전한 것이 아니기 때문이죠.
예를 들어 make는 '~을 만들다'라는 의미를 가지고 있기 때문에 '~을'에 해당하는 말, 즉 목적어가 뒤에 꼭 필요해요.

(×) I made.   → 내가 무엇을 만들었는지가 나와 있지 않아서 의미 전달이 안 돼요.

(○) I made a snowman.   나는 눈사람을 만들었다.

영어의 동사 중에는 목적어가 아닌 다른 것을 필요로 하는 것들도 있어요. 그 종류에 따라 영어 문장의 종류를 나누면 위의 두
가지 예를 포함해서 크게 5가지가 된답니다. 여러 수식어구가 붙어 아무리 긴 문장이라도 아래 5가지 중 어느 하나로 분류할 수
있어요.

1 I **smiled**.

2 I **made** *a snowman*.

3 I **am** *a writer*.

4 I **gave** *him a book*.

5 His name is William. I **call** *him Bill*.

1의 형식으로 사용되는 주요 동사들에는 swim, run, walk, sing, work 등이 있어요. 그리고 영어의 많은 동사들은 위의
I made a snowman.처럼 〈주어+동사+목적어〉의 형태를 취할 수 있지요.

그리고 특별한 몇몇 동사들은 나머지 **3~5**의 형태를 취할 수 있는데 그것이 바로 이번 Chapter에서 학습할 내용이에요. 동사
뒤에 반드시 나와야 할 것은 바로 동사의 의미에 따라 결정된다는 것을 명심하세요. 학습하면서도 동사의 의미를 꼭 알아두는
것이 무엇보다 중요합니다.

Unit 1 SVC

POINT 1

be동사+명사/형용사

be동사가 '~이다'의 의미인 경우, 뒤에 명사나 형용사가 오는데 이를 '보어'라고 합니다. 동사 become, get 등이 '~이 되다'의 의미로 쓰인 경우에도 뒤에 보어가 와요.

My father **is** *a math teacher*. `206`
　　　　　　동사　　보어(명사)

We **became** *close friends*. `207`

The building **is** *tall*. `208`
　　　　　　동사　보어(형용사)

She **gets** *tired* easily. `209`

check up　다음 각 문장의 보어에 밑줄을 그으세요.

1 The boy was shy.
2 He became quiet.
3 My father is my role model.

4 Jessie got angry.
5 My uncle became a pilot.
6 A good book is a great friend.

POINT 2　빈출!

look/sound/smell...
+형용사

감각을 표현하는 동사인 look, sound, taste, feel, smell 뒤에 형용사 보어가 쓰여
'~하게 보이다/들리다/맛이 나다' 등의 의미가 됩니다.
'~하게'라는 우리말 해석 때문에 혼동하여 보어 자리에 부사를 쓰지 않도록 주의하세요.

The students **look** *sleepy*. `210`

Her voice **sounds** *soft*. `211`

This steak **tastes** *good*. `212`

The boy **felt** *angry*. `213`

Popcorn **smells** *sweet*. `214`

반복해서 들어보세요.
쉽게 외울 수 있어요!

암기 필수　감각동사+형용사 보어

look pretty	예뻐 **보이다**	**sound** wonderful	멋지게 **들리다**
taste sweet	달콤한 **맛이 나다**	**feel** tired	피곤하게 **느끼다**
smell nice	좋은 **냄새가 나다**		

주의!

감각동사 다음에 전치사 like를 붙여 명사와 함께 쓸 수 있어요.
His son **looks like** *a model*.　　Your voice **sounds like** *your sister's*.

POINT 1　우리 아버지는 수학 선생님이시다. / 우리는 친한 친구가 되었다. / 그 건물은 높다. / 그녀는 쉽게 피곤해진다.　POINT 2　학생들은 졸려 보인다. / 그녀의 목소리는 부드럽게 들린다. / 이 스테이크는 맛이 좋다. / 그 소년은 화가 났다. / 팝콘은 달콤한 냄새가 난다. / 그의 아들은 모델처럼 보인다. / 너의 목소리는 너희 언니의 목소리처럼 들린다.
check up　pilot 조종사　　role model 롤모델, 모범이 되는 사람

check up 1　다음 각 문장의 동사에 동그라미하고 보어에 밑줄을 그으세요.

1 Katie looks cute.

2 He felt happy.

3 It sounds great.

4 The juice tasted sour.

5 The bread smells sweet.

check up 2　우리말과 일치하도록 〈보기〉에서 골라 빈칸에 알맞은 말을 쓰세요.

〈보기〉	sweet	good	sad	beautiful

1 아름다워 보인다　　→ look _____

2 달콤한 맛이 난다　　→ taste _____

3 좋은 냄새가 난다　　→ smell _____

4 슬프다고 느끼다　　→ feel _____

〈보기〉	look	sound	taste	feel

5 작아 보인다　　→ _____ small

6 안전하게 느끼다　　→ _____ safe

7 짠맛이 난다　　→ _____ salty

8 특별하게 들린다　　→ _____ special

check up 3　다음 중 어법상 알맞은 것을 고르세요.

1 You look [sleepy / sleep].

2 Her plan sounds [perfect / perfectly].

3 The wine tasted [good / well].

4 I felt [hungrily / hungry] after school.

5 The backpack looks [heavy / heavily].

6 Your dream sounds [possible / possibly].

7 The pasta tasted [fantasy / fantastic].

8 Tommy [looks / looks like] a strong boy.

check up backpack 배낭

Unit Exercise

A 다음 밑줄 친 부분이 맞으면 ○, 틀리면 ×하고 바르게 고치세요. `POINT 1·2`

1 Math is very <u>difficultly</u> to me. _____

2 Your little sister looks <u>sadly</u>. _____

3 Susan became <u>a teacher</u> after college. _____

4 The candle smells <u>nicely</u>. _____

5 Your new skirt looks <u>well</u>. _____

6 Rick is always <u>friendly</u> to others. _____

B 〈보기〉에서 알맞은 동사를 골라 현재형으로 써서 문장을 완성하세요. (단, 한 번씩만 쓸 것) `POINT 2`

〈보기〉 feel   look   sound   smell   taste

1 Your voice _____ strange.

2 I don't _____ lonely now.

3 This coffee _____ bitter.

4 The flowers _____ sweet.

5 You _____ pretty in that dress.

C 우리말과 일치하도록 주어진 단어를 사용하여 빈칸을 완성하세요. `POINT 1·2`

1 엄마의 손은 부드럽게 느껴졌다. (soft)

　→ Mom's hands _____ _____.

2 그녀는 누구에게나 정직하다. (honest)

　→ She _____ _____ with everyone.

3 그의 이야기는 나에게 흥미롭게 들린다. (interesting)

　→ His story _____ _____ to me.

4 Jenny는 그 노래로 유명해졌다. (famous)

　→ Jenny _____ _____ for the song.

5 네 수프에서는 맛있는 냄새가 난다. (delicious)

　→ Your soup _____ _____.

college 대학　candle 양초　strange 이상한　lonely 외로운　bitter (맛이) 쓴

Unit 2 SVOO

POINT 3

동사+A+B: A에게 B 를 ~(해) 주다

목적어를 필요로 하는 일부 동사들은 '누구에게' 해 주는 것인지에 해당하는 또 다른 목적어를 동사 바로 뒤에 쓸 수 있어요. '~에게'에 해당하는 것은 간접목적어, '…을'에 해당하는 것은 직접목적어라고 합니다.

He **gave** *me a concert ticket*. `215`
     동사 간접목적어 직접목적어

I will **send** *you this photo* soon. `216`

Can you **show** *me another one*? `217`

Kate **teaches** *my children English*. `218`

John **made** *his sister a cake*. `219`

반복해서 들어보세요.
쉽게 외울 수 있어요!

📝 암기 필수   목적어를 2개 갖는 동사

give A B	A에게 B를 주다	bring A B	A에게 B를 가져다 주다
send A B	A에게 B를 보내다	buy A B	A에게 B를 사 주다
show A B	A에게 B를 보여 주다	make A B	A에게 B를 만들어 주다
teach A B	A에게 B를 가르치다	get A B	A에게 B를 얻어주다
tell A B	A에게 B를 말하다	ask A B	A에게 B를 묻다

암기TIP 모두 'A에게 B를 (~해)주다'는 의미예요.

check up   다음 각 문장의 간접목적어와 직접목적어를 각각 찾아 쓰세요.

	간접목적어	직접목적어
1 I showed Tom a picture.	_____	_____
2 He bought me a flower.	_____	_____
3 He made the girl an apple pie.	_____	_____
4 They told the teacher the news.	_____	_____

POINT 3 그는 내게 콘서트 표를 주었다. / 내가 너에게 곧 이 사진을 보내줄게. / 내게 또 다른 것을 보여 줄 수 있니? / Kate는 우리 아이들에게 영어를 가르친다. / John은 여동생에게 케이크를 만들어 주었다.

POINT 4 빈출!

동사+B+to/for+A

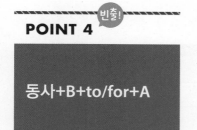

'누구에게'에 해당하는 간접목적어는 동사 바로 뒤에 올 뿐만 아니라 to 또는 for를 이용해서 직접목적어 뒤에 올 수도 있어요.

I **gave** Jane a book.
　　　　간접목적어　직접목적어

→ I **gave** a book **to** Jane. 220

Sumin **sent** a Christmas card **to** her friend. 221

My sister **bought** me a present.

→ My sister **bought** a present **for** me. 222

His mother **made** delicious pizza **for** us. 223

📖 **암기 필수**　간접목적어를 뒤로 보낼 때 to/for를 쓰는 동사

to	give, send, show, tell, teach, write, lend, pass, read 등
for	buy, make, get, cook 등

✍ **암기TIP** 대부분의 동사는 전치사 to를 씁니다. for를 쓰는 몇 개의 동사 위주로 기억하세요!

주의!

동사 ask는 ask a question, ask a favor(부탁을 하다)와 같은 표현에 한해 전치사 of가 쓰이기도 하지만, 목적어 2개인 형태가 더 자주 쓰입니다.
They **asked** my dad a few questions.
→ They **asked** a few questions **of** my dad.

check up 1 〈보기〉와 같이 주어진 문장을 바꿔 쓸 때 빈칸에 알맞은 말을 쓰세요.

> 〈보기〉　Sam teaches me tennis. → Sam teaches <u>tennis</u> to <u>me</u>.

1 She showed me her cat.
　→ She showed ＿＿＿＿＿ ＿＿＿＿＿ to ＿＿＿＿＿.

2 He bought them a delicious lunch.
　→ He bought ＿＿＿＿＿ ＿＿＿＿＿ for ＿＿＿＿＿.

3 We made our sister a birthday cake.
　→ We made ＿＿＿＿＿ ＿＿＿＿＿ ＿＿＿＿＿ for ＿＿＿＿＿.

check up 2 다음 중 전치사 to와 for 중 알맞은 것을 빈칸에 쓰세요.

1 My mom gave a towel ＿＿＿＿＿ me.

2 We made a paper ship ＿＿＿＿＿ the kids.

POINT 4 나는 Jane에게 책 한 권을 주었다. / 수민이는 자신의 친구에게 크리스마스 카드를 보냈다. / 우리 언니는 나에게 선물을 사 주었다. / 그의 어머니는 우리에게 맛있는 피자를 만들어 주셨다. / 그들은 우리 아빠에게 몇 가지 질문을 했다.

Unit Exercise

A 다음 밑줄 친 부분이 맞으면 ○, 틀리면 ×하고 바르게 고치세요. **POINT 3·4**

1 Cows give <u>milk us</u>. _____

2 Jack showed <u>me some magic tricks</u>. _____

3 My father will buy <u>for me a bike</u>. _____

4 Please tell <u>the truth to me</u>. _____

5 When will you send an e-mail <u>of him</u>? _____

B 우리말과 일치하도록 주어진 단어를 올바르게 배열하세요. **POINT 3·4**

1 나에게 역으로 가는 길을 알려 주겠니? (the way / me / show)

→ Can you _____ to the station?

2 Jones 씨는 우리에게 저녁 식사를 요리해 주셨다. (cooked / us / for / dinner)

→ Mr. Jones _____.

3 그는 생일에 그녀에게 꽃을 가져다 주었다. (her / some flowers / brought)

→ He _____ on her birthday.

4 우리 할머니는 항상 아이들에게 재미있는 이야기를 들려주신다.

(children / tells / interesting stories / to)

→ My grandma always _____.

C 주어진 문장을 〈보기〉와 같이 전치사가 포함된 문장으로 바꿔 쓰세요. **POINT 4**

> 〈보기〉 Mr. Green teaches us music.
> → Mr. Green <u>teaches music to us</u>.

1 I'll make you some dessert.

→ I'll make _____.

2 She'll get you some cold water.

→ She'll get _____.

3 Dad will buy me a new smartphone.

→ Dad will buy _____.

4 Rick sends me a Christmas gift every year.

→ Rick sends _____ every year.

trick 속임수   truth 진실

Unit 3 　SVOC

일부 동사는 목적어 뒤에 그 목적어를 다른 말로 설명해주는 명사나 형용사를 필요로 하는데 이를 '목적격보어'라 합니다. 목적격보어 자리에도 부사를 쓸 수 없어요.

POINT 5

**명사 목적격보어:
목적어 = 목적격보어**

목적격보어 자리에 명사가 올 경우 '목적어 = 목적격보어'의 관계가 됩니다.

The book **made** her *a famous writer*. `224`

We **called** him *Bob*. `225`

I **named** my dog *Tori*. `226`

They **thought** him *a nice person*. `227`

I **found** him *a genius* in science.

- make+목적어+명사: ~을 …로 만들다
- call+목적어+명사: ~을 …라고 부르다
- name+목적어+명사: ~을 …라고 이름 짓다

- think+목적어+명사: ~을 …라고 생각하다
- find+목적어+명사: ~가 …라는 것을 알게 되다

check up 　다음 각 문장의 목적어와 목적격보어를 각각 찾아 쓰세요.

	목적어	목적격보어
1 I call my dog Peggy.	_____	_____
2 He named his son Jack.	_____	_____
3 They made her a doctor.	_____	_____
4 She thinks him a brave man.	_____	_____

POINT 6

**형용사 목적격보어:
목적어의 상태, 성질**

The contest **made** me *nervous*. `228`

This blanket **keeps** me *warm*. `229`

I **found** this cookie *delicious*. `230`

Sara **left** her cat *alone*. `231`

- make+목적어+형용사: ~을 …하게 만들다
- keep+목적어+형용사: ~을 …한 상태로 유지하다

- find+목적어+형용사: ~가 …라는 것을 알게 되다
- leave+목적어+형용사: ~을 …하게 두다

check up 　다음 중 어법상 알맞은 것을 고르세요.

1 I made my brother [anger / angry].

2 Exercise [keeps / finds] us healthy.

3 Ice keeps water [cold / coldly].

4 He [found / left] the test easy.

POINT 5 그 책은 그녀를 유명한 작가로 만들어 주었다. / 우리는 그를 Bob이라고 불렀다. / 나는 내 개를 Tori라고 이름 지었다. / 그들은 그를 좋은 사람이라고 생각했다. / 나는 그가 과학에 있어서 천재라는 것을 알게 되었다. 　**POINT 6** 그 대회는 나를 초조하게 만들었다. / 이 담요가 나를 계속 따뜻하게 해 준다. / 나는 이 쿠키가 맛있다는 것을 알게 되었다. / Sara는 자신의 고양이를 혼자 두었다. 　*check up* healthy 건강한

Unit Exercise

A 우리말과 일치하도록 〈보기〉에서 알맞은 형용사를 골라 문장을 완성하세요. POINT 6

> 〈보기〉 sad   warm   funny   empty

1 그 노래는 나를 항상 슬프게 만든다.

→ The song always _____ me _____.

2 나는 그의 이야기가 재미있다는 걸 알게 되었다.

→ I _____ his story _____.

3 그 자리들은 노인들을 위해 비워진 채로 두세요.

→ Please _____ the seats _____ for the elderly.

4 이 외투가 너를 따뜻하게 유지시켜 줄 것이다.

→ The coat will _____ you _____.

B 우리말과 일치하도록 주어진 단어를 올바르게 배열하세요. POINT 5

1 그녀는 자신의 아들을 야구 선수로 만들었다. (a baseball player / made / her son)

→ She _____.

2 나는 내 햄스터에게 Jerry라고 이름을 지어 주었다. (Jerry / named / my hamster)

→ I _____.

3 우리는 그 소녀가 천재라고 생각한다. (a genius / the girl / think)

→ We _____.

4 우리 부모님은 항상 나를 Sweetie라고 부르신다. (me / Sweetie / call)

→ My parents always _____.

C 다음 밑줄 친 부분이 맞으면 ○, 틀리면 ×하고 바르게 고치세요. POINT 5·6

1 I found <u>the book useful</u>.   _____

2 The festival made <u>me very excitedly</u>.   _____

3 Mike made <u>his boy a musician</u>.   _____

4 Don't think <u>a fool me</u>.   _____

5 His rude answer made <u>his parents anger</u>.   _____

6 You should keep <u>the door open</u>.   _____

7 She always leaves <u>dirty her room</u>.   _____

useful 유용한   festival 축제   musician 음악가   fool 바보   rude 버릇없는   anger 화

Chapter Test

정답 및 해설 p.22

POINT 1·2

1 다음 중 빈칸에 들어갈 수 <u>없는</u> 것을 고르세요.

> The soup _____ delicious.

① is　　　② looks　　　③ tastes
④ smells　　⑤ makes

[2-3] 다음 중 어법상 알맞지 <u>않은</u> 문장을 고르세요.

POINT 1·2·5·6

2 ① My father is a pilot.
② Sally became a writer.
③ The bees look very busily.
④ My friends call me Katie.
⑤ You should keep the table clean.

POINT 3·4

3 ① I will tell my sister a funny story.
② Don't give food for the animals.
③ I sent Nick a text message.
④ Mom made me a nice sweater.
⑤ Mr. Song teaches yoga to the students.

POINT 4

4 다음 빈칸에 들어갈 말이 〈보기〉와 <u>다른</u> 것을 고르세요.

> 〈보기〉 He sent an e-mail _____ her.

① He lent a book _____ her.
② Don't tell a lie _____ others.
③ Let's give some money _____ them.
④ Emma made some cookies _____ us.
⑤ Ted showed some photos _____ me.

POINT 1·2·6

5 다음 중 밑줄 친 부분이 어법상 알맞지 <u>않은</u> 것을 고르세요.
① She became <u>famous</u> for her book.
② The bell sounded <u>loud</u>.
③ Your baby looks very <u>lovely</u>.
④ Keep the food <u>coldly</u>, please.
⑤ I found the actor's life very <u>exciting</u>.

[6-7] 우리말과 일치하도록 주어진 단어를 사용하여 빈칸을 완성하세요. **서술형**

POINT 2

6

> 그녀의 노래는 아름답게 들린다. (sound)

→ Her song _____.

POINT 6

7

> 그의 방문은 나를 항상 행복하게 만든다. (make)

→ His visit always _____.

POINT 2

8 다음 중 밑줄 친 look의 쓰임이 〈보기〉와 같은 것을 고르세요. **고난도**

> 〈보기〉 The baby <u>looks</u> sleepy.

① Don't <u>look</u> at me.
② I'm just <u>looking</u> around.
③ What are you <u>looking</u> for?
④ Your mom <u>looks</u> very kind.
⑤ Dave <u>looked</u> at the mirror.

POINT 4

9 다음 중 문장의 전환이 올바른 것을 고르세요.
① Anna sent me some flowers.
　→ Anna sent some flowers for me.
② Juile cooked me some chicken.
　→ Juile cooked some chicken of me.
③ She passed me some papers.
　→ She passed some papers of me.
④ He wrote her a love letter.
　→ He wrote a love letter for her.
⑤ I'm going to buy him a bag.
　→ I'm going to buy a bag for him.

10 다음 빈칸에 들어갈 알맞은 말을 <u>두 개</u> 고르세요.

> He always makes me _____.

① angry   ② sadly
③ dinner   ④ strongly
⑤ calmly

[11-12] 다음 중 〈보기〉와 문장의 형태가 같은 것을 고르세요.

POINT 2·3·5

11

> 〈보기〉 The black coat looks nice.

① Mark asked me some questions.
② Everybody calls her an angel.
③ The rose smells good.
④ We named our puppy Bora.
⑤ She gave us some milk.

POINT 1·3·6

12

> 〈보기〉 Mina showed him her pictures.

① Brad bought her some chocolates.
② She got excited about the picnic.
③ They kept the room empty.
④ I found this spaghetti really spicy.
⑤ He became a famous singer.

POINT 3·4

13 다음 그림을 보고 주어진 단어를 사용하여 질문에 알맞은 대답을 완성하세요. REAL 기출

A: What are you going to give your sister on her birthday?

B: I'm going to _____ on her birthday. (her, shoes)

[14-15] 다음 중 빈칸 (A), (B)에 들어갈 말이 바르게 짝지어진 것을 고르세요.

POINT 4

14

> · Can I ask a favor ____(A)____ you?
> · He told a scary story ____(B)____ us.

① to — for   ② for — to
③ of — for   ④ of — to
⑤ for — of

POINT 4

15

> · Would you pass a pen ____(A)____ me?
> · She bought a scarf ____(B)____ her mom.

① to — for   ② for — to
③ of — for   ④ of — to
⑤ for — of

[16-17] 다음 〈보기〉와 같이 문장을 바꿔 쓰세요. 서술형

POINT 4

16

> 〈보기〉 Tomas showed me his drawings.
> → Tomas showed his drawings to me.

Mike taught the kid the alphabet.

→ _____

POINT 3

17

> 〈보기〉 Maria bought a watch for her husband.
> → Maria bought her husband a watch.

Bill gave his toy to his sister.

→ _____

[18-20] 우리말과 일치하도록 주어진 단어를 올바르게 배열하세요. 서술형

POINT 2

18

네 이야기는 나에게 아주 흥미롭게 들린다.
(story / interesting / sounds / your / very)

→ _____
  to me.

POINT 4

19

네가 나에게 선물 상자를 보냈니?
(send / a gift box / did / me / to / you)

→ _____ ?

POINT 5

20

우리 반 친구들은 나를 좋은 학생이라고 생각한다.
(a good student / think / my / classmates / me)

→ _____ .

[21-22] 다음 중 어법상 알맞은 문장 두 개를 고르세요.

POINT 1·2

21

① I feel proudly of my country.
② This drink tastes coffee.
③ The baby looks an angel.
④ She became a great painter.
⑤ It sounds like a good idea.

POINT 1·2

22

① Amy is a good doctor.
② The soup tasted very sour.
③ The boy got angrily at his friend.
④ This T-shirt doesn't look like small for me.
⑤ She felt like hungry after she woke up.

[23-24] 다음 문장에서 어법상 알맞지 않은 부분을 찾아 바르게 고치세요. 서술형

POINT 6

23

Regular exercise makes you health.

_____ → _____

POINT 6

24

I found the river very calmly.

_____ → _____

POINT 3·4

25 우리말과 일치하도록 〈조건〉에 맞게 문장을 쓰세요.
REAL 기출 서술형

나는 내 남동생에게 장난감을 하나 사 주었다.
〈조건〉
· buy, toy, brother라는 단어가 들어가게 쓸 것
· 두 가지 문장으로 쓸 것
· 필요한 경우 제시된 단어를 변형하여 쓸 것

→ _____

→ _____

CHAPTER 10 to부정사와 동명사

232
259

1001
Sentences
for
Grammar

POINT 1 목적과 감정의 원인

232 I saved money **to buy** a new computer.

233 She studied hard **to pass** the test.

234 I was *happy* **to meet** you here.

235 I am *sorry* **to hear** that.

나는 새 컴퓨터를 **사기 위해** 돈을 모았다. / 그녀는 시험에 **합격하기 위해** 열심히 공부했다. / 나는 너를 여기서 **만나게 되어서** 행복했다. / 그 소식을 **들어서** 유감입니다.

POINT 2 (대)명사를 뒤에서 꾸밈

236 I have *many things* **to tell** you.

237 Do you want *anything* **to drink**?

나는 너에게 **얘기할** 게 많아. / **마실** 것 좀 줄까?

POINT 3~4 to부정사 = 주어(~하는 것은)/보어(~하는 것이다)

238 **To be** honest *is* important. 〈주어(단수 취급)〉

239 **To swim** in the river *is* not easy. 〈주어〉

240 Her hobby is **to watch** movies. 〈보어〉

241 My dream is **to travel** around the world. 〈보어〉

정직한 **것이** 중요하다. / 강에서 **수영하는 것은** 쉽지 않다. / 그녀의 취미는 영화 **보기이다**. / 내 꿈은 전 세계를 **여행하는 것이다**.

POINT 5 to부정사 = 목적어(~하는 것을)

242 She *wants* **to be** a doctor.

243 He *planned* **to visit** India.

244 You *need* **to finish** your homework first.

245 They *decided* **to live** together.

그녀는 의사가 **되고** 싶다. / 그는 인도를 **방문할 것을** 계획했다. / 너는 숙제를 먼저 **끝낼** 필요가 있다. / 그들은 함께 **살기로** 결정했다.

POINT 6~7   동명사 = 주어(~하는 것은)/보어(~하는 것이다)

246   **Riding** a bike *is* my hobby. 〈동명사 주어+단수동사〉

247   **Trying** new food *is* not easy. 〈동명사 주어+단수동사〉

248   My job is **selling** fruits. 〈보어〉

249   Their dream is **opening** a bakery. 〈보어〉

자전거를 **타는 것은** 나의 취미이다. / 새로운 음식을 **시도하는 것은** 쉽지 않다. / 나의 직업은 과일을 **파는 것**이다. / 그들의 꿈은 빵집을 **여는 것이다.**

POINT 8   동명사 = 목적어(~하는 것을)

250   We *enjoyed* **making** pizza.

251   She *finished* **doing** her homework.

252   The singer *gave up* **singing** in the rain.

253   I don't *mind* **opening** the window.

우리는 피자 **만들기를** 즐겼다. / 그녀는 숙제**하는 것을** 끝냈다. / 그 가수는 빗속에서 **노래하는 것을** 포기했다. / 나는 창문 **여는 것을** 꺼리지 않는다.

POINT 9   전치사+동명사

254   She learned yoga *by* **taking** a class.

255   This advice is *about* **losing** weight.

그녀는 **수업을 듣는 것으로** 요가를 배웠다. / 이 조언은 **체중 감량**에 대한 것이다.

POINT 10   자주 쓰이는 동명사 표현

256   I **went fishing** with my dad.

257   Jimin **is good at speaking** Chinese.

258   She **felt like drinking** a glass of cola.

259   **Thank you for inviting** me today.

나는 아빠와 함께 **낚시하러 갔다.** / 지민이는 중국어로 **말하기를 잘한다.** / 그녀는 콜라 한 잔을 **마시고 싶었다.** / 오늘 저를 **초대해주셔서 감사합니다.**

Key Understandings

부정사란?

1. 형태가 변화하지 않는다

아래와 같이 to 뒤에 동사원형을 붙여 쓰는 것을 to부정사 또는 흔히 부정사라고 해요.

I got up early to study. 나는 **공부하기 위해** 일찍 일어났다.

She uses the Internet to sell things. 그녀는 물건을 **팔기 위해** 인터넷을 이용한다.

· to부정사는 to 뒤에 동사원형이 오지만, 전치사 to 뒤에는 명사가 오는 것이 서로 달라요.

They learned to play the guitar.   **He came to my house last weekend.**
　　　　to+동사원형　　　　　　　　　　　전치사+명사

to부정사는 동사로 만들어진 것이지만, 문장의 동사가 이미 있으므로 문장에서 시제나 주어의 수, 인칭에 따라 그 형태가 변화하지 않아요. 위의 예문에서도 문장의 동사는 과거시제(got), 현재시제(uses)로 형태가 변화했지만, to study, to sell은 변하지 않았어요.

check up 다음 밑줄 친 부분이 맞으면 ○, 틀리면 ×하고 바르게 고치세요.

1 She decided to <u>stayed</u> at home. 　　＿＿＿＿＿＿＿

2 His plan is to <u>visits</u> our office. 　　＿＿＿＿＿＿＿

3 You promised to <u>exercise</u> a lot. 　　＿＿＿＿＿＿＿

4 The man learned to <u>playing</u> chess. 　　＿＿＿＿＿＿＿

2. 뒤에 여러 딸린 어구가 올 수 있다

to부정사는 원래 동사에서 온 것이므로 뒤에 목적어나 보어, 수식어구가 이어질 수 있어요.

He went out to buy *some food*. 그는 음식을 좀 **사기 위해** 외출했다.

The girl wants to be *a great skater*. 그 소녀는 훌륭한 스케이트 선수가 **되기를** 원한다.

I don't want to talk *to him*. 나는 그와 **이야기하고** 싶지 않다.

이런 to부정사는 왜 필요한 걸까요?

위의 첫 문장에서 볼 수 있듯이, 문장의 동사(got) 외에도 문장에서 동사(study)가 하나 더 필요한 경우가 있어요. 즉, '나는 일찍 일어났다.'는 I got up early.인데, '공부하기 위해'를 덧붙이려면 to study란 to부정사가 필요한 것이에요.

to부정사는 영어에서 정말 두루두루 잘 쓰이는 표현이므로 문장에서 어떤 쓰임과 의미를 가질 수 있는지 잘 학습해두어야 해요.

Unit 1　to부정사의 부사적, 형용사적 쓰임

POINT 1

목적과 감정의 원인

- to부정사는 목적을 나타내는 '～하기 위해'의 뜻으로 가장 많이 쓰입니다.

I saved money **to buy** a new computer. `232`

She studied hard **to pass** the test. `233`

- to부정사가 happy, glad, sad, sorry 등 감정을 나타내는 형용사 뒤에 쓰이면 그 감정을 느끼는 원인(～해서)의 뜻이에요.

I was *happy* **to meet** you here. `234`

I am *sorry* **to hear** that. `235`

check up 1　다음 각 문장의 우리말 해석을 완성하세요.

1 I came here to see you.

→ 나는 너를 _____ 이곳에 왔다.

2 He practiced hard to win the race.

→ 그는 경주에서 _____ 열심히 연습했다.

3 We are glad to know you.

→ 우리는 너를 _____ 기쁘다.

check up 2　우리말과 일치하도록 주어진 단어를 사용하여 빈칸을 완성하세요.

1 그녀는 감자를 사기 위해 슈퍼마켓에 갔다. (buy, potatoes)

→ She went to the supermarket _____.

2 우리는 야구를 하기 위해 만났다. (play, baseball)

→ We met _____.

3 나는 이곳을 떠나게 되어서 정말 슬프다. (sad, leave, here)

→ I'm really _____.

4 그는 책을 읽기 위해 불을 켰다. (read, a book)

→ He turned on the light _____.

5 Ron은 친구를 도울 수 있어서 행복했다. (happy, help, his friend)

→ Ron was _____.

POINT 1 나는 새 컴퓨터를 사기 위해 돈을 모았다. / 그녀는 시험에 합격하기 위해 열심히 공부했다. / 나는 너를 여기서 만나게 되어서 행복했다. / 그 소식을 들어서 유감입니다.

check up 3 〈보기〉와 같이 주어진 두 문장을 to부정사를 사용하여 한 문장으로 다시 쓰세요.

> 〈보기〉 I went to Seoul. I wanted to visit my grandparents.
> → I went to Seoul <u>to visit my grandparents</u>.

1 I did my best. I wanted to win a prize.

→ I did my best _____.

2 He entered the building. He had to attend a meeting.

→ He entered the building _____.

3 They moved to Seoul. They wanted to live in a big city.

→ They moved to Seoul _____.

4 She bought a new camera. She wanted to take pictures.

→ She bought a new camera _____.

5 Robert prepared a gift. He wanted to celebrate his wife's birthday.

→ Robert prepared a gift _____.

POINT 2

(대)명사를 뒤에서 꾸밈

to부정사는 형용사처럼 (대)명사를 꾸며 '~하는, ~할'의 의미를 덧붙일 수 있어요. 이때 to부정사는 (대)명사 뒤에 위치합니다.

I have *many things* **to tell** you. 236

Do you want *anything* **to drink**? 237

check up 우리말과 일치하도록 to부정사를 사용하여 빈칸에 알맞은 말을 쓰세요.

1 먹을 음식 → food _____ _____

2 잘 시간 → time _____ _____

3 운전할 차 → a car _____ _____

4 마실 물 → water _____ _____

5 만날 사람 → a person _____ _____

Unit Exercise

A 밑줄 친 to부정사의 쓰임을 〈보기〉에서 골라 그 기호를 쓰세요. POINT 1·2

〈보기〉 ⓐ ~하기 위해 ⓑ ~해서 ⓒ ~하는, ~할

1 I went to the restaurant <u>to have</u> pasta. _____
2 I need somebody <u>to help</u> me. _____
3 She called me <u>to ask</u> a few questions. _____
4 They were glad <u>to go</u> to the zoo. _____
5 He has some coins <u>to put</u> in his piggy bank. _____
6 I was shocked <u>to hear</u> the news. _____

B 다음 밑줄 친 우리말과 일치하도록 주어진 단어를 올바르게 배열하세요. POINT 1·3

1 나는 그와 <u>이야기할 기회</u>가 있었다. (to / a chance / talk)
  → I had _____ with him.

2 우리는 <u>일출을 보기 위해</u> 일찍 일어났다. (see / to / the sunrise)
  → We got up early _____.

3 그는 자신이 가장 좋아하는 영화를 <u>봐서 행복했다</u>. (happy / watch / to)
  → He was _____ his favorite movie.

4 그녀는 <u>무언가를 찾기 위해</u> 서랍을 열었다. (find / to / something)
  → She opened the drawer _____.

5 영어를 <u>배울 수 있는 몇 가지 방법들</u>을 내게 말해줘. (learn / to / some ways)
  → Tell me _____ English.

C 〈보기〉와 같이 다음 질문에 대한 대답을 주어진 단어와 to부정사를 사용하여 완성하세요. POINT 1

〈보기〉 Q: Why did Sam go to the gym?
    A: He went to the gym <u>to find his ball</u>. (find, his ball)

1 Q: Why did she write this book?
  A: She wrote the book _____. (provide, information)

2 Q: Why do you live in the countryside?
  A: I live in the countryside _____. (enjoy, nature)

3 Q: Why is Jenny sad now?
  A: She is _____ at home. (sad, be, alone)

pasta 파스타   piggy bank 돼지 저금통   provide 제공하다   information 정보   countryside 시골

Unit 2 　to부정사의 명사적 쓰임

POINT 3

to부정사 = 주어
(~하는 것은)

to부정사가 마치 명사처럼 주어 자리에 쓰이면 '~하는 것은, ~하기는'으로 해석해요.
to부정사 주어는 단수 취급하여 뒤에 이어지는 동사는 항상 단수형을 씁니다.

To be honest *is* important. **238**
　　　　주어

To swim in the river *is* not easy. **239**

check up　다음 각 문장의 주어에 밑줄을 그으세요.

1 To respect your friend is important.

2 To open a restaurant is a hard job.

POINT 4

to부정사 = 보어
(~하는 것이다)

to부정사가 be동사 뒤에 쓰이면 주어가 무엇인지를 설명해요. 따라서 '~하는 것(이다), ~하기(이다)'로 해석하면 됩니다.

Her hobby is **to watch** movies. **240**
　　　　　　　보어

My dream is **to travel** around the world. **241**

check up　다음 각 문장의 우리말 해석을 완성하세요.

1 Her job is to design cars.

　　→ 그녀의 직업은 차를 _____.

2 Our wish is to live happily.

　　→ 우리의 소원은 행복하게 _____.

3 Their plan is to meet the inventor.

　　→ 그들의 계획은 그 발명가를 _____.

4 His goal is to speak English well.

　　→ 그의 목표는 영어를 잘 _____, _____.

5 My dream is to become a teacher.

　　→ 내 꿈은 선생님이 _____.

POINT 3 정직한 것이 중요하다. / 강에서 수영하는 것은 쉽지 않다.　　POINT 4 그녀의 취미는 영화 보기이다. / 내 꿈은 전 세계를 여행하는 것이다.

POINT 5

to부정사 = 목적어 (~하는 것을)

to부정사가 동사 뒤 목적어 자리에 쓰이면 '~하는 것을, ~하기를'이라고 해석해요.
to부정사를 목적어로 쓰는 동사들을 꼭 알아두어야 합니다.

She *wants* **to be** a doctor. 242
　　　　　　　목적어

We *hope* **to see** you soon.

He *planned* **to visit** India. 243

You *need* **to finish** your homework first. 244

They *decided* **to live** together. 245

Jim *loves* **to dance**.

📝 암기 필수　to부정사를 목적어로 쓰는 동사

want to do	~하는 것을 원하다	**need** to do	~할 필요가 있다
hope to do	~하는 것을 희망하다[바라다]	**decide** to do	~하기로 결정[결심]하다
wish to do	~하는 것을 바라다	**like[love]** to do	~하는 것을 [아주] 좋아하다
plan to do	~하는 것을 계획하다	**start[begin]** to do	~하는 것을 시작하다

암기TIP 주로 '미래'와 관련된 행동이라는 공통점이 있어요.

주의!

to부정사/동명사 목적어가 모두 가능한 동사: like, love, hate, start, begin 등 (동명사 목적어 ☞ POINT 8)
He *likes* **to drink** coffee. / He *likes* **drinking** coffee.
It *started* **to snow**. / It *started* **snowing**.

반복해서 들어보세요.
쉽게 외울 수 있어요!

check up 1　다음 각 문장의 목적어에 밑줄을 그으세요.

1 I want to buy a book.

2 You need to be brave.

3 She decided to make a doll.

4 He began to take a shower.

5 We like to go out for dinner.

6 Mina hopes to ride a horse.

7 They planned to visit the country.

8 I wish to get a present.

check up 2　주어진 단어를 사용하여 빈칸을 완성하세요.

1 We planned _____ jogging every morning. (start)

2 I want _____ in a peaceful world. (live)

3 I hope _____ my old friend. (meet)

4 We decided _____ Jina a birthday party. (give)

5 You need _____ your room. (clean)

POINT 5 그녀는 의사가 되고 싶다. / 우리는 너를 곧 보기를 희망해. / 그는 인도를 방문할 것을 계획했다. / 너는 숙제를 먼저 끝낼 필요가 있다. / 그들은 함께 살기로 결정했다. / Jim은
춤추는 것을 아주 좋아한다. / 그는 커피 마시는 것을 좋아한다. / 눈이 내리기 시작했다.

CHAPTER 10　to부정사와 동명사　　125

Unit Exercise

A 밑줄 친 to부정사의 쓰임을 〈보기〉에서 골라 그 기호를 쓰세요. POINT 3·4·5

> 〈보기〉 ⓐ 주어 ⓑ 보어 ⓒ 목적어

1 <u>To play</u> computer games is fun. _____
2 She wants <u>to take</u> a rest. _____
3 My wish is <u>to see</u> an aurora. _____
4 I need <u>to go</u> grocery shopping. _____
5 My hobby is <u>to watch</u> movies. _____
6 <u>To get up</u> early is difficult for me. _____

B 다음 중 어법상 알맞은 것을 고르세요. POINT 5

1 We decided [move / to move] to another city.
2 The baby began [to cry / to crying] suddenly.
3 My parents love [to cook / cook] dinner together.
4 What do you plan [to doing / to do] during the holiday?

C 우리말과 일치하도록 주어진 단어를 올바르게 배열하세요. POINT 3·4·5

1 그의 직업은 우유를 배달하는 것이다. (milk / deliver / to)
  → His job is _____.

2 영화배우가 되는 것은 어렵다. (become / a movie star / to)
  → _____ is difficult.

3 그 어린 소년은 애완동물을 갖기를 바란다. (a pet / to / have)
  → The little boy hopes _____.

4 쿠키를 굽는 것은 전혀 어렵지 않다. (bake / cookies / to)
  → _____ is not difficult at all.

5 나는 언젠가 그곳을 방문할 필요가 있다. (there / to / visit)
  → I need _____ someday.

take a rest 휴식을 취하다, 쉬다　aurora 오로라　grocery 식료품　suddenly 갑자기

Unit 3 동명사의 쓰임

동명사란 동사원형 뒤에 -ing를 붙여 명사처럼 쓰는 것을 말합니다. 동사의 -ing형은 진행형의 -ing형을 만드는 방법과 같아요. (진행형 ☞ Ch 03) to부정사와 마찬가지로 뒤에 여러 어구들이 오기도 해요.

POINT 6

동명사 = 주어 (~하는 것은)

동명사도 to부정사와 마찬가지로 문장의 주어로 쓰이면 '~하는 것은, ~하기는'으로 해석합니다. 뒤에 이어지는 동사 역시 항상 단수형을 씁니다.

Riding a bike *is* my hobby. **246**
　　　　주어

Trying new food *is* not easy. **247**

check up　다음 각 문장의 주어에 밑줄을 그으세요.

1 Making a snowman is fun.
2 Studying English is exciting.
3 Driving too fast is dangerous.

POINT 7

동명사 = 보어 (~하는 것이다)

to부정사와 마찬가지로 동명사가 be동사 뒤에 쓰이면 주어가 무엇인지를 설명해요. 따라서 '~하는 것(이다), ~하기(이다)'로 해석하면 됩니다.

My job is **selling** fruits. **248**
　　　　　　　보어

Their dream is **opening** a bakery. **249**

> **주의!**
>
> 진행형 vs. 동명사(보어): 둘 다 「be동사 + 동사의 -ing형」이므로 해석에 주의하세요.
> He **is solving** the problem. 〈진행형: ~하고 있다〉
> His goal **is solving** the problem. 〈동명사(보어): ~하는 것이다, His goal = solving the problem〉

check up　우리말과 일치하도록 주어진 단어를 사용하여 빈칸을 완성하세요.

1 우리의 계획은 해변에서 배구를 하는 것이다. (play, volleyball)

　→ Our plan is ＿＿＿＿＿＿ ＿＿＿＿＿＿ on the beach.

2 그녀의 직업은 소설을 쓰는 것이다. (write, novels)

　→ Her job is ＿＿＿＿＿＿ ＿＿＿＿＿＿.

3 나의 꿈은 여기에 내 집을 짓는 것이다. (build, my house)

　→ My dream is ＿＿＿＿＿＿ ＿＿＿＿＿＿ ＿＿＿＿＿＿ here.

4 그의 취미는 토요일마다 낚시하러 가는 것이다. (go, fishing)

　→ His hobby is ＿＿＿＿＿＿ ＿＿＿＿＿＿ on Saturdays.

POINT 6 자전거를 타는 것은 나의 취미이다. / 새로운 음식을 시도하는 것은 쉽지 않다.　**POINT 7** 나의 직업은 과일을 파는 것이다. / 그들의 꿈은 빵집을 여는 것이다. / 그는 그 문제를 풀고 있다. / 그의 목표는 그 문제를 푸는 것이다.

POINT 8

동명사 = 목적어 (~하는 것을)

동명사도 to부정사와 마찬가지로 동사 뒤 목적어 자리에 쓰이면 '~하는 것을, ~하기를'이라고 해석해요. to부정사를 목적어로 쓰는 동사들과 구별하여 꼭 알아두어야 합니다. (to부정사 목적어 ☞ POINT 5)

We *enjoyed* **making** pizza. `250`
　　　　　　　목적어

She *finished* **doing** her homework. `251`

I *practiced* **playing** the drums.

He *avoids* **eating** unhealthy foods.

The singer *gave up* **singing** in the rain. `252`

I don't *mind* **opening** the window. `253`

반복해서 들어보세요.
쉽게 외울 수 있어요!

📝 **암기 필수**　동명사를 목적어로 쓰는 동사

enjoy -ing	~하는 것을 즐기다	**consider** -ing	~하는 것을 고려하다
finish -ing	~하는 것을 끝내다	**avoid** -ing	~하는 것을 피하다
suggest -ing	~하는 것을 제안하다	**give up** -ing	~하는 것을 포기하다
keep -ing	~하는 것을 계속하다	**mind** -ing	~하는 것을 꺼리다
practice -ing	~하는 것을 연습하다	**stop** -ing	~하는 것을 멈추다

🖐 **암기TIP** 주로 '과거나 현재'와 관련된 행동이라는 공통점이 있어요.

check up 1　우리말과 일치하도록 동명사를 사용하여 빈칸에 알맞은 말을 쓰세요.

1 노래하는 것을 즐기다　　　　　　　　→ enjoy _____

2 창문을 닫는 것을 꺼리다　　　　　　　→ mind _____ the window

3 일하는 것을 멈추다　　　　　　　　　→ stop _____

4 만나는 것을 제안하다　　　　　　　　→ suggest _____

5 가구 만드는 것을 포기하다　　　　　　→ give up _____ furniture

check up 2　우리말과 일치하도록 주어진 단어를 사용하여 빈칸을 완성하세요.

1 Laura는 편지 쓰는 것을 끝냈다. (finish, write)

　→ Laura _____ a letter.

2 아기는 종일 계속 울었다. (keep, cry)

　→ The baby _____ all day.

3 그녀는 일본어 배우는 것을 포기했다. (give up, learn)

　→ She _____ Japanese.

4 그는 새로운 음식을 요리하는 것을 즐긴다. (enjoy, cook)

　→ He _____ a new dish.

5 나는 사람들 앞에서 말하는 것을 연습했다. (practice, speak)

　→ I _____ in front of people.

POINT 8 우리는 피자 만들기를 즐겼다. / 그녀는 숙제하는 것을 끝냈다. / 나는 드럼 치는 것을 연습했다. / 그는 건강에 좋지 않은 음식을 먹는 것을 피한다. / 그 가수는 빗속에서 노래하는 것을 포기했다. / 나는 창문 여는 것을 꺼리지 않는다.

POINT 9

전치사+동명사

by, about, for 등의 전치사 뒤에 동사를 쓸 경우에는 동명사의 형태로 써요. to부정사나 동사원형을 쓰지 않도록 주의하세요.

She learned yoga *by* **taking** a class. **254**
전치사 by의 목적어 (~함으로써)

This advice is *about* **losing** weight. **255**

check up 주어진 단어를 어법에 맞게 쓰세요.

1 This story is about _____ hope and love. (give)

2 There is a place for _____ photos. (take)

3 He saved money by _____ cars. (sell)

4 Don't ride a bike without _____ a helmet. (wear)

5 She is thinking about _____ her hairstyle. (change)

POINT 10

자주 쓰이는 동명사 표현

동명사가 숙어처럼 사용되는 표현들을 잘 기억하세요.

I **went fishing** with my dad. **256**

Jimin **is good at speaking** Chinese. **257**

She **felt like drinking** a glass of cola. **258**

Thank you for inviting me today. **259**

반복해서 들어보세요. 쉽게 외울 수 있어요!

📝 암기 필수 **동명사를 포함한 주요 구문**

go -ing	~하러 가다	feel like -ing	~하고 싶다
be good at -ing	~을 잘하다	thank you for -ing	~해줘서 고맙다

check up 우리말과 일치하도록 주어진 단어를 올바르게 배열하세요.

1 그는 아버지와 함께 등산하러 갔다. (hiking / went)

→ He _____ with his father.

2 나는 기타를 잘 친다. (at / good / playing / am)

→ I _____ the guitar.

3 그녀는 흰색 치마를 사고 싶었다. (like / felt / buying)

→ She _____ a white skirt.

4 저희를 오늘 이곳에 초대해주셔서 감사합니다. (inviting / you / for / thank)

→ _____ us here today.

POINT 9 그녀는 수업을 듣는 것으로 요가를 배웠다. / 이 조언은 체중 감량에 대한 것이다.   **POINT 10** 나는 아빠와 함께 낚시하러 갔다. / 지민이는 중국어로 말하기를 잘한다. / 그녀는 콜라 한 잔을 마시고 싶었다. / 오늘 저를 초대해주셔서 감사합니다.

Unit Exercise

A 밑줄 친 동명사의 쓰임을 〈보기〉에서 골라 그 기호를 쓰세요. POINT 6·7·8

〈보기〉	ⓐ 주어	ⓑ 보어	ⓒ 목적어

1 My hobby is <u>reading</u> comic books. _____

2 Brian enjoys <u>watching</u> birds. _____

3 <u>Singing</u> in the shower is my habit. _____

4 My grandfather will never give up <u>smoking</u>. _____

5 His job is <u>selling</u> books to people. _____

6 Do you mind <u>waiting</u> here for a minute? _____

7 <u>Swimming</u> with dolphins is my dream. _____

B 다음 중 어법상 알맞은 것을 고르세요. POINT 6·7·8

1 Her goal is [master / mastering] English.

2 Nick finished [to do / doing] the dishes.

3 Helping others [make / makes] me happy.

4 Her problem is [waking / to waking] up too late.

5 My father and I enjoy [to ski / skiing] every winter.

6 She practices [to play / playing] the piano every day.

C 우리말과 일치하도록 주어진 단어를 사용하여 빈칸을 완성하세요. POINT 8·9·10

1 Daniel은 자신의 미래에 대해 계속 생각했다. (keep, think about)

→ Daniel _____ his future.

2 나는 내 감정을 표현하는 것을 잘한다. (be, good, at, express)

→ I _____ my feelings.

3 그들은 놀이공원에 가는 것을 제안했다. (suggest, go)

→ They _____ to the amusement park.

4 제 소개를 하는 것으로 먼저 시작하겠습니다. (by, introduce, myself)

→ Let me start _____.

shower 샤워(하다)   for a minute 잠깐, 잠시 동안   master 숙달하다, 통달하다   do the dishes 설거지하다

Chapter Test

정답 및 해설 p.25

[1-2] 다음 중 〈보기〉의 밑줄 친 부분과 어법상 쓰임이 같은 것을 고르세요.

POINT 3·4·5

1

〈보기〉 You need to wash your hands first.

① He likes to play the guitar.

② To speak in English is difficult.

③ My goal is to learn Chinese.

④ To drink milk is good for health.

⑤ His dream is to drive a sports car.

POINT 7

2

〈보기〉 Jessica's goal is becoming a chef.

① We are cleaning the kitchen.

② She is borrowing some books.

③ The baby is sleeping on the bed.

④ They are talking about the party.

⑤ Her job is baking bread and cakes.

POINT 1·2

3 다음 중 밑줄 친 부분의 쓰임이 다른 하나를 고르세요.

① I don't have time to watch TV.

② There is no one to help you.

③ Tom gave her some food to eat.

④ She called me to say hello.

⑤ I have something to do now.

[4-5] 〈보기〉와 같이 주어진 두 문장을 to부정사를 사용하여 한 문장으로 다시 쓰세요. 서술형

〈보기〉 I went to the supermarket. I wanted to buy some onions.

→ I went to the supermarket to buy some onions.

POINT 1

4

I exercise every day. I want to stay healthy.

→ _____

POINT 1

5

She sold her house. She wanted to move to the country.

→ _____

POINT 6·7·8

6 다음 밑줄 친 동명사의 쓰임을 잘못 설명한 것을 고르세요.

① Studying math is exciting. (주어)

② Tim avoided taking medicine. (보어)

③ Drinking coffee keeps me awake. (주어)

④ She enjoys taking a walk. (목적어)

⑤ My hobby is playing computer games. (보어)

POINT 5

7 다음 중 빈칸에 들어갈 말로 어법상 알맞지 않은 것을 고르세요.

Did you _____ to write the essay about your childhood?

① start   ② hate   ③ finish

④ want   ⑤ love

8 다음 문장에서 어법상 알맞지 <u>않은</u> 곳을 찾아 바르게 고치세요. 서술형

> Eric gave up to get up early in the morning.

_____ → _____

9 다음 중 밑줄 친 부분과 바꿔 쓸 수 있는 말을 고르세요.

> He began to climb up the mountain.

① climb
② climbing
③ climbs
④ to climbing
⑤ climbed

[10-11] 우리말과 일치하도록 주어진 단어를 사용하여 빈칸을 완성하세요. 서술형

10

> 그녀는 내 옆에 앉는 것을 꺼리지 않는다.
> (mind, sit)

→ She doesn't _____ _____ next to me.

11

> 신사 숙녀 여러분, 제 연설을 들어주셔서 감사합니다. (for, listen to)

→ Ladies and gentlemen, thank you _____
_____ _____ my speech.

12 다음 중 (A), (B)에 들어갈 말이 바르게 짝지어진 것을 고르세요.

> · She kept ___(A)___ no to me.
> · The novel is about ___(B)___ happiness.

① say — find
② saying — find
③ to say — finding
④ to say — to find
⑤ saying — finding

13 다음 그림을 보고 민호의 질문에 대한 Anne의 대답으로 알맞은 말을 빈칸에 쓰세요. REAL 기출 서술형

> Minho: What are you good at, Anne?
> Anne: I _____ the piano.

14 다음 중 어법상 알맞지 <u>않은</u> 문장을 <u>모두</u> 고르세요. 고난도

① They decided to go there.
② I wish having a nice vacation.
③ He was glad to be home.
④ She avoids to drive in the rain.
⑤ I will practice singing pop songs.

15 다음 우리말을 영작할 때 빈칸에 알맞은 것을 <u>모두</u> 고르세요.

> 자신만의 꿈을 가지는 것은 중요하다.
> → _____ your own dream is important.

① Have
② Having
③ To have
④ Having had
⑤ To having

16 다음 중 밑줄 친 부분의 우리말 해석이 바르지 <u>않은</u> 것을 고르세요.

① They were happy <u>to solve</u> the math problem. (풀어서)
② I like <u>to see</u> the stars in the sky. (보는 것을)
③ He hopes <u>to become</u> a soccer player someday. (되기 위해)
④ I went into a building <u>to avoid</u> the rain. (피하기 위해)
⑤ <u>To stay up</u> late is not good. (깨어 있는 것은)

17 다음 중 주어진 우리말을 바르게 영작한 것을 고르세요.

> 너의 이야기를 공유해줘서 고마워.

① Thank you of share your story.
② Thank you of sharing your story.
③ Thank you for share your story.
④ Thank you for sharing your story.
⑤ Thank you sharing your story.

18 다음 중 어법상 알맞지 <u>않은</u> 문장의 개수를 고르세요.

고난도

> ⓐ His bad habit is telling lies.
> ⓑ Eating a lot of chocolate is bad for your teeth.
> ⓒ She stopped reading her magazine.
> ⓓ Do you wish to know her name?
> ⓔ Henry goes hike every weekend.

① 1개
② 2개
③ 3개
④ 4개
⑤ 5개

[19-20] 다음은 학생들의 방과 후 취미 활동을 나타낸 표입니다. 표를 보고 주어진 단어를 사용하여 질문에 대한 답을 완성하세요. REAL 기출 서술형

	tennis	guitar	pictures
Tyler	○		
Kate			○
Patrick		○	

19

> Q: What does Tyler do after school?
> A: He enjoys _____ after school. (play)

20

> Q: What does Kate like to do after school?
> A: She loves _____ after school. (draw)

CHAPTER 11 전치사

260
287

1001
Sentences
for
Grammar

POINT 1 장소나 위치를 나타내는 at, on, in

260 There was no one **at** the information desk.
　　　at+비교적 좁은 장소나 지점

261 The boy slipped **on** the ice.
　　　on+접촉해 있는 장소나 표면

262 I put the coins **in** my pocket.
　　　in+비교적 넓은 장소나 공간의 내부

안내 데스크**에는** 아무도 없었다. / 그 소년은 얼음 **위에서** 미끄러졌다. / 나는 동전들을 내 주머니 **안에** 넣었다.

POINT 2 위치, 방향을 나타내는 기타 전치사

263 The moon disappeared **behind** the clouds. 〈~ 뒤에〉

264 I was standing **between** my parents. 〈~ 사이에〉

265 We walked **across** the field. 〈~을 가로질러〉

266 I avoided the rain **under** a big tree. 〈~ (바로) 아래에〉

267 The swimmer dove **into** the pool. 〈~ 안으로〉

달이 구름 **뒤로** 사라졌다. / 나는 우리 부모님 **사이에** 서 있었다. / 우리는 들판을 **가로질러** 걸어갔다. / 나는 큰 나무 **아래에서** 비를 피했다. / 그 수영 선수는 수영장 **안으로** 다이빙했다.

POINT 3 시간을 나타내는 at, on, in

268 Let's meet **at** 1 p.m. tomorrow.
　　　at+시각, 하루 중[주중]의 특정한 때

269 My family always has dinner together **on** Saturday.
　　　on+요일, 날짜, 특별한 날

270 We can enjoy beautiful fall leaves **in** October.
　　　in+하루를 이루는 부분, 월, 연도, 계절, 긴 기간

내일 오후 1시에 만나자. / 우리 가족은 토요일에 항상 함께 저녁을 먹는다. / 우리는 10월에 아름다운 단풍을 즐길 수 있다.

POINT 4 시간을 나타내는 기타 전치사

271 I put on my school uniform **before** breakfast. 〈~ 전에〉

272 It gets so dark **after** sunset. 〈~ 후에〉

273 The school bus comes **around** 8:30 a.m. 〈~ 쯤, ~무렵〉

274 Finish your homework **by** eight. 〈~까지는〉
by+어떤 동작이나 상태가 완료되어야 하는 기한

275 The elevators won't work **until[till]** this afternoon. 〈~까지 (쭉)〉
until[till]+어떤 동작이나 상태가 계속되는 시점

276 James waited for me **for** an hour. 〈~ 동안〉
for+숫자를 포함한 구체적인 기간

277 Bears sleep **during** the winter. 〈~ 동안〉
during+특정한 때를 나타내는 명사

나는 아침 식사 **전에** 내 교복을 입는다. / 일몰 **후에는** 날이 매우 어두워진다. / 학교 버스는 오전 8시 30분**쯤**에 온다. / 네 숙제를 여덟 시**까지는** 끝내라. / 엘리베이터는 오늘 오후**까지** 작동하지 않을 것이다. / James는 나를 한 시간 **동안** 기다렸다. / 곰은 겨울 **동안** 잠을 잔다.

POINT 5 여러 전치사의 다양한 의미

278 Don't fight **with** your brother anymore. 〈~와 함께〉

279 I went to school **by** bus. 〈~로, ~를 타고(수단)〉

280 This road is only **for** bikes. 〈~을 위해〉

281 Rain falls **from** the clouds. 〈~로부터, ~에서〉

282 The river runs **to** the sea. 〈~로(방향)〉

283 Let's talk **about** our new plan. 〈~에 관하여〉

284 Time flies **like** an arrow. 〈~처럼〉

285 The train passed **through** a tunnel. 〈~을 통해서(수단, 방향)〉

네 형**과** 더 이상 싸우지 마라. / 나는 버스**를 타고** 학교에 갔다. / 이 도로는 자전거만**을 위한** 것입니다. / 비는 구름**에서** 내린다. / 그 강은 바다**로** 흐른다. / 우리의 새 계획**에 관하여** 얘기하자. / 시간은 화살**처럼** 흐른다. / 기차는 터널을 **통과해서** 지나갔다.

POINT 6 전치사를 포함한 다양한 표현

286 He **is** very **good at** sports. 〈be good at: ~을 잘하다〉

287 His opinion **is different from** mine. 〈be different from: ~와 다르다〉

그는 운동**을 잘한다**. / 그의 의견은 내 것(의견)**과 다르다**.

Unit 1 장소, 위치, 방향 전치사

전치사란 명사나 대명사 앞에 놓여 장소, 시간 등을 나타내는 말이에요. 전치사 뒤에 대명사가 올 경우에는 목적격 형태로 씁니다.

Would you like to come **with** *me*?

POINT 1

장소나 위치를 나타내는 at, on, in

전치사 at, on, in이 사람이나 사물의 장소나 위치를 나타내는 경우, 장소의 크기나 어떤 모양새로 위치하느냐에 따라 at, on, in으로 구분하여 사용합니다.

• **at**(~에) + 비교적 좁은 장소나 지점

at the corner, **at** the bus stop

There was no one **at** the information desk. 260

• **on**(~ 위에, ~에) + 접촉해 있는 장소나 표면

on the table, **on** the wall, **on** the floor

The boy slipped **on** the ice. 261

• **in**(~ 안에, ~에) + 비교적 넓은 장소나 공간의 내부

in Korea, **in** London, **in** a house, **in** a box

I put the coins **in** my pocket. 262

> **주의!**
>
> 동일한 명사 앞이라도 문맥에 따라 서로 다른 전치사가 쓰여요.
>
> A man is standing **at** the door.
>
> There is a bell **on** the door.

check up 다음 중 어법상 알맞은 것을 고르세요.

1 The dog is lying [at / on / in] the ground.

2 Look at the moon [at / on / in] the sky.

3 The milkman left bottles of milk [at / on / in] the door.

4 My brother stayed [at / on / in] Spain for a month.

5 Let's meet [at / on / in] the bus stop.

6 There were many cars [at / on / in] the road this morning.

7 When will you arrive [at / on / in] the airport?

8 My parents were waiting for me [at / on / in] a car.

POINT 1 안내 데스크에는 아무도 없었다. / 그 소년은 얼음 위에서 미끄러졌다. / 나는 동전들을 내 주머니 안에 넣었다. / 한 남자가 현관에 서 있었다. / 종 하나가 문에 달려 있다.

check up lie(-lay-lain-lying) 눕다; 누워 있다   milk man 우유 배달부

POINT 2

위치, 방향을 나타내는 기타 전치사

위치와 방향을 나타내는 전치사들의 각 의미를 그림과 함께 익히면 쉬워요.

We took a picture **in front of** a tree.
~ 앞에

in front of · behind

The moon disappeared **behind** the clouds. **263**
~ 뒤에

Sally sat **by** the window.
~ 옆[곁]에 (=beside, next to)

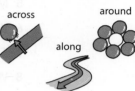
by · between

I was standing **between** my parents. **264**
~ 사이에

We walked **across** the field. **265**
~을 가로질러

across · around
along

We all sat **around** the table.
~ 주위에

There are many stores **along** the road.
~을 따라서

The dog jumped **over** the fence.
~ (바로) 위에[위로], ~ 너머로

over · under

I avoided the rain **under** a big tree. **266**
~ (바로) 아래에

The swimmer dove **into** the pool. **267**
~ 안으로

into · out of

A fish came **out of** the fishbowl.
~ 밖으로

They are walking **up** the hill.
~ 위쪽으로

up · down

The woman is walking **down** the hill.
~ 아래쪽으로

The plane was flying **above** the clouds.
~보다 위에

above · below

The sun set **below** the horizon.
~보다 아래에

Do you live **near** here?
~가까이에

near · off

The books fell **off** the shelf.
~에서 떼어내어[떨어져]

MORE +

around는 '~쯤', '~ 무렵'이라는 뜻으로 쓰여 시간을 나타내기도 해요.
Dinner will be ready **around** 7 o'clock.

---

check up 우리말과 일치하도록 알맞은 전치사를 고르세요.

1 우리 학교는 공원 뒤에 있다. → My school is [behind / in front of] the park.

2 그녀는 집 밖으로 걸어 나왔다. → She walked [into / out of] her house.

3 그들은 길을 가로질러 걸었다. → They walked [across / around] the street.

POINT 2 우리는 나무 앞에서 사진을 찍었다. / 달이 구름 뒤로 사라졌다. / Sally는 창문 옆에 앉았다. / 나는 우리 부모님 사이에 서 있었다. / 우리는 들판을 가로질러 걸어갔다. / 우리는 모두 탁자 주위에 앉았다. / 길을 따라 많은 가게들이 있다. / 그 개는 담장 위로 뛰어 넘었다. / 나는 큰 나무 아래에서 비를 피했다. / 그 수영 선수는 수영장 안으로 다이빙했다. / 물고기 한 마리가 어항 밖으로 나왔다. / 그들은 언덕 위쪽으로 걸어가고 있다. / 그 여자는 언덕 아래쪽으로 걸어가고 있다. / 그 비행기는 구름 위를 날고 있었다. / 해가 수평선 아래로 졌다. / 너는 여기 가까이에 사니? / 그 책들은 선반에서 떨어졌다. / 저녁 식사는 7시쯤 준비될 것이다.

Unit Exercise

정답 및 해설 p.26

A 빈칸에 알맞은 전치사를 at, on, in 중에서 골라 쓰세요. **POINT 1**

1 There is a ball _____ the room.

2 A few minutes later, we will arrive _____ a guesthouse.

3 I put your cell phone _____ the table.

4 The train stopped _____ the station.

5 Most people speak Spanish _____ South America.

6 Who painted the picture _____ the wall?

7 The boy showed the ticket _____ the gate.

8 What do you have _____ your pocket?

B 그림과 일치하도록 빈칸에 알맞은 전치사를 〈보기〉에서 골라 쓰세요. **POINT 2**

〈보기〉 in front of	under	behind	by

1 There is a book _____ the computer.

2 There is a calendar _____ the computer.

3 There is a chair _____ the desk.

4 There is a cat _____ the chair.

C 주어진 단어 중 알맞은 것을 골라 빈칸에 쓰세요. **POINT 1-2**

1 (in, into)

Mr. Davis worked _____ City Hall.

Mr. Davis walked _____ City Hall.

2 (on, over)

Balloons are flying _____ the building.

I put the ball _____ the floor.

3 (at, around)

Mrs. Nelson will drive _____ the island.

Mrs. Nelson is relaxing _____ the beach.

4 (in, between)

You have to stay _____ the car for a moment.

You have to stand _____ Mina and Somi.

guesthouse 게스트 하우스, 소규모 숙소   Spanish 스페인어   gate (출)입구   City Hall 시청   relax 휴식을 취하다   for a moment 잠시 동안

Unit 2　시간을 나타내는 전치사

POINT 3

시간을 나타내는 at, on, in

at, on, in은 어떤 일이 언제 일어나고 얼마나 지속되는지를 나타내기도 해요. 시간의 범위나 기간에 따라 알맞은 전치사를 써야 합니다.

- **at**(~에) + 시각, 하루 중[주중]의 특정한 때

at five (o'clock), **at** noon, **at** night, **at** lunchtime

Let's meet **at** 1 p.m. tomorrow. **268**

- **on**(~에) + 요일, 날짜, 특별한 날

on Sunday, **on** the 7th of May, **on** your birthday

My family always has dinner together **on** Saturday. **269**

- **in**(~에) + 하루를 이루는 부분, 월, 연도, 계절, 긴 기간

in the morning[afternoon, evening], **in** May, **in** summer, **in** 1995

in the 21st century(세기)

We can enjoy beautiful fall leaves **in** October. **270**

check up　다음 중 어법상 알맞은 것을 고르세요.

1 Danny will visit my house [at / on / in] the evening.

2 We don't have to go to school [at / on / in] Children's Day.

3 The Seoul Olympics took place [at / on / in] 1988.

4 I usually go to bed [at / on / in] 10 p.m.

5 I have math class [at / on / in] Tuesday.

6 The vacation starts [at / on / in] July 10th.

7 It usually rains a lot [at / on / in] summer.

8 My dad gave me a present [at / on / in] my birthday.

9 My family will travel to Sydney [at / on / in] November.

10 Don't walk around late [at / on / in] night.

POINT 3　내일 오후 1시에 만나자. / 우리 가족은 토요일에 항상 함께 저녁을 먹는다. / 우리는 10월에 아름다운 단풍을 즐길 수 있다.　*check up*　take place 개최되다; 일어나다, 발생하다

시간을 나타내는 기타 전치사

시간을 나타내는 다양한 전치사들이 있어요. 연결하는 문장 간 시간의 전후 관계를 파악하여 알맞은 전치사를 사용해야 합니다.

• **before**(~ 전에), **after**(~ 후에), **around**(~ 쯤, ~ 무렵)

I put on my school uniform **before** breakfast. `271`

It gets so dark **after** sunset. `272`

The school bus comes **around** 8:30 a.m. `273`

by(~까지는)	**until[till]**(~까지 (쭉))
'일회성'의 동작이나 상태가 완료되는 기한	'계속'되던 동작이나 상태가 끝난 시점

Finish your homework **by** eight. `274`

The elevators won't work **until[till]** this afternoon. `275`

for(~ 동안)	**during**(~ 동안)
숫자를 포함한 구체적인 기간	특정한 때

for an hour, **for** three days, **for** a week, **for** five months, **for** two years

during the vacation, **during** holidays, **during** class, **during** a test

James waited for me **for** an hour. `276`

Bears sleep **during** the winter. `277`

MORE +

before, after는 접속사로 쓰이기도 합니다. (☞ Ch 12)

Please turn off the cell phone **before** *the movie starts.*
After *we had dinner*, Dad washed the dishes.

---

check up 우리말과 일치하도록 빈칸에 알맞은 전치사를 쓰세요.

1 수업 전에 네 휴대전화를 꺼라.　　　　→ Turn off your cell phone _____ class.

2 Evan은 2주 동안 인도를 여행했다.　　　→ Evan traveled India _____ two weeks.

3 개구리는 겨울 동안 잠을 잔다.　　　　→ A frog sleeps _____ the winter.

4 준수는 방학 후에 체중이 늘었다.　　　→ Junsu gained weight _____ a vacation.

5 그들은 오후 1시쯤에 점심을 먹었다.　　→ They had lunch _____ 1 p.m.

6 그녀는 다음 주까지 여기에 머무를 것이다.　→ She will stay here _____ next week.

7 그들은 여기에 내일까지는 와야 한다.　　→ They should be here _____ tomorrow.

POINT 4　나는 아침 식사 전에 내 교복을 입는다. / 일몰 후에는 날이 매우 어두워진다. / 학교 버스는 오전 8시 30분쯤에 온다. / 네 숙제를 여덟 시까지는 끝내라. / 엘리베이터는 오늘 오후까지 작동하지 않을 것이다. / James는 나를 한 시간 동안 기다렸다. / 곰은 겨울 동안 잠을 잔다. / 영화가 시작하기 전에 휴대전화를 꺼주십시오. / 우리가 저녁 식사를 한 후, 아빠가 설거지를 하셨다.

Unit Exercise

A 빈칸에 알맞은 전치사를 at, on, in 중에서 골라 쓰세요. `POINT 3`

1 I take ballet lessons _____ Thursdays.

2 World War II ended _____ 1945.

3 My family usually eats dinner _____ 6 p.m.

4 My grandfather takes a nap _____ the afternoon.

5 We have a lot of snow _____ winter.

6 This year the new semester begins _____ March 5th.

7 Victor and I always have lunch _____ noon.

8 Drive carefully _____ rainy days.

B 주어진 단어 중 알맞은 것을 골라 빈칸에 쓰세요. `POINT 4`

1 (before, after)

I felt refreshed _____ a sound sleep.

Please read the manual _____ use.

2 (for, during)

I waited for a bus _____ 20 minutes.

Pay attention to your teacher's words _____ class.

3 (by, until)

Join our club _____ the end of this month.

The library is open _____ 9 o'clock tonight.

C 우리말과 일치하도록 주어진 단어를 사용하여 문장을 완성하세요. `POINT 3·4`

1 너는 방과 후에 주로 무엇을 하니? (school)

→ What do you usually do _____?

2 우리는 올해 5월에 축제를 열 것이다. (May)

→ We will hold the festival _____ this year.

3 내 친구와 나는 자정까지 전화로 수다를 떨었다. (midnight)

→ My friend and I chatted on the phone _____.

4 당신은 어젯밤 10시쯤 어디에 있었습니까? (10 o'clock)

→ Where were you _____ last night?

5 그는 한 달 동안 유럽을 여행하고 있다. (a month)

→ He's traveling in Europe _____.

ballet 발레 World War II 제2차 세계대전 take a nap 낮잠을 자다 semester 학기 refreshed (기분이) 상쾌한 sound (수면이) 충분한; 깊은
manual 설명서 pay attention to ~에 주의를 기울이다

Unit 3 여러 가지 전치사

전치사는 장소, 시간 외에도 여러 다양한 의미를 나타내요.

POINT 5 ^{빈출!}

여러 전치사의 다양한 의미

with	～와 함께	Don't fight **with** your brother anymore. 278
	～을 가지고	You must write the answer **with** a pen.
by	～로, ～를 타고(수단)	I went to school **by** bus. 279
for	～을 위해	This road is only **for** bikes. 280
from	～로부터, ～에서	Rain falls **from** the clouds. 281
to	～로(방향)	The river runs **to** the sea. 282
	～에게	My old friend sent an e-mail **to** me.
about	～에 관하여	Let's talk **about** our new plan. 283
like	～처럼	Time flies **like** an arrow. 284
through	～을 통해서 (수단, 방향)	We heard the news **through** our friend.
		The train passed **through** a tunnel. 285

> **주의!**
> She acts **like** an adult. (전치사) vs. I **like** my new house. (동사)

check up 다음 중 어법상 알맞은 것을 고르세요.
1 I went to the supermarket [by / for / to] bus.
2 Yuri will take a trip [with / from / through] her friends.

POINT 6

전치사를 포함한 다양한 표현

어떤 형용사나 동사 뒤에는 특정한 전치사가 잘 따라 나와요. 숙어처럼 외워두세요.
He **is** very **good at** sports. 286
His opinion **is different from** mine. 287

📝 암기 필수 **전치사의 관용 표현**

be good at	～을 잘하다	be happy[pleased] with	～을 기뻐하다
be different from	～와 다르다	thanks to	～ 덕분에
be famous for	～로 유명하다	be interested in	～에 흥미가 있다
be full of	～로 가득 차다	turn A into B	A를 B로 바꾸다
from A to B	A부터 B까지(시간/장소)	go on a trip	여행을 가다

반복해서 들어보세요. 쉽게 외울 수 있어요!

check up 빈칸에 알맞은 전치사를 쓰세요.
1 This country is famous _____ coffee.
2 I am very interested _____ music.

POINT 5 네 형과 더 이상 싸우지 마라. / 반드시 펜으로 정답을 작성해야 합니다. / 나는 버스를 타고 학교에 갔다. / 이 도로는 자전거만을 위한 것입니다. / 비는 구름에서 내린다. / 그 강은 바다로 흐른다. / 내 오랜 친구가 나에게 이메일 한 통을 보냈다. / 우리의 새 계획에 관하여 얘기하자. / 시간은 화살처럼 흐른다. / 우리는 그 소식을 우리의 친구를 통해 들었다. / 기차는 터널을 통과해서 지나갔다. / 그녀는 어른처럼 행동한다. / 나는 나의 새 집을 좋아한다.   **POINT 6** 그는 운동을 잘한다. / 그의 의견은 내 것(의견)과 다르다.

Unit Exercise

A 빈칸에 알맞은 전치사를 〈보기〉에서 골라 쓰세요. (단, 한 번씩만 쓸 것) POINT 5

| 〈보기〉 | to | with | by | like | about |

1 You look _____ your mother.

2 I went to visit my grandparents _____ train.

3 My close friend moved _____ another city.

4 She will give a speech _____ world peace.

5 I went to the market _____ my mom.

B 빈칸에 공통으로 들어갈 전치사를 〈보기〉에서 골라 쓰세요. POINT 5

| 〈보기〉 | with | by | to | through |

1 Would you tell me the way _____ the station?

   I sent a letter _____ my aunt.

2 I went to Olympic Park _____ subway.

   You should hand in your report _____ tomorrow.

3 He walked _____ the garden.

   We can communicate _____ the Internet.

4 Some people eat _____ their hands.

   Can I stay in your hotel _____ my dog?

C 우리말과 일치하도록 주어진 단어를 사용하여 문장을 완성하세요. POINT 6

1 Serena는 과학을 잘한다. (science, good)

   → Serena _____.

2 내 남동생은 자동차에 흥미가 있다. (cars, interested)

   → My brother _____.

3 양동이는 물고기로 가득 찼다. (fish, full)

   → The bucket _____.

4 나는 버스터미널에서 집까지 걸어갔다. (the bus terminal)

   → I walked _____ my home.

give a speech 연설하다   market 시장   hand in 제출하다   report 보고서   communicate 의사소통하다

Chapter Test

POINT 1

1 다음 중 밑줄 친 부분이 어법상 알맞지 <u>않은</u> 것을 고르세요.

① I got off <u>at</u> Gangnam station.

② I cannot see anyone <u>in</u> the house.

③ How many are there <u>in</u> your family?

④ Two girls are sitting <u>on</u> the beach.

⑤ We can see some palaces <u>at</u> Seoul.

[2-4] 다음 중 (A), (B)에 들어갈 말이 바르게 짝지어진 것을 고르세요.

POINT 2

2

· What can you see ____(A)____ the sea?
· They are sitting ____(B)____ the campfire.

① into — out of   ② into — around

③ behind — out of   ④ under — under

⑤ under — around

POINT 1·2

3

· There are fifty states ____(A)____ the U.S.
· She went ____(B)____ the kitchen.

① at — by   ② on — into

③ at — between   ④ in — into

⑤ in — between

POINT 4·5

4

· My mom usually works ____(A)____ late.
· It takes only 20 minutes ____(B)____ taxi.

① by — by   ② by — until

③ until — by   ④ until — through

⑤ to — through

POINT 1

5 다음 빈칸에 들어갈 단어가 나머지와 <u>다른</u> 하나를 고르세요.

① My aunt is living _____ Mexico.

② There is a fan _____ the ceiling.

③ Birds are singing _____ the sky.

④ Let's meet _____ front of the theater.

⑤ I found my cell phone _____ my bag.

POINT 1·3

6 우리말과 일치하도록 (A), (B)에 들어갈 알맞은 전치사를 쓰세요. 서술형

나리와 나는 오후에 버스 정류장에서 만날 것이다.
→ Nari and I will meet ____(A)____ the bus stop ____(B)____ the afternoon.

(A) _____

(B) _____

POINT 3

7 다음 대화의 밑줄 친 부분을 영작하세요. 서술형

A: What time do you have lunch?
B: <u>나는 1시에 점심을 먹어.</u>

→ _____

POINT 4

8 다음 중 주어진 우리말을 바르게 영작한 것을 고르세요.

저녁 식사 전에 나는 한 시간 동안 TV를 보았다.

① I watched TV for an hour after dinner.

② I watched TV for an hour until dinner.

③ I watched TV for an hour before dinner.

④ I watched TV during an hour until dinner.

⑤ I watched TV during an hour before dinner.

POINT 1·3·4

9 다음 중 어법상 알맞은 문장의 개수를 고르세요. 고난도

> ⓐ I lived on Busan two years ago.
> ⓑ Sue doesn't get up early on Sunday.
> ⓒ I do yoga for thirty minutes a day.
> ⓓ Our graduation day is at February 15.
> ⓔ He was awake until 11:00 p.m.

① 1개　　　② 2개　　　③ 3개
④ 4개　　　⑤ 5개

POINT 4·5·6

10 다음 빈칸 (A)~(E)에 들어갈 말로 알맞지 않은 것을 고르세요.

> Mary and I went ___(A)___ a trip. I was very tired on the first day, so I slept ___(B)___ eight hours. ___(C)___ breakfast, we went ___(D)___ the art museum ___(E)___ bus. We had a good time there.

① (A) on　　　　② (B) for
③ (C) After　　　④ (D) with
⑤ (E) by

POINT 5·6

11 다음 중 어법상 알맞은 문장 두 개를 고르세요.

① It will take ten minutes by bus.
② The little boy is very good for math.
③ I went to the nail shop with my mom.
④ The magician turned a flower in a bird.
⑤ New York City is famous on the Statue of Liberty.

POINT 5

12 다음 중 〈보기〉의 밑줄 친 부분과 어법상 쓰임이 다른 하나를 고르세요.

> 〈보기〉 The baby smiled <u>like</u> an angel.

① She ran fast <u>like</u> the wind.
② What's the weather <u>like</u>?
③ He acts <u>like</u> a rich man.
④ I <u>like</u> my new school.
⑤ My little brother talks <u>like</u> an adult.

POINT 5·6

13 다음 중 빈칸에 들어갈 전치사에 해당되지 않는 것을 고르세요. 고난도

> ⓐ She walked _____ a model.
> ⓑ This cafe is famous _____ cheesecake.
> ⓒ Can I go _____ you?
> ⓓ This watch is different _____ mine.

① with　　　② for　　　③ from
④ through　　⑤ like

POINT 6

14 우리말과 일치하도록 주어진 단어를 사용하여 문장을 완성하세요. 서술형

> 내가 그를 보았을 때, 그의 눈은 눈물로 가득 차 있었다. (full)

→ When I saw him, his eyes _____
_____ tears.

POINT 6

15 다음 그림을 보고 주어진 단어를 사용하여 친구들이 무엇을 잘하는지 쓰세요. REAL 기출 서술형

(1) Minsu _____.
　　(magic)
(2) Yuri _____.
　　(play, the piano)

CHAPTER 12 접속사

288
312
―――
1001
Sentences
for
Grammar

POINT 1   and: 그리고, but: 그러나, or: 또는

288   The food was *salty* **and** *spicy*.

289   You have to *go home* **and** *take a rest*.

290   Bamboo is *very light* **but** *really strong*.

291   *Today is a holiday*, **but** *I got up early*.

292   Which do you like better, *pizza* **or** *chicken*?

293   I *take a walk* **or** *read books* in my spare time.

그 음식은 짜고 매웠다. / 너는 집에 가서 쉬어야 한다. / 대나무는 매우 가볍지만 정말 강하다. / 오늘은 휴일이지만, 나는 일찍 일어났다. / 너는 피자랑 치킨 중에 어느 것을 더 좋아하니? / 나는 여가 시간에 산책하거나 책을 읽는다.

POINT 2   문법적 성격이 같은 것끼리 연결

294   My grandfather is *old* ｜**but**｜ ~~health~~(→ **healthy**).

295   *Winning* ｜**or**｜ ~~lose~~(→ **losing**) the game isn't important to me.

296   We want *to sing* ｜**and**｜ ~~dancing~~(→ **(to) dance**).

297   These robots can *cook* ｜**and**｜ ~~serving~~(→ **serve**) food for us.

298   The fruit *looks* very ugly ｜**but**｜ ~~taste~~(→ **tastes**) really good.

299   I *watched* a movie ｜**and**｜ ~~go~~(→ **went**) to bed.

우리 할아버지는 나이가 드셨지만 건강하시다. / 이기거나 지는 것은 나에게 중요하지 않다. / 우리는 노래하며 춤추고 싶다. / 이 로봇들은 우리를 위해 요리할 수 있으며 음식을 차려줄 수 있다. / 그 과일은 매우 못생겼지만, 맛이 아주 좋다. / 나는 영화를 보고 잠자리에 들었다.

POINT 3   when: ~할 때, because: ~ 때문에, if: 만약 ~하다면

300   **When** I arrived at the museum, it was not open.

301   I feel happy **when** I help others.

302   **Before** you swim in the water, you should warm up.

303   You must wash your hands **after** you play outside.

304   **Because** the wind was so strong, my umbrella broke.

305   We could see stars **because** the sky was clear.

306   **If** you have any questions, please raise your hand.

307   Look at the green color **if** your eyes get tired.

내가 박물관에 도착했을 **때**, 박물관은 열려 있지 않았다. / 나는 다른 사람들을 도울 **때** 행복하다. / 너는 물에서 수영하기 **전에**, 준비 운동을 해야 한다. / 너는 밖에서 놀고 난 **후에**, 네 손을 씻어야 한다. / 바람이 너무 강했기 **때문에**, 내 우산이 부러졌다. / 하늘이 맑았기 **때문에**, 우리는 별들을 볼 수 있었다. / **만약** 질문이 있다**면**, 손을 들어주십시오. / **만약** 눈이 피로해진**다면**, 녹색을 보세요.

POINT 4   that+주어+동사: 목적어 역할(~하다는 것)

308   I think **(that)** *it will rain soon.*

309   Jake believes **(that)** *he is always right.*

310   I hope **(that)** *we can be good friends.*

311   We know **(that)** *you did your best.*

312   He said **(that)** *everything will be all right.*

나는 곧 비가 올 거라고 생각한다. / Jake는 자신이 항상 옳다고 믿는다. / 나는 우리가 좋은 친구가 될 수 있기를 바란다. / 우리는 네가 최선을 다했다는 것을 안다. / 그는 모든 것이 잘 될 것이라고 말했다.

Unit 1　and/but/or

접속사란 '연결해 주는 말'을 뜻해요. 그중 접속사 and, but, or는 명사와 명사, 형용사와 형용사, 동사와 동사, 부정사와 부정사 등 문법적으로 성격이 같은 두 성분을 연결합니다.

POINT 1 빈출!

and: 그리고
but: 그러나
or: 또는

• and(~과[와], 그리고)

The food was *salty* **and** *spicy*. **288**

You have to *go home* **and** *take a rest*. **289**

• but(그러나, 하지만): 서로 반대되거나 대조되는 내용 연결

Bamboo is *very light* **but** *really strong*. **290**

Today is a holiday, **but** *I got up early*. **291**

> **Tip** and, but, or는 문장과 문장을 연결할 수도 있는데, 이때 연결되는 어구에는 주어와 동사가 있으므로 이를 가리켜 '절'이라고 해요.
> Today is a holiday, but I got up early.
>   절   절

• or(또는, 아니면): 연결된 것들 중에서 선택을 의미

Which do you like better, *pizza* **or** *chicken*? **292**

I *take a walk* **or** *read books* in my spare time. **293**

POINT 2

문법적 성격이 같은 것끼리 연결

and, but, or는 문법적으로 성격이 같은 것끼리 연결해야 해요. 특히, 동사를 연결할 때는 동사의 수와 시제가 일치해야 합니다.

My grandfather is *old* **but** **health(→ healthy)**. **294**

Winning **or** **lose(→ losing)** the game isn't important to me. **295**

We want *to sing* **and** **dancing(→ (to) dance)**. **296**

These robots can *cook* **and** **serving(→ serve)** food for us. **297**

The fruit *looks* very ugly **but** **taste(→ tastes)** really good. **298**

I *watched* a movie **and** **go(→ went)** to bed. **299**

check up 다음 중 어법상 알맞은 것을 고르세요.

1 Daniel plays games with children and [teach / teaches] them English.

2 They will visit Jeju Island or [going / go] abroad.

3 My brother suddenly opened the door and [came / comes] in.

4 I learned to breathe deeply and [relaxing / to relax].

5 This sofa is comfortable but [expensive / expensively].

6 Steve enjoys traveling alone and [take / taking] pictures.

POINT 1 그 음식은 짜고 매웠다. / 너는 집에 가서 쉬어야 한다. / 대나무는 매우 가볍지만 정말 강하다. / 오늘은 휴일이지만, 나는 일찍 일어났다. / 너는 피자랑 치킨 중에 어느 것을 더 좋아하니? / 나는 여가 시간에 산책하거나 책을 읽는다. **POINT 2** 우리 할아버지는 나이가 드셨지만 건강하시다. / 이기거나 지는 것은 나에게 중요하지 않다. / 우리는 노래하며 춤추고 싶다. / 이 로봇들은 우리를 위해 요리할 수 있으며 음식을 차려줄 수 있다. / 그 과일은 매우 못생겼지만, 맛이 아주 좋다. / 나는 영화를 보고 잠자리에 들었다. ***check up*** abroad 해외로　suddenly 갑자기　breathe 숨쉬다, 호흡하다　relax 긴장을 풀다　comfortable 편안한

Unit Exercise

A 빈칸에 알맞은 접속사를 〈보기〉에서 골라 쓰세요. POINT 1

〈보기〉 and   but   or

1 Is it a rock concert _____ a jazz concert?

2 He saw a bird, _____ it sat on a branch.

3 He wanted to contact her _____ didn't have her number.

4 Which sport do you like better, soccer _____ baseball?

5 I want to buy her a nice present, _____ I don't have much money.

6 I'm not young anymore, _____ my parents still treat me like a child.

B 빈칸에 알맞은 것을 〈보기〉에서 골라 번호를 쓰세요. POINT 1

〈보기〉 ① and tastes delicious   ② but he put it back
③ or an apple   ④ but she doesn't like bugs

1 She likes camping, _____.

2 Street food looks good _____.

3 My father caught a big fish, _____.

4 You can have an orange _____. Choose one.

C 다음 밑줄 친 부분이 맞으면 ○, 틀리면 ×하고 바르게 고치세요. POINT 2

1 She washed the clothes and <u>cleans</u> the house.   _____

2 I met my friends and <u>borrowed</u> some books yesterday.   _____

3 You can take a break or <u>listening</u> to music freely.   _____

4 My grandma talks and <u>sings</u> to her plants every day.   _____

5 They wanted to meet you and <u>saying</u> thank you.   _____

branch 나뭇가지   contact 연락하다   still 아직도   treat 대하다   street food 길거리 음식   put back 다시 원래 있던 곳에 갖다 두다
take a break 잠시 휴식을 취하다   freely 자유롭게

Unit 2 여러 가지 접속사

when, because, if 등은 매우 자주 쓰이는 접속사이므로 의미와 쓰임을 잘 알아두어야 해요. 이 접속사들은 연결하는 어구에 주어와 동사가 포함되어 있어요. 즉 절과 절을 연결하는 것인데, and, but, or의 경우와는 달리 접속사 뒤의 어구 전체가 그 문장에서 부사 역할(부사처럼 때, 이유, 조건 등을 의미)을 하는 부사절이에요.

I could not swim. + I was a child.
　　　　문장　　　　　　　　문장

I could not swim **when** I was a child.
　　　　절　　　　　　　　절(부사절)

cf. I want to stay with you, boxed{**but**} I must go now.
　　　　절　　　　　　　　　　접속사　　　절

POINT 3

when: ~할 때,
because: ~ 때문에,
if: 만약 ~하다면

접속사가 이끄는 부사절이 문장 앞에 올 수도 있어요. 이때는 부사절 뒤에 콤마(,)를 씁니다.

• when(~ 할 때): 동시에 일어나는 일

When I arrived at the museum, it was not open. **300**

I feel happy **when** I help others. **301**

• before(~ 하기 전에), after(~ 한 후에)

Before you swim in the water, you should warm up. **302**

You must wash your hands **after** you play outside. **303**

• because (~ 때문에): 이유나 원인

Because the wind was so strong, my umbrella broke. **304**

We could see stars **because** the sky was clear. **305**

주의!

because와 because of의 다른 쓰임에 주의하세요.

because(접속사)	because of(전치사)
because+주어+동사	because of+명사(구)
I'm wet **because** *my umbrella broke*. 주어　　　동사	I'm wet **because of** *my broken umbrella*. 명사(구)

• if (만약 ~하다면): 조건

If you have any questions, please raise your hand. **306**

Look at the green color **if** your eyes get tired. **307**

POINT 3 내가 박물관에 도착했을 때, 박물관은 열려 있지 않았다. / 나는 다른 사람들을 도울 때 행복하다. / 너는 물에서 수영하기 전에, 준비 운동을 해야 한다. / 너는 밖에서 놀고 난 후에, 네 손을 씻어야 한다. / 바람이 너무 강했기 때문에, 내 우산이 부러졌다. / 하늘이 맑았기 때문에, 우리는 별들을 볼 수 있었다. / 나는 내 우산이 망가져서 젖었다. / 나는 내 망가진 우산 때문에 젖었다. / 만약 질문이 있다면, 손을 들어주십시오. / 만약 눈이 피로해진다면, 녹색을 보세요.

check up 1 다음 중 문맥상 알맞은 것을 고르세요.

1 [If / When] he called me, I wasn't at home.

2 Look well [before / after] you cross the road.

check up 2 다음 중 밑줄 친 부분의 쓰임이 어색한 것을 고르세요.

1 ⓐ <u>Because</u> there was heavy traffic, Henry came late.

    ⓑ <u>Because</u> I woke up early, I was late for school.

    ⓒ We didn't go out <u>because</u> the weather was cold.

2 ⓐ We can finish this job <u>if</u> we do our best.

    ⓑ <u>If</u> I'll call you later, you're busy now.

POINT 4

that+주어+동사: 목적어 역할 (~하다는 것)

접속사 that도 절과 절을 연결할 수 있어요. that이 이끄는 절은 문장에서 명사의 역할을 할 수 있는데, 특히 동사의 목적어로 많이 쓰여요. 동사의 목적어로 쓰인 that절의 접속사 that은 자주 생략됩니다.

I think (**that**) *it will rain soon*. 308
절   절(목적어절)

Jake believes (**that**) *he is always right*. 309

I hope (**that**) *we can be good friends*. 310

We know (**that**) *you did your best*. 311

He said (**that**) *everything will be all right*. 312

반복해서 들어보세요.
쉽게 외울 수 있어요!

📖 암기 필수   that절을 목적어로 취하는 동사

I **think** that ~	나는 ~하다고 생각하다	I **know** that ~	나는 ~하다는 것을 알고 있다
I **believe** that ~	나는 ~하다고 믿는다	I **say** that ~	나는 ~하다고 말하다
I **hope** that ~	나는 ~하길 바라다		

주의!

that은 지시대명사나 지시형용사로도 쓰이므로 구분에 주의하세요. (☞ Ch 06)

She knew (that) **that** was a lie.	I saw **that** boy at the store yesterday.
지시대명사 동사	지시형용사 명사
(저것[그것])	(저[그] ~)

check up 다음 문장에서 접속사 that이 들어갈 자리에 ∨표 하세요.

1 We hope you will get better soon.

2 The doctor said she should take a rest.

3 They couldn't believe their summer vacation was over.

4 James knew he made a mistake.

POINT 4 나는 곧 비가 올 거라고 생각한다. / Jake는 자신이 항상 옳다고 믿는다. / 나는 우리가 좋은 친구가 될 수 있기를 바란다. / 우리는 네가 최선을 다했다는 것을 안다. / 그는 모든 것이 잘 될 것이라고 말했다. / 그녀는 그것이 거짓말이라는 것을 알았다. / 나는 어제 가게에서 저 남자아이를 보았다.   ***check up*** heavy traffic 교통 체증   do A's best 최선을 다하다

Unit Exercise

정답 및 해설 p.28

A 빈칸에 알맞은 말을 〈보기〉에서 골라 쓰세요. (단, 한 번씩만 쓸 것) **POINT 3**

〈보기〉   when   before   if   because

1 _____ you buy this now, you can get one more for free.
2 _____ I was young, I lived with my uncle.
3 I'll finish my homework _____ you come back home.
4 _____ Michael is so kind, he is popular.

B 문맥상 자연스러운 문장이 되도록 알맞은 것을 골라 연결하세요. **POINT 3**

1 Turn off the light   •   • ⓐ before he went to school.
2 I don't like lemons   •   • ⓑ when you leave the room.
3 After I finished exercising, •   • ⓒ you can learn English quickly.
4 He packed his school bag   •   • ⓓ because they're sour.
5 If you study hard,   •   • ⓔ I was very thirsty.

C that을 사용하여 〈보기〉와 같이 주어진 두 문장을 한 문장으로 쓰세요. **POINT 4**

〈보기〉   It was not my fault. + I said it.
　　　　→ I said that it was not my fault.

1 Minsu is very strong. + I know it.
　→ I know _____.

2 My brother will be a good doctor. + I think it.
　→ I think _____.

3 I can win the game next time. + I hope it.
　→ I hope _____.

4 He is honest. + I believe it.
　→ I believe _____.

for free 공짜로   turn off (전기, 가스 등을) 끄다

Chapter Test

[1-2] 다음 중 빈칸에 들어갈 알맞은 말을 고르세요.

POINT 1

1

> Susan enjoys playing tennis, _____ she didn't play yesterday.

① and   ② but   ③ or

④ after   ⑤ before

POINT 3

2

> I like the singer _____ she has a beautiful voice.

① and   ② but   ③ or

④ that   ⑤ because

POINT 1·2

3 다음 중 어법상 알맞지 <u>않은</u> 문장을 고르세요.

① Dan and I are good friends.

② My sister is smart and friend.

③ Is it Saturday or Sunday?

④ Our school is old but beautiful.

⑤ Patrick has sisters, but he doesn't have brothers.

POINT 1·3

4 다음 중 (A), (B)에 들어갈 말이 바르게 짝지어진 것을 고르세요. 고난도

> Our normal body temperature and a dog's are similar, _____(A)_____ the temperature of a dog is higher than ours. _____(B)_____ it's usually between 38℃ and 39℃, your dog's body is always warmer than your body.

① and — But   ② if — Because

③ if — And   ④ but — Because

⑤ but — But

POINT 3

5 우리말과 일치하도록 주어진 단어를 사용하여 문장을 완성하세요. 서술형

> 나는 운동을 한 후에 아침식사를 했다.
> (exercise)

→ I had breakfast _____.

POINT 3

6 다음 중 빈칸에 공통으로 들어갈 말로 알맞은 것을 고르세요.

> · _____ Jina didn't tell the truth, her father was angry.
> · My little brother cried _____ he lost his toy.

① if   ② but   ③ that

④ because   ⑤ before

POINT 3

7 다음 그림을 보고 Ann과 Sam이 기분이나 상황에 따라 어떤 행동을 하는지 주어진 단어를 사용하여 〈보기〉와 같이 문장을 완성하세요. REAL 기출 서술형

(1)   (2)

> 〈보기〉 (Ted, read books, bored)
> Ted reads books when he is bored.

(1) (Ann, draw pictures, upset)

_____

(2) (Sam, go swimming, free)

_____

8 다음 중 빈칸에 when[When]을 쓸 수 <u>없는</u> 것을 고르세요.

① Jimin listens to music _____ she is lonely.

② Nancy sent a letter to me _____ I was in China.

③ _____ she is free, she plays the piano.

④ They don't trust him _____ he often tells a lie.

⑤ _____ I heard my name, I raised my hand.

9 다음 중 문맥상 <u>어색한</u> 문장을 <u>모두</u> 고르세요.

① Tim is sick, but he can't miss the test.

② When I'm upset, I eat spicy food.

③ She got up early, and she was late.

④ I got wet if I didn't bring my umbrella.

⑤ Eat dinner after you take a shower.

10 다음 중 (A), (B)에 들어갈 말이 바르게 짝지어진 것을 고르세요. REAL 기출

> People in India have many New Year's Days _____ (A) _____ they use about 30 different calendars. People light lamps and exchange cards or gifts _____ (B) _____ they celebrate them.

① but — when

② because — when

③ or — but

④ because — but

⑤ but — or

11 다음은 Ted와 John의 하루입니다. 그림을 보고 〈조건〉에 맞게 주어진 단어를 사용하여 문장을 완성하세요.

REAL 기출   서술형

(1)   (2)

Ted   John

> 〈조건〉
> · because를 포함한 완전한 문장으로 쓸 것
> · 과거 시제로 쓸 것

(1) Ted was angry _____
_____.
(the school bus, miss)

(2) _____.
he didn't come to school. (sick in bed, be)

12 〈A〉에서 문장을 고른 후 〈B〉의 접속사를 사용하여 다음 빈칸을 완성하세요.(단, 한 번씩만 사용할 것)

고난도   서술형

> <A>
> · Your friend helps you.
> · It's sunny tomorrow.
> · It's tasty.
>
> <B>
> when, if, because

(1) I drank a glass of orange juice _____
_____.

(2) They will go on a picnic _____
_____.

(3) You should say "thank you" _____
_____.

13 다음 중 〈보기〉의 밑줄 친 부분과 어법상 쓰임이 같은 것을 고르세요.

> 〈보기〉 We thought <u>that</u> it was a bear.

① Minji lives in <u>that</u> house over there.

② Look at <u>that</u> beautiful building.

③ I know <u>that</u> girl in the white dress.

④ He knew <u>that</u> was a lie because he was smart.

⑤ I didn't believe <u>that</u> Kate could sing well.

15 다음 중 밑줄 친 부분을 생략할 수 <u>없는</u> 문장을 고르세요.

① We thought <u>that</u> she was right.

② He believes <u>that</u> she tells the truth.

③ Robert thinks <u>that</u> she is very wise.

④ I think <u>that</u> man is my teacher.

⑤ I know <u>that</u> Sumi is honest.

14 다음 중 〈보기〉의 밑줄 친 부분과 어법상 쓰임이 같지 <u>않은</u> 것을 고르세요.

> 〈보기〉 When you get home, call me.

① He ran away <u>when</u> he saw me yesterday.

② She always smiles <u>when</u> she meets a stranger.

③ <u>When</u> I entered the room, nobody looked at me.

④ <u>When</u> does the next bus arrive?

⑤ I was happy <u>when</u> I met her on the street yesterday.

16 다음 글의 마지막 문장을 〈조건〉에 맞게 완성하세요.

고난도 서술형

> My best friend, Yumi, wants to be a pianist. After school she always practices hard. So I _____ in the future.
> (the best pianist, be, will)

> 〈조건〉
> · believe와 알맞은 접속사를 사용할 것
> · 주어진 단어를 사용할 것

→ So I _____

_____ in the future.

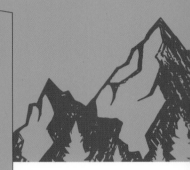

쎄듀런

① 구문
판매 1위 '천일문' 콘텐츠를 활용하여 정확하고 다양한 구문 학습

(끊어읽기) (해석하기) (문장 구조 분석) (해설·해석 제공) (단어 스크램블링) (영작하기)

② 문법·서술형
쎄듀의 모든 문법 문항을 활용하여 내신까지 해결하는 정교한 문법 유형 제공

(객관식과 주관식의 결합) (문법 포인트별 학습) (보기를 활용한 집합 문항) (내신대비 서술형) (어법+서술형 문제)

③ 어휘
초·중·고·공무원까지 방대한 어휘량을 제공하며 오프라인 TEST 인쇄도 가능

(영단어 카드 학습) (단어 ↔ 뜻 유형) (예문 활용 유형) (단어 매칭 게임)

④ 선생님 보유 문항 이용

 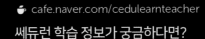

(Online Test) (OMR Test)

☕ cafe.naver.com/cedulearnteacher

쎄듀런 학습 정보가 궁금하다면?

쎄듀런 Cafe

· 쎄듀런 사용법 안내 & 학습법 공유
· 공지 및 문의사항 QA
· 할인 쿠폰 증정 등 이벤트 진행

EGU
THE EASIEST GRAMMAR&USAGE

EGU 시리즈 소개

**EGU
서술형 기초
세우기**

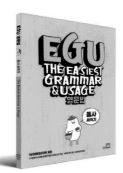

영단어&품사

서술형·문법의 기초가 되는
영단어와 품사 결합 학습

문장 형식

기본 동사 32개를 활용한
문장 형식별 학습

동사 써먹기

기본 동사 24개를 활용한
확장식 문장 쓰기 연습

**EGU
서술형·문법
다지기**

문법 써먹기

개정 교육 과정
중1 서술형·문법 완성

구문 써먹기

개정 교육 과정
중2, 중3 서술형·문법 완성

천일문 GRAMMAR

LEVEL 1

WORKBOOK

천일문
GRAMMAR

LEVEL
1

WORKBOOK

Unit 1 be동사의 긍정문

A 다음 밑줄 친 부분을 줄임말로 바꿔 쓰세요. POINT 1

1 <u>We are</u> from England. → _____

2 <u>I am</u> a good cook. → _____

3 <u>It is</u> cloudy today. → _____

4 <u>She is</u> my cousin. → _____

5 <u>You are</u> so pretty. → _____

6 <u>They are</u> in the playground. → _____

7 <u>He is</u> very clever. → _____

8 <u>You are</u> a good student. → _____

9 <u>I am</u> in the flower shop. → _____

10 <u>It is</u> delicious and sweet. → _____

B 다음 밑줄 친 부분을 어법상 알맞은 형태로 고쳐 쓰세요. POINT 1·2·4

1 She <u>is</u> a famous actress 10 years ago. → _____

2 Tom and Paul <u>was</u> tired last night. → _____

3 Sam <u>were</u> a middle school student now. → _____

4 Tommy and I <u>am</u> lazy last year. → _____

5 It <u>is</u> very cold yesterday. → _____

6 Jane and Dave <u>is</u> my new neighbors now. → _____

7 Ted and I <u>am</u> best friends now. → _____

8 They <u>is</u> in China last month. → _____

9 Your socks <u>is</u> under the desk now. → _____

10 A cup <u>are</u> on the table now. → _____

cloudy 흐린, 구름이 많은   playground 운동장   clever 영리한   actress 여배우

C 다음 빈칸에 들어갈 be동사를 어법상 알맞은 형태로 쓰세요. POINT 1·2·4

1 A cat _____ in my room now.

2 It _____ sunny yesterday.

3 I _____ at home now.

4 We _____ in the same class now.

5 The kids _____ happy now.

6 I _____ in Italy two months ago.

7 You and James _____ in the same group now.

8 Sophia _____ free now.

9 They _____ so angry last night.

10 My sister and I _____ short a year ago.

D 괄호 안에서 알맞은 be동사를 고르고, 우리말 해석을 완성하세요. POINT 1·2·3·4

1 The bread [was / were] so sweet.
→ 그 빵은 아주 _____.

2 I [was / were] in the restroom.
→ 나는 _____.

3 The sky [is / are] so clear today.
→ 오늘은 하늘이 아주 _____.

4 We [was / were] the winners.
→ 우리가 _____.

5 Your bag [is / are] on the bed.
→ 너의 가방은 _____.

6 Tony [is / are] a music teacher.
→ Tony는 _____.

7 The guy [is / are] very handsome.
→ 그 남자는 매우 _____.

8 Oliver and I [was / were] in the bank.
→ Oliver와 나는 _____.

restroom 화장실   winner 우승자

Unit 2 be동사의 부정문과 의문문

A 다음 중 어법상 알맞은 것을 고르세요. POINT 5·6

1 It [isn't / aren't] very expensive.

2 [Is / Are] you a swimmer?

3 I [am not / wasn't] here last week.

4 [Is / Are] she with you?

5 [Were / Are] they busy yesterday?

6 Daniel [isn't / aren't] interested in soccer.

7 [Was / Were] Lisa in the first grade last year?

8 My mother and I [am not / aren't] at the shopping mall.

9 We [wasn't / weren't] at school two hours ago.

10 [Is / Are] Robert and Kelly on vacation?

B 우리말과 일치하도록 빈칸에 알맞은 말을 쓰세요. POINT 5

1 Emily는 어제 과학 실험실에 있지 않았다.

Emily _____ in the science lab yesterday.

2 그 과일들은 신선하지 않다.

The fruits _____ fresh.

3 우리는 지금 박물관에 있지 않다.

We _____ in the museum now.

4 진수는 대학생이 아니다.

Jinsu _____ a university student.

5 Bob과 나는 오늘 아침에 교실에 있지 않았다.

Bob and I _____ in the classroom this morning.

6 어제는 내 생일이 아니었다.

It _____ my birthday yesterday.

7 Helen과 Amy는 친하지 않다.

Helen and Amy _____ close.

swimmer 수영선수   interested 흥미 있는   on vacation 휴가 중인

C 다음 질문에 알맞은 대답을 쓰세요. POINT 6

1   A: Is she smart?

    B: _____, _____ _____. She is smart.

2   A: Is James free today?

    B: _____, _____ _____. He is busy today.

3   A: Was it delicious?

    B: _____, _____ _____. It was too spicy.

4   A: Are they your sisters?

    B: _____, _____ _____. They are my cousins.

5   A: Is the dog in your room now?

    B: _____, _____ _____. It is in my room.

6   A: Are Tim and Sera in the library now?

    B: _____, _____ _____. They are in the library.

7   A: Were your mom and dad glad?

    B: _____, _____ _____. They were glad.

D 주어진 단어를 사용하여 질문을 완성하세요. POINT 6

1   A: _____ _____ _____ yesterday? (it)

    B: Yes, it was. It was snowy yesterday.

2   A: _____ _____ _____ _____ _____? (Alice)

    B: Yes, she is. She is at the concert.

3   A: _____ _____ _____ _____? (the test)

    B: No, it wasn't. It was not difficult.

4   A: _____ _____ _____ now? (you)

    B: Yes, I am. I am serious.

5   A: _____ _____ _____ _____? (the movie)

    B: No, it isn't. It is not interesting.

6   A: _____ _____ _____ _____ _____? (Mary and Jason)

    B: No, they aren't. They are not twins.

spicy 매운   snowy 눈이 내리는   serious 진지한; 심각한   twin 쌍둥이(의 한 사람)

Chapter Test

POINT 3

1 다음 밑줄 친 be동사의 의미가 나머지와 <u>다른</u> 하나를 고르세요.

① I <u>am</u> in the bookstore.
② The tree <u>is</u> on the hill.
③ Olivia <u>is</u> at the airport.
④ Mr. Brown <u>is</u> a baseball player.
⑤ My sisters <u>are</u> in London now.

[2-3] 다음 중 빈칸에 들어갈 알맞은 말을 고르세요.

POINT 4

2

David _____ in L.A. four years ago.

① is ② am ③ are
④ was ⑤ were

POINT 2

3

The stores _____ open these days.

① is ② am ③ are
④ was ⑤ were

POINT 2·4

4 다음 문장들의 빈칸에 들어갈 be동사를 알맞게 쓰세요.
(서술형)

(1) He _____ fourteen years old last year.
(2) Sally and I _____ healthy now.
(3) Tom and David _____ short at that time.

[5-7] 다음 중 (A), (B)에 들어갈 말이 바르게 짝지어진 것을 고르세요.

POINT 2

5

· Julia _____(A)_____ a popular actress.
· Mark and I _____(B)_____ in the classroom.

① is — is ② is — am
③ is — are ④ are — is
⑤ are — am

POINT 1·4

6

· The cat _____(A)_____ very sick last week.
· He _____(B)_____ in the bathroom now.

① is — was ② was — is
③ was — was ④ were — is
⑤ were — was

POINT 2·5

7

· The chairs _____(A)_____ comfortable.
· Jane _____(B)_____ lazy anymore.

① are — weren't ② is — aren't
③ are — isn't ④ am — aren't
⑤ is — isn't

POINT 5

8 우리말과 일치하도록 주어진 단어를 사용하여 빈칸을 완성하세요. (서술형)

저 집은 깨끗하지 않아. (clean)

→ That house _____ _____.

[9-10] 다음 문장을 괄호 안의 지시대로 바꿔 쓰세요. 서술형

POINT 5

9

The mountain is so high. (부정문으로)

→ _____

POINT 6

10

I am too loud. (의문문으로)

→ _____

POINT 1·2·6

11 다음 중 빈칸에 들어갈 말로 어색한 것을 고르세요.

Are _____ in the building?

① your brother　② they
③ the students　④ the cats
⑤ Alex and Jane

[12-13] 다음 중 어법상 알맞지 않은 문장을 모두 고르세요.
고난도

POINT 1·2·5

12
① Alex isn't lazy.
② I amn't in my room now.
③ Mike isn't good at soccer.
④ She is here yesterday.
⑤ They're basketball players.

POINT 2·4·5·6

13
① Are you sick last Sunday?
② Are you and Nick thirsty?
③ I wasn't there a week ago.
④ Andy and I am in the kitchen now.
⑤ The weather was nice yesterday.

POINT 6

14 다음 중 대화가 어색한 것을 고르세요.

① A: Are you from Korea?
　B: No, I'm not.
② A: Were you in Busan last weekend?
　B: Yes, I was.
③ A: Is Terry a robot dog?
　B: No, it isn't.
④ A: Is your school big?
　B: Yes, they are.
⑤ A: Was Bora sick yesterday?
　B: Yes, she was.

[15-16] 다음 질문에 대한 응답으로 알맞은 것을 고르세요.

POINT 6

15

Are you a nurse?

① Yes, you are.　② No, you not.
③ Yes, I am.　④ No, I amn't.
⑤ No, you aren't.

POINT 6

16

Were Jinsu and Sujin at home yesterday?

① Yes, she is.　② No, he isn't.
③ Yes, they are.　④ Yes, they was.
⑤ No, they weren't.

Unit 1 일반동사의 현재형

A 다음 중 어법상 알맞은 것을 고르세요. POINT 1·2

1 We [go / goes] for a walk after lunch.

2 The museum [open / opens] at 9 a.m.

3 She [love / loves] children very much.

4 I [do / does] my homework after school.

5 My sister [play / plays] computer games every day.

6 Jack and Cindy [walk / walks] to school.

7 Dad [take / takes] a shower every morning.

8 The desk [have / has] four legs.

9 Janet and I [like / likes] chocolate milk.

10 Sam [practice / practices] the piano for a contest.

B 주어진 동사를 현재형으로 바꿔 쓰세요. POINT 1·2

1 The baby _____ all day long. (cry)

2 My sisters and I _____ breakfast every morning. (eat)

3 Emily _____ her hair every day. (wash)

4 My grandfather _____ two dogs. (have)

5 We _____ swimming in summer. (enjoy)

6 Jack _____ the dishes every night. (do)

7 Alice _____ the news on the Internet. (watch)

8 My parents _____ up very early. (get)

9 Mike _____ English with his friends. (study)

10 The boys _____ football after lunch. (play)

go for a walk 산책하러 가다   contest 대회   all day long 하루 종일   do the dishes 설거지하다

C 빈칸에 알맞은 단어를 〈보기〉에서 골라 문장을 완성하세요. (단, 현재형으로 한 번씩만 쓸 것) POINT 1·2

〈보기〉	have	know	ride	wash	go
	play	wear	live	clean	try

1 Jeremy _____ basketball on Tuesdays.

2 They _____ a problem.

3 Sumi always _____ her best.

4 Mina and I _____ swimming together.

5 Jamie and his family _____ in London.

6 My brother _____ his hands.

7 Sora _____ her room every day.

8 Fred _____ many interesting stories.

9 Laura _____ a seat belt in a car.

10 I _____ a bike on weekends.

D 다음 밑줄 친 동사의 현재형이 맞으면 ○, 틀리면 ×하고 바르게 고치세요. POINT 1·2

1 An old man <u>lives</u> in my town. _____

2 Jessica <u>brushies</u> her teeth twice a day. _____

3 My friend <u>sits</u> with me on the bus. _____

4 She <u>buies</u> some bread for lunch. _____

5 My dad <u>teachs</u> math at school. _____

6 Mark <u>haves</u> a brother and a sister. _____

7 A bird <u>flys</u> in the sky. _____

8 My brother <u>does</u> his homework in the living room. _____

9 My alarm clock <u>rings</u> at 7 o'clock. _____

10 Mom <u>cookes</u> food for us. _____

try A's best 최선을 다하다   interesting 재미있는   seat belt 안전벨트   alarm clock 자명종

Unit 2 일반동사의 과거형

A 다음 중 어법상 알맞은 것을 고르세요. POINT 3·4

1 My family [moved / moveed] to Busan two years ago.

2 Jina [haved / had] a terrible stomachache last night.

3 The player [missed / misseed] the ball at the game.

4 I [goed / went] to school by car this morning.

5 She [enjoied / enjoyed] Korean food.

6 I [visited / visiteed] my grandmother last month.

7 My friend and I [eated / ate] dessert after dinner.

8 I [carryed / carried] the box to my room.

9 The students [read / readed] books in the library.

10 Mom [buyed / bought] some vegetables.

B 다음 밑줄 친 동사의 과거형을 바르게 고쳐 쓰세요. POINT 3·4

1 Flora <u>helpped</u> her mom last weekend.   → _____

2 Tanya <u>calld</u> me this morning.   → _____

3 Mary <u>studyed</u> math yesterday.   → _____

4 I <u>arriveed</u> home safely.   → _____

5 Tom <u>hurryed</u> back to his seat.   → _____

6 Homer soon <u>regreted</u> his words.   → _____

7 The train <u>stoped</u> at the station.   → _____

8 I <u>askd</u> him a question.   → _____

9 Harry <u>changeed</u> his job two weeks ago.   → _____

10 A year ago I <u>staied</u> in London for a week.   → _____

move 이사가다   stomachache 복통   dessert 후식   soon 곧   regret 후회하다   station 역

C 주어진 문장을 〈보기〉와 같이 과거형으로 고쳐 쓰세요. POINT 3·4

> 〈보기〉 I walk my dog every day. → I <u>walked</u> my dog last night.

1 Sally jogs every morning.
  → Sally _____ yesterday morning.

2 Timmy and I play baseball on weekends.
  → Timmy and I _____ baseball last Sunday.

3 The restaurant has many customers on every holiday.
  → The restaurant _____ many customers today.

4 My sister does her homework every night.
  → My sister _____ her homework last night.

5 Sora studies English every day.
  → Sora _____ English this morning.

6 Kate watches TV every night.
  → Kate _____ TV all day long yesterday.

7 Jina reads a lot of books every month.
  → Jina _____ a lot of books during the last vacation.

D 우리말과 일치하도록 주어진 단어를 사용하여 빈칸에 알맞은 말을 쓰세요. POINT 3·4

1 Judy는 어제 좋은 시간을 보냈다. (have)
  → Judy _____ a good time yesterday.

2 미나는 슈퍼마켓에서 Peter를 만났다. (meet)
  → Mina _____ Peter at the supermarket.

3 나는 지난 토요일에 수영장에 갔다. (go)
  → I _____ to the pool last Saturday.

4 많은 외국인들이 한국어를 아주 열심히 공부했다. (study)
  → Many foreigners _____ Korean very hard.

5 Mike는 엄마에게 꽃을 좀 드렸다. (give)
  → Mike _____ some flowers to his mom.

6 Jack은 내 새로운 계획에 동의했다. (agree)
  → Jack _____ with my new plan.

walk (동물을) 산책시키다   vacation 방학; 휴가

Unit 3 일반동사의 부정문과 의문문

A 다음 문장을 부정문으로 바꿔 쓰세요. POINT 5

1 Lisa eats meat.
   → Lisa _____ _____ meat.

2 Mike watches TV.
   → Mike _____ _____ TV.

3 We have much snow in winter.
   → We _____ _____ much snow in winter.

4 I brush my teeth after breakfast.
   → I _____ _____ my teeth after breakfast.

5 John gets up early.
   → John _____ _____ _____ early.

6 Mary and Tom like hamburgers.
   → Mary and Tom _____ _____ hamburgers.

7 Susan lives with her parents.
   → Susan _____ _____ with her parents.

8 Patrick has much money.
   → Patrick _____ _____ much money.

B 주어진 응답을 보고 Do 또는 Does를 사용하여 다음 의문문을 완성하세요. POINT 6

1 A: _____ she _____ a walk every day?
   B: Yes, she does. She takes a walk every day.

2 A: _____ you _____ sports?
   B: No, I don't. I don't like sports.

3 A: _____ your brother _____ very well?
   B: Yes, he does. He swims very well.

4 A: _____ they _____ TV after dinner?
   B: No, they don't. They don't watch TV after dinner.

5 A: _____ Tony _____ to school on foot?
   B: Yes, he does. He goes to school on foot.

6 A: _____ your parents _____ you pocket money?
   B: No, they don't. They don't give me pocket money.

on foot 걸어서   pocket money 용돈

C 다음 밑줄 친 부분을 어법상 알맞은 형태로 고쳐 쓰세요. POINT 7·8

1 Did you <u>enjoyed</u> the movie yesterday?　　　　→ _____

2 Janet didn't <u>found</u> her keys in her pocket.　　→ _____

3 <u>Do</u> you see him last week?　　　　　　　　　→ _____

4 My mom <u>doesn't</u> wait for me yesterday.　　　→ _____

5 <u>Does</u> Sally study math for the exam last night?　→ _____

6 He <u>doesn't</u> visit his grandmother last Sunday.　→ _____

7 Did you <u>got up</u> early in the morning?　　　　→ _____

8 I didn't <u>had</u> breakfast this morning.　　　　　→ _____

9 We <u>don't</u> make noise last night.　　　　　　　→ _____

10 <u>Do</u> you and your friend go to the park yesterday?　→ _____

D 우리말과 일치하도록 주어진 단어를 사용하여 문장을 완성하세요. POINT 7·8

1 그가 어제 창문을 깼니? (the window, break)

→ _____ yesterday?

2 Sally는 어젯밤에 만화책을 읽지 않았다. (read, the comic book)

→ Sally _____ last night.

3 그들은 어젯밤에 TV로 농구 경기를 봤니? (they, watch)

→ _____ the basketball game on TV last night?

4 Merry는 어제 숙제를 하지 않았다. (her homework, do)

→ Merry _____ yesterday.

5 나는 지난 주말에 내 방을 청소하지 않았다. (clean, my room)

→ I _____ last weekend.

6 너는 오늘 아침에 버스 정류장에서 Nancy를 만났니? (you, meet)

→ _____ Nancy at the bus stop this morning?

7 나는 어제 그의 이름을 기억하지 못했다. (remember, his name)

→ I _____ yesterday.

make noise 소란을 피우다

CHAPTER 02 일반동사

Chapter Test

[1-3] 다음 중 (A), (B)에 들어갈 말이 바르게 짝지어진 것을 고르세요.

POINT 2

1
· She _____(A)_____ a new backpack.
· He _____(B)_____ some water.

① have — drink   ② has — drink

③ have — drinks   ④ has — drinks

⑤ has — drinkes

POINT 2·3

2
· My father _____(A)_____ his car at home last Sunday.
· Judy _____(B)_____ TV every night.

① wash — watch   ② washed — watch

③ washes — watch   ④ washed — watches

⑤ washes — watches

POINT 4·7

3
· They _____(A)_____ a great time last night.
· We _____(B)_____ do anything yesterday.

① have — don't   ② has — didn't

③ had — don't   ④ have — didn't

⑤ had — didn't

[4-5] 다음 중 빈칸에 들어갈 말로 어법상 알맞지 <u>않은</u> 것을 고르세요.

POINT 3·4·7

4
They _____ yesterday.

① read books   ② stayed at home

③ made a cake   ④ don't go out

⑤ played tennis

POINT 3, 4

5
My friends and I _____ together last week.

① had a great dinner

② went to the movies

③ studied science

④ talked about our winter camp

⑤ played computer games

POINT 2

6 하나의 토요일 오전 일과표를 보고 다음 문장을 완성하세요. (서술형)

하는 일	시각
get up	7:00
have breakfast	7:30
study English	8:30
watch TV	10:00

Hana gets up at 7:00.

(1) She _____ at 7:30.

(2) She _____ at 8:30.

(3) She _____ at 10:00.

POINT 6

7 다음 중 대화가 <u>어색한</u> 것을 고르세요.

① A: Does she like movies?
   B: No, she doesn't. She likes sports.

② A: Do you live in Busan?
   B: No, I don't. I live in Seoul.

③ A: Does Sue play the piano?
   B: Yes, she does. She plays the piano very well.

④ A: Do you and your brother exercise every day?
   B: Yes, we do. We play tennis every day.

⑤ A: Does your uncle teach English?
   B: No, he don't. He teaches math.

[8-9] 다음 중 주어진 우리말을 바르게 영작한 것을 고르세요.

POINT 5

8

> Amy는 공부를 열심히 하지 않는다.

① Amy don't study hard.

② Amy don't studies hard.

③ Amy doesn't study hard.

④ Amy doesn't studies hard.

⑤ Amy didn't study hard.

POINT 7

9

> 우리는 어제 Sam을 만나지 않았다.

① We met not Sam yesterday.

② We didn't met Sam yesterday.

③ We don't meet Sam yesterday.

④ We didn't meet Sam yesterday.

⑤ We doesn't met Sam yesterday.

POINT 6

10 다음 중 빈칸에 Does를 쓸 수 없는 것을 고르세요.

① _____ she live in Seoul?

② _____ you have a cell phone?

③ _____ your father work in a hospital?

④ _____ Ms. Baker have any children?

⑤ _____ he teach Korean?

[11-12] 다음 중 어법상 알맞지 않은 문장을 고르세요.

POINT 2·5·6

11 ① Do you really get up at five in the morning?

② Does Jina studies Japanese?

③ Mr. Kim teaches Korean history.

④ She doesn't swim in the pool.

⑤ We don't like computer games.

POINT 3·6·7·8

12 ① Did she go to bed early last night?

② Minho washed his bike this morning.

③ Cindy didn't sent me a Christmas card last year.

④ Does he have a fever?

⑤ Do they study in the library?

POINT 1·2·5

13 다음 중 표의 내용과 일치하지 않는 것을 모두 고르세요. 고난도

	Ken	Jim	Joe
cook in the kitchen	✔		✔
walk to school	✔		
go to school by bus		✔	✔
wash the dishes	✔		✔
exercise every day		✔	

① Ken cooks in the kitchen.

② Ken and Joe walk to school.

③ Jim exercises every day.

④ Jim doesn't wash the dishes.

⑤ Joe doesn't go to school by bus.

POINT 3·4

14 다음 중 밑줄 친 부분이 어법상 알맞지 않은 것을 골라 바르게 고치세요. 서술형

> Yesterday, Jinho ① wanted something to eat. He ② went to a fast food restaurant. He ③ ordered a hamburger, a small French fries, and a large coke. He ④ payed 5,000 won. The clerk ⑤ gave him the change.

_____ → _____

Unit 1 현재진행형

A 다음 밑줄 친 동사를 현재진행형으로 바꿔 쓰세요. POINT 1

1 She <u>drinks</u> a cup of milk. → _____

2 The boy <u>smells</u> the flower. → _____

3 The children <u>jump</u> with joy. → _____

4 My parents <u>ride</u> horses. → _____

5 The leaves <u>fall</u> from the tree. → _____

6 I <u>jog</u> in the park with my sister. → _____

7 Fiona <u>lies</u> on the bed. → _____

8 Jake <u>plans</u> for this winter. → _____

B 다음 현재진행형 문장을 괄호 안의 지시대로 바꿔 쓰세요. POINT 2·3

1 Jihun is kicking a ball now.
→ Jihun _____ a ball now. (부정문)
→ _____ Jihun _____ a ball now? (의문문)

2 They are asking many questions to their teacher.
→ They _____ many questions to their teacher. (부정문)
→ _____ they _____ many questions to their teacher? (의문문)

3 The police officer is stopping cars.
→ The police officer _____ cars. (부정문)
→ _____ the police officer _____ cars? (의문문)

4 Birds are flying high in the sky.
→ Birds _____ high in the sky. (부정문)
→ _____ birds _____ high in the sky? (의문문)

jump with joy 뛸 듯이 기뻐하다   *jog* 조깅하다

C 다음 밑줄 친 부분이 맞으면 ○, 틀리면 ×하고 바르게 고치세요. POINT 1·2·3

1 He <u>are repairing</u> a radio right now. _____

2 <u>We're looking</u> for a small house with two rooms. _____

3 Some kids <u>are sing</u> in the classroom. _____

4 Ms. Stevens <u>is driveing</u> a nice car. _____

5 Little Johnny <u>not is sleeping</u> on his bed. _____

6 The scientist <u>is mixing</u> water with alcohol. _____

7 Jake and I <u>am waiting</u> for Judy right now. _____

8 Some students <u>are listening not</u> to my speech. _____

9 Two men <u>are painting</u> the wall now. _____

10 <u>Are you cutting</u> the paper with scissors? _____

D 우리말과 일치하도록 주어진 단어를 사용하여 문장을 완성하세요. POINT 1·2·3

1 그 여자는 양말을 팔고 있다. (sell)

→ The woman _____ socks.

2 그 선수는 공을 패스하고 있다. (pass)

→ The player _____ the ball.

3 나는 흰색 코트를 입고 있다. (wear)

→ I _____ a white coat.

4 그는 샤워를 하고 있니? (take)

→ _____ a shower?

5 우리 강아지는 전혀 아무것도 먹지 않고 있다. (eat)

→ My puppy _____ anything at all.

6 그들은 Peter와 이야기하고 있니? (talk)

→ _____ they _____ with Peter?

7 나는 팀 과제에 관해 생각하고 있지 않다. (think)

→ I _____ about the team project.

8 그 소년들은 창문에 돌을 던지고 있다. (throw)

→ The boys _____ stones at the window.

repair 고치다   look for 찾다   mix 섞다   alcohol 알코올   speech 연설

Unit 2 미래 표현

A 다음 중 어법상 알맞은 것을 고르세요. POINT 4·5

1 I [am not / won't] forget you.

2 He will [is / be] 15 years old next year.

3 Mike [is going to do / are going to do] magic at the party.

4 I [will going to / am going to] make some sandwiches.

5 Vicky [isn't going to / doesn't going to] buy a new computer.

6 [Will arrive the train / Will the train arrive] at the station?

7 Are you [going to learn / going to learning] English from Mr. Smith?

8 Is Jim [going to go / go to going] with you?

B 다음 문장을 괄호 안의 지시대로 바꿔 쓰세요. POINT 4·5

1 She stays at her aunt's home.
   → She _____ at her aunt's home. (will 부정문)

2 Our school baseball team wins the game.
   → Our school baseball team _____ the game. (be going to 긍정문)

3 Miso dances at the school festival.
   → Miso _____ at the school festival. (be going to 부정문)

4 I am late for the meeting.
   → I _____ late for the meeting. (will 부정문)

5 They come to my Christmas party.
   → _____ to my Christmas party? (will 의문문)

6 Andy studies art in New York City.
   → _____ art in New York City? (be going to 의문문)

7 I take a nap after lunch.
   → I _____ after lunch. (will 긍정문)

8 He spends all the money on clothes.
   → He _____ all the money on clothes. (be going to 부정문)

festival 축제   meeting 회의   take a nap 낮잠을 자다   spend (돈을) 쓰다; (시간을) 보내다

C 다음 밑줄 친 부분을 바르게 고치세요. POINT 4·5

1 The weather <u>not will be</u> fine today. → _____

2 Fred and Jenny <u>is going to exercise</u> together. → _____

3 I <u>will eating</u> a hamburger with French fries. → _____

4 <u>Are you going give</u> the book to me? → _____

5 Dad <u>is going to buys</u> a bike for me. → _____

6 I <u>amn't going to lend</u> any money to him. → _____

7 <u>You ask will</u> Amy's phone number? → _____

8 <u>Are Linda going to study</u> in France? → _____

9 <u>Will the war ends</u> in the country? → _____

10 Are you <u>going to growing</u> tomatoes in the garden? → _____

D 우리말과 일치하도록 주어진 단어를 사용하여 문장을 완성하세요. POINT 4·5

1 그들은 그 남자를 믿을 것이다. (will, trust)

→ They _____ the man.

2 어떤 새들은 겨울에 남쪽으로 날아갈 것이다. (be going to, fly)

→ Some birds _____ south in winter.

3 Mike는 종일 도서관에 있을까? (be going to, be)

→ _____ at the library all day?

4 Sally는 이번 주말에 미술관에 가지 않을 것이다. (be going to, visit)

→ Sally _____ the art museum this weekend.

5 내 숙제를 좀 도와줄래? (will, help)

→ _____ me with my homework?

6 송 선생님은 우리에게 새로운 노래를 가르쳐 주실 것이다. (be going to, teach)

→ Mr. Song _____ new songs to us.

7 나는 다시는 거짓말하지 않을 것이다. (will, tell)

→ _____ a lie again.

8 너는 네 강아지를 동물 병원에 데려갈 거니? (be going to, take)

→ _____ your puppy to the animal hospital?

French fries 감자튀김   lend 빌려주다   war 전쟁

Chapter Test

[1-3] 다음 중 어법상 알맞지 <u>않은</u> 문장을 고르세요.

POINT 1·2·3

1
① Are your puppy sleeping now?
② He's touching his nose.
③ Sue isn't reading a book.
④ I'm washing my hands.
⑤ Many people are following the parade.

POINT 4·5

2
① I will buy those blue jeans.
② She won't not go to work today.
③ I'm going to watch a movie with Jack.
④ Will you come to my house this evening?
⑤ Are you going to close your shop?

POINT 1·2·3

3
① She is holding her baby.
② I'm drawing yellow flowers.
③ The band is not play music right now.
④ Is it snowing outside now?
⑤ Are you standing there?

[4-5] 다음 중 밑줄 친 부분을 바르게 고쳐 쓴 것끼리 짝지어진 것을 고르세요.

POINT 1·5

4
· He is <u>prepare</u> breakfast.
· I'm going to <u>making</u> special food.

① prepares — make
② preparing — make
③ prepares — makes
④ preparing — makes
⑤ prepareing — make

POINT 4·5

5
· It will <u>not raining</u> today.
· She is not <u>go</u> to play the piano.

① not rain — goes
② not rains — going
③ not rain — going
④ rain not — goes
⑤ rain not — going

[6-7] 다음 문장에서 어법상 알맞지 <u>않은</u> 부분을 찾아 바르게 고치세요. **서술형**

POINT 1

6
Paul is lieing on the floor.

_____ → _____

POINT 3

7
Is you enjoying the party?

_____ → _____

[8-9] 다음 문장을 괄호 안의 지시대로 바꿔 쓰세요. **서술형**

POINT 5

8
They clean the streets after school.
(be going to 의문문으로)

→ _____

_____

POINT 1

9
We plan a lot of events for children.
(진행형으로)

→ _____

_____

POINT 3·4·5

10 다음 중 대화가 어법상 자연스러운 것을 고르세요.

① A: Is he playing with toys?
   B: Yes, he will.

② A: Are you listening to the radio now?
   B: No, I don't.

③ A: Is she going to bring her camera?
   B: Yes, she isn't.

④ A: Are you going to the bus stop?
   B: Yes, I am.

⑤ A: Will you take a taxi?
   B: Yes, you will.

[11-12] 다음 중 어법상 알맞은 문장끼리 짝지어진 것을 고르세요. **고난도**

POINT 1·2·4·5

11

> ⓐ Today will be fine all day.
> ⓑ Maria isn't watch TV.
> ⓒ Are you going to meet Janet?
> ⓓ Minsu is playing the piano.
> ⓔ I am going to joining the cooking club.

① ⓐ, ⓑ   ② ⓐ, ⓑ, ⓒ
③ ⓐ, ⓒ, ⓓ   ④ ⓑ, ⓒ, ⓓ
⑤ ⓑ, ⓒ, ⓓ, ⓔ

POINT 1·2·3·4·5

12

> ⓐ He is setting the table.
> ⓑ I'm not looking at the picture.
> ⓒ I will remembering your name.
> ⓓ Are you thinking about the vacation?
> ⓔ I'm going get up early tomorrow morning.

① ⓐ, ⓑ, ⓒ   ② ⓐ, ⓑ, ⓓ
③ ⓐ, ⓒ, ⓓ   ④ ⓑ, ⓒ, ⓔ
⑤ ⓒ, ⓓ, ⓔ

POINT 1

13 다음 주어진 단어를 사용하여 질문에 알맞은 대답을 완성하세요. **서술형**

> A: Where is Mason now?
> B: He _____ his cat in the bathroom. (wash)

POINT 4·5

14 다음 〈보기〉의 문장과 의미가 가장 비슷한 것을 고르세요.

> 〈보기〉   I'm going to travel to Mexico.

① I travel to Mexico.
② I won't travel to Mexico.
③ I will travel to Mexico.
④ I like to travel to Mexico.
⑤ I don't travel to Mexico.

POINT 1

15 우리말과 일치하도록 주어진 단어를 사용하여 문장을 완성하세요. **서술형**

> 우리는 지도를 살펴보고 있다. (look at)

→ We _____ the map.

POINT 5

16 우리말과 일치하도록 주어진 단어를 사용하여 〈조건〉에 맞게 영작하세요. **고난도** **REAL 기출**

> 우리는 박물관에서 우리의 역사에 관해 배울 것이다. (go, learn)

> 〈조건〉
> · 미래 표현으로 쓸 것
> · 다섯 단어로 쓸 것
> · 필요한 경우 단어를 변형하여 쓸 것

→ _____ about our history at the museum.

Unit 1 조동사의 기본 형태와 can/may

A 다음 밑줄 친 부분이 맞으면 ○, 틀리면 ×하고 바르게 고치세요. POINT 1·2

1 She cans answer the question. ＿＿＿＿＿＿＿

2 Can climb bears a tree? ＿＿＿＿＿＿＿

3 May I speaks to Kevin, please? ＿＿＿＿＿＿＿

4 We must clean the classroom every day. ＿＿＿＿＿＿＿

5 They can't danced very well. ＿＿＿＿＿＿＿

6 You must walk not on the grass. ＿＿＿＿＿＿＿

7 Mike can runs 100 meters in 14 seconds. ＿＿＿＿＿＿＿

8 You may play my piano. ＿＿＿＿＿＿＿

9 May I came in now? ＿＿＿＿＿＿＿

10 Can you finish this work by noon? ＿＿＿＿＿＿＿

B 밑줄 친 조동사의 의미로 가장 적절한 것을 〈보기〉에서 골라 그 기호를 쓰세요. POINT 3·4·5·6

〈보기〉	ⓐ ~할 수 있다 (능력)	ⓑ ~해도 된다 (허가)
	ⓒ ~일[할]지도 모른다 (추측)	ⓓ ~해 주시겠어요? (요청)

1 Linda can make pizza very well. ＿＿＿＿＿

2 You may have this cookie now. ＿＿＿＿＿

3 She may not like it. ＿＿＿＿＿

4 Can Mickey play the violin? ＿＿＿＿＿

5 Can you tell me the way to the airport? ＿＿＿＿＿

6 She may be over eighty years old. ＿＿＿＿＿

7 Can I try this shirt on? ＿＿＿＿＿

8 Can you lend me a pencil? ＿＿＿＿＿

9 You may drink a glass of water. ＿＿＿＿＿

10 My parents may be busy now. ＿＿＿＿＿

grass 잔디　　try on (옷 등을) 입어 보다

C

우리말과 일치하도록 빈칸에 알맞은 말을 〈보기〉에서 골라 쓰세요. `POINT 3·4·5·6`

> 〈보기〉   can   can't   may   may not

1   그녀는 그 수수께끼를 풀 수 없다.

→ She _____ solve the puzzle.

2   그 소녀는 Peter의 여동생일지도 몰라.

→ The girl _____ be Peter's little sister.

3   나에게 그 지도 좀 보여 줄래?

→ _____ you show me the map?

4   Andy는 한국 음식을 만들 수 있니?

→ _____ Andy make Korean food?

5   Judy는 너를 알지도 몰라.

→ Judy _____ know you.

6   Lisa는 오늘 학교에 오지 않을지도 모른다.

→ Lisa _____ come to school today.

D

우리말과 일치하도록 주어진 단어와 알맞은 조동사를 사용하여 문장을 완성하세요. `POINT 3·4·5·6`

1   너는 그녀의 전화번호를 기억할 수 있니? (remember)

→ _____ you _____ her telephone number?

2   Tony는 오늘 무척 피곤할 것이다. (be)

→ Tony _____ _____ very tired today.

3   나는 천장에 닿을 수 없다. (touch)

→ I _____ _____ the ceiling.

4   나에게 샌드위치 좀 사다 줄래? (buy)

→ _____ you _____ me a sandwich?

5   Jessica는 내 의견에 동의하지 않을 것이다. (agree)

→ Jessica _____ _____ _____ with my opinion.

6   우리는 도서관에서 책을 빌릴 수 있다. (borrow)

→ We _____ _____ books from the library.

7   내가 너의 프린터를 써도 될까? (use)

→ _____ _____ _____ your printer?

Unit 2 must/have to/should

A 두 문장의 의미가 일치하도록 빈칸에 알맞은 말을 쓰세요. POINT 7

1 Eric must visit his grandmother this weekend.
= Eric _____ _____ _____ his grandmother this weekend.

2 We must be quiet in the library.
= We _____ _____ _____ quiet in the library.

3 You must remember your password.
= You _____ _____ _____ your password.

4 He must bring it to the Lost and Found.
= He _____ _____ _____ it to the Lost and Found.

5 Nami must take an exam next week.
= Nami _____ _____ _____ an exam next week.

6 We must keep our promises.
= We _____ _____ _____ our promises.

B 〈보기〉의 단어와 should 또는 should not을 사용하여 다음 문장을 완성하세요. POINT 8

〈보기〉	waste	help	listen	brush	tell	eat

1 우리는 다른 사람들 말에 귀를 기울여야 한다.
→ We _____ to other people.

2 너는 시간을 낭비하지 말아야 한다.
→ You _____ your time.

3 우리는 나이 들고 약한 사람들을 도와야 한다.
→ We _____ old and weak people.

4 너는 거짓말을 하지 말아야 한다.
→ You _____ a lie.

5 우리는 지금 간식을 먹지 말아야 한다.
→ We _____ snacks now.

6 Judy는 이를 닦아야 한다.
→ Judy _____ her teeth.

password 비밀번호   Lost and Found 분실물 센터   keep A's promise 약속을 지키다

C 다음 밑줄 친 부분을 바르게 고쳐 쓰세요. POINT 7·8

1 Morris <u>don't have to go</u> to the bookstore. → _____

2 Sera <u>must not eats</u> anything tonight. → _____

3 You <u>has to catch</u> the first bus. → _____

4 He <u>doesn't has to bring</u> an umbrella with him. → _____

5 You will <u>must be</u> back by ten or your dad will get angry.

 → _____

6 She <u>must to obey</u> the traffic rules. → _____

7 Jane <u>doesn't should fight</u> with her sister. → _____

8 We <u>has to be</u> careful on busy streets. → _____

9 Peter <u>have to clean</u> his room every day. → _____

D 우리말과 일치하도록 주어진 단어를 올바르게 배열하세요. (필요시 형태를 변형할 것) POINT 7·8

1 그는 자신을 통제해야 한다. (control / have / to)

 → He _____ himself.

2 너는 선생님께 도움을 요청해야 한다. (ask / should)

 → You _____ your teacher for help.

3 Diana는 지금 숙제를 끝낼 필요가 없다. (finish / have / to / don't)

 → Diana _____ her homework now.

4 우리는 수업 중에 조용히 해야 한다. (be / must)

 → We _____ quiet in class.

5 너는 단 것을 너무 많이 먹지 말아야 한다. (eat / not / should)

 → You _____ sweets too much.

6 너는 항상 진실을 말해야 한다. (tell / must)

 → You _____ the truth all the time.

7 Linda는 남동생을 보살펴야 한다. (take care of / have / to)

 → Linda _____ her brother.

8 너는 애완동물을 여기에 데려오면 안 된다. (bring / not / must)

 → You _____ your pet here.

catch (버스 등을 시간 맞춰) 타다 obey (법 등을) 따르다

Chapter Test

[1-2] 다음 중 빈칸에 들어갈 말로 어법상 알맞지 <u>않은</u> 것을 고르세요.

POINT 1

1

Julie can't _____.

① speak French　　② plays the piano
③ ski　　　　　　　④ run fast
⑤ bake cookies

POINT 1

2

You should _____.

① had breakfast　　② do your homework
③ see a doctor　　　④ help your mother
⑤ find another hobby

[3-4] 다음 중 〈보기〉의 밑줄 친 부분과 바꿔 쓸 수 있는 것을 고르세요.

POINT 7

3

〈보기〉　Players <u>have to</u> follow rules.

① can　　　　② may　　　　③ can't
④ must　　　⑤ may not

POINT 4·5

4

〈보기〉　You <u>may</u> use my cell phone.

① can　　　　② must　　　③ could
④ should　　⑤ can't

POINT 7

5 우리말과 일치하도록 빈칸에 들어갈 말로 가장 적절한 것을 고르세요.

우리는 다른 사람들의 돈을 훔치면 안 된다.
→ We _____ steal others' money.

① should　　② must　　　③ must not
④ have to　　⑤ don't have to

POINT 5·6

6 다음 중 〈보기〉의 밑줄 친 부분과 어법상 쓰임이 같은 것을 고르세요.

〈보기〉　It <u>may</u> snow tonight.

① <u>May</u> I help you?
② You <u>may</u> not use my computer.
③ <u>May</u> I ask you a question?
④ You <u>may</u> go home now.
⑤ They <u>may</u> be busy now.

POINT 7

7 다음 중 빈칸에 공통으로 들어갈 말로 알맞은 것을 고르세요.

· We _____ to study English hard.
· You _____ to clean your room.

① can　　　　② may　　　　③ must
④ have　　　⑤ has

[8-9] 다음 중 어법상 알맞은 문장을 고르세요.

POINT 1·2

8 ① You must park not here.
② May I saw your passport?
③ The baby cans walk.
④ Jessica must takes medicine every day.
⑤ We should not say bad words.

POINT 1·2·7

9 ① Can he plays the flute?
② Sam and Jim has to lose weight.
③ She not can sing a song.
④ He must find the book.
⑤ You should to eat lunch.

POINT 7

10 우리말과 일치하도록 빈칸에 들어갈 알맞은 말을 쓰세요. 서술형

우리는 그것에 대해 걱정할 필요가 없다.

→ We _____ worry about it.

POINT 1·2·7

11 다음 중 어법상 알맞지 <u>않은</u> 문장 <u>두 개</u>를 고르세요. 고난도

① You must not to tell the secret to anyone.
② She may be sick in bed.
③ Jane doesn't have to hurry.
④ You should came home by 8 o'clock.
⑤ My dog can jump high.

POINT 3

12 다음 밑줄 친 부분을 글의 흐름에 맞게 고쳐 쓰세요. REAL 기출 서술형

Sally has to go to the airport. The airport is 45 kilometers from here. It's too far. She <u>can</u> walk to the airport.

→ _____

POINT 8

13 주어진 제목을 보고 빈칸에 should 또는 shouldn't를 넣어 글을 완성하세요. REAL 기출 서술형

제목: 건강해지기 위하여

(1) I _____ do some exercises.
(2) I _____ eat chocolate too much.
(3) I _____ go to bed late.

POINT 7

14 주어진 문장과 연결하기에 알맞은 문장을 〈보기〉에서 고르세요.

〈보기〉 ⓐ I must hurry.
ⓑ I must study hard.
ⓒ I must clean the house.

(1) The train is leaving. _____
(2) I have a guest today. _____
(3) I have a difficult exam tomorrow. _____

POINT 8

15 다음은 영화관 예절을 나타낸 그림입니다. 그림의 내용을 shouldn't와 주어진 단어를 사용하여 쓰세요. REAL 기출 서술형

(1)  (2)

(1) You _____.
(noise, make)
(2) You _____
in front of you. (the seat, kick)

POINT 1·2·3·7

16 다음 중 주어진 우리말을 바르게 영작한 것을 고르세요.

① 너는 규칙을 어기면 안 된다.
→ You must not breaks the rules.
② 우리는 이제 계획을 바꿀 수 없다.
→ We can change not our plans now.
③ 그것은 좋은 생각일지도 모른다.
→ It may is a good idea.
④ 나는 그의 이야기를 이해할 수 없다.
→ I can't understand his story.
⑤ 소라는 인터넷을 사용할 필요가 없다.
→ Sora don't have to use the Internet.

총괄평가 1회

[1-2] 다음 중 빈칸에 들어갈 알맞은 말을 고르세요.

Ch 1

1

Jinho _____ in the post office now.

① are   ② is   ③ was

④ be   ⑤ were

Ch 3

2

Steve is _____ bread now.

① made   ② making   ③ makeing

④ make   ⑤ makes

Ch 1

3 다음 중 밑줄 친 be동사와 같은 의미로 해석되는 것을 고르세요.

They <u>are</u> on the train.

① We <u>are</u> tired now.

② The subway <u>is</u> very fast.

③ It <u>is</u> rainy today.

④ I <u>am</u> in the kitchen now.

⑤ They <u>are</u> very kind.

Ch 1·2·3

4 다음 빈칸에 Is[is]를 쓸 수 <u>없는</u> 것을 고르세요.

① My friend _____ from Russia.

② _____ your sister an actress?

③ A man _____ drinking milk now.

④ _____ the girl have a cat?

⑤ _____ he working at the office?

[5-6] 다음 중 어법상 알맞지 <u>않은</u> 부분을 찾아 바르게 고쳐 쓰세요. (서술형)

Ch 2

5

Does students have to wear school uniforms today?

_____ → _____

Ch 1

6

My brother and I wasn't in Italy during the last vacation.

_____ → _____

[7-8] 다음 중 어법상 알맞지 <u>않은</u> 문장을 고르세요.

Ch 1·2

7

① He don't need help.

② Emily ate chocolate last night.

③ Is Emma your cousin?

④ Does your dad work at a bank?

⑤ I was in the living room.

Ch 1·3

8

① He isn't a taxi driver.

② Paul is not reading a magazine.

③ My mom and I are watching a movie.

④ We were in the bakery now.

⑤ They weren't honest at that time.

Ch 2

9 다음 중 동사의 과거형이 잘못 연결된 것을 고르세요.

① make — maked ② read — read

③ stop — stopped ④ love — loved

⑤ study — studied

Ch 2

10 다음 문장을 의문문으로 알맞게 바꿔 쓴 것을 고르세요.

> She wears sunglasses every day.

① Do she wear sunglasses every day?

② Do she wears sunglasses every day?

③ Does she wears sunglasses every day?

④ Does she wear sunglasses every day?

⑤ Did she wear sunglasses every day?

[11-12] 다음 중 주어진 우리말을 바르게 영작한 것을 고르세요.

Ch 2

11

> 민호는 어젯밤에 빨래를 하지 않았다.

① Minho didn't do laundry last night.

② Minho doesn't do laundry last night.

③ Minho didn't does laundry last night.

④ Minho doesn't does laundry last night.

⑤ Minho don't does laundry last night.

Ch 3

12

> 너는 일본어를 배울 거니?

① Are you go to learn Japanese?

② Are you going to learning Japanese?

③ Are you going to learn Japanese?

④ Will you going to learn Japanese?

⑤ Will you learning Japanese?

[13-15] 우리말과 일치하도록 주어진 단어를 올바르게 배열하세요. (필요시 단어의 형태를 변형할 것) **서술형**

Ch 2

13

> Jason은 자기 밴드에서 기타를 연주하니?
> (the guitar / in his band / do / play)

→ _____ ?

Ch 4

14

> 그녀는 오늘 Mark를 만날 수 없다.
> (she / to / Mark / be / meet / able / not)

→ _____ today.

Ch 3

15

> 나는 언젠가 파리에서 살 것이다.
> (live / will / I / in Paris)

→ _____ someday.

Ch 1·2·3·4

16 다음 중 어법상 옳은 것으로 바르게 짝지어진 것을 고르세요. **고난도**

> ⓐ She isn't go to skip a meal.
> ⓑ I amn't 12 years old this year.
> ⓒ Nick washes his socks every day.
> ⓓ The kids won't playing with a ball.
> ⓔ My uncle has to go to the concert tonight.
> ⓕ May I borrow your lotion?

① ⓐ, ⓑ, ⓒ ② ⓐ, ⓔ, ⓕ

③ ⓐ, ⓒ, ⓕ ④ ⓑ, ⓓ, ⓕ

⑤ ⓒ, ⓔ, ⓕ

21

She is going to the bus stop. (의문문으로)

→ _____

22

Visitors may eat snacks here. (부정문으로)

→ _____

[17-18] 다음 중 빈칸에 공통으로 들어갈 말로 옳은 것을 고르세요.

17

· _____ your mother in Busan now?
· A boy _____ crying on the street.

① Am[am]　　　② Is[is]
③ Are[are]　　　④ Was[was]
⑤ Were[were]

18

· People _____ protect the animals.
· The train will leave at 3 o'clock. We _____ arrive before that.

① can　　　② can't
③ may　　　④ has to
⑤ must

[23-24] 다음 중 (A), (B)에 들어갈 말이 바르게 짝지어진 것을 고르세요.

23

· They ___(A)___ their house 4 years ago.
· My mom is going to ___(B)___ a new table tomorrow.

① build — buys　　　② builds — buy
③ built — buys　　　④ builded — buy
⑤ built — buy

19

다음 중 밑줄 친 부분의 쓰임이 <u>다른</u> 하나를 고르세요.

① He is <u>going</u> to dance with her.
② The kids are <u>going</u> to swim tomorrow.
③ I'm <u>going</u> to visit Seoul next week.
④ Bora is <u>going</u> to the theater.
⑤ They are <u>going</u> to play badminton.

24

· Mr. Wilson ___(A)___ to see a doctor. He is sick.
· Jane and I are ___(B)___ for the bus.

① has — wait　　　② has — waiting
③ have — waits　　　④ may not — waits
⑤ may not — waiting

[20-22] 주어진 문장을 괄호 안의 지시대로 바꿔 쓰세요.

(서술형)

20

We are in the playground. (과거형으로)

→ _____

Ch 4

25
① Tommy <u>can</u> speak French.
② She <u>can</u> finish her work before 7.
③ <u>Can</u> I borrow your jacket?
④ We <u>can</u> solve the problem.
⑤ The rabbit <u>can</u> jump very high.

Ch 4

26
① It <u>may</u> be rainy today.
② She <u>may</u> know your father.
③ Laura <u>may</u> be very wise.
④ You <u>may</u> use my chair any time.
⑤ Students <u>may</u> have questions.

[27-28] 다음 중 밑줄 친 부분이 어법상 알맞은 것을 고르세요.

Ch 1·2·3

27
① They are <u>going not</u> to buy a new car.
② My teacher <u>call</u> me yesterday.
③ Sera isn't <u>takeing</u> a science class.
④ <u>Was</u> you and Mary in LA last month?
⑤ <u>Does</u> James get up early on Sundays?

Ch 2·3·4

28
① <u>Do</u> you go shopping last Friday?
② Is your brother <u>play</u> baseball?
③ A child must <u>not go</u> outside at night.
④ Joe and Ted <u>needs</u> some water.
⑤ Do you have to <u>prepared</u> a lunch box today?

[29-30] 다음 질문에 대한 응답으로 알맞은 것을 고르세요.

Ch 3

29
> Will your parents sell the sofa?

① No, they will.   ② Yes, they.
③ Yes, they won't. ④ No, they won't.
⑤ No, they not.

Ch 4

30
> Should I take off my shoes here?

① Yes, I should.   ② Yes, you do.
③ No, you should. ④ No, you not.
⑤ Yes, you should.

[31-32] 다음 대화 중 어법상 알맞지 <u>않은</u> 부분 두 군데를 찾아 바르게 고쳐 쓰세요. 고난도 서술형

Ch 1·2

31
> A: You didn't come to school yesterday. Were you sick?
> B: Yes, I were. I stay home all day.

(1) _____ → _____
(2) _____ → _____

Ch 3·4

32
> A: Are you going practice the drums with Nancy tonight?
> B: I don't know. She has a lot of homework today. I will asks her again.

(1) _____ → _____
(2) _____ → _____

Unit 1 명사/관사

A 다음 중 어법상 알맞은 것을 고르세요. POINT 1·2·4

1 You can find [sugar / a sugar] on the table.

2 Jinsu saw [a / the] girl. She was wearing a red skirt.

3 The tree is thick with [leafes / leaves].

4 The woman is cooking [rice / a rice].

5 James and I broke some [cups / cupes].

6 The [man / men] are having lunch.

7 Mr. Park doesn't waste [money / moneys] at the mall.

8 My father told interesting [storys / stories] to us.

9 The [mouses / mice] in the movie are very cute.

10 Helen bought a banana this morning. [A / The] banana was so sweet.

B 다음 밑줄 친 부분이 맞으면 ○, 틀리면 ✕하고 바르게 고치세요. POINT 1·2

1 Time is <u>a gold</u>.   _____

2 They have <u>two children</u>.   _____

3 The teacher gave many <u>candys</u> to students.   _____

4 There are many <u>bus</u> on the road.   _____

5 Steve has two bad <u>tooth</u>.   _____

6 Thank you for your <u>advice</u>.   _____

7 My mom bought a kilogram of <u>tomatos</u>.   _____

8 Firefighters save many people's <u>lifes</u>.   _____

thick (나무 등이) 무성한; 두꺼운   waste 낭비하다   save 구하다, 구조하다

C 그림과 일치하도록 주어진 단어를 사용하여 빈칸에 알맞은 말을 쓰세요. POINT 3

1   2   3   4

1   We drink _____ tea every morning. (cup)

2   Tom gave _____ cake to me. (piece)

3   She bought _____ juice. (bottle)

4   I ate _____ cereal for breakfast. (bowl)

D 우리말과 일치하도록 주어진 단어를 사용하여 문장을 완성하세요. POINT 1·2·3

1   내 남동생은 자전거를 타고 있다. (bike)

  → My brother is riding _____.

2   제가 우유 한 잔을 마셔도 될까요? (milk)

  → Can I drink _____?

3   너는 그 슈퍼마켓에서 고기를 좀 살 수 있다. (meat)

  → You can buy some _____ in the supermarket.

4   우리는 어젯밤에 피자 5조각을 남겼다. (pizza)

  → We left _____ last night.

5   요리사가 감자튀김을 위한 감자 몇 개를 썰고 있다. (potato)

  → The chef is cutting some _____ for French fries.

6   오늘 그들은 들판에서 많은 양들을 봤다. (sheep)

  → They saw many _____ in the field today.

cereal 시리얼

Unit 2 There is/are

A 다음 중 어법상 알맞은 것을 고르세요. `POINT 5`

1 There [is / are] a bus next to the market.

2 There [is / are] Carl and Emily in the cafe.

3 There [was / were] two kids in the park.

4 There is some [bread / hamburgers] on my plate.

5 There weren't [my friend / students] in the classroom.

6 There [was / were] true love between us.

7 [Is / Are] there some deer in the zoo?

8 There [wasn't / weren't] friendship between them.

9 [Is / Are] there milk in the refrigerator?

B 다음 빈칸에 There is 또는 There are를 넣어 문장을 완성하세요. `POINT 5`

1 _____ three cookies on the dish.

2 _____ a notebook on the desk.

3 _____ money in the wallet.

4 _____ a computer and a television in my room.

5 _____ a full moon in the night sky.

6 _____ some milk in the cup.

7 _____ many mistakes in my exam.

8 _____ two children in the picture.

9 _____ heavy rain today.

10 _____ three beautiful fish in the fishbowl.

market 시장　full moon 보름달　fishbowl 어항

C 빈칸에 알맞은 말을 〈보기〉에서 골라 쓰세요. (단, 한 번씩만 쓸 것) POINT 5

| 〈보기〉 There is | There are | There was | There were |

1 _____ a smile on his face yesterday.

2 _____ a photo of my family on my desk.

3 _____ some fish in the pond last year.

4 _____ many passengers on the train.

| 〈보기〉 There is | There are | There wasn't | There weren't |

5 _____ people at the beach last summer.

6 _____ bread in the store yesterday.

7 _____ a bowl of soup in the kitchen.

8 _____ a lot of children on the bus every day.

D 우리말과 일치하도록 주어진 단어를 사용하여 문장을 완성하세요. POINT 5

1 우리 가족에게 좋은 소식이 있다. (good news)
→ _____ _____ _____ _____ for my family.

2 창문에 얼음이 얼어 있었다. (ice)
→ _____ _____ _____ on the windows.

3 책상 위에 종이와 펜 하나가 있니? (paper and a pen)
→ _____ _____ _____ _____ _____ _____ on the desk?

4 그 산에는 많은 나무들이 있었다. (many trees)
→ _____ _____ _____ on the mountain.

5 길에 차가 많이 없었다. (lots of cars)
→ _____ _____ _____ _____ on the street.

6 탁자 위에 내 교과서가 있니? (my textbook)
→ _____ _____ _____ _____ on the table?

7 내 방에 재킷은 없었다. (a jacket)
→ _____ _____ _____ _____ in my room.

pond 연못　passenger 승객

Chapter Test

1 다음 중 명사의 단수형과 복수형이 잘못 짝지어진 것을 고르세요.

① tooth — teeth

② hero — heros

③ sheep — sheep

④ watch — watches

⑤ leaf — leaves

[2-3] 다음 중 빈칸에 들어갈 알맞은 말을 고르세요.

2

| There are _____ in my bag. |

① watch   ② a newspaper

③ an umbrella   ④ four photo

⑤ some oranges

3

| Is there _____ on the road? |

① people   ② trees

③ garbage   ④ stores

⑤ cars

4 다음 중 밑줄 친 부분이 어법상 알맞지 <u>않은</u> 것을 고르세요.

① Bill bought <u>a loaf of</u> bread.

② I need <u>a spoonful of</u> sugar.

③ Please give me <u>a sheet of</u> paper.

④ Nina ordered <u>two cups of</u> coffee.

⑤ She drinks <u>three glass of</u> milk every day.

5 다음 중 밑줄 친 부분이 어법상 알맞은 것을 고르세요.

① Three <u>ladys</u> came to see you.

② My dad works eight <u>hour</u> a day.

③ She bought some <u>tomatos</u>.

④ I drink some <u>milk</u> in the morning.

⑤ The two <u>woman</u> are from France.

[6-8] 우리말과 일치하도록 주어진 단어를 올바르게 배열하세요. (필요시 단어의 형태를 변형할 것) 서술형

6

| 두 잔의 사과주스가 있다. |
| (apple juice / are / two / there / of / glass) |

→ _____ .

7

| 냉장고에 고기가 없었다. |
| (was / meat / not / there) |

→ _____

in the refrigerator.

8

| 해변에 아이들이 많이 있니? |
| (there / many / are / child) |

→ _____

on the beach?

POINT 2·3

9 다음 중 밑줄 친 부분이 어법상 알맞은 것을 고르세요.

> A: Can I help you?
> B: Yes, please. Can I get ① three hamburgeres, ② two sandwichs, ③ four apple piees and ④ two hot dogs?
> A: OK. Anything else?
> B: I want ⑤ five pieces of pizzas.

POINT 2·5

10 그림과 일치하도록 주어진 단어를 사용하여 〈보기〉와 같이 문장을 완성하세요. (REAL 기출) (서술형)

> 〈보기〉 There is a lion on the rock.

→ _____ on the branch. (bird, two)

POINT 2·3·5

11 다음 중 어법상 알맞은 문장을 고르세요.
① I need two bowl of soup.
② My aunt has a children.
③ There are a hundred books on the bookshelf.
④ There are many passenger in the bus.
⑤ Is there Bob and Lisa in the concert hall now?

POINT 4

12 다음 중 빈칸에 들어갈 말이 순서대로 바르게 짝지어진 것을 고르세요.

> There are _____ doctor and _____ engineer. _____ doctor lives in Seoul, and _____ engineer lives in Busan.

① a — an — A — the
② the — an — An — the
③ the — the — A — an
④ a — an — The — the
⑤ an — a — The — the

POINT 2·4·5

13 다음 중 어법상 알맞은 문장의 개수를 고르세요.
(고난도)

> ⓐ Is there cat in your picture?
> ⓑ There are many islands in Japan.
> ⓒ There are two rabbits in the park.
> ⓓ Is there nice restaurants around here?
> ⓔ There is a big bed in my room.

① 1개   ② 2개   ③ 3개
④ 4개   ⑤ 5개

POINT 2·3·4

14 우리말과 일치하도록 빈칸에 들어갈 말이 순서대로 바르게 짝지어진 것을 고르세요.

> 수지는 저녁으로 계란 한 개와 토마토 두 개, 수프 한 그릇, 빵 한 덩이를 먹었다.
> → Suji had _____ egg, two _____, a _____ of soup, and a _____ of bread for dinner.

① a — tomatos — loaf — bowl
② an — tomatoes — bowl — loaf
③ a — tomatoes — loaf — bowl
④ an — tomatos — bowl — loaf
⑤ the — tomatoes — loaf — bowl

Unit 1 인칭대명사

A 다음 중 어법상 알맞은 것을 고르세요. POINT 1·2

1 He always tells a lie. Don't believe [his / him].

2 A flower has [its / it's] own smell.

3 Is he [you / your] history teacher?

4 Please give [my / me] a sheet of paper.

5 Gary and Tony began [their / them] trip last week.

6 We talked about [our / us] summer camp.

7 Nancy didn't bring her textbook. She borrowed [my / mine].

8 I miss my grandparents. [Their / They] live in Canada.

9 Kate and I live together. [Us / We] are roommates.

10 My birthday is in April. [He / His] is in May.

B 주어진 단어를 어법에 맞게 쓰세요. POINT 1·2

1 The brown shoes are _____. (I)

2 _____ mother is a nurse. (he)

3 My eyes are black. But _____ are brown. (he)

4 Is _____ sister a middle school student? (you)

5 The students are in _____ classroom. (they)

6 The skirt isn't mine. It's _____. (she)

7 Jinsu and I have bikes. _____ bikes aren't new. (we)

8 The black bag is mine. Where is _____? (you)

9 Is the cap yours or _____? (he)

own 고유한; 자기 소유의   sheet (종이) 한 장   textbook 교과서   roommate 룸메이트

C 다음 밑줄 친 부분을 바르게 고치세요. POINT 1·2

1 The book on the table is <u>her</u>. → _____

2 My hair is long, but <u>Mina</u> is short. → _____

3 There is a red hat. It is <u>hers</u> hat. → _____

4 The school has <u>it's</u> own swimming pool. → _____

5 I found <u>they</u> under the desk. → _____

6 The passport is <u>my</u>. → _____

7 I go to a <u>boys's</u> middle school. → _____

8 You can't judge a book by <u>it's</u> cover. → _____

9 I am sorry. I broke <u>yours</u> computer. → _____

10 I go to my <u>grandparents's</u> house today. → _____

D 우리말과 일치하도록 빈칸에 알맞은 말을 쓰세요. POINT 1·2

1 이 배낭은 그의 것이다.
→ This backpack is _____.

2 그 모형 비행기는 그녀의 것이다.
→ The model plane is _____.

3 너는 지난주에 그를 봤니?
→ Did you see _____ last week?

4 그것은 Mike의 열쇠니?
→ Is it _____ key?

5 나는 새 모자를 샀다. 그것의 색깔은 파랑이다.
→ I bought a new cap. _____ color is blue.

6 그들의 집은 매우 깨끗하다.
→ _____ house is very clean.

7 그녀는 저녁에 자신의 숙제를 한다.
→ _____ does _____ homework in the evening.

8 나는 내 지우개를 안 가져 왔어. 네 것을 써도 될까?
→ I didn't bring _____ eraser. Can I use _____?

swimming pool 수영장   passport 여권   judge 판단하다   cover 표지; 덮개

Unit 2 지시대명사와 it

A 우리말과 일치하도록 빈칸에 알맞은 말을 〈보기〉에서 골라 쓰세요. POINT 3·4

> 〈보기〉 this   that   these   those

1 이것은 나의 가족사진이다.
 → _____ is my family picture.

2 저 여자애는 너의 사촌이니?
 → Is _____ girl your cousin?

3 이것들은 내 영어사전들이다.
 → _____ are my English dictionaries.

4 차들이 이쪽으로 오고 있다.
 → The cars are coming _____ way.

5 저것들은 Steve의 책들이니?
 → Are _____ Steve's books?

6 저것은 나의 강아지인 Max야.
 → _____ is my puppy, Max.

7 이 예쁜 두 마리 새들을 봐.
 → Look at _____ two pretty birds.

B 다음 밑줄 친 부분이 맞으면 ○, 틀리면 ×하고 바르게 고치세요. POINT 3·4·5

1 <u>This</u> is really windy today.   _____

2 Is <u>that</u> your towel over there?   _____

3 He didn't wear <u>these</u> old shirt.   _____

4 Is he working in <u>those</u> building?   _____

5 <u>These</u> tomatoes are really delicious.   _____

6 Look at <u>that</u> stars in the sky.   _____

7 <u>This</u> seats are for elderly people.   _____

8 <u>It's</u> Friday today.   _____

elderly people 노인

C 괄호 안의 단어를 이용하여 질문에 대한 답을 쓰세요. **POINT 5**

1 A: What time is it now?
   B: _____ (5:40 p.m.)

2 A: What is the weather like today?
   B: _____ (windy and cloudy)

3 A: What day is it today?
   B: _____ (Monday)

4 A: How far is it from here to the library?
   B: _____ (200 meters)

5 A: What's the date today?
   B: _____ (July 3rd)

6 A: What is the weather like this morning?
   B: _____ (warm)

D 밑줄 친 부분에 유의하여 다음 해석을 완성하세요. **POINT 5**

1 It takes about 3 hours to Daegu.
   → _____

2 It rained for 4 days.
   → _____

3 I lost my cell phone. I can't find it.
   → 나는 휴대전화를 잃어버렸다. _____

4 It is winter in Australia now.
   → _____

5 My father has a car. He washes it every Sunday.
   → 우리 아버지는 자동차 한 대를 가지고 계신다. _____

6 It snowed a lot in Seoul last week.
   → _____

7 It's too dark. Turn on the light.
   → _____ 불을 켜라.

Unit 3 one, some, any

A 빈칸에 알맞은 단어를 〈보기〉에서 골라 쓰세요. POINT 6

〈보기〉	one	ones	it

1 I dropped my fork on the floor. Could you bring me a new _____?

2 I need new sneakers. I'll buy white _____ today.

3 I went to the concert last night. _____ was very exciting.

4 This book is not mine. _____ is Sara's.

5 I don't have a pen. Could you lend me _____?

6 My sister likes pink dresses. But I like black _____.

7 I don't like this. Would you show me a different _____?

8 These pants are too expensive. Do you have cheap _____?

B 다음 밑줄 친 부분이 맞으면 ○, 틀리면 ×하고 바르게 고치세요. POINT 7

1 Would you like <u>any</u> orange juice? _____

2 There are <u>any</u> biscuits and potatoes. _____

3 Do you have <u>any</u> questions? _____

4 I don't have <u>some</u> brothers. _____

5 Do you know <u>some</u> museums near here? _____

6 You should take <u>any</u> vitamin C. _____

7 Can I have <u>some</u> bread? _____

8 I'm hungry. I want <u>any</u> pizza. _____

sneakers 운동화   lend 빌려주다   biscuit 비스킷   vitamin 비타민

C 주어진 단어를 사용하여 현재형 문장을 완성하세요. POINT 8

1 Somebody _____ to do this job. (have)

2 Everybody _____ polite people. (like)

3 Something _____ strange in this picture. (be)

4 Nobody _____ her name. (know)

5 Nothing _____ wrong with the refrigerator. (be)

6 Everyone _____ to stay here until 6 o'clock. (have)

7 Excuse me, _____ anyone using this? (be)

8 _____ there anything on TV now? (be)

9 Everything _____ like a dream to me. (seem)

D 우리말과 일치하도록 주어진 단어를 올바르게 배열하세요. (필요시 단어의 형태를 변형할 것) POINT 6·7·8

1 당신의 차는 너무 낡았습니다. 새것이 필요합니다. (need / one / new / a)

   → Your car is too old. You _____.

2 모든 사람은 신분증을 소지해야 한다. (have / ID cards / have to / everyone)

   → _____.

3 이 꽃들은 예뻐. 나는 몇 송이 살 거야. (buy / some / will / I)

   → These flowers are pretty. _____.

4 이 컵들은 더럽네요. 깨끗한 것들 있으세요? (clean / do / one / have / you)

   → These cups are dirty. _____?

5 그 가게에서 필요한 뭔가가 있니? (from the store / anything / need)

   → Do you _____?

6 나는 오늘 전혀 계획이 없다. (have / plans / any / don't / today)

   → I _____.

7 내 신발 안에 무언가 있어. 불편해. (something / there / in my shoe / is)

   → _____. It's uncomfortable.

polite 예의 바른   strange 이상한   refrigerator 냉장고   seem like ~인 것 같다

Chapter Test

[1-2] 다음 중 빈칸에 들어갈 말로 어법상 알맞지 <u>않은</u> 것을 고르세요.

POINT 1

1

> Bob is _____ friend.

① my   ② your   ③ him

④ her   ⑤ Tom's

POINT 1

2

> Carl saw _____ yesterday downtown.

① me   ② you   ③ them

④ her   ⑤ our

POINT 1

3 다음 중 밑줄 친 부분이 어법상 알맞은 것을 고르세요.

① John and Tony are Amy's brothers. I know <u>they</u>.

② This is my dog. <u>It</u> is so cute.

③ Susan is in the kitchen. <u>Her</u> is hungry.

④ James is my neighbor. <u>His</u> from England.

⑤ Tom and Kate are twins. <u>We</u> are very similar.

POINT 2

4 〈보기〉와 같이 밑줄 친 단어가 가리키는 것이 무엇인지 쓰세요. REAL 기출 서술형

> 〈보기〉 It's not your fault. It's <u>mine</u>.
> → _____my fault_____

(1) It's his problem, not <u>hers</u>.

→ _____

(2) Their apartment is next to <u>ours</u>.

→ _____

(3) These books are not ours. They are <u>theirs</u>.

→ _____

POINT 1

5 다음 중 (A), (B), (C)에 어법상 알맞은 말이 바르게 짝지어진 것을 고르세요.

> David is ____(A)____ friend. ____(B)____ are in the same class. He is very kind and smart. Everybody likes ____(C)____.

① me — We — him

② me — Us — his

③ my — Us — his

④ my — We — him

⑤ my — We — his

POINT 3·4

6 다음 중 빈칸에 공통으로 들어갈 말로 알맞은 것을 고르세요.

> · _____ are not my socks.
> · _____ scissors are Evan's.

① It   ② This   ③ That

④ These   ⑤ They

POINT 5

7 다음 중 밑줄 친 It[it]의 쓰임이 같은 것끼리 묶인 것을 고르세요. 고난도

> ⓐ What time is <u>it</u> now?
> ⓑ What is <u>it</u>?
> ⓒ <u>It</u>'s October 19th.
> ⓓ <u>It</u>'s summer in Korea.
> ⓔ Could you give <u>it</u> to me?
> ⓕ <u>It</u>'s too difficult.

① ⓐ, ⓔ, ⓕ   ② ⓐ, ⓑ, ⓓ

③ ⓐ, ⓒ, ⓓ   ④ ⓑ, ⓓ, ⓕ

⑤ ⓒ, ⓓ, ⓔ

8 다음 중 밑줄 친 It의 쓰임이 <u>다른</u> 하나를 고르세요.

POINT 5

① <u>It</u> is snowing in Busan.

② <u>It</u> is my favorite song.

③ <u>It</u>'s already dark outside.

④ Hurry up! <u>It</u> is 8 o'clock.

⑤ <u>It</u> is 2 kilometers to the station.

[9-10] 다음 문장에서 어법상 알맞지 <u>않은</u> 부분을 찾아 바르게 고치세요. (서술형)

POINT 5

9

This is September 11th today.

_____ → _____

POINT 8

10

Everyone feel lonely sometimes.

_____ → _____

POINT 1·6·8

11 다음 중 (A), (B), (C)에 들어갈 말이 순서대로 바르게 짝지어진 것을 고르세요.

· Everybody _____(A)_____ the new student.
· This place is famous for _____(B)_____ night view.
· The store has only short pants. I need long _____(C)_____.

① like — it's — one

② likes — its — ones

③ likes — its — one

④ like — it's — ones

⑤ like — its — one

[12-13] 다음 중 (A), (B)에 들어갈 말이 바르게 짝지어진 것을 고르세요.

POINT 7

12

· We don't have _____(A)_____ money.
· Do you want _____(B)_____ fruits?

① any — any

② some — any

③ any — some

④ some — some

⑤ many — some

POINT 8

13

· Everyone _____(A)_____ hard in my class.
· Nothing _____(B)_____ wrong with my keyboard.

① study — is

② study — are

③ studies — is

④ studies — are

⑤ studies — were

POINT 7·8

14 다음 중 어법상 알맞지 <u>않은</u> 문장을 고르세요.

① Is there anybody in this room?

② Would you like some more coffee?

③ Jack visited the place and took some pictures.

④ We don't do nothing today.

⑤ Mom bought some bread, but she didn't buy any apples.

POINT 8

15 우리말과 일치하도록 주어진 단어를 올바르게 배열하세요. (필요시 단어의 형태를 변형할 것) (서술형)

(1) 모든 사람은 서로 다른 성격을 가지고 있다.

(different / everyone / a / personality / have)

→ _____.

(2) 아무도 무례한 사람들을 좋아하지 않는다.

(like / people / nobody / rude)

→ _____.

Unit 1 형용사

A 〈보기〉와 같이 형용사를 찾아 밑줄을 긋고 그것이 꾸미는 말에 동그라미 하세요. POINT 1

> 〈보기〉 The cat has a <u>long</u> (tail).

1 A yellow butterfly flew to me.
2 He gave me a small gift today.
3 There is a cute puppy in the picture.
4 We had delicious food at the restaurant.
5 I didn't do anything wrong to them.
6 The new restaurant opens at 10 a.m.
7 We will learn something new in the class.
8 This is a book about brave people.
9 We have an important event today.
10 I saw someone strange at the door.

B 다음 중 어법상 알맞은 것을 고르세요. POINT 3·4

1 There is [many / lots of] sugar in sodas.
2 [Much / Many] birds are sitting on the tree branch.
3 She doesn't spend [many / much] money on books.
4 [A few / A little] people attended their wedding.
5 There is [few / little] lemonade in the bottle.
6 There is [many / a lot of] traffic in Seoul.
7 He has [few / little] time for his hobby now.
8 [Many / Much] children have unhealthy eating habits.
9 She had a car accident [a little / a few] hours ago.
10 John received [much / lots of] presents on his birthday.

butterfly 나비   soda 탄산음료   branch 나뭇가지   attend 참석하다   traffic 교통(량)   unhealthy 건강에 해로운; 건강하지 못한   receive 받다

C 우리말과 일치하도록 빈칸에 알맞은 말을 〈보기〉에서 골라 문장을 완성하세요. POINT 3·4

| 〈보기〉 | many | much | a few | a little | few | little |

1 우리 선생님은 많은 숙제를 주지 않으신다.
  → My teacher doesn't give _____ homework.

2 관광객들은 많은 이유로 한국을 방문한다.
  → Tourists visit Korea for _____ reasons.

3 몇 명의 조원들이 나에게 동의했다.
  → _____ group members agreed with me.

4 휴일에는 도서관에 사람이 거의 없다.
  → There are _____ people in the library on holidays.

5 사막에는 비가 거의 오지 않는다.
  → There is _____ rain in the desert.

6 우리 엄마는 나에게 많은 책을 사주셨다.
  → My mom bought me _____ books.

7 그것은 많은 도움이 되지 못할 것이다.
  → It won't be _____ help.

D 우리말과 일치하도록 주어진 단어를 사용하여 문장을 완성하세요. POINT 1·2·3·4

1 도로에 많은 표지판들이 있다. (sign)
  → There are _____ _____ on the road.

2 나는 가서 따뜻한 무언가를 마셔야겠다. (hot, something)
  → I will go and get _____ _____ .

3 동호는 야생화에 대해서 약간의 지식이 있다. (knowledge)
  → Dongho has _____ _____ _____ on wild flowers.

4 나는 이번 주 토요일에 아무것도 특별한 것을 계획하고 있지 않다. (special, nothing)
  → I'm planning _____ _____ this Saturday.

5 독서 동아리에는 회원이 몇 명 있다. (member)
  → The reading club has _____ _____ .

6 그 어린 소녀는 예의가 발랐다. (young, be, girl, the, polite)
  → _____ _____ _____ _____ _____ .

Unit 2 부사

A 다음 굵게 표시된 부사가 꾸며주는 말에 밑줄을 그으세요. POINT 5

1 This weekly magazine sells **well**.

2 My sister is **very** angry at me.

3 You will find the answer **easily**.

4 She ran to her house **fast**.

5 Thank you **so** much for your help.

6 The man's voice was **really** attractive.

7 **Finally**, Tony found his lost cell phone.

8 I am **too** tired these days.

9 Your little brother is **really** lovely.

10 **Suddenly**, I heard a scream from outside.

B 우리말과 일치하도록 〈보기〉에서 알맞을 말을 골라 빈칸에 쓰세요. POINT 5

〈보기〉 quite sadly totally patiently quietly hard politely

1 우리는 참을성 있게 우리의 차례를 기다렸다.

　→ We _____ waited for our turn.

2 저 컴퓨터들은 꽤 비싸 보인다.

　→ Those computers look _____ expensive.

3 우리 아버지는 매일 열심히 일하신다.

　→ My father works _____ every day.

4 슬프게도 나의 가장 친한 친구는 캐나다로 곧 떠날 것이다.

　→ _____, my best friend will leave for Canada soon.

5 그는 나의 모든 질문에 공손히 대답했다.

　→ He answered _____ to all my questions.

6 그 소문은 완전히 사실이었다.

　→ The rumor was _____ true.

7 그 여자는 조용히 창문을 열었다.

　→ The woman opened the window _____.

attractive 매력적인　lost 잃어버린, 분실된　scream 비명

C

다음 밑줄 친 부분이 맞으면 ○, 틀리면 ×하고 바르게 고치세요. `POINT 6·7`

1 We <u>should watch always</u> out for accidents. _____

2 I <u>forget sometimes</u> my homework. _____

3 My parents <u>always are</u> proud of me. _____

4 Sally <u>never eats</u> anything after 7 p.m. _____

5 You <u>must never make</u> this mistake again. _____

6 My brother <u>helps often</u> me with my homework. _____

7 I <u>never will eat</u> junk food. _____

8 The market <u>is always</u> crowded on weekends. _____

9 I <u>take usually</u> a shower in the morning. _____

D

우리말과 일치하도록 주어진 단어를 올바르게 배열하세요. `POINT 6·7`

1 그는 다른 사람들 앞에서 결코 노래를 부르지 않는다. (sings / never)
→ He _____ _____ in front of other people.

2 우리 아버지께서는 종종 출장을 가신다. (goes / often)
→ My father _____ _____ on business trips.

3 너는 가끔 체육관을 무료로 사용할 수 있다. (use / can / sometimes)
→ You _____ _____ _____ the gym for free.

4 도서관에는 항상 많은 학생들이 있다. (always / are)
→ There _____ _____ many students in the library.

5 유리는 약속을 지키지 않을 것이다. (keep / will / never)
→ Yuri _____ _____ _____ the promise.

6 나는 우리 조부모님을 종종 찾아뵌다. (often / visit)
→ I _____ _____ my grandparents.

7 우리 이웃집은 가끔 매우 시끄럽다. (sometimes / is)
→ My neighbor _____ _____ very noisy.

watch out 조심하다   accident (자동차) 사고   proud 자랑스러워하는   take a shower 샤워하다   keep A's promise 약속을 지키다

Unit 3 비교급과 최상급

A 밑줄 친 부분을 바르게 고쳐 쓰세요. `POINT 8·9`

1   March is <u>warmmer</u> than February.   _____

2   It is the <u>prettyest</u> park in the world.   _____

3   My cold got <u>worser</u> than yesterday.   _____

4   You look <u>thiner</u> than last month.   _____

5   Today is the <u>hotest</u> day of this year.   _____

6   We spent <u>least</u> money than last month.   _____

7   My legs are <u>more short</u> than my sister's.   _____

8   Jacob is the <u>most youngest</u> in his family.   _____

9   I should exercise <u>mucher often</u> than now.   _____

10 Let's do something <u>interestinger</u>.   _____

B 주어진 단어를 알맞은 형태로 고쳐 쓰세요. `POINT 10·11`

1   Ian is _____ than Ted. (handsome)

2   Brian is _____ than my brother. (old)

3   It is the _____ town in this country. (peaceful)

4   My sister speaks English _____ than me. (well)

5   The earth is _____ than the moon. (big)

6   My father is the _____ in my family. (busy)

7   I have _____ time than yesterday. (little)

8   The movie was _____ than the novel. (popular)

9   Dogs can hear _____ than humans. (well)

10 He is the _____ person of them all. (generous)

cold 감기   spend (돈을) 쓰다   peaceful 평화로운   novel 소설   generous 관대한

C 우리말과 일치하도록 주어진 단어를 사용하여 문장을 완성하세요. POINT 10·11

1 나는 내 남동생보다 더 인내심이 있다. (patient)

→ I am _____ my little brother.

2 이곳이 우리 집에서 가장 가까운 슈퍼마켓이다. (close, supermarket)

→ This is _____ from my house.

3 이 책이 저 책보다 더 두껍다. (thick)

→ This book is _____ that book.

4 Baikal 호수는 세상에서 가장 깊은 호수이다. (lake, deep)

→ Lake Baikal is _____ in the world.

5 Terry가 그 대회에서 가장 좋은 결과를 얻었다. (result, good)

→ Terry got _____ in the contest.

6 그녀의 건강이 지난주보다 더 나빠졌다. (bad)

→ Her health became _____ last week.

D 빈칸에 알맞은 말을 〈보기〉에서 골라 적절한 형태로 바꿔 문장을 완성하세요. (단, 한 번씩만 사용할 것) POINT 10·11

〈보기〉 fast   lucky   exciting   much

1 Motorcycles are _____ than bikes.

2 She has _____ money among them.

3 To me, baseball is _____ than soccer.

4 Today was _____ day of my life.

〈보기〉 heavy   diligently   good   bad

5 What is _____ animal on land?

6 I have a _____ idea than yours.

7 The drought was _____ in 100 years.

8 Barry works _____ than Shane.

motorcycle 오토바이   among ~ 중에서   drought 가뭄   diligently 부지런히

Chapter Test

POINT 1·2·5

1 다음 중 어법상 알맞지 <u>않은</u> 문장을 고르세요.

① Rachel has a cute rabbit.

② My neighborhood is very friendly.

③ Her new dress is beautiful.

④ We had a good time together.

⑤ I held the baby careful in my arms.

POINT 1

2 다음 문장에서 어법상 알맞지 <u>않은</u> 부분을 찾아 바르게 고치세요. (서술형)

> I will invent useful something in the future.

_____ → _____

POINT 3

3 다음 중 빈칸에 공통으로 들어갈 알맞은 말을 고르세요.

> · I don't have _____ interest in sports.
> · There isn't _____ juice in the jar.

① many　　② much　　③ few

④ a few　　⑤ very

[4-5] 다음 중 밑줄 친 부분이 어법상 알맞지 <u>않은</u> 것을 고르세요.

POINT 3·4

4 ① We don't have <u>much</u> time.

② <u>Few</u> people came to the party.

③ I saw <u>a little</u> paintings there.

④ He knows <u>many</u> things about Korea.

⑤ He drinks <u>a lot of</u> tea every day.

POINT 5

5 ① <u>Suddenly</u>, I felt cold.

② The ballerina dances <u>very</u> well.

③ Alex <u>easy</u> solved the quiz.

④ Julie cleaned her room <u>quickly</u>.

⑤ Her presentation was <u>really</u> nice.

POINT 5

6 다음 짝지어진 두 단어의 관계가 나머지와 <u>다른</u> 하나를 고르세요.

① month — monthly　② clear — clearly

③ silent — silently　　④ new — newly

⑤ different — differently

POINT 7

7 다음 중 never가 들어가기에 알맞은 곳을 고르세요.

> Jenny (ⓐ) will (ⓑ) make (ⓒ) the same (ⓓ) mistake (ⓔ) again.

① ⓐ　　② ⓑ　　③ ⓒ　　④ ⓓ　　⑤ ⓔ

POINT 8·9

8 다음 중 비교급과 최상급 형태가 바르게 연결된 것을 고르세요.

① hot — hoter — hotest

② well — weller — wellest

③ tired — tireder — tiredest

④ many — manier — maniest

⑤ healthy — healthier — healthiest

POINT 3·4·7·10

9 다음 중 어법상 알맞지 <u>않은</u> 문장을 <u>모두</u> 고르세요.

고난도

① I bought a little books last week.

② She goes usually to bed at 10.

③ Yunho has lots of foreign friends.

④ Sue is the quietest than before.

⑤ I know many useful sites.

POINT 8·11

10 우리말과 일치하도록 주어진 단어를 사용하여 문장을 완성하세요. 서술형

나는 우리 반에서 가장 큰 가방을 가지고 있다.
(big, bag, in my class, have)

→ _____.

POINT 3·4

11 다음 중 빈칸에 들어갈 말로 어법상 알맞지 <u>않은</u> 것을 고르세요.

I have _____ oranges.

① a lot of　　② many　　③ a few

④ much　　⑤ lots of

[12-13] 다음 중 빈칸에 들어갈 알맞은 말을 고르세요.

POINT 8·10

12

The test was _____ than I thought.

① easy

② more easier

③ difficult

④ more difficult

⑤ the most difficult

POINT 8·11

13

Where is the _____ subway station around here?

① near　　② nearer

③ nearest　　④ more near

⑤ most near

POINT 6·7

14 다음은 수진이의 일과표입니다. 표를 보고 〈보기〉와 같이 〈조건〉에 맞게 문장을 완성하세요.

REAL 기출 서술형

	always	usually	often	never
Study English	○			
Go out at night				○
Play tennis			○	

〈조건〉
괄호 안의 단어를 활용하여 문장을 완성할 것

〈보기〉
Sujin <u>always studies English.</u> (always)

(1) Sujin _____. (never)

(2) Sujin _____. (often)

POINT 10·11

15 표를 보고 주어진 단어를 사용하여 문장을 완성하세요.

REAL 기출 서술형

	Chair A	Chair B	Chair C
price	$65	$35	$50
size	Small	Large	Medium
popularity	★★	★	★★★

(1) Chair A is _____ Chair B. (expensive)

(2) Chair B is _____ Chair C. (large)

(3) Chair C is _____ of the three. (popular)

Unit 1 명령문, 제안문, 감탄문

A 다음 밑줄 친 부분이 맞으면 ○, 틀리면 ×하고 바르게 고치세요. POINT 1·2·3

1 <u>Do brave</u> with a new challenge. _____
2 Please <u>sit down</u>. _____
3 <u>Don't pushing</u> the start button. _____
4 <u>Let's has</u> his birthday party. _____
5 <u>Don't afraid</u> of change. _____
6 <u>Let's take</u> music lessons together. _____
7 <u>Not close</u> the window, please. _____
8 Let's <u>go not</u> shopping today. _____
9 <u>Don't be</u> nervous. You can do this. _____
10 <u>Turns on</u> the light. _____

B 다음 문장을 주어진 단어를 사용하여 감탄문으로 바꿔 쓰세요. POINT 4

1 This is a very funny movie. (what)
→ _____ this is!

2 Your younger sister is very cute. (how)
→ _____ your younger sister is!

3 This is a very expensive T-shirt! (what)
→ _____ this is!

4 She is wearing a very nice sweater. (what)
→ _____ she is wearing!

5 The elephant is very big. (how)
→ _____ the elephant is!

6 They are very tall buildings. (what)
→ _____ they are!

7 This chocolate cake is very delicious. (how)
→ _____ this chocolate cake is!

8 Time passes very quickly. (how)
→ _____ time passes!

challenge 도전

C 우리말과 일치하도록 주어진 단어를 사용하여 문장을 완성하세요. `POINT 1·2·3`

1 학교 식당에서 너의 차례를 기다려라. (your turn, wait for)

→ _____ in the school cafeteria.

2 너의 친구들에게 소리 지르지 마라. (yell)

→ _____ at your friends.

3 손님들에게 예의 바르게 대해라. (polite)

→ _____ to your guests.

4 방과 후에 함께 영어를 공부하자. (English, study)

→ _____ together after school.

5 빙판길에서는 주의하라. (careful)

→ _____ on an icy road.

6 Cathy를 위해 생일선물을 사자. (a birthday present, buy)

→ _____ for Cathy.

7 다시는 수업에 늦지 마라. (late)

→ _____ again for the class.

D 우리말과 일치하도록 주어진 단어를 올바르게 배열하세요. `POINT 1·2·3·4`

1 오늘 밤 음악회에 가자. (concert / go / a / to / let's)

→ _____ tonight.

2 저녁 식사 후에 이를 닦아라. (teeth / your / brush)

→ _____ after dinner.

3 그것은 정말 재미있는 책이구나! (interesting / what / an / is / book / it)

→ _____!

4 다리를 떨지 마라. (shake / your / don't / legs)

→ _____

5 세상 정말 좁구나! (small / world / how / the / is)

→ _____!

6 단것을 너무 많이 먹지 마라. (too / eat / much / sweets / don't)

→ _____.

7 오늘은 집에서 쉬자. (take a rest / let's / at / home)

→ _____ today.

Unit 2 의문사 의문문

A   괄호 안에서 알맞은 말을 고르세요. `POINT 6·7`

1   A: [Who / Whose] is that necklace?
    B: It's Nancy's.

2   A: [Who / When] likes the chocolate cookies?
    B: My brother likes them.

3   A: [Where / What] countries did you visit last year?
    B: I visited Germany and France.

4   A: [Whose / Which] do you prefer, oranges or bananas?
    B: I prefer bananas.

5   A: [What / Who] will you buy for your parents?
    B: We'll buy flowers for them.

B   대화가 자연스럽도록 알맞은 것을 골라 연결하세요. `POINT 6·7·8·9`

1   A: Where is Jinho jogging now?   •   • ⓐ B: Everything was perfect.

2   A: When can we have lunch today?   •   • ⓑ B: They like ice cream.

3   A: What dessert do the kids like?   •   • ⓒ B: He always jogs in the park.

4   A: How was your trip last week?   •   • ⓓ B: After the math class.

5   A: Whose gloves are those over there?   •   • ⓔ B: I skipped breakfast.

6   A: What did you eat this morning?   •   • ⓕ B: Because he is so tired.

7   A: How long will the festival last?   •   • ⓖ B: It'll last for two weeks.

8   A: Why does Robert stay at home?   •   • ⓗ B: They are mine.

necklace 목걸이   last 계속되다

C 다음 대답을 보고 〈보기〉에서 알맞은 표현을 골라 빈칸에 쓰세요. POINT 6·7·8·9

〈보기〉 why   how   whose bag   which sport

1   A: _____ do you like best?   B: I like basketball best.

2   A: _____ do you go to school?   B: I go to school by bus.

3   A: _____ did you stay up late?   B: Because I studied for the test.

4   A: _____ is this?   B: It is my sister's.

〈보기〉 what size   how far   when   who

5   A: _____ is her boyfriend?   B: Tom is her boyfriend.

6   A: _____ do you wear?   B: I wear size 38.

7   A: _____ will you go on a school trip?   B: We'll go tomorrow.

8   A: _____ is the post office?   B: It's three blocks away.

D 우리말과 일치하도록 주어진 단어를 사용하여 문장을 완성하세요. POINT 5·6·7·8·9

1   소방서는 어디에 있니? (a fire station)

    → _____ _____ _____ ?

2   그것은 무게가 얼마나 많이 나가니? (weigh)

    → _____ _____ _____ ?

3   너는 오늘 오후에 무엇을 할 거니? (do)

    → _____ _____ _____ _____ this afternoon?

4   너는 분홍색과 초록색 중에 어느 색깔을 좋아하니? (color, like)

    → _____ , pink or green?

5   너는 어제 왜 일찍 잠자리에 들었니? (go to bed)

    → _____ _____ _____ _____ _____ early

      yesterday?

6   저것은 누구의 지갑이니? (wallet)

    → _____ _____ _____ ?

7   영화는 언제 끝났니? (the movie, end)

    → _____ ?

stay up late 늦게까지 자지 않고 있다   school trip 수학여행

Unit 3 부가의문문, 부정의문문

A 다음 밑줄 친 부분이 맞으면 ○, 틀리면 ×하고 바르게 고치세요. POINT 10-12

1 <u>Isn't</u> he wearing a blue uniform? _____

2 Sandra likes pizza, <u>does she</u>? _____

3 He is sleeping now, <u>doesn't he</u>? _____

4 <u>Doesn't</u> the test start next Monday? _____

5 You and I will meet tomorrow, <u>won't you</u>? _____

6 <u>Didn't</u> she live in Incheon last year? _____

7 Let's go to the amusement park, <u>shall we</u>? _____

8 You don't drive a car, <u>don't you</u>? _____

9 Your father was busy yesterday, <u>isn't he</u>? _____

10 Give him these photos, <u>will you</u>? _____

B 빈칸에 알맞은 말을 써서 부가의문문을 완성하세요. POINT 10

1 She knows my phone number, _____?

2 Tom can ride a bike, _____?

3 The boys aren't wearing glasses, _____?

4 Let's buy a new chair, _____?

5 You didn't take a history class last week, _____?

6 He was a baseball player a long time ago, _____?

7 Bring your homework, _____?

8 We will take a taxi today, _____?

9 Somi and Jinho always have lunch together, _____?

10 They weren't in the market this morning, _____?

amusement park 놀이공원

C 빈칸에 알맞은 말을 써서 대화를 완성하세요. POINT 10-11

1 A: You were in the gym, _____ _____?
   B: Yes, _____ _____.

2 A: Your parents don't live in Korea, _____ _____?
   B: Yes, _____ _____.

3 A: They can't solve the question, _____ _____?
   B: No, _____ _____.

4 A: Minsu is not at home now, _____ _____?
   B: No, _____ _____.

5 A: Suna found the key on her desk, _____ _____?
   B: Yes, _____ _____.

6 A: She'll give a speech tomorrow, _____ _____?
   B: No, _____ _____.

D 우리말과 일치하도록 주어진 단어를 사용하여 문장을 완성하세요. POINT 10-12

1 그 개들은 뚱뚱하지 않았다, 그렇지? (fat, be)
   → The dogs _____, _____?

2 그녀는 그 뮤지컬을 보지 않았어, 그렇지? (watch, the musical)
   → She _____, _____?

3 저녁 식사를 할래? (dinner, have)
   → _____, _____?

4 이 시계는 비싸지 않니? (expensive, this watch)
   → _____?

5 저에게 당신의 티켓을 보여주실래요? (to me, show, your ticket)
   → _____, _____?

6 그 박물관은 매일 문을 열어, 그렇지 않니? (open, every day)
   → The museum _____, _____?

give a speech 연설하다

Chapter Test

POINT 1

1 다음 중 빈칸에 들어갈 알맞은 말을 고르세요.

> Please _____ patient and wait.

① be   ② do   ③ does

④ don't   ⑤ let's

POINT 1·2

2 다음 중 명령문이 <u>아닌</u> 문장을 고르세요.

① Take a walk with your dog every evening.

② Be careful on the crowded street.

③ Don't run at school.

④ You get up early today.

⑤ Drink warm water and get some sleep.

POINT 1·2

3 다음 중 어법상 알맞지 <u>않은</u> 문장을 고르세요.

① Stand in line.

② Close the door, please.

③ Raise your right hand.

④ Be not late again.

⑤ Cross the road carefully.

POINT 4

4 다음 문장을 감탄문으로 고쳐 쓰세요. (서술형)

> The question is really easy.

→ How _____ _____ _____ _____!

[5-6] 다음 중 (A), (B)에 들어갈 말이 바르게 짝지어진 것을 고르세요.

POINT 1·2

5

> · ___(A)___ polite to your grandparents.
> · ___(B)___ swim in the river. It's too deep.

① Be — Don't   ② Be — Doesn't

③ Don't — be   ④ Don't — Don't

⑤ Doesn't — Don't

POINT 8·9

6

> A: ___(A)___ did you visit your grandmother?
> B: Last month.
> A: ___(B)___ did you get there?
> B: I went by bus.

① When — What   ② What — Where

③ When — How   ④ How — How

⑤ What — Where

POINT 1·2

7 두 문장의 의미가 일치하도록 빈칸에 알맞은 말을 쓰세요. (서술형)

> Keep your eyes open.
> = _____ close your eyes.

→ _____

POINT 7

8 다음 대화의 빈칸에 들어갈 알맞은 말을 고르세요.

> A: _____ sport do you like better, baseball or basketball?
> B: I like basketball better.

① Which   ② Where   ③ How

④ Why   ⑤ When

POINT 6·9

9 다음 중 빈칸에 들어갈 단어가 나머지와 <u>다른</u> 하나를 고르세요.

① _____ tall are you?

② _____ much is this backpack?

③ _____ color did you choose?

④ _____ old is your grandfather?

⑤ _____ many children do you have?

POINT 4

10 다음 중 주어진 우리말을 바르게 영작한 것을 고르세요.

정말 재미있는 사진이구나!

① What funny it is!
② How really funny photo is!
③ How a funny photo is!
④ What a really funny photo is!
⑤ What a funny photo it is!

POINT 10

11 다음 중 밑줄 친 부분이 어법상 알맞은 것을 고르세요.

① You like English, aren't you?
② He is not busy, isn't he?
③ Your sister likes pasta, doesn't it?
④ The children can't jump high, can they?
⑤ She came late, doesn't she?

POINT 9

12 다음 대화의 응답에 대한 알맞은 질문을 〈조건〉에 맞게 완성하세요. REAL 기출 서술형

〈조건〉 동일한 의문사를 사용할 것

A: (1) _____ is the park?
B: It's about 2 kilometers from here.
A: (2) _____ get there?
B: You can take a bus over there.

POINT 6-9

13 다음 중 어색한 대화를 고르세요.

① A: How old are you?
  B: I'm 14 years old.
② A: What do you usually do on Saturdays?
  B: I visit my grandparents.
③ A: How often do you go swimming?
  B: About an hour.
④ A: How tall is your father?
  B: He is 175 centimeters.
⑤ A: What's your favorite subject?
  B: Math is my favorite subject.

POINT 1·2·3

14 다음 중 어법상 알맞은 문장을 모두 고르세요.

① Don't be lose your ticket.
② Washes your hands.
③ Let's not throw plastic bags in the river.
④ Don't came home late.
⑤ Do your homework right now.

POINT 4·5·8·10·12

15 다음 중 어법상 옳은 것으로 바르게 짝지어진 것을 고르세요. 고난도

ⓐ Don't you eat fruit every day?
ⓑ What beautiful is a view!
ⓒ Where your brother was yesterday?
ⓓ She isn't from England, is she?
ⓔ Sumi and Sohee had a good time, hadn't they?
ⓕ When will Jinsu go skiing?

① ⓐ, ⓑ, ⓒ
② ⓒ, ⓓ, ⓕ
③ ⓐ, ⓓ, ⓕ
④ ⓑ, ⓒ, ⓔ
⑤ ⓐ, ⓓ, ⓔ, ⓕ

POINT 10

16 〈보기〉와 같이 빈칸에 알맞은 말을 써서 부가의문을 완성하세요. 서술형

〈보기〉 Kate and Mike often meet, don't they?

(1) You can't join us, _____?
(2) She went to the museum, _____ _____?
(3) They were in New York last month, _____?

총괄평가 2회

[1-2] 다음 중 빈칸에 들어갈 말로 알맞지 <u>않은</u> 것을 고르세요.

Ch 5

1

> There are _____ in the kitchen.

① bananas   ② two pieces of cake

③ four dishes   ④ meat

⑤ knives

Ch 5·7

2

> She has a few _____.

① toys   ② friends   ③ potatoes

④ coins   ⑤ money

Ch 5

3 다음 중 명사의 단수형과 복수형이 <u>잘못</u> 짝지어진 것을 고르세요.

① tree — trees

② woman — womans

③ class — classes

④ orange — oranges

⑤ candy — candies

[4-5] 다음 중 밑줄 친 부분이 어법상 알맞지 <u>않은</u> 것을 고르세요.

Ch 5·7

4

① We will buy <u>a few</u> strawberries for dessert.

② My brother and I ate <u>a piece of cake</u>.

③ There was <u>little</u> paper in the copy machine.

④ I prepared <u>two cups of coffee</u> for my parents.

⑤ Jake doesn't have <u>many</u> furniture in his room.

Ch 7·8

5

① You don't know my teacher, <u>do you</u>?

② Juice is <u>more popular than</u> tea in the cafe.

③ He should take care of his sister today, <u>shouldn't he</u>?

④ She is <u>the most smart</u> in my class.

⑤ Cindy has <u>more pets than</u> Jinho.

Ch 5

6 다음 중 빈칸에 들어갈 단어가 나머지와 <u>다른</u> 하나를 고르세요.

① There _____ strong trust between us long ago.

② _____ there many people in the stadium yesterday?

③ There _____ a lot of errors in my last essay.

④ _____ there dark clouds in the sky last night?

⑤ There _____ two glasses of water on the table a few minutes ago.

[7-8] 다음 중 어법상 알맞지 <u>않은</u> 문장을 고르세요.

Ch 5

7

① There were many visitors in the museum.

② Could you give me a glass of milk?

③ They ate three slices of pizza.

④ May I turn off a radio?

⑤ There are many monkeys in the zoo.

Ch 5·6·7

8
① Jisu read few books this year.
② Do you have a little salt?
③ He doesn't have much money.
④ My sister made a few juice.
⑤ Ann and Max are my classmates. They are clever.

[9-10] 밑줄 친 (A), (B)를 알맞은 형태로 고쳐 쓰세요. (서술형)

Ch 5

9
> · There (A) <u>was</u> a lot of birds on the tree.
> · Two (B) <u>sheet</u> of paper were on my desk.

(A) _____   (B) _____

Ch 6

10
> · I have a dog. (A) <u>It's</u> legs are short and strong.
> · Robert borrowed (B) <u>hers</u> umbrella.

(A) _____   (B) _____

Ch 6

11 다음 중 〈보기〉의 밑줄 친 부분과 어법상 쓰임이 같지 <u>않은</u> 것을 고르세요.

> 〈보기〉 <u>It</u> was so cold yesterday.

① <u>It</u>'s 3 kilometers to the library.
② <u>It</u>'s 8 o'clock. The bus will arrive soon.
③ <u>It</u> was my homework.
④ <u>It</u> takes 30 minutes by bus.
⑤ <u>It</u> was so bright outside.

[12-13] 다음 중 (A), (B)에 들어갈 말이 바르게 짝지어진 것을 고르세요.

Ch 6·7

12
> · Jane won't buy the pants. ___(A)___ are too short.
> · Please put ___(B)___ pepper in my soup.

① It — a little   ② They — a little
③ It — a few   ④ They — a few
⑤ Them — a few

Ch 7

13
> · Your computer is ___(A)___ than mine.
> · This is ___(B)___ magazine in my town.

① more expensive — best
② expensiver — the best
③ expensiver — the goodest
④ more expensive — the best
⑤ expensiver — better

Ch 7

14 다음 중 비교급과 최상급 형태가 <u>잘못</u> 짝지어진 것을 고르세요.

① taller — tallest   ② prettier — prettiest
③ bigger — biggest   ④ worse — worst
⑤ more healthy — most healthy

[15-16] 우리말과 일치하도록 주어진 단어를 올바르게 배열하세요. (서술형)

Ch 7

15
> 그들은 아침에 항상 과일을 먹는다.
> (they / fruit / eat / always)

→ _____
in the morning.

16

너희 집 근처에서 가장 유명한 빵집이 어디니?

(the / is / famous / bakery / where / most)

→ _____

near your house?

20

너는 왜 공항에 있었니?

① Why you were in the airport?

② How you were in the airport?

③ Why were you in the airport?

④ How were you in the airport?

⑤ What were you in the airport?

[17-18] 다음 중 어법상 알맞은 문장을 고르세요.

17

① His bag is new, but her is old.

② Do you know those man over there?

③ Polite to your teacher.

④ We met Emily parents in the bank.

⑤ Whose gloves are those on the desk?

21

다음 대화의 빈칸에 들어갈 알맞은 말을 고르세요.

A: _____
B: I like fish more than meat.

① How much meat or fish do you eat?

② Why do you like fish more than meat?

③ Where do you buy fish?

④ What did you eat yesterday?

⑤ Which do you like better, meat or fish?

18

① He brought much sandwiches.

② The kid can't carry anything heavy.

③ Everyone like the pasta of the restaurant.

④ Nancy arrives usually at school early.

⑤ I need a new towel. Do you have it?

[22-24] 다음 빈칸에 공통으로 들어갈 말로 알맞은 것을 고르세요.

22

· _____ often do you cut your hair?

· _____ was the music festival last Sunday?

① What   ② When   ③ Which

④ How   ⑤ Whose

[19-20] 다음 중 주어진 우리말을 바르게 영작한 것을 고르세요.

19

그녀는 정말 착한 학생이구나!

① How a kind student she is!

② What a kind student is she!

③ How kind student she is!

④ What a kind student she is!

⑤ What kind student she is!

23

· _____ not tell the secret to others.

· _____ your best in today's game.

① Did   ② Please   ③ Do

④ Does   ⑤ Be

24

· My dad gave a pen to me. I lost _____ pen today.

· The strawberry cake is _____ most expensive in the store.

① the   ② a   ③ it

④ an   ⑤ very

25 다음 중 어법상 알맞지 <u>않은</u> 문장을 <u>모두</u> 고르세요.

(고난도)

① How beautiful the dress is!

② They don't know his name, did they?

③ What will you bring for lunch?

④ The last English test was so easily.

⑤ Don't angry with your little sister.

26 다음 중 밑줄 친 부분이 어법상 알맞은 것을 고르세요.

A: You will go to the museum today, ① <u>will you</u>?

B: ② <u>No, I won't</u>. It is closed today because ③ <u>that</u> is a holiday.

A: Do you have ④ <u>some</u> plan today?

B: ⑤ <u>Let's watches</u> a movie together.

[27-29] 우리말과 일치하도록 주어진 단어를 사용하여 문장을 완성하세요. (서술형)

27

무대에서 긴장하지 마라.
(nervous, be)

→ _____

on the stage.

28

그는 한국에서 가장 인기 있는 가수이다.
(singer, popular)

→ _____

in Korea.

29

너는 그 영화를 보지 않았어, 그렇지?
(the movie, watch)

→ _____,

_____?

30 다음 (A), (B), (C)에 들어갈 말이 바르게 짝지어진 것을 고르세요.

____(A)____ Mina's birthday. She invited me and other friends to her house. Her mother prepared some snacks and ____(B)____ juice for us. I gave a ____(C)____ shirt to her as a gift.

① That's — a little — beautifully

② That's — a little — lovely

③ It's   — a few — beautifully

④ It's   — a few — lovely

⑤ It's   — a little — lovely

31 다음 대화 중 어법상 알맞지 <u>않은</u> <u>두 개</u>를 찾아 기호를 쓰고 바르게 고쳐 쓰세요. (고난도) (서술형)

A: Something ⓐ <u>is</u> wrong with my computer.

B: ⓑ <u>Didn't you buy it yesterday?</u>

A: ⓒ <u>No, I did.</u> It's a new ⓓ <u>one</u>.

B: ⓔ <u>Calls</u> the store and ask about it, then.

(1) _____ → _____

(2) _____ → _____

Unit 1 SVC

A 다음 밑줄 친 부분이 맞으면 ◯, 틀리면 ✕하고 바르게 고치세요. POINT 1·2

1   The sandwich <u>smells badly</u>.   _____

2   My favorite season <u>is summer</u>.   _____

3   Everyone <u>kept silently</u> after his speech.   _____

4   Judy is <u>my best friendly</u>.   _____

5   Leaves <u>turn red and yellow</u> in autumn.   _____

6   Those green apples <u>taste sour</u>.   _____

7   The doll <u>looks</u> a real girl.   _____

8   These days I <u>get anger</u> very easily.   _____

9   The blanket <u>feels like</u> a cloud.   _____

10 A good medicine <u>tastes bitter</u>.   _____

B 〈보기〉와 같이 주어진 단어를 알맞게 변형하여 문장을 완성하세요. POINT 2

> 〈보기〉   (feel)   Jenny's scarf <u>feels</u> smooth.
> Sometimes I <u>feel like</u> a fool.

1   (taste)   The cake _____ cheese.

The ice cream _____ sweet.

2   (smell)   Those roses _____ good.

The soap _____ a lemon.

3   (look)   Tony _____ weak, but he's very strong.

The dog _____ a wolf in the dark.

4   (sound)   Your voice _____ your dad's voice.

Her new song _____ very sad to me.

speech 연설   autumn 가을   blanket 담요   medicine 약   smooth 매끄러운

C

우리말과 일치하도록 〈보기〉에서 알맞은 단어를 골라 빈칸을 완성하세요. POINT 1·2

| 〈보기〉 strange | fresh | rich | cheap | salty | sleepy |

1 그의 이야기는 이상하게 들린다.

His story _____ _____.

2 마침내, Helen은 부유해졌다.

At last, Helen _____ _____.

3 그 옥수수 수프는 짠맛이 난다.

The corn soup _____ _____.

4 요즘 딸기 값이 싸다.

These days strawberries _____ _____.

5 우리는 봄에 쉽게 졸음을 느낀다.

We _____ _____ easily in spring.

6 그 과일은 신선한 냄새가 난다.

The fruits _____ _____.

D

우리말과 일치하도록 주어진 단어를 올바르게 배열하세요. POINT 1·2

1 그는 정직한 소년이다. (an honest boy / he / is)

→ _____.

2 내 룸메이트는 외로움을 느꼈다. (felt / roommate / my / lonely)

→ _____.

3 그의 연설은 지루하게 들린다. (boring / sounds / his / speech)

→ _____.

4 그녀는 영어 교사가 되었다. (became / she / an English teacher)

→ _____.

5 이 포도들은 신맛이 난다. (grapes / sour / taste / these)

→ _____.

6 네 신발은 더러워 보인다. (your / dirty / shoes / look)

→ _____.

7 갓 구운 빵은 버터 냄새가 난다. (butter / like / fresh / bread / smells)

→ _____.

Unit 2 SVOO

A 다음 중 어법상 알맞은 것을 고르세요. `POINT 3·4`

1 Eddie will lend his soccer ball [to her / for her].

2 Would you get [me some paper / some paper me]?

3 He didn't show [his parents his painting / his painting his parents].

4 When are you going to write a letter [to her / of her]?

5 Please tell [me the secret / the secret me].

6 My father teaches [history to students / students to history] at college.

7 She passed [the book to me / to me the book].

B 우리말과 일치하도록 주어진 단어를 올바르게 배열하세요. `POINT 3·4`

1 Brian은 나에게 나이를 물었다. (my age / asked / me)
   → Brian _____.

2 이 메시지를 그녀에게 보내 주세요. (this message / her / send / to)
   → Please _____.

3 Dan은 그들에게 자신이 가장 좋아하는 장소를 보여 주었다.
   (his favorite place / them / showed / to)
   → Dan _____.

4 그녀는 나에게 자신의 명함을 주었다. (her name card / gave / me)
   → She _____.

5 너에게 부탁 하나 해도 될까? (you / ask / a favor / of)
   → Can I _____?

6 그는 부모님께 닭고기 수프를 요리해 드렸다. (chicken soup / his parents / cooked)
   → He _____.

7 Daisy는 딸에게 인형을 만들어 주었다. (her daughter / a doll / made / for)
   → Daisy _____.

secret 비밀

C 다음 밑줄 친 부분이 맞으면 ○, 틀리면 ×하고 바르게 고치세요. `POINT 3·4`

1 We made a cage <u>the bird</u>. _____

2 My mother bought <u>me a concert ticket</u>. _____

3 Please read <u>a storybook us</u>. _____

4 He told his plan for a trip <u>for his friends</u>. _____

5 Vince sent <u>her a box of chocolate</u>. _____

6 Dad gave the umbrella <u>of my brother</u>. _____

7 Will you lend <u>your pen to me</u>? _____

8 My grandpa got <u>us two bikes</u>. _____

D 주어진 문장을 〈보기〉와 같이 전치사가 포함된 문장으로 바꿔 쓰세요. `POINT 4`

> 〈보기〉 I'll send her a New Year's card.
> → I'll send <u>a New Year's card to her</u>.

1 Please lend me some money.
→ Please lend _____.

2 Doris always tells us her dreams.
→ Doris always tells _____.

3 Harry gave his sister some coins.
→ Harry gave _____.

4 They made their son a birthday cake.
→ They made _____.

5 She cooked us a chicken.
→ She cooked _____.

6 The man showed me the way to the zoo.
→ The man showed _____.

cage 새장; (짐승의) 우리 storybook 이야기책, 동화책

Unit 3 SVOC

A 다음 중 어법상 알맞은 것을 고르세요. POINT 5·6

1 We found Jieun [smart / smartly].

2 She [became / made] her son a great pianist.

3 They [saw / found] the box empty.

4 She left the room [dark / darkly].

5 My friends [call / say] me Dancing Queen.

6 He thinks his dad [a perfect man / perfectly].

7 The magician made the children [happy / happily].

8 The police have to keep people [safe / safely].

B 우리말과 일치하도록 주어진 단어와 〈보기〉의 동사를 사용하여 문장을 완성하세요. POINT 5·6

〈보기〉 make leave find call name think

1 창문을 열린 채로 두지 마라. (open)

→ Don't _____ the window _____.

2 그는 자신의 강아지를 대장이라고 이름 지었다. (Captain)

→ He _____ his puppy _____.

3 나는 우리 이웃 사람들이 친절하다는 것을 알게 되었다. (friendly)

→ I _____ my neighborhood _____.

4 우리는 그를 일류 모델이라고 부른다. (a top model)

→ We _____ him _____.

5 석유는 그 나라를 부유하게 만들었다. (rich)

→ Oil _____ the country _____.

6 어리석은 사람들은 이 돌이 금이라고 생각한다. (gold)

→ Foolish people _____ this stone _____.

pianist 피아니스트   empty 비어 있는   magician 마술사

C 우리말과 일치하도록 주어진 단어를 올바르게 배열하세요. POINT 5·6

1 저를 혼자 남겨 두지 마세요. (alone / leave / me)
→ Please don't _____.

2 이 약은 너를 졸리게 할 것이다. (you / sleepy / make)
→ This medicine will _____.

3 우리는 그 노인이 현명하다는 것을 알게 되었다. (the old man / wise / found)
→ We _____.

4 그들은 그 작은 소년을 Joe라고 불렀다. (Joe / the little boy / called)
→ They _____.

5 다음 페이지는 비워 두세요. (the next page / blank / leave)
→ Please _____.

6 이 식물은 공기를 깨끗하게 만든다. (clean / makes / the air)
→ This plant _____.

D 다음 밑줄 친 부분이 맞으면 ○, 틀리면 ×하고 바르게 고치세요. POINT 5·6

1 Don't make <u>me madly</u>, please. _____

2 Neil named <u>Micky his son</u>. _____

3 Everyone thinks <u>him rudely</u>. _____

4 They think <u>the girl lovely</u>. _____

5 Good food will make <u>you health</u>. _____

6 The song made <u>him a rich man</u>. _____

7 Keep <u>your hands clean</u>. _____

8 My friends <u>call to me Messi</u>. _____

madly 미친 듯이 cf. mad (몹시) 화가 난　rudely 무례하게

Chapter Test

[1-2] 다음 중 어법상 알맞지 <u>않은</u> 문장 <u>두 개</u>를 고르세요.

POINT 1·3·4

1 ① Woody and I are good friends.
② Please give me a call today.
③ Jack showed us his room.
④ Will you pass the cup me?
⑤ You're always importantly to me.

POINT 2·3·4·5

2 ① The pancake tasted so good.
② She told to us the story.
③ I'll make a singer to you someday.
④ The kittens look so cute.
⑤ Mike sent a little present to me.

[3-4] 다음 중 빈칸에 들어갈 수 <u>없는</u> 것을 고르세요.

POINT 2

3

| The girl looks _____. |

① pretty   ② sadly   ③ happy
④ sleepy   ⑤ lovely

POINT 4

4

| We _____ the box to Cindy. |

① bought   ② passed   ③ showed
④ sent   ⑤ gave

[5-6] 다음 〈보기〉와 같이 문장을 바꿔 쓰세요. 서술형

POINT 4

5

| 〈보기〉   She gave me a few books.
　　　→ She gave a few books to me. |

Her mother made me delicious pizza.

 → _____

POINT 3

6

| 〈보기〉   He told the news to me.
　　　→ He told me the news. |

Mr. Smith wrote a postcard to me.

→ _____

POINT 2·6

7 다음 중 빈칸 (A), (B)에 들어갈 말이 바르게 짝지어진 것을 고르세요.

| · Your idea sounds _____(A)_____ .
· Don't make me _____(B)_____ . |

① great — sad   ② great — sadly
③ like great — sad   ④ greatly — sadly
⑤ like great — sadly

POINT 4

8 다음 빈칸에 들어갈 말이 나머지와 <u>다른</u> 하나를 고르세요.
① She passed the ball _____ me.
② He showed his diary _____ me.
③ Please teach Taekwondo _____ us.
④ I lent a comfortable chair _____ him.
⑤ Mom made a beautiful dress _____ me.

POINT 4·6

9 다음 중 밑줄 친 made의 쓰임이 나머지와 <u>다른</u> 하나를 고르세요. 고난도
① The music <u>made</u> us sleepy.
② He <u>made</u> many people happy.
③ The cook <u>made</u> delicious soup for me.
④ The noises <u>made</u> them really angry.
⑤ The surprise party <u>made</u> her glad.

POINT 1·2·3

10 다음 중 어법상 알맞지 <u>않은</u> 문장의 번호를 골라 바르게 고쳐 쓰세요. (고난도) (서술형)

> ① It's my birthday today. ② Mom bought me a bike. ③ It looked great. ④ Dad made me a birthday cake. ⑤ It tasted like very good.

_____ → _____

POINT 5

11 다음 우리말을 영작할 때 세 번째 오는 말을 고르세요.

> 우리는 그가 친절한 사람이라는 것을 알게 되었다.

① found   ② him   ③ kind
④ man   ⑤ we

[12-13] 우리말과 일치하도록 주어진 단어를 올바르게 배열하세요. (서술형)

POINT 4

12
> 나에게 소금을 건네주겠니?
> (the salt / to / will / pass / me / you)

→ _____?

POINT 6

13
> 그의 발명품은 그를 아주 유명하게 만들었다.
> (made / famous / his / very / invention / him)

→ _____.

POINT 2·3·4

14 다음 중 어법상 알맞은 문장끼리 짝지어진 것을 고르세요.

> ⓐ The apple smells sweet.
> ⓑ They all look different.
> ⓒ Our teacher gave us homework.
> ⓓ My father bought a new doll me.
> ⓔ He sent an invitation to me.

① ⓐ, ⓑ, ⓒ   ② ⓐ, ⓑ, ⓓ
③ ⓑ, ⓒ, ⓔ   ④ ⓐ, ⓑ, ⓒ, ⓔ
⑤ ⓒ, ⓓ, ⓔ

[15-16] 다음 문장에서 어법상 알맞지 <u>않은</u> 부분을 찾아 고친 후 문장 전체를 다시 쓰세요. (서술형)

POINT 3·4

15
> Ben showed his cat us.

→ _____

POINT 2

16
> The river looks a mirror.

→ _____

POINT 6

17 우리말과 일치하도록 〈조건〉에 맞게 문장을 쓰세요.

(REAL 기출) (서술형)

> 이 비누는 당신의 더러운 셔츠를 하얗게 만들어 준다.
> 〈조건〉
> • make, this soap, dirty shirt라는 단어가 들어가게 쓸 것
> • 일곱 단어의 문장으로 쓸 것
> • 필요한 경우 제시된 단어를 변형하여 쓸 것

→ _____

Unit 1 to부정사의 부사적, 형용사적 쓰임

A 밑줄 친 to부정사의 쓰임을 〈보기〉에서 골라 그 기호를 쓰세요. POINT 1·2

> 〈보기〉　ⓐ ～하기 위해　　ⓑ ～하는, ～할　　ⓒ ～해서

1　I waited for him to discuss the problem.　　　_____

2　He brought me some snacks to eat.　　　_____

3　Alice has three meetings to attend today.　　　_____

4　They were happy to go to the movies together.　　　_____

5　She closed her eyes to make a wish.　　　_____

6　Tom was sad to hear the bad news.　　　_____

7　I couldn't find a way to give him a gift.　　　_____

B 〈보기〉와 같이 다음 질문에 대한 대답을 to부정사와 주어진 단어를 사용하여 완성하세요. POINT 1

> 〈보기〉　Q: Why did Alice go to the department store?
> 　　　　A: She went to the department store to buy a pair of shoes . (buy, a pair of shoes)

1　Q: Why did you call him last night?
　　A: I called him _____. (ask, a question)

2　Q: Why will they come here?
　　A: They'll come here _____ with us. (have, dinner)

3　Q: Why is your sister glad?
　　A: She is _____ her best friend. (glad, meet)

4　Q: Why did he buy potatoes?
　　A: He bought them _____. (make, French fries)

5　Q: Why did you stay late in the library?
　　A: I stayed there late _____. (do, my homework)

6　Q: Why is Henry so happy?
　　A: He is _____ new friends. (happy, make)

make a wish 소원을 빌다　　department store 백화점

C 우리말과 일치하도록 주어진 단어를 올바르게 배열하세요. POINT 1·2

1 그녀는 발표할 기회를 가졌다. (give / a presentation / to)

→ She had a chance _____.

2 나는 그것에 대해 할 말이 없다. (to / it / say about)

→ I have nothing _____.

3 그는 그 소식을 들어서 유감이었다. (the news / to / sorry / hear)

→ He was _____.

4 너는 비밀을 함께 공유할 친구가 있다. (secrets / to / share / with)

→ You have a friend _____.

5 그는 그녀를 기쁘게 하기 위해 노래를 불렀다. (to / her / please)

→ He sang a song _____.

6 Ben은 시장에서 신선한 생선을 사서 행복했다. (to / happy / fish / fresh / buy)

→ Ben was _____ at the market.

7 그녀는 그를 위한 셔츠를 사기 위해 가게에 갔다. (buy / a shirt / to)

→ She went to the store _____ for him.

D 〈보기〉와 같이 주어진 두 문장을 to부정사를 사용하여 한 문장으로 다시 쓰세요. POINT 1·2

> 〈보기〉 She went to the park. She wanted to walk her dog.
> → She went to the park _____ to walk her dog _____.

1 Rick worked hard. He wanted to succeed.

→ Rick worked hard _____.

2 He has a car. He will sell the car.

→ He has a car _____.

3 Sam was glad. He won the game.

→ Sam was glad _____.

4 He is a great leader. He will lead this country.

→ He is a great leader _____.

5 They went to the playground. They wanted to play soccer.

→ They went to the playground _____.

6 We have a plan. The plan is to build a house.

→ We have a plan _____.

walk (동물을) 산책시키다   succeed 성공하다   leader 지도자 cf. lead 이끌다, 인도하다   playground 운동장

Unit 2 to부정사의 명사적 쓰임

A 밑줄 친 to부정사의 쓰임을 〈보기〉에서 골라 그 기호를 쓰세요. POINT 3·4·5

> 〈보기〉 ⓐ 주어   ⓑ 보어   ⓒ 목적어

1 To send e-mails is quick and easy. _____
2 Jin's hobby is to take pictures. _____
3 She wants to study Korean history. _____
4 Julie's aim is to change the world. _____
5 The company began to produce cars. _____
6 To worry too much is bad for your health. _____
7 Ted hoped to find his dog. _____
8 My plan was to read 10 books a month. _____
9 You need to remember your ID and password. _____
10 To protect the environment is necessary. _____

B 〈보기〉에서 알맞은 동사를 골라 to부정사의 형태로 바꾸어 빈칸에 쓰세요. POINT 5

> 〈보기〉 watch   live   buy   change   meet   learn   work

1 I want _____ in a big house.
2 We decided _____ our minds.
3 They need _____ some table manners.
4 Tom wished _____ a new camera.
5 He planned _____ his grandmother the next Sunday.
6 She started _____ for the company in 2015.
7 My brother loves _____ sports games at home.

aim 목표, 목적   produce 생산하다   password 비밀번호   protect 보호하다   environment 환경   necessary 필수적인   table manners 식사 예절

C 다음 밑줄 친 부분이 맞으면 ○, 틀리면 ×하고 바르게 고치세요. POINT 3·4·5

1 It will start to rain soon. ＿＿＿＿＿＿

2 I hope to visit Italy again. ＿＿＿＿＿＿

3 I want to playing basketball with you. ＿＿＿＿＿＿

4 To swim across the river is impossible. ＿＿＿＿＿＿

5 He needs to cleaned the living room. ＿＿＿＿＿＿

6 She wanted to knew about his secret. ＿＿＿＿＿＿

7 Her plan is to writes a cookbook. ＿＿＿＿＿＿

8 My father decided repair our house. ＿＿＿＿＿＿

9 Megan loves to sing in front of people. ＿＿＿＿＿＿

10 His dream is to go back to his country. ＿＿＿＿＿＿

D 우리말과 일치하도록 주어진 단어를 올바르게 배열하세요. POINT 3·4·5

1 그와 노는 것은 매우 재미있다. (play / to / with him)

→ ＿＿＿＿＿＿＿＿＿＿＿＿＿＿＿＿ is a lot of fun.

2 가끔 나는 혼자 있을 필요가 있다. (be / alone / to)

→ Sometimes I need ＿＿＿＿＿＿＿＿＿＿＿＿＿＿＿.

3 나의 목표는 살을 빼는 것이다. (weight / to / lose)

→ My goal is ＿＿＿＿＿＿＿＿＿＿＿＿＿＿＿.

4 그는 자신의 이름을 바꾸기로 결심했다. (to / his name / change)

→ He decided ＿＿＿＿＿＿＿＿＿＿＿＿＿＿＿.

5 그 박물관을 짓는 데는 오랜 시간이 걸렸다. (build / the museum / to)

→ ＿＿＿＿＿＿＿＿＿＿＿＿＿＿＿＿ took a long time.

6 그는 어머니처럼 변호사가 되기를 바란다. (become / a lawyer / to)

→ He wishes ＿＿＿＿＿＿＿＿＿＿＿＿＿＿＿ like his mother.

impossible 불가능한   cookbook 요리책   repair 수리하다

Unit 3 동명사의 쓰임

A 밑줄 친 동명사의 쓰임을 〈보기〉에서 골라 그 기호를 쓰세요. POINT 6·7·8

〈보기〉 ⓐ 주어 ⓑ 보어 ⓒ 목적어

1 <u>Drinking</u> enough water is important. _____

2 His role is <u>giving</u> advice to students. _____

3 She enjoys <u>walking</u> along the river. _____

4 Emma doesn't mind <u>working</u> late. _____

5 My goal is <u>having</u> confidence in my English. _____

6 <u>Living</u> a peaceful life was his wish. _____

7 Susan will avoid <u>eating</u> too much. _____

8 His favorite activity is <u>listening</u> to music. _____

9 <u>Living</u> without water is impossible. _____

10 She gave up <u>finding</u> the treasure. _____

B 다음 중 어법상 알맞은 것을 고르세요. POINT 6·7·8

1 His job is [make / making] online games.

2 I once considered [to learn / learning] Chinese.

3 [Jogging / To jogging] is a good way to become healthy.

4 Her next plan is [travel / traveling] all around the country.

5 Jacob finished [cooking / to cook] an hour ago.

6 [Watch / Watching] baseball games is always exciting.

7 His dream is [seeing / to seeing] wild animals in Africa.

8 She practices [to speak / speaking] English every day.

9 The kids kept [to talk / talking] during the class.

10 [Wash / Washing] your hands is important for your health.

role 역할   advice 조언, 충고   treasure 보물   online 온라인의   once 한때; 한 번   wild 야생의

C 다음 밑줄 친 부분이 맞으면 ◯, 틀리면 ✕하고 바르게 고치세요. POINT 8·9·10

1 She <u>enjoys to try</u> new dishes. _____

2 The movie is <u>about loving</u> yourself. _____

3 He <u>suggested to take</u> a taxi. _____

4 My sister and I <u>went shopping</u> for clothes. _____

5 The pianist <u>kept practicing</u> the piano. _____

6 Are you good <u>at take</u> pictures? _____

7 I feel <u>like to eat</u> something hot. _____

8 The men worked all day <u>without eating</u>. _____

9 They <u>considered moving</u> to a new house. _____

10 I learned English <u>by listen</u> to English songs. _____

D 우리말과 일치하도록 주어진 단어를 사용하여 빈칸을 완성하세요. POINT 8·9·10

1 나는 그 영화를 보는 것을 끝냈다. (finish, watch)

→ I _____ the film.

2 나를 태워줘서 고마워. (thank you for, give)

→ _____ me a ride.

3 이것은 영화표를 사기 위한 줄입니다. (for, buy)

→ It is a line _____ movie tickets.

4 그녀는 진실을 말하는 것을 피할 수 없었다. (avoid, tell)

→ She couldn't _____ the truth.

5 우리 삼촌은 한 달에 한 번 캠핑을 간다. (go, camp)

→ My uncle _____ once a month.

6 그 파일을 다시 보내주시겠어요? (mind, send)

→ Would you _____ the file again?

Chapter Test

[1-2] 다음 중 밑줄 친 부분이 어법상 알맞지 <u>않은</u> 것을 고르세요.

POINT 3·4·5

1
① Joy wished <u>to stayed</u> here.
② He decided <u>to invite</u> Nancy.
③ <u>To know</u> many people is good.
④ My favorite activity is <u>to ride a bike</u>.
⑤ I need <u>to return</u> some books.

POINT 5·8

2
① Susan stopped <u>watching</u> TV.
② James wants <u>to see</u> her.
③ The boy kept <u>smiling</u> at me.
④ We planned <u>going</u> to a swimming pool.
⑤ They like <u>to eat</u> chocolate cake.

POINT 5

3 다음 문장에서 어법상 알맞지 <u>않은</u> 곳을 찾아 바르게 고치세요. (서술형)

> I decided joining a book club to read more books.

_____ → _____

POINT 1

4 다음 중 밑줄 친 부분의 쓰임이 <u>다른</u> 하나를 고르세요.
① Jim turned off the light <u>to sleep</u>.
② She practiced drawing <u>to win</u> the contest.
③ I was really happy <u>to get</u> a present from my uncle.
④ Sam bought a racket <u>to play</u> badminton.
⑤ We came home <u>to take</u> a shower.

POINT 1·2

5 다음 중 〈보기〉의 밑줄 친 부분과 어법상 쓰임이 같은 것을 고르세요.

> 〈보기〉 She went to the kitchen <u>to drink</u> some milk.

① There is no fruit <u>to eat</u>.
② He is looking for a nice hat <u>to wear</u>.
③ I have some money <u>to spend</u>.
④ Do you have time <u>to take</u> a break?
⑤ I sat at the desk <u>to do</u> my homework.

[6-7] 〈보기〉와 같이 주어진 두 문장을 to부정사를 사용하여 한 문장으로 다시 쓰세요. (서술형)

> 〈보기〉 He set the alarm. He needs to get up early tomorrow.
> → He set the alarm to get up early tomorrow.

POINT 2

6
> They have a plan. The plan is to eat out.

→ _____

POINT 1

7
> Jack and Peter went out. They wanted to take a walk.

→ _____

POINT 8

8 다음 중 밑줄 친 부분의 알맞은 형태를 고르세요.

> She just finished <u>clean</u> her room.

① cleans   ② cleaned   ③ to clean
④ cleaning   ⑤ to cleaning

POINT 6·7·8

9 다음 중 밑줄 친 부분의 쓰임이 <u>다른</u> 하나를 고르세요.

① His job is <u>driving</u> a taxi.

② She is <u>talking</u> on the phone.

③ Do you mind <u>ordering</u> pizza?

④ She gave up <u>becoming</u> a singer.

⑤ <u>Reading</u> in bed is bad for your eyes.

POINT 5

10 다음 중 빈칸에 들어갈 말로 어법상 알맞지 <u>않은</u> 것을 고르세요.

> Rachel _____ to exercise in the gym.

① liked   ② began

③ considered   ④ planned

⑤ decided

[11-12] 다음은 학생들이 주말에 즐겨하는 활동을 나타낸 표입니다. 표를 보고 〈조건〉에 맞게 주어진 단어를 사용하여 질문에 대한 답을 완성하세요.

(REAL 기출) (서술형)

	soccer	movies	music
Julie			○
Paul		○	
Amy	○		

〈조건〉 각각의 빈칸에 같은 동사의 형태를 사용할 것

POINT 8

11

Q: What does Paul usually do every weekend?

A: He enjoys _____ every weekend. (watch)

POINT 8

12

Q: What does Amy like to do on weekends?

A: She loves _____ on weekends. (play)

POINT 10

13 다음 중 주어진 우리말을 바르게 영작한 것을 고르세요.

> 나는 일본어로 말하는 것을 잘하지 못한다.

① I'm good at speak in Japanese.

② I'm good at to speak in Japanese.

③ I'm good at speaking in Japanese.

④ I'm not good at to speak in Japanese.

⑤ I'm not good at speaking in Japanese.

POINT 5·8·9·10

14 다음 중 어법상 알맞지 <u>않은</u> 문장을 고르세요.

① Why do you keep bothering me?

② I'm sorry for calling you so late.

③ How about having lunch together?

④ I feel like to have some ice cream.

⑤ She wishes to travel in France.

POINT 1·5·8·9

15 다음 중 어법상 알맞은 문장을 <u>모두</u> 고르세요. (고난도)

> ⓐ She was glad finishing her work.
> ⓑ We saved time by taking the subway.
> ⓒ He practiced to jump high.
> ⓓ It started to snow at 10 a.m.
> ⓔ She suggested going to the cafe.

① ⓐ, ⓒ   ② ⓑ, ⓓ   ③ ⓑ, ⓓ, ⓔ

④ ⓐ, ⓒ, ⓓ   ⑤ ⓐ, ⓑ, ⓒ, ⓔ

Unit 1 장소, 위치, 방향 전치사

A 빈칸에 알맞은 전치사를 at, on, in 중에서 골라 쓰세요. POINT 1

1 Everyone should wear a seat belt _____ the car.

2 At last they arrived _____ the station.

3 Her office is _____ the 2nd floor.

4 He waited for her _____ the bus stop.

5 My uncle lived _____ Japan a long time ago.

6 They are sitting _____ the bench.

7 She is skating _____ the ice.

8 How many students are there _____ your class?

9 A plane is landing _____ the airport.

B 그림과 일치하도록 빈칸에 알맞은 전치사를 〈보기〉에서 골라 쓰세요. POINT 2

〈보기〉 under	around	over

1 Some birds are flying _____ the tree.

2 A boy is reading a book _____ the tree.

3 A dog is running _____ the tree.

〈보기〉 by	between	in front of

4 The cafe is _____ the hospital and the bank.

5 The hospital is _____ the cafe.

6 A girl is standing _____ the bank.

at last 마침내   skate 스케이트를 타다   land 착륙하다

C 주어진 단어 중 알맞은 것을 골라 빈칸에 쓰세요. POINT 1·2

1 (at, by)

He sat down _____ me.

Let's meet _____ the airport at 9.

2 (in, behind)

What's that _____ the curtain?

I have some money _____ my pocket.

3 (on, under)

The boys are singing _____ the stage.

A boat is passing _____ the bridge.

4 (in, out of)

Mom, you're the best _____ the world!

They got _____ the burning house.

5 (at, across)

Paul is saying goodbye _____ the door.

The girls are swimming _____ the river.

D 우리말과 일치하도록 주어진 단어와 알맞은 전치사를 사용하여 문장을 완성하세요. POINT 1·2

1 우유를 냉장고 안에 넣어라. (the refrigerator)

→ Put the milk _____.

2 택시 한 대가 우리 집 앞에서 멈췄다. (my house)

→ A taxi stopped _____.

3 그 다리는 강 위를 가로지른다. (a river)

→ The bridge crosses _____.

4 교회가 언덕 위에 있다. (the hill)

→ There is a church _____.

5 갑자기 한 남자가 방 안으로 뛰어 들어왔다. (the room)

→ Suddenly a man ran _____.

6 많은 사람들이 그 강을 따라서 자전거를 탄다. (the river)

→ Many people ride bicycles _____.

stage 무대   burning 불타는   fly 파리   monitor (컴퓨터 등의) 화면, 모니터

Unit 2 시간을 나타내는 전치사

A 빈칸에 알맞은 전치사를 at, on, in 중에서 골라 쓰세요. POINT 3

1 He was born _____ January 8th.

2 Farmers are very busy _____ fall.

3 I will meet Susan _____ 12 o'clock.

4 They will visit Korea _____ August.

5 Jake moved to Incheon _____ 2013.

6 She should go to a dentist _____ Tuesday.

7 I have to get up _____ 6:30 a.m. tomorrow.

8 The restaurant has many people _____ lunchtime.

9 Grace and Teddy go to the beach _____ Sundays.

B 밑줄 친 부분을 바르게 고쳐 쓰세요. POINT 3

1 We will move to another city <u>at</u> April 20th. → _____

2 The Korean War broke out <u>on</u> 1950. → _____

3 All my classes ended <u>in</u> 3 p.m. → _____

4 Don't make noise <u>on</u> night. → _____

5 I usually take a walk <u>at</u> the morning. → _____

6 My father doesn't work <u>in</u> Mondays. → _____

7 Ice cream is popular for dessert <u>at</u> summer. → _____

8 Does the store open <u>in</u> New Year's Day? → _____

9 My watch stopped <u>on</u> 3:34. → _____

10 The news starts <u>in</u> noon every day. → _____

the Korean War 한국전쟁   break out 발발하다, 일어나다   make noise 시끄럽게 하다

C 주어진 단어 중 알맞은 것을 골라 빈칸에 쓰세요. POINT 4

1 (before, after)
You need to warm up _____ swimming.
The roads were wet _____ heavy rain.

2 (during, for)
Hold your breath _____ fifteen seconds.
James wants to stay home _____ the vacation.

3 (until, by)
Please call me _____ 3 o'clock.
I have classes at school _____ 4 o'clock.

D 우리말과 일치하도록 주어진 단어와 알맞은 전치사를 사용하여 문장을 완성하세요. POINT 4

1 나는 3시쯤에 버스를 탔어. (3 o'clock)
→ I took the bus _____.

2 그녀는 내일까지 집에 없을 것이다. (tomorrow)
→ She will not be at home _____.

3 그는 경기 중에 옐로카드를 받았다. (the game)
→ He received a yellow card _____.

4 Tony는 아침 식사 후에 설거지를 했다. (breakfast)
→ Tony washed the dishes _____.

5 영화는 두 시간 동안 상영된다. (two hours)
→ The movie runs _____.

6 너는 5시 30분 전에 도서관에 책을 반납해야 한다. (5:30)
→ You should return the books to the library _____.

7 너는 11시까지는 네 일을 끝낼 수 있니? (11 o'clock)
→ Can you finish your work _____?

warm up 준비운동을 하다   hold A's breath 숨을 참다

Unit 3 여러 가지 전치사

A 빈칸에 알맞은 전치사를 〈보기〉에서 골라 쓰세요. (단, 한 번씩만 쓸 것) POINT 5

〈보기〉	by	like	from	about

1   I wrote an essay _____ global warming.
2   You can reserve the tickets _____ phone.
3   My house is not far _____ here.
4   We want small pets _____ hamsters.

〈보기〉	for	to	with	through

5   I went to the amusement park _____ my friends.
6   Many young people died _____ their country in the past.
7   Would you show your ticket _____ me?
8   She looked out _____ the window.

B 빈칸에 공통으로 들어갈 전치사를 〈보기〉에서 골라 쓰세요 POINT 5

〈보기〉	by	with	to	through

1   Turn _____ the right at the first corner.
    Mr. Lee taught Taekwondo _____ the foreign students.
2   They know the actor _____ TV.
    The horses ran _____ the forest.
3   He cut the steak _____ a knife.
    She prepared for dinner _____ her sister.
4   You can go there _____ bus or on foot.
    You should pay back the money _____ October 31.

---

essay 에세이   global warming 지구 온난화   reserve 예약하다   hamster 햄스터   amusement park 놀이공원   pay back (돈을) 갚다

C 다음 밑줄 친 부분이 맞으면 ○, 틀리면 ×하고 바르게 고치세요. POINT 6

1 My brother is good <u>for</u> soccer. _____

2 The glass is full <u>with</u> water. _____

3 Our table manners are different <u>with</u> yours. _____

4 Emma and I studied together <u>from</u> 2 to 5. _____

5 This weekend we'll go <u>to</u> a trip. _____

6 My mother was pleased <u>for</u> the news. _____

7 France is famous <u>for</u> its wine. _____

8 The movie turned a poor boy <u>for</u> a star. _____

9 Thanks <u>for</u> you, the event ended successfully. _____

D 우리말과 일치하도록 주어진 단어를 사용하여 문장을 완성하세요. POINT 6

1 미국식 영어는 영국식 영어와 다르다. (British English, different)
→ American English _____.

2 Daisy는 동물에 흥미가 있다. (animals, interested)
→ Daisy _____.

3 그의 주머니는 동전들로 가득했다. (coins, full)
→ His pocket _____.

4 엄마는 사과를 잼으로 바꾸셨다. (apples, turn, jam)
→ Mom _____.

5 내 여동생은 춤을 잘 춘다. (dancing, good)
→ My sister _____.

6 Kevin은 크리스마스 선물에 기뻐했다. (the Christmas present, happy)
→ Kevin _____.

7 이집트는 피라미드로 유명하다. (pyramids, famous)
→ Egypt _____.

8 나는 월요일부터 금요일까지 일한다. (Monday, from, Friday)
→ I work _____.

table manners 식사예절　　star 스타, 인기 있는 사람　　successfully 성공적으로

Chapter Test

[1-3] 다음 중 빈칸에 공통으로 들어갈 말로 옳은 것을 고르세요.

POINT 1·2

1
· We can see many wild animals _____ Africa.
· I waited for him _____ front of his house.

① to   ② in   ③ at
④ on   ⑤ over

POINT 1·3

2
· They took a rest _____ the bench.
· We'll open the store _____ July 22.

① in   ② at   ③ on
④ for   ⑤ till

POINT 5·6

3
· Susan cut the paper _____ scissors.
· We were pleased _____ the results.

① to   ② with   ③ by
④ for   ⑤ from

POINT 1·2

4 다음 그림을 보고 〈보기〉와 같이 빈칸에 알맞은 전치사를 쓰세요. (REAL 기출) (서술형)

〈보기〉 A ball is <u>under</u> the table.

(1) A cat is _____ the sofa.
(2) A lamp is _____ the table.

POINT 2

5 다음 중 빈칸에 들어갈 말로 알맞지 <u>않은</u> 것을 고르세요.

There is a big tree _____ my house.

① behind   ② between
③ beside   ④ next to
⑤ in front of

POINT 1·3

6 다음 중 (A), (B)에 들어갈 말이 바르게 짝지어진 것을 고르세요.

We made dinner together ____(A)____ the kitchen ____(B)____ night.

① at — in   ② at — on
③ in — at   ④ in — on
⑤ on — at

POINT 1

7 다음 중 밑줄 친 부분이 어법상 알맞은 것을 <u>두 개</u> 고르세요.

① Birds are singing <u>in</u> a branch.
② I found your key <u>at</u> the drawer.
③ There are a lot of cars <u>on</u> the road.
④ I spent five years <u>on</u> the small town.
⑤ Please wait <u>at</u> the entrance.

POINT 1·3

8 다음 빈칸에 in을 쓸 수 <u>없는</u> 것을 고르세요.

① It's very warm _____ May.
② You can see cherry blossoms _____ spring.
③ We don't open the shop _____ Sundays.
④ Jinsu has to speak French _____ Canada.
⑤ A lot of people live _____ Seoul.

[9-11] 우리말과 일치하도록 주어진 단어와 알맞은 전치사를 사용하여 문장을 완성하세요. 서술형

POINT 2

9

> 책상을 침대와 TV 사이로 옮겨라.
> (the bed, the TV, and, the desk)

→ Move _____.

POINT 4

10

> 우리 가족은 여기서 5년 동안 살았었다.
> (live, here, 5 years)

→ My family _____.

POINT 4·6

11

> 폭풍이 지나간 후에 거리는 쓰레기로 가득했다.
> (the storm, was, full, trash)

→ The street _____.

POINT 3·4·6

12 다음 대화의 빈칸 (A)~(E)에 들어갈 말로 알맞지 <u>않은</u> 것을 고르세요. 고난도

> A: What time do you get up _____(A)_____ the morning?
> B: I usually get up _____(B)_____ 7:30.
> A: You are different _____(C)_____ me. I always sleep late and get up at 10.
> B: What do you do _____(D)_____ dinner?
> A: I practice tennis. I'm interested _____(E)_____ sports these days.

① (A) on　　　　② (B) at
③ (C) from　　　④ (D) after
⑤ (E) in

[13-14] 다음 중 (A), (B)에 들어갈 말이 바르게 짝지어진 것을 고르세요.

POINT 5·6

13

> · I couldn't hear their conversation _____(A)_____ the wall.
> · He is interested _____(B)_____ science fiction.

① by — in　　　　② through — in
③ by — on　　　　④ through — on
⑤ through — at

POINT 5·6

14

> · Will you go to the mall _____(A)_____ me?
> · Thanks _____(B)_____ the Internet, we can know the world better.

① with — about　　② to — for
③ with — for　　　④ to — to
⑤ with — to

[15-16] 다음 중 어법상 알맞지 <u>않은</u> 문장을 고르세요.

POINT 5·6

15　① Don't talk to me anymore.
　　② This chair is for young children.
　　③ My brother is good at baseball.
　　④ I went to the airport with taxi.
　　⑤ We cannot go on a trip tomorrow.

POINT 5·6

16　① This book is about wild flowers.
　　② My grandfather walks with a stick.
　　③ I'm not happy with my test score.
　　④ We cannot turn a stone into gold.
　　⑤ My opinion is different to yours.

Unit 1 and/but/or

A 빈칸에 알맞은 접속사를 〈보기〉에서 골라 쓰세요. POINT 1

> 〈보기〉   and   but   or

1 I visited Malaysia _____ Thailand last winter vacation.
2 He remembered me, _____ I didn't remember him.
3 I don't agree with you, _____ I respect your idea.
4 Which will you drink, apple juice _____ grape juice?
5 The cycling tour is a very popular event, _____ it's certainly hard.
6 My name is Amanda, _____ I live in Finland.
7 We can go there by bus _____ by subway.
8 They went to the market _____ had dinner after that.

B 빈칸에 알맞은 것을 〈보기〉에서 골라 문장을 완성하세요. POINT 1

> 〈보기〉 • and I'm good at it   • and gave them to her neighbors
>   • but he didn't cry   • or that one

1 The movie was sad, _____.
2 Which bag is yours, this one _____?
3 I like drawing pictures, _____.
4 Mary made some cookies _____.

> 〈보기〉 • and he bought a guitar   • but his sister doesn't like it
>   • but they don't work well   • or his bedroom

5 He saved money, _____.
6 Sometimes, he makes toy robots, _____.
7 Jinho may be in the living room _____.
8 Frank likes science, _____.

respect 존중하다   cycling tour 자전거 투어   certainly 확실히   be good at ~을 잘하다   work 작동하다

C

다음 밑줄 친 부분이 맞으면 ○, 틀리면 ×하고 바르게 고치세요. POINT 2

1 Today's weather is cold and <u>wind</u>.　　　　　　　　　　_____

2 Let's go to the festival and <u>having</u> fun.　　　　　　_____

3 Do you want to go shopping or <u>taking</u> a walk?　　_____

4 Should I fix it or <u>to buy</u> a new one?　　　　　　　　_____

5 Kate likes watching TV and <u>listening</u> to music.　　_____

6 The little girl was young but <u>wisdom</u>.　　　　　　　_____

7 We will go to the movies or <u>going</u> on a picnic.　　　_____

8 Peter is intelligent but <u>laziness</u>.　　　　　　　　　_____

9 Yuri took some pictures and <u>sent</u> them to her friend.　_____

D

우리말과 일치하도록 주어진 단어와 알맞은 접속사를 사용하여 문장을 완성하세요. POINT 1·2

1 이 검은 운동화는 낡았지만 편안하다. (comfortable, old)
　→ These black sneakers are _____.

2 너는 외식할 거니 아니면 집에서 먹을 거니? (at home, eat out, eat)
　→ Will you _____?

3 Simon은 TV를 끄고 자러 갔다. (the TV, go to bed, turn off)
　→ Simon _____.

4 그 수프는 약간 차가웠지만 매우 맛있었다. (cold, delicious, a little, very)
　→ The soup was _____.

5 John은 자신의 가족들과 친구들을 위해 요리하는 것을 좋아한다. (family, friends)
　→ John likes cooking for his _____.

6 나에게 전화하거나 문자를 보내 줄래? (send, call me, a text message)
　→ Will you _____?

7 우리는 공원에 가서 자전거를 탔다. (ride, go, bicycles, to the park)
　→ We _____.

wisdom 지혜　　intelligent 똑똑한

Unit 2 여러 가지 접속사

A 빈칸에 알맞은 말을 〈보기〉에서 골라 쓰세요. (단, 한 번씩만 쓸 것) POINT 3

| 〈보기〉 | when | before | if | because |

1 We should clean the living room _____ my mom comes back.

2 _____ you complete the 10 km course, you will get a medal.

3 I like the library _____ there are many books.

4 _____ I was young, I didn't like kimchi.

| 〈보기〉 | if | because | when | after |

5 My brother couldn't go to work _____ he had a bad cold.

6 Where were you _____ I called this morning?

7 _____ you don't have any plan today, let's hang out together.

8 What are you going to do _____ you graduate?

B 문맥상 자연스러운 문장이 되도록 알맞은 것을 골라 연결하세요. POINT 3

1 Vicky was only 5 years old •   • ⓐ after he gets home.

2 I will go to the park •   • ⓑ when she first wrote a song.

3 He always washes his hands •   • ⓒ because she was ill.

4 The girl was absent •   • ⓓ if it is sunny.

5 Take this medicine •   • ⓔ before you use the machine.

6 They didn't eat the soup •   • ⓕ when you have a headache.

7 Turn on the power •   • ⓖ because it was too salty.

8 The alarm will ring •   • ⓗ if there's a fire.

complete 끝마치다　　course (경주·경기 등의) 코스　　medal 메달　　hang out (함께) 어울리다　　graduate 졸업하다　　ill 아픈, 병 든　　absent 결석한
machine 기계　　power 전원; 전기　　alarm 경보　　ring (경보기 등이) 울리다

C that을 사용하여 〈보기〉와 같이 주어진 두 문장을 한 문장으로 쓰세요. POINT 4

> 〈보기〉 He can help you. + I think it.
> → I think that he can help you.

1 The story is true. + I know it.
   → I know _____.

2 She likes my present. + I hope it.
   → I hope _____.

3 Robert can be a great chef. + They believe it.
   → They believe _____.

4 He is a genius. + Some people say it.
   → Some people say _____.

5 The grammar test was very difficult. + Suji thinks it.
   → Suji thinks _____.

D 주어진 접속사를 사용하여 두 문장을 연결하세요. POINT 3·4

1 We took a rest. We came down the mountain. (before)
   → We took a rest _____.

2 You try hard. Your dream will come true. (if)
   → _____, your dream will come true.

3 My parents got angry. I fought with my brother. (when)
   → My parents got angry _____.

4 This restaurant is popular. The food isn't expensive. (because)
   → This restaurant is popular _____.

5 The speech is over. You can go out. (after)
   → _____, you can go out.

6 I think. Philip will win the first prize. (that)
   → I think _____.

7 I will call you. I get on the train. (when)
   → I will call you _____.

8 They were so happy. They won the game. (because)
   → They were so happy _____.

chef 요리사   grammar 문법   speech 연설   get on (탈것에) 타다

Chapter Test

[1-2] 다음 중 빈칸에 들어갈 알맞은 말을 고르세요.

POINT 1

1

> They collected many old things like books, clothes, _____ toys.

① and　　② but　　③ before

④ if　　⑤ because

POINT 2

2

> Will you stay with us or _____ home now?

① going　　② went　　③ to go

④ go　　⑤ goes

POINT 1

3 다음 두 문장을 한 문장으로 만들 때, 빈칸에 알맞은 말을 쓰세요. **서술형**

> Everyone wanted pizza. Jake ordered Chinese food.

→ Everyone wanted pizza, _____ Jake ordered Chinese food.

[4-5] 다음 중 빈칸에 공통으로 들어갈 말로 옳은 것을 고르세요.

POINT 1

4

> · Eric is handsome _____ kind.
> · Amy _____ I are good friends.

① but　　② and　　③ or

④ when　　⑤ because

POINT 3

5

> · _____ is your birthday?
> · _____ I was little, I had curly hair.

① If　　② After　　③ When

④ That　　⑤ Because

POINT 1·2

6 다음 중 어법상 알맞은 문장을 <u>모두</u> 고르세요. **고난도**

① The street was clean and quiet.

② Mira likes singing and dance.

③ It smells bad or tastes delicious.

④ Do you want to play soccer or read a novel?

⑤ She painted the house red and yellow.

POINT 1

7 다음 중 (A), (B)에 들어갈 말이 바르게 짝지어진 것을 고르세요.

> On Saturday, Mina cleans the living room. She washes the dishes ___(A)___ feeds the cat, too. ___(B)___ she doesn't clean the bathroom.

① but — Or　　② and — But

③ or — But　　④ and — Or

⑤ or — And

POINT 3

8 두 문장의 의미가 일치하도록 빈칸에 알맞은 말을 쓰세요. **서술형**

> The train left and then we got to the station.
> = We got to the station _____ the train left.

[9-10] 다음 중 문맥상 어색한 문장을 고르세요.

POINT 3

9
① I drank warm milk before I woke up.
② She was sick when the game started.
③ I wash my face when I feel sleepy.
④ He wore a coat because it was cold.
⑤ We stopped watching TV because it was boring.

POINT 3

10
① I lived in Daegu when I was a child.
② Nick missed the school bus because of he got up late.
③ If you don't buy that cap, I'll buy it.
④ Emma drank water after she exercised.
⑤ Please call me when you're free.

POINT 3

11 주어진 두 문장을 because를 이용하여 한 문장으로 다시 쓰세요. (서술형)

My mom is always busy. She has lots of things to do.

→ My mom _____
_____ .

[12-13] 우리말과 일치하도록 주어진 단어를 올바르게 배열하세요. (서술형)

POINT 4

12
우리는 그것이 거미라고 생각했다. (it / thought / we / that / a spider / was)

→ _____ .

POINT 3

13
더웠기 때문에 그는 창문을 열었다. (the window / was / because / it / opened / hot / he)

→ _____ .

POINT 3

14 다음 그림은 수지가 아침에 하는 일들을 순서대로 나열한 것입니다. 그림의 내용과 일치하도록 〈조건〉에 맞게 문장을 완성하세요. (REAL 기출) (서술형)

〈조건〉 · before나 after를 포함할 것
· 주어진 단어를 사용할 것

(1) Suji jogs _____ .
(breakfast, have)
(2) Suji goes to school _____
_____ . (her, brush, teeth)

POINT 4

15 다음 중 〈보기〉의 밑줄 친 부분과 어법상 쓰임이 같은 것을 고르세요.

〈보기〉 I didn't know that he was a painter.

① Daniel already bought that book.
② Which one is better, this or that?
③ I think that math is not difficult.
④ Do you believe that news?
⑤ What is that box on the table?

총괄평가 3회

[1-2] 다음 중 빈칸에 들어갈 말로 알맞지 <u>않은</u> 것을 고르세요.

Ch 9

1

| She will _____ you the photo. |

① send　　② show　　③ look

④ bring　　⑤ give

Ch 10

2

| I _____ to buy a new desk. |

① want　　② consider　　③ plan

④ hope　　⑤ wish

[3-4] 다음 중 어법상 알맞지 <u>않은</u> 문장을 고르세요.

Ch 9·10

3
① He became a famous actor.
② They like going to the stadium.
③ She named her dog Leo.
④ The cake tastes sweetly.
⑤ Nami decided to take a bus.

Ch 11·12

4
① They will be in Chicago on Thursday.
② We knew the answer was wrong.
③ Sujin will go to the market and eats lunch.
④ This bag is for the young children.
⑤ After I went to bed, someone rang the bell.

Ch 9

5 두 문장의 의미가 일치하도록 빈칸에 알맞은 말을 쓰세요.
（서술형）

| My parents bought my sister pants. = My parents bought pants _____ my sister. |

[6-7] 다음 중 빈칸에 들어갈 알맞은 말을 고르세요.

Ch 11

6

| Her family lived _____ London when she was young. |

① in　　② to　　③ by

④ at　　⑤ on

Ch 12

7

| I'll leave a message _____ he isn't at home. |

① and　　② after　　③ but

④ or　　⑤ if

[8-9] 어법상 알맞지 <u>않은</u> 부분을 찾아 바르게 고쳐 쓰세요.
（서술형）

Ch 9

8

| The gloves keep me warmly. |

_____ → _____

Ch 12

9

> She didn't buy the shoes because of they weren't nice.

_____ → _____

[10-11] 다음 중 주어진 우리말을 바르게 영작한 것을 고르세요.

Ch 10·12

10

> 너무 추울 때 나는 외출하는 것을 피한다.

① When it's too cold, I avoid to go out.
② Before it's too cold, I avoid going out.
③ Before it's too cold, I avoid to go out.
④ When it's too cold, I avoid going out.
⑤ Because it's too cold, I avoid to go out.

Ch 9

11

> 너는 나에게 그의 주소를 말해 줄 수 있니?

① Can you tell for me his address?
② Can you tell me his address?
③ Can you tell his address me?
④ Can you tell to me his address?
⑤ Can you tell his address for me?

[12-13] 다음 중 밑줄 친 부분의 쓰임이 <u>다른</u> 하나를 고르세요.

Ch 10

12

① They practiced hard <u>to win</u> the game.
② We waited for an hour <u>to meet</u> Bob.
③ Jenny is here <u>to have</u> dinner with us.
④ I bought a gift <u>to make</u> her happy.
⑤ He has a book <u>to borrow</u>.

Ch 12

13

① <u>When</u> I knew him, he was a student.
② Cindy is beautiful <u>when</u> she dances.
③ <u>When</u> did you send the letter?
④ <u>When</u> it's sunny, let's go on a picnic.
⑤ My brother took a shower <u>when</u> I talked with Gary.

[14-15] 우리말과 일치하도록 주어진 단어를 올바르게 배열하세요. (서술형)

Ch 9

14

> 우리 아버지는 아이들에게 과학을 가르치신다.
> (children / teaches / science)

→ My father _____.

Ch 11

15

> 너는 여름에 여행을 갈 거니?
> (a / on / go / trip / summer / you / in)

→ Will _____?

[16-17] 다음 중 (A), (B)에 들어갈 말이 바르게 짝지어진 것을 고르세요.

Ch 10·12

16

> · Collecting coins ____(A)____ my hobby.
> · I rode a bike ____(B)____ climbed a mountain last week.

① are — when
② is — when
③ are — but
④ is — and
⑤ are — and

17

· Carl lost his notebook _____(A)_____ school.
· My sister cooked pasta _____(B)_____ my parents.

① at — for
② at — to
③ on — for
④ on — to
⑤ in — of

[18-19] 다음 중 〈보기〉의 밑줄 친 부분과 어법상 쓰임이 <u>다른</u> 것을 고르세요.

Ch 10

18

〈보기〉 His habit is <u>chewing</u> gum.

① <u>Watching</u> sports games is exciting.
② Tony is <u>speaking</u> about his dog.
③ They enjoy <u>going</u> shopping.
④ My dream is <u>traveling</u> the world.
⑤ I stopped <u>playing</u> the violin.

Ch 11

19

〈보기〉 Don't act <u>like</u> adults.

① Jimmy walks <u>like</u> a robot.
② Can you run fast <u>like</u> your brother?
③ I can speak <u>like</u> my teacher.
④ She can cook <u>like</u> her mother.
⑤ They <u>like</u> babies very much.

[20-21] 두 문장을 주어진 단어를 사용하여 한 문장으로 완성하세요. (서술형)

Ch 10

20

My brother went to the bakery. He wanted to buy some bread.

→ My brother _____
_____. (to)

21

I can't write anything. I lost my pen.

→ I _____.
_____. (because)

[22-23] 다음 중 빈칸에 공통으로 들어갈 말로 알맞은 것을 고르세요.

Ch 9·11

22

· Give that long dress _____ her.
· I finished my homework thanks _____ Peter.

① for
② to
③ from
④ by
⑤ with

Ch 10·11

23

· Kate called her friend _____ tell the news.
· The city will hold the festival from Friday _____ Sunday.

① for
② by
③ to
④ with
⑤ on

[24-25] 다음 중 어법상 알맞지 <u>않은</u> 문장을 <u>모두</u> 고르세요.

Ch 10·11

24

① I arrived on time by taking a taxi.
② Mr. Lee wishes meeting the singer.
③ Cut the steak with the knife.
④ She will visit her uncle at October.
⑤ They finished playing tennis before it got too dark.

25
① His bright smile always makes us happily.
② The girl looks so lovely.
③ Nancy taught her brother history.
④ Please choose one, red and green.
⑤ If Yuri has time, we'll go to the restaurant.

Ch 12

29 다음 중 밑줄 친 부분을 생략할 수 없는 문장을 고르세요.
① Did they know <u>that</u> I was sick?
② She hopes <u>that</u> everyone is honest.
③ They always say <u>that</u> they do their best.
④ Do you know <u>that</u> man over there?
⑤ Can you believe <u>that</u> Nick loves Jane?

[26-27] 우리말과 일치하도록 주어진 단어를 사용하여 문장을 완성하세요. (서술형)

Ch 11

26
> 그 여자는 3년 동안 우리 집 가까이에서 살았다.
> (my house, 3 years)

→ The woman lived near _____

_____ .

Ch 12

30 다음 중 빈칸에 when을 쓸 수 없는 것을 고르세요.
① I listen to music _____ I'm angry.
② Close the window _____ you go out.
③ Jisu can't call me _____ she forgot my phone number.
④ _____ she left, I waved at her.
⑤ He had a headache _____ he got up this morning.

Ch 10·12

27
> 나는 뜨거운 물이나 차를 마시고 싶다.
> (feel like, drink, hot water, tea)

→ I _____ .

Ch 9·10·11

28 다음 중 어법상 알맞은 것끼리 바르게 짝지어진 것을 고르세요. (고난도)

> ⓐ My parents left me alone.
> ⓑ We gave up waiting for our turn.
> ⓒ To making cookies aren't easy.
> ⓓ I know the song through TV.
> ⓔ Thank you for joining our club.
> ⓕ The park is very beautiful at May.

① ⓐ, ⓒ, ⓔ, ⓕ   ② ⓐ, ⓑ, ⓓ, ⓔ
③ ⓐ, ⓑ, ⓔ, ⓕ   ④ ⓑ, ⓒ, ⓓ, ⓕ
⑤ ⓑ, ⓒ, ⓓ, ⓔ, ⓕ

Ch 9·10·11·12

31 다음 대화 중 어법상 옳지 않은 부분 두 군데를 찾아 바르게 고쳐 쓰세요. (고난도) (서술형)

> A: I took many pictures in Canada. I can show to you them.
> B: Oh, I want to see them, or I have to clean the classroom now.
> A: If you finish early, please come to my classroom.

(1) _____ → _____

(2) _____ → _____

25
① His bright smile always makes us happily.
② The girl looks so lovely.
③ Nancy taught her brother history.
④ Please choose one, red and green.
⑤ If you has time, we'll go to the restaurant.

[26-27] 우리말과 일치하도록 주어진 단어를 사용하여 빈칸을 완성하시오. (18점)

26 그 여자는 3년 동안 우리 집 이웃에서 살았다.
(my house, 3 years)

→ The woman lived near _____

27 나는 뜨거운 물이나 차를 마시고 싶다.
(feel like, drink, hot water, tea)

28 다음 중 어법상 틀린 문장끼리 짝지어진 것으로 바르게 짝지은 것을 고르시오. (고난도)

ⓐ My parents left me alone.
ⓑ We gave up waiting for our turn.
ⓒ To making cookies aren't easy.
ⓓ I know the song through TV.
ⓔ Thank you for joining our club.
ⓕ The park is very beautiful at May.

① ⓐ, ⓒ, ⓓ   ② ⓐ, ⓑ, ⓕ
③ ⓑ, ⓓ, ⓔ   ④ ⓑ, ⓒ, ⓔ
⑤ ⓓ, ⓔ, ⓕ

29 다음 중 밑줄 친 부분의 쓰임이 나머지와 다른 것을 고르시오.
① Did they know that I was sick?
② She hopes that everyone is honest.
③ They always say that they do their best.
④ Do you know that man over there?
⑤ Can you believe that Nick loves Jane?

30 다음 빈칸에 들어갈 말로 알맞은 것을 〈보기〉에서 골라 쓰세요.
① I listen to music _____ I'm angry.
② Close the window _____ you go out.
③ Lisa can't call me _____ she forgot my phone number.
④ _____ she left, I waved at her.
⑤ He had a headache _____ he got up this morning.

31 다음 대화를 어법에 맞게 고치고 자유 부분을 주어진 말을 이용하여 영작하시오. (고난도)

A: I took many pictures in Canada. I can show to you them.
B: Oh, I want to see them, or I have to clean the classroom now.
A: If you finish early, please come to my classroom.

[1] _____

[2] _____

천일문 GRAMMAR

1001개 예문으로 완성하는 필수 영문법

LEVEL 1

LEVEL 2

LEVEL 3

www.cedubook.com

실전에 바로 적용하는

잘 풀리는
영문법
Easy, Speedy, Successful

정말
잘 풀려요!

풀고, 풀고,
또 풀고!
풀면서 문법을
내 것으로!

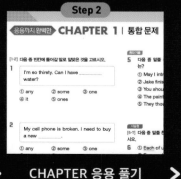
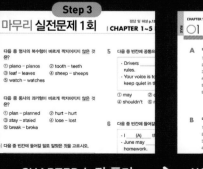

쎄듀북닷컴(www.cedubook.com)에서 부가 자료를 무료로 다운로드할 수 있습니다.

쎄듀

내신 만점을 위한 체계적 영작 훈련!

올쏨(All쏨)
서술형 시리즈

쎄듀북닷컴(www.cedubook.com)에서 부가 자료를 무료로 다운로드할 수 있습니다.

쎄듀

LISTENING Q

중학영어듣기 모의고사 시리즈

❶ 최신 기출을 분석한 유형별 공략

· 최근 출제되는 모든 유형별 문제 풀이 방법 제시
· 오답 함정과 정답 근거를 통해 문제 분석
· 꼭 알아두야 할 주요 어휘와 표현 정리

❷ 실전모의고사로 문제 풀이 감각 익히기

실전 모의고사 20회로 듣기 기본기를 다지고,
고난도 모의고사 4회로 최종 실력 점검까지!

❸ 매 회 제공되는 받아쓰기 훈련(딕테이션)

· 문제풀이에 중요한 단서가 되는
  핵심 어휘와 표현을 받아 적으면서 듣기 훈련!
· 듣기 발음 중 헷갈리는 발음에 대한 '리스닝 팁' 제공
· 교육부에서 지정한 '의사소통 기능 표현' 정리

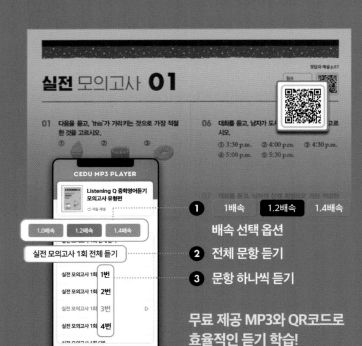

❶ 1배속 1.2배속 1.4배속
배속 선택 옵션

❷ 전체 문항 듣기

❸ 문항 하나씩 듣기

**무료 제공 MP3와 QR코드로
효율적인 듣기 학습!**

쎄듀

천일문 GRAMMAR

LEVEL 1

정답 및 해설

천일문
GRAMMAR

LEVEL
1

정답 및 해설

CHAPTER 01 be동사

Unit 1 be동사의 긍정문

POINT 1
p.10
check up

1 am, I'm	2 is, He's	3 are, You're
4 is, It's	5 are, We're	6 are, They're

1 나는 학생이다.
2 그는 매우 똑똑하다.
3 당신은 정말 친절하시네요.
4 그것은 탁자 위에 있다.
5 우리는 지금 바쁘다.
6 그들은 키가 무척 크다.

POINT 2
p.10
check up

1 is 2 are 3 are 4 is 5 are 6 is 7 are 8 is

POINT 3
p.11
check up

1 여동생이다 2 도서관에 있다 3 유명하다

POINT 4
p.11
check up

1 was 2 were 3 was 4 were 5 were 6 were

Unit Exercise
p.12

A	1 are	2 is	3 It's[It is]
	4 am	5 We're[We are]	6 are

1 너는 늘 매우 멋지다.
2 그녀는 늘 좋은 선생님이다.
3 오늘은 화창하고 맑다.
4 나는 오늘 매우 피곤하다.
5 우리는 올해 1학년이다.
6 수지와 인호는 지금 운동장에 있다.

B	1 was	2 am	3 is[was]	4 were	5 are	6 was

1 Brad는 작년에 캐나다에 있었다.
2 나는 지금 식당에 있다.
3 John은 항상 매우 친절하고 상냥하다[상냥했다].
4 우리는 어제 쇼핑몰에 있었다.
5 지나와 나는 자매이다.
6 어젯밤에 바람이 아주 강했다.

C	1 is, 병원에 있다	2 are, 깨끗하다	3 were, 밝았다
	4 are, 나의 가장 친한 친구들이다	5 was, 탁자 위에 있었다	

Unit 2 be동사의 부정문과 의문문

POINT 5
p.13
check up

1 I'm not	2 isn't	3 He wasn't
4 Mina and I aren't	5 We weren't	

〈보기〉 그것은 신선한 우유이다.
　→ 그것은 신선한 우유가 아니다.
1 나는 목이 마르다.
　→ 나는 목이 마르지 않다.
2 우리 아버지는 치과의사이시다.
　→ 우리 아버지는 치과의사가 아니시다.
3 그는 너에게 화났었다.
　→ 그는 너에게 화나지 않았었다.
4 미나와 나는 게으르다.
　→ 미나와 나는 게으르지 않다.
5 우리는 어젯밤에 집에 있었다.
　→ 우리는 어젯밤에 집에 있지 않았다.

POINT 6
p.14
check up 1

1 Is the store 2 Are you and Amy 3 Were they

1 그 가게는 여기서 멀다. → 그 가게는 여기서 먼가요?
2 너와 Amy는 테니스 선수들이다. → 너와 Amy는 테니스 선수들이니?
3 그들은 지난주에 서울에 있었다. → 그들은 지난주에 서울에 있었니?

check up 2

1 I am 2 he wasn't

1 A: 너는 아프니?
　B: 응, 그래.
2 A: Bill은 작년에 파리에 있었니?
　B: 아니, 그렇지 않았어.

Unit Exercise
p.15

A	1 is not[isn't]	2 was not[wasn't]	3 are not[aren't]
	4 am not	5 were not[weren't]	

B	1 Yes, she is	2 No, I wasn't
	3 Yes, they are	4 No, he wasn't

1 A: 유리는 훌륭한 댄서니?
　B: 응, 맞아. 그녀는 훌륭한 댄서야.
2 A: 너 어제 집에 있었니?
　B: 아니, 그렇지 않았어. 나는 학교에 있었어.
3 A: 그들은 유명한 야구 선수들이니?
　B: 응, 맞아. 그들은 유명한 야구 선수들이야.
4 A: Peter는 어젯밤에 아팠니?
　B: 아니, 그렇지 않았어. 그는 괜찮았어.

C 1 Are you sleepy
2 Is the key on the table
3 Were you and Minji teammates
4 Was the subway crowded

1 A: 너는 지금 졸리니?
  B: 아니, 그렇지 않아. 나는 졸리지 않아.
2 A: 그 열쇠는 탁자 위에 있니?
  B: 응, 그래. 그것은 탁자 위에 있어.
3 A: 너와 민지는 팀 동료였니?
  B: 응, 맞아. 우리는 팀 동료였어.
4 A: 지하철은 붐비었니?
  B: 아니, 그렇지 않았어. 붐비지 않았어.

Chapter Test
p.16

1 ①   2 ⑤   3 ④   4 ④   5 ③   6 ⑤   7 ②   8 ②
9 Bill and Ted are not[aren't] very brave.   10 Was James
absent from school yesterday?   11 ②   12 they aren't
13 she was   14 Are, they are   15 ②   16 ①, ③

1 **해석** 지수는 지금 화장실에 있다.
  해설 주어가 3인칭 단수이고 현재를 나타내는 now가 있으므로 is가 알맞다.
2 **해석** 너와 Lucy는 지난 토요일에 공원에 있었니?
  해설 주어가 A and B인 복수이고 과거를 나타내는 last Saturday가 있으므로 Were가 알맞다.
3 **해석** 어제 나는 온종일 집에 있지 않았다.
  해설 주어가 I이고 과거를 나타내는 Yesterday가 있으므로 wasn't가 알맞다.
  어휘 all day 온종일
4 **해석** ① 우리는 지금 쇼핑몰에 있다.
  ② 나는 고등학생이 아니다.
  ③ 내가 가장 좋아하는 스포츠는 수영이다.
  ④ Tony와 나는 이웃이다.
  ⑤ 그녀는 부엌에 있지 않다.
  해설 ④ 주어가 A and B인 복수이므로 am이 아닌 are가 쓰여야 적절하다.
  어휘 neighbor 이웃
5 **해석** ① 그 과일들과 채소들은 신선하다.
  ② Brown 씨는 과학자가 아니다.
  ③ 너희 오빠는 엔지니어니?
  ④ 오렌지 하나가 바구니 안에 있다.
  ⑤ 나는 지금 바쁘지 않다.
  해설 ③ 주어(your brother)가 3인칭 단수이므로 Are가 아닌 Is가 쓰여야 한다.
  어휘 engineer 엔지니어, 기술자   basket 바구니
6 **해석** ① 나는 어제 매우 피곤했다.
  ② 나의 가방은 교실 안에 있지 않다.
  ③ 우리는 어젯밤에 병원에 있지 않았다.
  ④ 너희 어머니는 간호사시니?
  ⑤ 지나와 민호는 지난달에 일본에 있었니?
  해설 ⑤ 과거를 나타내는 last month가 있으므로 Are가 아닌 Were가 적절하다.
7 **해석** ① 내 여동생은 어제 아팠다.
  ② 그들은 지난달에 부산에 있었다.
  ③ 그는 10년 전에 어린 소년이었다.
  ④ 어제 뮤지컬은 훌륭했다.

⑤ 나는 작년에 초등학생이었다.
  해설 ②는 were, 나머지는 was가 들어간다.
8 **해석** ① 너는 조종사가 아니다.
  ② 그들은 이 건물 안에 있다.
  ③ 한 선생님은 나의 영어 선생님이시다.
  ④ 카레는 내가 가장 좋아하는 음식이다.
  ⑤ Steve는 나의 새로운 반 친구이다.
  해설 ②는 '(어디에) 있다', 나머지는 '(무엇)이다'란 의미이다.
  어휘 pilot 조종사   classmate 반 친구
9 **해석** Bill과 Ted는 매우 용감하다. → Bill과 Ted는 별로 용감하지 않다.
  해설 be동사의 부정문은 be동사 뒤에 not을 붙여서 만든다. are not은 aren't로 줄여 쓸 수 있다.
  어휘 brave 용감한
10 **해석** James는 어제 학교에 결석했다. → James는 어제 학교에 결석했니?
  해설 be동사의 의문문은 「be동사+주어 ~?」의 형태이다.
  어휘 absent 결석한
11 **해석** ① 그들은 친한 친구들이다.
  ② 나는 학생이 아니다.
  ③ 우리는 어제 모임에 늦지 않았다.
  ④ 그녀는 어젯밤에 거기 있지 않았다.
  ⑤ 그는 나이 들었지만 건강하다.
  해설 ② am not은 줄여 쓸 수 없다.
  어휘 close 친한; 가까운   healthy 건강한
12 **해석** A: 네 바지는 새것이니?
  B: 아니, 그렇지 않아.
  해설 your pants는 3인칭 복수 주어이므로 응답에서는 대명사 they를 써야 하며 be동사는 are가 온다. 응답이 No로 시작하므로 부정형인 aren't를 써야 알맞다.
13 **해석** A: 너희 언니는 작년에 유럽에 있었니?
  B: 응, 맞아.
  해설 의문문의 주어가 your sister이므로 응답에서는 대명사 she를 써야 하고, 과거에 대해 물었으므로 was가 와야 적절하다.
14 **해석** A: John과 Daisy는 지금 구내식당에 있니?
  B: 응, 맞아.
  해설 주어 John and Daisy가 복수이고 현재를 나타내는 now가 있으므로 A의 빈칸에는 Are가 적절하다. B의 주어 자리에는 3인칭 복수를 대신하는 they가 적절하고 Yes로 답하므로 뒤에 are가 와야 한다.
  어휘 cafeteria 구내식당; 카페테리아
15 **해석** A: 저 사람 누구야? 너희 사촌이니?
  B: 응, 맞아. 우린 같은 학교에 다녀.
  A: 그는 너랑 같은 반이니?
  B: 아니, 그렇지 않아. 그는 2학년이야.
  해설 첫 번째 B의 응답에서 'Yes, he is.'로 받고 있고, 두 번째 B의 응답에서도 'No, he isn't.'로 받고 있으므로 빈칸에는 'Is he'가 적절하다.
  어휘 cousin 사촌
16 **해석** ① 이 카메라는 비싸지 않다.
  ② A: 당신은 새로운 선생님이신가요?
    B: 네, 맞아요.
  ③ 그의 신발은 더럽고 낡았다.
  ④ 너의 가방은 무겁니?
  ⑤ 너희 부모님은 어젯밤에 극장에 계셨니?
  해설 ② you로 물어봤으므로 응답문은 you are가 아닌 I am이 쓰여야 적절하다. ④ 주어가 3인칭 단수명사(your bag)이므로 동사는 Is가 적절하다. ⑤ 주어가 3인칭 복수명사(your parents)이므로 동사는 Were가 적절하다.
  어휘 theater 극장

CHAPTER 02 일반동사

Unit 1 일반동사의 현재형

POINT 1

p.20

check up

1 ②   2 ①

1 내 여동생들은 요즘 많은 책을 읽는다.
2 민지와 나는 매일 영어를 배운다.

POINT 2

p.21

check up 1

1 says	2 goes	3 walks	4 has
5 tries	6 teaches	7 studies	8 speaks
9 enjoys	10 passes	11 marries	12 draws
13 swims	14 begins	15 flies	16 does
17 waits	18 knows	19 stays	20 hears

check up 2

1 ②   2 ③

1 Rachel은 아침에 라디오를 듣는다.
2 우리 누나는 매일 체육관에 간다.

check up 3

1 plays	2 cries	3 watches
4 washes	5 takes	6 closes

1 Tony는 피아노를 매우 잘 친다.
2 그 아기는 매일 밤 운다.
3 우리 아버지는 거실에서 TV를 보신다.
4 미나는 식사 전에 손을 씻는다.
5 월드컵은 4년마다 개최된다.
6 그 식당은 오후 10시에 문을 닫는다.

Unit Exercise

p.22

A	1 want	2 has	3 loves
	4 learn	5 likes	6 watch

1 우리는 약간의 신선한 공기를 원한다.
2 그녀는 짧은 머리를 하고 있다.
3 Emily는 자신의 새 신발을 마음에 들어 한다.
4 우리 형과 나는 함께 중국어를 배운다.
5 Ben은 노래하고 춤추는 것을 좋아한다.
6 Kevin과 Nancy는 토요일마다 영화를 본다.

B	1 studies	2 exercise	3 knows
	4 takes	5 listens	

1 Joe는 한국어를 매우 열심히 공부한다.
2 Kevin과 Jason은 체육관에서 함께 운동한다.
3 Danny는 모든 유명한 농구 선수들을 안다.
4 우리 아빠는 일주일에 두 번 수영 강습을 받으신다.
5 지나는 항상 자신의 친구들의 말을 주의 깊게 듣는다.

C	1 ○	2 × → goes	3 × → gets	4 × → help
	5 ○	6 × → teaches	7 × → plays	

1 Dan은 매일 아침 학교에 걸어간다.
2 Tom은 도서관에 간다.
3 우리 아빠는 아침에 일찍 일어나신다.
4 그 의사들은 아픈 사람들을 돕는다.
5 그는 밤에 TV를 본다.
6 이 선생님은 수학을 가르치신다.
7 우리 형은 방과 후에 야구를 한다.

Unit 2 일반동사의 과거형

POINT 3

p.23

check up

1 borrowed	2 opened	3 cooked	4 married
5 hurried	6 tied	7 shopped	8 received
9 stayed	10 climbed	11 cried	12 delayed
13 arrived	14 crossed	15 died	16 rained
17 loved	18 added	19 fried	20 practiced

Unit Exercise

p.25

A	1 ate	2 lost	3 saw
	4 bought	5 went	6 poured

1 그는 점심으로 햄버거를 먹었다.
2 어제 나는 학교에서 내 휴대폰을 잃어버렸다.
3 Jenny와 나는 어제 영화 한 편을 봤다.
4 나는 간식을 좀 샀다.
5 우리 가족은 지난 주말에 박물관에 갔다.
6 오늘 아침에 비가 마구 쏟아졌다.

B	1 stayed	2 stopped	3 visited
	4 studied	5 arrived	6 chatted

1 Jane은 어제 집에 머물렀다.
2 그 차는 신호등에서 멈췄다.
3 그들은 지난달에 국립 박물관을 방문했다.
4 어젯밤에 나는 밤 11시까지 영어를 공부했다.
5 그 기차는 제시간에 도착했다.
6 우리는 어젯밤에 전화로 얘기했다.

C	1 got	2 ran	3 invented	4 planned	5 paid

Unit 3 일반동사의 부정문과 의문문

POINT 5

p.26

check up 1

1 don't	2 doesn't	3 doesn't
4 don't	5 doesn't	6 don't

1 그들은 운동을 좋아하지 않는다.
2 Mary는 부산에 살지 않는다.
3 내 친구는 노래를 별로 잘 부르지 않는다.
4 Alice와 Jane은 오늘 수업이 없다.
5 Nancy는 한국어를 말하지 못한다.
6 우리는 오늘 숙제가 없다.

check up 2

1 doesn't drink	2 don't play
3 doesn't open	4 don't wear

1 우리 형은 커피를 마시지 않는다.
2 그들은 밤에 컴퓨터 게임을 하지 않는다.
3 그 박물관은 목요일에 문을 열지 않는다.
4 Andrew와 나는 안경을 쓰지 않는다.

POINT 6
check up   p.28

1 Do, walk, do	2 Does, read, he doesn't

1 너는 학교에 걸어간다.
  → A: 너는 학교에 걸어가니?
     B: 응, 맞아.
2 너희 남동생은 많은 책을 읽는다.
  → A: 너희 남동생은 많은 책을 읽니?
     B: 아니, 그렇지 않아.

POINT 7
check up   p.28

1 didn't do	2 didn't play	3 didn't take

1 우리 누나는 어제 숙제를 하지 않았다.
2 그들은 지난 토요일에 배드민턴을 치지 않았다.
3 그는 어젯밤에 샤워를 하지 않았다.

POINT 8
check up   p.28

1 Did, meet, did	2 Did, eat, didn't

1 A: 너는 어제 민호를 만났니?
   B: 응, 만났어.
2 A: 그는 오늘 아침에 식사를 했니?
   B: 아니, 안 했어.

Unit Exercise   p.29

A 1 don't sleep	2 don't eat	3 doesn't watch
4 doesn't do	5 don't work	

1 내 고양이들은 많이 잔다.
  → 내 고양이들은 많이 자지 않는다.
2 나는 오렌지를 먹는다.
  → 나는 오렌지를 먹지 않는다.
3 우리 아버지는 뉴스 프로그램을 보신다.
  → 우리 아버지는 뉴스 프로그램을 보시지 않는다.
4 그녀는 많은 운동을 한다.
  → 그녀는 많은 운동을 하지 않는다.
5 Sam과 Peter는 같은 사무실에서 일한다.
  → Sam과 Peter는 같은 사무실에서 일하지 않는다.

B 1 Do, know, I don't	2 Does, have, he does
3 Does, live, she doesn't	4 Do, eat, they do
5 Does, have, it does	

1 A: 너는 내 여동생을 아니?
   B: 아니, 몰라.
2 A: Peter는 여자 친구가 있니?
   B: 응, 있어.
3 A: Jane은 런던에 사니?
   B: 아니, 그렇지 않아.
4 A: 그들은 많은 밥을 먹니?
   B: 응, 맞아.
5 A: 그들의 학교는 수영장이 있니?
   B: 응, 있어.

C 1 buy	2 Do	3 spend
4 meet	5 stay	6 have

1 그는 슈퍼마켓에서 무언가를 샀니?
2 너희 남동생들은 방을 청소하니?
3 그들은 어제 많은 돈을 썼니?
4 우리는 Susan은 만나지 않았다. 우리는 Ann을 만났다.
5 그는 집에 머무르지 않는다.
6 너희 언니는 긴 머리를 가졌니?

Chapter Test   p.30

1 ⑤   2 ②   3 ③   4 ①   5 He does his homework in the room   6 Kate bought a jacket   7 ①   8 ⑤
9 ④   10 getted, got   11 studies, study   12 ⑤
13 leave, leaves   14 (1) ate (2) didn't[did not] play
15 does, reads, doesn't, plays

1 **해석** _____ 아침에 아주 늦게 일어난다.
   ① John은 ② Susan은 ③ 그는 ④ 내 여동생은 ⑤ 그들은
   해설 동사 wakes가 3인칭 단수 현재형이므로 여러 명을 나타내는 They는 주어로 적절하지 않다.

2 **해석** _____ 동물을 아주 좋아하니?
   ① 그들은 ② Nancy는 ③ 너는 ④ Brad와 Jane은 ⑤ 네 여동생들은
   해설 문장 맨 앞에 Do가 있으므로 3인칭 단수형인 Nancy는 주어로 적절하지 않다.

3 **해석** · 그 가게는 일요일마다 문을 여니?
   · 너는 아침에 조깅하니?
   해설 (A) 주어가 the store로 3인칭 단수이므로 빈칸에 Does가 알맞다. (B) 주어가 you이므로 빈칸에 Do가 알맞다.
   어휘 jog 조깅하다

4 **해석** A: 네가 그 피자를 먹었니?
   B: 아니, 그렇지 않았어. 내 여동생이 그 피자를 먹었어.
   해설 (A) B의 응답에서 didn't가 나오므로 과거의 일임을 알 수 있다. 따라서 빈칸에는 Did가 적절하다. (B) A의 질문에서 eat이 보이고 didn't에서 과거의 일임을 알 수 있으므로 eat의 과거형인 ate가 적절하다.

5 **해설** 현재를 나타내는 every day가 쓰였고, 주어가 3인칭 단수인 He이므로 동사 do를 does로 바꿔 쓰는 것에 유의해야 한다.

6 **해설** yesterday가 과거를 나타내므로 동사 buy를 과거형인 bought로 바꿔 쓰는 것에 유의해야 한다.

7 **해석** ① 그는 도서관에 간다.
   ② 나는 책을 읽는다.
   ③ 너는 여동생이 있니?
   ④ Kevin은 아버지와 축구를 한다.

⑤ 보라는 주방에서 설거지를 한다.

해설 ② 주어가 I이므로 동사는 reads가 아닌 read를 써야 한다. ③ 문장 맨 앞에 Do가 있으므로 동사원형인 have를 써야 한다. ④ 동사 play의 3인칭 단수형은 plays이다. ⑤ 동사 wash의 3인칭 단수형은 washes이다.

어휘 wash the dishes 설거지를 하다

8 해석 ① 그는 피아노를 잘 친다.
② 내 남동생은 사과를 좋아하지 않는다.
③ 나는 일요일마다 산책을 한다.
④ 그는 많은 책을 가지고 있니?
⑤ 우리 엄마는 토요일에는 일하러 가시지 않는다.

해설 ① 주어가 3인칭 단수 He이므로 동사는 play가 아닌 plays를 써야 한다. ② doesn't 뒤에는 동사원형을 써야 한다. ③ 주어가 I이므로 동사는 takes가 아닌 take로 써야 한다. ④ 문장 맨 앞에 Does가 있으므로 동사원형인 have를 써야 한다.

어휘 take a walk 산책하다

9 해석 ① Tom은 자신의 친구들과 중국어를 공부했다.
② 그들은 아침에 식사를 하지 않았다.
③ 그들은 어제 축구를 했니?
④ Frank는 어젯밤에 TV를 보지 않았다.
⑤ 나는 케이크를 세 조각 먹었다.

해설 ① study의 과거형은 studyed가 아니라 studied이다. ② 일반동사 과거형의 부정문은 didn't를 써서 나타내므로 hadn't가 아닌 didn't have이다. ③ 문장 맨 앞에 Did가 있으므로 동사원형인 play를 써야 한다. ⑤ eat의 과거형은 eated가 아니라 ate이다.

어휘 piece 조각

10 해석 Simon은 오늘 아침 7시에 일어났다.

해설 동사 get의 과거형은 getted가 아니라 got이다.

11 해석 Adam은 월요일에 영어를 공부하지 않는다. 그의 영어 수업은 금요일이다.

해설 doesn't 뒤에는 동사원형이 와야 하므로 studies를 study로 고쳐 써야 한다.

12 해석 ① Tom은 방과 후에 야구를 했다.
→ Tom은 방과 후에 야구를 했니?
② 너는 오렌지를 몇 개 원한다.
→ 너는 오렌지를 몇 개 원하니?

③ 한 씨는 주말에 세차한다.
→ 한 씨는 주말에 세차하니?
④ 그들은 일주일에 두 번 영화를 본다.
→ 그들은 일주일에 두 번 영화를 보니?
⑤ 그는 자신의 친구에게 이메일을 보냈다.
→ 그는 자신의 친구에게 이메일을 보냈니?

해설 ⑤ 문장 맨 앞에 Did가 있으므로 동사원형인 send를 써야 한다.

13 해석 Peter는 6시에 일어나 아침을 먹는다. 그는 7시에 학교로 간다. 그는 버스로 학교에 간다. 그는 버스에서 음악을 듣는다.

해설 주어가 He로 3인칭 단수이고 현재이므로 동사 leave를 3인칭 단수 현재형인 leaves로 고쳐 써야 한다.

어휘 leave for ~로 떠나다

14 해석 (1) 그는 어젯밤에 햄버거를 먹었다. (2) 그는 어젯밤에 컴퓨터 게임을 하지 않았다.

해설 (1) last night로 보아 과거형을 써야 함을 알 수 있다. eat의 과거형은 ate이다. (2) 그림으로 보아 컴퓨터 게임을 하지 않았음을 알 수 있다. 마찬가지로 last night가 있으므로 과거를 나타내는 부정문 didn't[did not] play가 적절하다.

15 해석

	책을 읽다	피아노를 치다	기타를 치다
Tom	○	×	○
수진	○	○	×

A: Tom은 책을 읽니?
B: 응, 맞아. 그는 많은 책을 읽어.
A: 수진이는 기타를 치니?
B: 아니, 그렇지 않아. 그녀는 피아노를 쳐.

해설 첫 번째 질문의 응답에서 Yes로 답하고 주어가 he이므로 3인칭 단수 동사 does를 쓴다. 이어지는 문장 빈칸에 동사 read가 적절한데 3인칭 단수형은 reads이다. 두 번째 질문의 응답에서 No로 답하고 주어가 she이므로 doesn't가 따라온다. 이어지는 빈칸에는 동사 play의 3인칭 단수형 plays를 써야 한다.

CHAPTER 03 현재진행형과 미래 표현

Unit 1 현재진행형

POINT 1   p.34

check up 1

1 riding	2 coming	3 swimming
4 sitting	5 cooking	6 taking

check up 2

1 eating	2 is smiling	3 shopping
4 dying	5 singing	

1 그녀는 햄버거를 먹고 있다.
2 그는 아름답게 미소 짓고 있다.
3 나는 내 친구와 함께 쇼핑하고 있다.
4 많은 사람들이 굶주림으로 죽어가고 있다.
5 그들은 행복하게 노래를 부르고 있다.

POINT 2   p.35

check up

1 is not[isn't]	2 am not	3 are not[aren't]

POINT 3   p.35

check up

1 Is Becky sitting	2 Are your friends playing
3 Are you drinking	

1 Becky는 소파에 앉아 있다.
→ Becky는 소파에 앉아 있니?
2 너의 친구들은 게임을 하고 있다.
→ 너의 친구들은 게임을 하고 있니?
3 너는 주스 한 컵을 마시고 있다.
→ 너는 주스 한 컵을 마시고 있니?

Unit Exercise
p.36

A 1 is washing, is not[isn't] washing, Is, washing
2 is making, is not[isn't] making, Is, making
3 are eating, are not[aren't] eating, Are, eating

1 민수는 지금 자신의 개를 씻기고 있다.
민수는 지금 자신의 개를 씻기고 있지 않다.
민수는 지금 자신의 개를 씻기고 있니?
2 Anna는 쇼핑 목록을 만들고 있다.
Anna는 쇼핑 목록을 만들고 있지 않다.
Anna는 쇼핑 목록을 만들고 있니?
3 그들은 함께 점심을 먹고 있다.
그들은 함께 점심을 먹고 있지 않다.
그들은 함께 점심을 먹고 있니?

B 1 not swimming 2 Is, lying 3 aren't crying
4 Are, climbing

C 1 ○ 2 ○ 3 × → is not[isn't] talking
4 × → are running 5 × → is dancing
6 × → doing 7 ○

1 Andy는 친구들과 파티를 즐기고 있니?
2 나는 초록색 펜으로 개구리를 그리고 있다.
3 Sally는 전화 통화를 하고 있지 않다.
4 그 소년들은 정말 빨리 뛰고 있다.
5 그녀는 거실에서 춤을 추고 있다.
6 그는 과학 숙제를 하고 있니?
7 너는 지금 컴퓨터를 사용하고 있니?

Unit 2 미래 표현

POINT 4
check up
p.37

1 will watch 2 will not go 3 will buy
4 Will, come 5 won't open 6 Will, join, I will

POINT 5
check up
p.38

1 is not[isn't] going to make, Is Jenny going to make
2 are not[aren't] going to take, Are you going to take
3 are not[aren't] going to grow, Are they going to grow
4 is not[isn't] going to wear, Is he going to wear

1 Jenny는 사과 주스를 좀 만들 것이다.
→ Jenny는 사과 주스를 좀 만들지 않을 것이다.
→ Jenny가 사과 주스를 좀 만들까?
2 너는 영어 시험을 볼 것이다.
→ 너는 영어 시험을 보지 않을 것이다.
→ 너는 영어 시험을 볼 거니?
3 그들은 정원에서 꽃을 키울 것이다.
→ 그들은 정원에서 꽃을 키우지 않을 것이다.
→ 그들은 정원에서 꽃을 키울까?
4 그는 오늘 티셔츠를 입을 것이다.
→ 그는 오늘 티셔츠를 입지 않을 것이다.
→ 그는 오늘 티셔츠를 입을까?

Unit Exercise
p.39

A 1 are going to prepare 2 will not[won't] take
3 Will she decorate
4 are not[aren't] going to travel
5 will wait 6 Is he going to read

1 그들은 특별한 저녁 식사를 준비한다.
→ 그들은 특별한 저녁 식사를 준비할 것이다.
2 Polly 이모는 나를 파리에 데려가신다.
→ Polly 이모는 나를 파리에 데려가지 않으실 것이다.
3 그녀는 크리스마스트리를 장식한다.
→ 그녀가 크리스마스트리를 장식할까?
4 우리는 브라질로 여행을 간다.
→ 우리는 브라질로 여행을 가지 않을 것이다.
5 Fred는 방과 후에 나를 기다린다.
→ Fred는 방과 후에 나를 기다릴 것이다.
6 그는 역사책을 읽는다.
→ 그가 역사책을 읽을까?

B 1 Are you going to cross
2 will play[are going to play]
3 will visit[is going to visit]
4 won't[will not] sell
5 is not[isn't] going to marry

1 너는 길을 건널 거니?
2 Dave와 나는 오늘 오후에 배드민턴을 칠 것이다.
3 내 여동생은 친구들과 함께 자동차 박물관에 방문할 것이다.
4 우리 할머니는 집을 팔지 않으실 것이다.
5 Jenny는 Tony와 결혼하지 않을 것이다.

C 1 Are you going to go 2 are going to finish
3 will not[won't] call 4 Will you meet
5 are not[aren't] going to stay

Chapter Test
p.40

1 ③ 2 ④ 3 ② 4 ⑤ 5 ② 6 ④ 7 Ann is lying on the grass in the park. 8 Is Fred going to learn Korean this summer? 9 ②, ⑤ 10 ⑤ 11 I am[I'm] going to go to the movies. 12 Will you come back to Korea 13 We are not going to work tomorrow
14 useing, using 15 playing, play 16 is riding a bike
17 ②

1 **해석** ① 그는 호수에서 수영하고 있다.
② 나는 꽃 사진을 찍고 있다.
③ 그 어린 소녀는 버스에서 울고 있다.
④ 지금 밖에 비가 오고 있다.
⑤ 슬프게도 내 개는 지금 죽어 가고 있다.
해설 ①은 swimming, ②는 taking, ④는 raining, ⑤는 dying으로 써야 한다.
어휘 sadly 슬프게도
2 **해석** · Jake는 오렌지 주스를 마시고 있다.
· 그들은 2시에 만날 것이다.
해설 (A)는 앞에 is가 있으므로 「be동사+동사의 -ing형」의 현재진행형이 알맞고, (B)는 앞에 will이 있으므로 「will+동사원형」의 미래 표현이 알맞다.

3 해설 · 오늘 오후에는 눈이 오지 않을 것이다.
· 너는 내일 무엇을 할 거니?
해설 (A)는 앞에 will의 부정형인 won't가 있으므로 동사원형이 알맞고, (B)는 미래를 의미하는 tomorrow가 있고 빈칸 앞뒤로 are, to do가 있으므로 「be going to+동사원형」 형태의 미래 표현이 알맞다.

4 해석 ① 너는 지금 학교에 가고 있니?
② 그들은 서로 이야기를 하고 있지 않다.
③ 나는 파란 새 한 마리를 보고 있다.
④ 그는 Jenny에게 이메일을 쓰고 있다.
⑤ Mike는 지금 운동하고 있지 않다.
해설 ⑤ 현재진행형의 부정문이므로 exercise는 exercising으로 써야 한다.

5 해석 ① 너는 오늘 저녁에 집에 있을 거니?
② 우리는 새집을 지을 것이다.
③ 그가 해변에 갈까?
④ 나는 오늘 점심을 먹으러 나가지 않을 것이다.
⑤ 그녀는 파티에서 그 드레스를 입지 않을 것이다.
해설 ② 미래를 나타낼 때는 「be going to+동사원형」의 형태로 써야 하므로 building은 build로 고쳐야 한다.

6 해석 A: 그들이 내일 떠날까?
B: 아니, 그렇지 않을 거야. 그들은 하룻밤 더 머물 거야.
해설 ④ be going to 의문문에 대한 대답이고 문맥상 부정의 대답이 와야 하므로 「No, 주어+be동사+not.」을 써야 한다.

7 해석 Ann은 공원에서 풀밭 위에 눕는다.
→ Ann은 공원에서 풀밭 위에 누워 있다.
해설 현재진행형은 「be동사+-ing형」으로 써야 하며, lie는 -ie로 끝나는 동사이므로 ie를 y로 바꾸고 -ing를 붙여 lying으로 쓴다.
어휘 lie 눕다

8 해석 Fred는 이번 여름에 한국어를 배울 것이다.
→ Fred가 이번 여름에 한국어를 배울까?
해설 「be going to+동사원형」 형태의 미래 표현은 「be동사+주어+going to+동사원형 ~?」으로 의문문을 만든다.

9 해석 ① 나는 미래에 요리사가 될 것이다.
② 그녀는 바위 위에 서 있다.
③ 그 소년들은 지금 축구를 하고 있니?
④ 그녀는 그 콘서트를 즐기고 있지 않다.
⑤ 너는 Smith 씨를 만날 거니?
해설 ①은 미래를 나타내는 문장이므로 I'm[I am] going to be 또는 I'll[I will] be가 되어야 하고, ③은 주어 the boys가 복수이므로 Is는 Are가 되어야 한다. ④는 현재진행형의 부정문이므로 She's not enjoying이 되어야 한다.

10 해설 ①과 ②는 현재진행형이 되어야 하므로 read는 reading으로, He'll은 He's[He is]로 써야 알맞다. ③은 현재진행형의 부정문이 되어야 하므로 is not eating의 순서로 써야 하며, ④는 주어 My sister and I가 복수이므로 am은 are로 써야 한다.

11 해석

월요일	John과 야구하기
수요일	방과 후 Jane 만나기
금요일	영화 보러 가기

〈보기〉 A: 너는 월요일에 무엇을 할 거니?
B: 나는 John과 야구를 할 거야.
A: 너는 금요일에 무엇을 할 거니?
B: 나는 영화를 보러 갈 거야.
해설 일정표에 금요일에는 영화를 보러 가기로 되어 있고 〈보기〉와 같이 「be going to+동사원형」의 형태로 쓰면 I am[I'm] going to go to the movies.가 된다.

12 해설 will을 사용한 미래 표현의 의문문으로 써야 하므로 「Will+주어+동사원형 ~」의 순서로 단어를 배열한다.

13 해설 be going to를 사용한 미래 표현의 부정문으로 써야 하므로 「주어+be동사+not going to+동사원형」의 순서로 단어를 배열한다.

14 해석 그 소년은 풀을 사용하고 있다.
해설 동사 use를 -ing형으로 쓸 때는 -e를 빼고 -ing를 붙여 using으로 쓴다.

15 해석 A: 너는 오늘 저녁에 영화를 볼 거니?
B: 아니, 그렇지 않아. 나는 테니스를 칠 거야.
해설 「be going to+동사원형」 형태의 미래 표현으로 묻고 있고 대답도 '~할 것이다' 의미의 「be going to+동사원형」을 써야 하므로 playing은 play로 써야 한다.

16 해석 A: 너희 형은 밖에 있니?
B: 응. 형은 밖에서 자전거를 타고 있어.
해설 자전거 타고 있는 그림이 제시되어 있고 주어가 he이므로 is riding a bike로 써야 한다.

17 해석 ⓐ 나는 지난주에 새 가방을 샀다.
ⓑ Paul과 나는 다음 달에 일본에 방문할 것이다.
ⓒ David는 책상에서 공부를 하고 있다.
ⓓ 그녀는 내 생일을 위해 케이크를 구울 것이다.
ⓔ 민주는 운동장을 달리고 있다.
해설 ⓐ 과거를 나타내는 표현 last week은 미래 표현인 be going to와 함께 쓸 수 없다. ⓑ 주어 Paul and I는 복수이므로 am은 are로 써야 한다. ⓔ 동사 run을 -ing형으로 쓸 때는 마지막 자음을 한 번 더 쓰고 -ing를 붙여 running으로 쓴다.
어휘 playground 운동장

CHAPTER 04 조동사

Unit 1 조동사의 기본 형태와 can/may

POINT 1
check up   p.44

1 can speak	2 can play	3 may be
4 must follow	5 should tell	

1 Andrew는 일본어를 말할 수 있다.
2 나는 첼로를 연주할 수 있다.

3 내일은 화창할지도 모른다.
4 우리는 교통 법규를 지켜야 한다.
5 그녀는 우리에게 진실을 말해야 한다.

POINT 2
check up   p.44

1 must not	2 should not drink
3 Can you drive	

1 너는 거짓말을 하면 안 된다.

2 너는 탄산음료를 너무 많이 마시지 말아야 한다.
3 너는 자동차를 운전할 수 있니?

POINT 3
check up　　　　　　　　　　　　　　p.45

1 can climb　　　　**2** is able to fix
3 cannot[can't] solve

POINT 4
check up　　　　　　　　　　　　　　p.45

1 ⓑ　　**2** ⓐ　　**3** ⓑ

1 밖에 비가 오고 있어요. 제가 여기 머물러도 될까요?
2 저는 지금 바빠요. 잠시만 기다려 줄래요?
3 너는 이 강에서 수영하면 안 된다. 강이 너무 깊다.

POINT 5
check up　　　　　　　　　　　　　　p.46

1 ⓑ　　**2** ⓐ

1 제가 지금 화장실에 가도 될까요?
2 너는 내 컴퓨터를 사용해도 돼.

POINT 6
check up　　　　　　　　　　　　　　p.46

1 ⓑ　　**2** ⓐ　　**3** ⓑ　　**4** ⓐ

1 Steve는 피곤할지도 모른다.
2 너는 내 펜을 빌려도 된다.
3 Henry는 너의 주소를 알지 못할 것이다.
4 그녀는 지금 주방에 있을 것이다.

Unit Exercise
　　　　　　　　　　　　　　　　　　p.47

A **1** ○　　**2** × → Can you　　**3** ○　　**4** × → May I leave
　　5 × → must not talk　　**6** ○

1 이 새는 지금 날 수 없다.
2 너는 이 상자를 들 수 있니?
3 내일 비가 올지도 모른다.
4 제가 지금 떠나도 될까요?
5 너는 수업 중에 친구와 이야기하면 안 된다.
6 너는 안전벨트를 매야 한다.

B **1** ⓒ　　**2** ⓑ　　**3** ⓐ　　**4** ⓒ　　**5** ⓓ　　**6** ⓑ

1 밖은 추울지도 모른다.
2 너는 지금 집에 가도 된다.
3 그녀는 프랑스어와 영어를 말할 수 있다.
4 이 호수는 깨끗하지 않을 것이다.
5 제게 설탕 좀 건네주시겠어요?
6 너는 언제든 우리를 방문해도 된다.

C **1** Can　　**2** may not　　**3** may　　**4** can't

Unit 2　must/have to/should

POINT 7
check up　　　　　　　　　　　　　　p.48

1 must[have to]　　**2** don't have to　　**3** must not

POINT 8
check up　　　　　　　　　　　　　　p.48

1 공손해야 한다　　**2** 싸우지 말아야 한다

Unit Exercise
　　　　　　　　　　　　　　　　　　p.49

A **1** has to see　　　　　**2** have to recycle
　　3 has to finish　　　　**4** has to get up
　　5 have to be

1 그는 지금 당장 병원에 가야 한다.
2 우리는 종이를 재활용해야 한다.
3 Susan은 자신의 일을 끝마쳐야 한다.
4 내 남동생은 내일 일찍 일어나야 한다.
5 너는 극장에서 조용히 해야 한다.

B **1** should have　　　　**2** should not drive
　　3 should call　　　　**4** should not be
　　5 should not run

C **1** must feed　　　　　**2** should not use
　　3 has to save　　　　**4** should turn off

Chapter Test
　　　　　　　　　　　　　　　　　　p.50

1 ①　　**2** ③　　**3** ③　　**4** ④　　**5** ⑤　　**6** ②　　**7** ①　　**8** ③
9 ③, ④　　**10** should not[shouldn't] take the books home
11 (1) must not throw trash (2) must not ride a bike　　**12** (1)
ⓑ, I can understand English (2) ⓒ, Can Mandy bake　　**13** ③
14 (1) has to clean (2) don't have to wear　　**15** ②　　**16** (1) can
play the piano (2) can speak Chinese (3) can't speak Chinese

1 해설 '~할 수 있다'라는 의미의 조동사 can이 들어가야 한다.
　　어휘 language 언어
2 해설 '~해야 한다'라는 의미의 조동사 must가 들어가야 한다.
3 해석 ① 다음 주 일요일에 소풍 가도 될까요?
　　② 너는 내 사전을 사용해도 된다.
　　③ 오늘 밤에 비가 올지도 모른다.
　　④ 너는 나가서 놀아도 된다.
　　⑤ 너는 이 쿠키들을 먹어도 된다.
　　해설 ③의 may는 '~일[할] 것이다. ~일[할]지도 모른다'라는 추측의 의미로
　　쓰였고, 나머지는 '~해도 된다'라는 허가의 의미로 쓰였다.
　　어휘 go on a picnic 소풍 가다　dictionary 사전
4 해석 ① Bill은 기타를 칠 수 있다.
　　② 나는 말을 탈 수 있다.

③ 너는 이 문제를 풀 수 있니?
④ 제가 지금 떠나도 될까요?
⑤ 그녀는 너처럼 빨리 수영할 수 없다.
해설 ④의 can은 '~해도 된다'라는 허가의 의미로 쓰였고, 나머지는 '~할 수 있다'라는 능력의 의미로 쓰였다.
어휘 solve (문제 등을) 풀다

5 해설 A: 오늘 밤 여기에 우리와 함께 있어 줄 수 있니?
B: 미안해. 나는 지금 정말로 가야 해.
해설 B가 미안하다고 했으므로 뒤에는 '가야 한다'라는 의미의 말이 이어져야 자연스럽다. 따라서 빈칸에는 '~해야 한다'라는 의미의 의무를 나타내는 조동사 have to가 들어가야 알맞다.

6 해석 A: 내가 너의 컴퓨터를 써도 될까?
B: 물론이지. 어서 써.
해설 승낙을 의미하는 B의 대답으로 보아 A가 허가를 요청했다는 걸 알 수 있다. 따라서 빈칸에는 '~해도 될까요?'라는 의미의 허가를 나타내는 조동사 May가 들어가야 알맞다.

7 해석 ① 그녀는 춤을 잘 추지 못한다.
② Anna는 케이크를 만들 수 있다.
③ 나는 내 우산을 찾을 수 없다.
④ 너는 여기에 주차하면 안 된다.
⑤ 너는 빨간 불에서 멈춰야 한다.
해설 ②, ③, ⑤는 조동사 다음에 동사원형이 와야 하므로 각각 make, find, stop으로 바꿔야 한다. ④는 조동사 바로 뒤에 부정어 not이 와야 하므로 must not park로 고쳐야 한다.
어휘 park 주차하다

8 해석 · 질문 하나 해도 될까요?
· 그는 의사일지도 모른다.
해설 첫 번째 문장은 '~해도 될까요?'라는 의미의 허가를 요청하는 조동사가 적절하고, 두 번째 문장은 '~일[할] 것이다. ~일[할]지도 모른다'라는 의미의 추측을 나타내는 조동사가 적절하다. 따라서 허가와 추측의 의미를 모두 나타내는 May[may]가 적절하다.

9 해석 ① 그것은 사실일지도 모른다.
② 너는 치과에 가야 해.
③ 나는 모형 비행기를 만들 수 있다.
④ John은 서두를 필요가 없다.
⑤ 너는 네 이웃에게 친절해야 한다.
해설 ③은 조동사 can 뒤에 동사원형이 와야 하므로 made를 make로 고쳐야 적절하다. ④는 주어 John이 3인칭 단수이므로 don't have to를 doesn't have to로 고쳐야 한다.
어휘 neighbor 이웃

10 해석 그 책들을 집에 가져가지 마라.
해설 '~하지 말아야 한다'라는 의미의 금지를 나타내는 should not[shouldn't]을 사용해야 적절하다.

11 해석 (1) 길에 쓰레기를 버리면 안 된다.
(2) 여기서 자전거를 타면 안 된다.
해설 표지판이 나타내는 내용으로 보아 강한 금지를 나타내는 must not을 써야 한다.

어휘 trash 쓰레기

12 해석 A: 너는 영어를 잘 알아들을 수 있니?
B: 응, 나는 영어를 잘 알아들을 수 있어.
A: Mandy는 쿠키를 구울 수 있니?
B: 아니, 그녀는 할 수 없어. 하지만 그녀는 쿠키를 좋아해.
해설 조동사 뒤에 항상 동사원형이 와야 하므로 ⓑ는 누락된 동사원형 understand를 써야 하고, ⓒ는 맨 앞에 조동사 can이 있으므로 bakes를 동사원형인 bake로 고쳐야 적절하다.

13 해석 ① A: 내가 방에 들어가도 될까?
B: 응, 그래도 돼.
② A: 제가 도와드릴까요?
B: 고맙지만 괜찮아요.
③ A: 제가 그 편지를 읽어도 될까요?
B: 네, 됩니다. / 아니요, 안 됩니다.
④ A: 제가 사진을 찍어도 될까요?
B: 아니요, 안 됩니다.
⑤ A: 펜 좀 빌려주시겠어요?
B: 물론이죠.
해설 ③은 Yes 뒤에 부정문이 와서 알맞지 않다. 'Yes, you can.' 혹은 'No, you can't.'로 고쳐야 적절하다.
어휘 enter 들어가다 take a picture 사진을 찍다

14 해석 (1) 호진이의 방은 아주 더럽다. 그는 자신의 방에서 어떤 것도 쉽게 찾을 수 없다.
→ 그는 지금 당장 방을 청소해야 한다.
(2) 나는 주중에는 교복을 입는다. 그러나 나는 주말에는 학교에 가지 않는다.
→ 나는 주말에 교복을 입을 필요가 없다.
해설 (1) 방이 더럽다고 했으므로 청소해야 한다는 내용이 이어져야 자연스럽다. 주어 Hojin은 3인칭 단수이므로 has to를 써야 한다. (2) 주중에만 교복을 입는다고 했으므로 주말에는 교복을 입을 필요가 없다는 내용이 이어져야 자연스럽다. '~할 필요가 없다'라는 의미의 don't have to를 써야 한다.
어휘 school uniform 교복

15 해석 A: 제가 화장실을 써도 될까요?
B: 네, 됩니다.
A: 고맙습니다.
해설 대화에서 A는 화장실을 써도 되는지 허가를 요청하고 B의 대답 다음에 고맙다고 했으므로 B가 화장실 사용을 허가했음을 알 수 있다. 따라서 긍정의 응답이 적절하다. May로 질문했으므로 'Yes, you may.'로 답해야 한다.

16 해석 (1) Susan은 피아노를 칠 수 있다.
(2) Susan은 중국어를 말할 수 있다.
(3) Andy는 중국어를 말할 수 없다.
해설 표의 내용으로 보아 Susan이 할 수 있는 것은 '피아노 치기'와 '중국어 말하기'이며, Andy가 할 수 없는 것은 '중국어 말하기'이다. 능력의 의미를 나타내는 can과 can't를 써서 문장을 완성해야 알맞다.

Unit 1 명사/관사

POINT 1
check up p.54

1 student, boy, dog, dish, door, banana, potato, piano, day
2 bread, paper, peace, water, sugar, Korea, rice, luck, love

POINT 3
check up p.56

1 glass of   2 pieces of   3 bottles of

Unit Exercise p.57

A 1 babies   2 water   3 leaves   4 boxes
5 The   6 fish   7 dishes

1 두 명의 아기가 침대 위에 누워 있다.
2 Carl은 아침에 물을 마셨다.
3 우리는 가을에 많은 낙엽들을 볼 수 있다.
4 Matt는 자신의 무거운 상자들을 옮길 수 있었다.
5 나는 상자를 하나 찾았다. 그 상자는 비어 있었다.
6 우리 아버지는 강에서 세 마리의 물고기를 잡으셨다.
7 두 개의 접시와 두 개의 컵이 식탁 위에 있다.

B 1 two pieces of   2 two glasses of
3 a bowl of   4 two cups of

1 우리는 점심으로 피자 두 조각을 먹었다.
2 Laura는 매일 우유를 두 잔 마신다.
3 민수는 아침으로 밥 한 그릇을 먹었다.
4 우리 언니는 오늘 커피 두 컵을 마셨다.

C 1 two slices of   2 air
3 Five women   4 three potatoes

Unit 2 There is/are

POINT 5
check up p.58

1 ②   2 ①

1 우리 마을에는 공원 하나가 있다.
2 탁자 위에는 세 개의 바나나가 있다.

Unit Exercise p.59

A 1 is   2 are   3 Were   4 butter
5 rules   6 wasn't   7 were

1 동물원에 코끼리 한 마리가 있다.
2 내 배낭에는 필통 하나와 교과서 한 권이 있다.

3 작년에 그 공원에는 키 큰 나무들이 있었니?
4 냉장고 안에 버터가 있다.
5 우리 학교에는 특별한 규칙들이 있다.
6 그 새집에는 가구가 없었다.
7 마당에 Tom과 Sam이 있었다.

B 1 There are   2 There was
3 There were   4 There is

1 우리 집에는 방이 세 개 있다.
2 그 도시에는 전에 축구 경기장이 하나 있었다.
3 어제 공원에 많은 아이들이 있었다.
4 이 호텔에는 수영장이 하나 있다.

C 1 There is some money   2 There was a soccer match
3 There aren't sugar and eggs
4 Are there any trains   5 There weren't candles

Chapter Test p.60

1 ④   2 ③   3 ②   4 ②   5 ⑤   6 ④   7 (1) three slices of pizza (2) Two glasses of orange juice   8 ②
9 ③   10 ⑤   11 (1) are three tables (2) are two plates (3) is a vase   12 ④   13 (1) is a[one] bear (2) are two birds
14 ③, ⑤   15 (1) ⓐ, are (2) ⓔ, hours

1 **해석** 언덕 위에 _____ 있다.
① 양들이 ② 나무들이 ③ 아이들이 ④ 여우가 ⑤ 사슴들이
해설 There are가 주어졌으므로 빈칸에는 복수명사가 와야 한다. ④ fox는 단수형이므로 빈칸에 들어가기에 적절하지 않다.

2 **해석** Linda는 _____ 한 조각[장]이 필요하다.
① 케이크 ② 종이 ③ 물 ④ 피자 ⑤ 치즈
해설 ③ water는 a glass[bottle] of와 함께 쓰이므로 적절하지 않다.

3 **해석** ① 내 남동생은 많은 장난감을 갖고 있다.
② Brown 씨는 다섯 명의 아이가 있다.
③ 저기에 있는 벤치들을 봐.
④ 나는 많은 흥미로운 이야기들을 안다.
⑤ Tony는 매일 아침 이를 닦는다.
해설 ② child의 복수형은 children이다.
어휘 interesting 흥미로운   brush A's teeth 이를 닦다

4 **해석** ① John은 한 그릇의 샐러드를 먹고 싶어 한다.
② 망고 주스 두 잔[병]을 마셔도 될까요?
③ 나는 초콜릿 케이크 세 조각을 먹었다.
④ Helen은 우유 두 병을 마시는 것을 좋아한다.
⑤ 엄마는 항상 식사 후에 커피 한 잔을 드신다.
해설 ② juice에 어울리는 수량 표현은 a glass of, a cup of 또는 a bottle of 이므로 slices를 glasses, cups, bottles 중 하나로 고쳐야 한다.

5 **해석** · 나는 개 한 마리가 있었다. 그 개는 매우 똑똑했다.
· 내 여동생은 멋진 시계를 가지고 있다.
해설 (A) 앞에 나온 a dog를 다시 언급하므로 빈칸에는 The가 적절하다. (B) 처음 언급할 때에 필요한 관사는 a/an이다. 명사 watch 앞에 쓰인 형용사 nice는 처음 철자가 자음 발음이므로 a가 적절하다.

6 해석 · 숲에 많은 사슴들이 있었다.
· 냉장고 안에 어떤 주스라도 있나요?
해설 (A) many deer는 복수형이므로 were가 적절하다. (B) 셀 수 없는 명사 any juice가 주어이므로 빈칸에 적절한 것은 Is이다.
어휘 fridge 냉장고

7 해석 A: 도와드릴까요?
B: 네, 저에게 (1) 피자 세 조각을 가져다주시겠습니까?
A: 물론이죠. 그밖에 다른 건요?
B: (2) 오렌지 주스 두 잔, 부탁합니다.
해설 (1) pizza는 셀 수 없는 명사이고 단위를 나타내는 말인 slice가 주어졌으므로 three slices of pizza로 쓰면 된다. (2) juice 역시 셀 수 없는 명사이고 단위를 나타내는 말인 glass가 주어졌으므로 two glasses of orange juice라고 쓰면 된다.

8 해석 ① 우리 집 뒤뜰에는 사과나무 한 그루가 있다.
② 꽃병에 꽃들이 좀 있었다.
③ 저쪽에 영화관이 하나 있다.
④ 도로에서 사고가 있었다.
⑤ 그 도시는 많은 차가 있다.
해설 ② some flowers가 복수이므로 was가 아닌 were를 써야 알맞다.
어휘 backyard 뒤뜰 vase 꽃병

9 해석 ① 병 안에는 많은 우유가 있다.
② 우리 마을에는 오래된 나무 한 그루가 있다.
③ 하루에는 24시간이 있다.(→ 하루는 24시간이다.)
④ 우리 엄마의 서랍에는 약간의 보석이 있다.
⑤ 모퉁이에 버스 정류장이 있니?
해설 ③ 빈칸 뒤의 명사가 복수인 24 hours이므로 빈칸에 are가 들어가야 하고, 나머지는 셀 수 없는 명사이거나 셀 수 있는 명사의 단수형이므로 is가 들어간다.
어휘 drawer 서랍

10 해설 「There is/are」 의문문을 사용하여 나타내면 되는데, 주어가 복수이고 현재의 상태를 묻고 있으므로 「Are there ~?」로 써야 한다. person의 복수형은 people이다.

11 해석 (1) 식당 안에 세 개의 테이블이 있다.
(2) 테이블 위에 두 개의 접시가 있다.
(3) 접시들 사이에 꽃병이 하나 있다.

해설 「There is[are]+명사」를 사용하여 그림을 묘사하면 된다. (1) 테이블이 세 개가 있으므로 three tables이고, 복수이므로 동사는 are를 써야 한다. (2) 접시는 두 개가 있으므로 two plates이고, 복수이므로 동사는 are를 써야 한다. (3) 꽃병은 한 개가 있으므로 a vase이고, 단수이므로 동사는 is를 써야 알맞다.
어휘 plate 접시

12 해석 ① 나는 낙엽 위를 걸었다.
② 그녀는 점심으로 빵을 먹는다.
③ 그 남자는 바다에서 많은 물고기를 잡았다.
④ 거리에 많은 버스들이 있다.
⑤ 바구니 안에 오렌지들이 있다.
해설 ① leaf의 복수형은 leaves이다. ② bread는 셀 수 없는 명사이므로 앞에 a를 쓸 수 없다. ③ fish의 복수형은 fish이다. ⑤ oranges는 복수이므로 is가 아닌 are를 써야 한다.

13 해석
〈보기〉 바위 위에 사자 두 마리가 있다.
(1) 우리 안에 곰 한 마리가 있다.
(2) 나무 위에 새 두 마리가 있다.
해설 (1) 곰 한 마리가 있으므로 a[one] bear로 나타내고, 단수명사이므로 be 동사는 is가 적절하다. (2) 새 두 마리가 있으므로 two birds로 나타내고, 복수 명사이므로 동사는 are를 쓴다.

14 해석 ① 놀이터에 몇 명의 아이들이 있다.
② 나는 스파게티를 위한 세 개의 토마토가 필요하다.
③ 그 검은 고양이는 두 마리의 쥐를 잡았다.
④ 그 상자들은 매우 무겁다.
⑤ 지하철역에 많은 사람들이 있다.
해설 ③ mouse의 복수형은 mice이다. ⑤ many people은 복수명사이므로 is를 are로 고쳐야 한다.

15 해석 동물원에는 많은 재미있는 동물들이 있어요. 보세요! 코알라 한 마리가 나무 위에서 자고 있어요. 코알라들은 보통 하루에 약 16시간을 자요.
해설 (1) ⓐ 뒤에 many interesting animals라는 복수명사가 있으므로 is를 are로 고쳐 써야 한다. (2) ⓔ 앞에 sixteen이라는 숫자가 있으므로 hour를 복수형 hours로 고쳐 써야 한다.

CHAPTER 06 대명사

Unit 1 인칭대명사

POINT 1 p.64

check up 1

1 his	2 me	3 her	4 our	5
him	6 your	7 their	8 us	
9 my	10 its	11 them	12 it	

check up 2

1 Matt	2 Sam and Jane	3 vegetables
4 Danny's sister	5 The blouse	6 David
7 My family	8 Susan	

1 Matt는 나의 가장 친한 친구이다. 나는 그를 아주 많이 좋아한다.
2 나는 Sam과 Jane을 못 찾겠어. 그들은 미술실에 있니?
3 우리는 채소를 먹어야 한다. 그것들은 건강에 좋다.
4 Danny의 여동생 봤어? 그녀는 매우 아름다워.
5 그 블라우스는 너무 짧다. 나는 그것을 사지 않을 것이다.
6 David는 새로운 선생님이다. 그는 역사를 가르친다.
7 우리 가족은 스페인으로 여행을 갔다. 우리는 좋은 시간을 보냈다.
8 Susan은 요리사이다. 그녀는 프랑스 음식을 만들 수 있다.

check up 3

1 He	2 they	3 her	4 them	5 It
6 his	7 We	8 you		
9 us				

1 Harry의 아버지는 소방관이시다.
2 수지와 미나는 어젯밤에 공원에 있었니?
3 우리는 너희 누나를 은행에서 만났다.
4 나는 John과 Amy를 매일 본다.
5 그 티셔츠는 내 방 침대 위에 있다.
6 내일은 우리 오빠의 생일이다.

7 내 친구와 나는 테니스를 쳤다.
8 너와 너희 가족은 집에 있었니?
9 우리 삼촌은 나와 여동생에게 선물을 주셨다.

check up 1   p.66

1 mine	**2** hers	**3** ours	**4** his	**5**
yours	**6** theirs	**7** Minji's		

1 나는 책상 위에 내 가방을 두었다.
2 그 파란색 카메라는 그녀의 카메라이다.
3 그 초록색 집은 우리 집이다.
4 휴대폰 한 개가 있다. 그것은 그의 휴대폰이다.
5 내 눈은 검은색이고, 너의 눈은 갈색이다.
6 탁자 위의 그 피자는 그들의 피자이다.
7 그 새 컴퓨터는 민지의 컴퓨터이다.

check up 2

1 my hat	**2** their cats	**3** your dog

1 그 모자는 나의 것이다.
　→ 그 모자는 나의 모자이다.
2 그 고양이들은 그들의 것이다.
　→ 그 고양이들은 그들의 고양이들이다.
3 나의 개는 흰색이지만, 너의 것은 검은색이다.
　→ 나의 개는 흰색이지만, 너의 개는 검은색이다.

Unit Exercise   p.67

A	**1** him	**2** your	**3** me	**4** ours
	5 We	**6** its	**7** her	

1 우리는 그를 저녁 식사에 초대했다.
2 너는 너의 친구들에게 친절해야 한다.
3 아빠는 나에게 자전거를 사 주셨다.
4 네 컴퓨터가 작동하지 않아. 너는 우리 컴퓨터를 사용해도 돼.
5 나는 어제 Ben을 만났다. 우리는 축구를 했다.
6 그 식당은 그것의 후식으로 유명하다.
7 너는 그녀의 주소를 아니?

B	**1** hers	**2** Yours	**3** my	**4** his
	5 Her	**6** his	**7** mine	

1 그 스카프는 그녀의 것이다.
2 그것은 나의 펜이다. 너의 것은 여기에 있지 않다.
3 너는 내 거울을 사용해도 된다.
4 그는 내 이름을 알지만, 나는 그의 이름을 모른다.
5 그녀의 아버지는 과학 선생님이시다.
6 내 셔츠는 파란색이다. 그러나 그의 셔츠는 흰색이다.
7 오른쪽에 있는 컵이 나의 것이다.

C	**1** They, him	**2** It, Tom's	**3** She, I, its
	4 He, I, his	**5** My, hers	

Unit 2   지시대명사와 it

check up   p.68

1 This	**2** Those	**3** these	**4** That

check up   p.68

1 that	**2** These	**3** This	**4** those

check up 1   p.69

1 ×	**2** ○	**3** ×	**4** ×

1 오늘은 월요일이다.
2 그것은 내 손목시계가 아니다.
3 오늘은 보람이의 생일이다.
4 11월 28일이다.

check up 2

1 12시 정각이다.	**2** 여기에서 3km(킬로미터)이다.
3 버스로 한 시간 걸린다.	**4** 지금은 매우 흐리다.

Unit Exercise   p.70

A	**1** that	**2** This	**3** These	**4** That	**5** Those

B	**1** × → This	**2** ○	**3** × → It	**4** × → that
	5 × → Those	**6** ○	**7** × → these	

1 이것은 우리 아버지의 여행 가방이다.
2 제가 이 책들을 빌려도 될까요?
3 밖에 비가 오고 있다.
4 너는 진수 옆에 있는 저 사람을 아니?
5 저기 있는 저것들은 우리의 자전거들이 아니다.
6 9월 20일이다.
7 여기에 있는 이것들은 너의 상자들이니?

C	**1** It is[It's] Monday	**2** It is[It's] 11 o'clock
	3 It is[It's] sunny	**4** It is[It's] 8 kilometers

1 A: 오늘 무슨 요일이니?
　B: 월요일이야.
2 A: 지금 몇 시니?
　B: 11시 정각이야.
3 A: 오늘 날씨는 어떠니?
　B: 오늘은 화창해.
4 A: 여기서 공항까지 얼마나 머니?
　B: 여기서 8km(킬로미터)야.

Unit 3   one, some, any

check up   p.71

1 a pencil	**2** pants

1 나는 연필이 필요해. 연필 하나 있니?
2 나는 파란색 바지를 좋아한다. 하지만 Rachel은 검은색 바지를 좋아한다.

check up   p.71

1 some	**2** any

1 나는 약간의 팝콘과 음료 하나를 샀다.
2 나는 지우개를 찾아다녔다. 하지만 하나도 없었다.

POINT 8
check up
p.72

1 smells   **2** feels   **3** knows   **4** Does

Unit Exercise
p.73

A   **1** one   **2** ones   **3** It   **4** ones   **5** one   **6** it

1 그 티셔츠는 너무 작아요. 큰 것이 있나요?
2 너는 검은색 부츠를 살 거니 파란색 부츠를 살 거니?
3 나는 내 목걸이를 찾았다. 그것은 거실에 있었다.
4 그들은 낡은 의자들을 가지고 있다. 이제 그들은 새로운 의자들이 필요하다.
5 A: 너는 오빠가 있니?
   B: 응, 한 명 있어.
6 우리 어머니는 이번 여름에 새 선풍기를 사셨다. 나는 그것을 매일 사용한다.

B   **1** × → any   **2** ○   **3** × → some   **4** × → some
    5 ○   **6** × → any

1 Bill은 돈이 하나도 없다.
2 이 책에 뭔가 재미있는 이야기가 있니?
3 쿠키 좀 드시겠어요?
4 지수는 내일 샌드위치를 좀 가져올 것이다.
5 물 좀 마셔도 될까요?
6 그녀는 나에게 전혀 도움을 주지 않았다.

C   **1** is   **2** likes   **3** Is   **4** Does   **5** scares   **6** is

1 어떤 사람이 무대에서 노래하고 있다.
2 우리 반에서 모든 사람이 그 영화를 좋아한다.
3 너희 가족 모두 잘 지내니?
4 누군가 화장실에 가는 길을 아나요?
5 어떤 것도 나를 겁나게 하지 않는다. 나는 용감하다.
6 내 컴퓨터에 무언가가 잘못됐다.

Chapter Test
p.74

1 ④   **2** ③   **3** ④   **4** ②   **5** ④   **6** ⑤   **7** (1) It is[It's]
7 o'clock. (2) It is[It's] Wednesday.   **8** ④   **9** ②, ⑤   **10**
③   **11** ②   **12** ④   **13** (1) them, it (2) want, wants   **14**
④   **15** have, has

1 **해석** ① 내 신발은 흰색이다.
   ② 당신은 Jane의 선생님입니까?
   ③ 그의 이름은 민수이다.
   ④ 그것은 나의 책이다.
   ⑤ 그것의 색깔은 갈색이다.
   해설 ④의 It's는 It is의 줄임말이고, 나머지는 모두 소유격이다.

2 **해석** 〈보기〉 나는 그녀의 공책을 가지고 있다.
   ① 그것은 그녀의 숙제이다.
   ② 그녀의 삼촌은 서울에 살지 않으신다.
   ③ 그들은 그녀를 잘 안다.
   ④ 그녀는 자신의 장갑을 잃어버렸다.
   ⑤ 진수는 그녀의 남동생이다.
   해설 ③의 her는 목적격으로 쓰였고, 나머지는 모두 소유격으로 쓰였다.
   어휘 notebook 공책

3 **해석** Peter와 나는 가장 친한 친구이다. 나는 일요일마다 그를 방문한다. 우리는 컴퓨터 게임을 한다. 그리고 나는 그의 가족과 저녁을 먹는다.
   해설 (A) 목적어가 들어가야 할 자리이므로 him이 알맞다. (B) Peter와 나를 대신할 수 있는 주격 대명사 We를 써야 한다. (C) '그의 가족'이라는 의미가 되어야 하므로 소유격인 his가 적절하다.

4 **해석** Emma는 고양이 한 마리와 개 한 마리를 가지고 있다. 그녀는 그것들과 함께 공원에 갈 것이다.
   해설 빈칸에는 a cat and a dog를 가리키면서 목적어 역할을 할 수 있는 인칭대명사가 필요하므로 them이 적절하다.

5 **해석** ① 이것들은 그의 반려동물들이 아니다.
   ② 그 고양이는 나의 것이다.
   ③ 그녀는 나의 숙모이다.
   ④ 그것은 그녀의 우산이다.
   ⑤ 나는 그녀를 아주 많이 좋아한다.
   해설 ④ umbrella 앞에 '~의'라는 의미의 소유격이 필요하므로 hers가 아니라 her가 알맞다.
   어휘 pet 반려동물

6 **해석** ① 5시 정각이다.
   ② 오늘은 화요일이니?
   ③ 지하철로 30분이 걸린다.
   ④ 내일은 흐릴 것이다.
   ⑤ 그것은 그의 지우개이다.
   해설 ⑤의 It은 대명사로 쓰였고, 나머지 문장에서의 It[it]은 시간, 요일, 거리, 날씨 등을 나타내는 비인칭 주어로 쓰였다.

7 **해석** (1) A: 지금 몇 시야?
     B: 7시 정각이야.
   (2) A: 오늘 무슨 요일이야?
     B: 수요일이야.
   해설 그림 (1)은 7시를 가리키고 있고 (2)에서는 수요일에 표시가 되어 있으므로 시간이나 요일 등을 나타낼 때 쓰는 비인칭 주어 it을 사용하면 된다.

8 **해석** 〈보기〉 밖에 눈이 오고 있다.
   ① 그것은 매우 재미있다.
   ② 그것은 나의 필통이다.
   ③ 그것은 멋진 건물이 아니다.
   ④ 7월 11일이다.
   ⑤ 그것은 그녀의 스케치북이다.
   해설 〈보기〉와 ④의 It은 계절, 날씨, 시간, 날짜, 명암 등을 나타내는 비인칭 주어로 쓰였고, 나머지는 모두 대명사로 쓰였다.
   어휘 sketchbook 스케치북

9 **해석** 우리 학교에 온 걸 환영해. 함께 둘러보자. 여기는 교내식당이야. 지금은 점심시간이야. 오늘의 메뉴는 불고기야. 그것은 인기 있는 한국 음식이야.
   ① 너는 그것이 마음에 드니?
   ② 밖은 어둡다.
   ③ 그것은 나의 개, Kevin이야.
   ④ 그것은 나의 것과 다르다.
   ⑤ 아침 8시 정각이다.
   해설 ③, ②, ⑤의 It은 비인칭 주어로 쓰였고, 나머지는 모두 대명사로 쓰였다.
   어휘 take a tour 둘러보다   school cafeteria 교내식당   popular 인기 있는   dish 음식

10 **해석** 나는 그를 봤지만, 그는 나를 보지 못했다.
   해설 (A)와 (B) 모두 목적어가 들어가야 할 자리이므로 목적격 인칭대명사인 him과 me가 알맞다.

11 **해석** · 나는 약간의 밀가루와 달걀이 필요하다.
   · 그녀는 가방 안에 펜을 하나도 갖고 있지 않다.
   해설 (A) 긍정문에서 '약간의'라는 의미를 나타내야 하므로 some을 쓴다. (B) 부정문에서 '전혀[하나도] ~없는'의 의미를 나타내야 하므로 any를 쓴다.
   어휘 flour 밀가루

12 **해석** 컴퓨터가 한 대 있다. 그것은 내 것이다. 하지만 나는 그것을 사용할 수 없다. 내 남동생은 매일 컴퓨터 게임을 하고 우리 언니는 그것으로 숙제를 한다. 모두가 그것을 사용한다. 그래서 나는 새로운 컴퓨터가 필요하다.
   해설 Everyone은 단수로 취급하므로 use가 아니라 uses로 써야 알맞다.

13 **해석** Brian은 멋진 휴대폰을 가지고 있다. 그는 그것을 아주 좋아한다! 그는

그것으로 TV를 보고 인터넷을 사용한다. 사실 그의 반에 있는 모두가 새 휴대폰을 원한다.

해설 (1) He loves them!에서 them은 앞 문장의 a cool cell phone을 가리키므로 단수인 it으로 고쳐야 알맞다. (2) everybody는 단수로 취급하기 때문에 want를 3인칭 단수형인 wants로 고쳐야 한다.

어휘 cool 멋진 brand-new 새로운

14 해석 ① 나는 지우개가 필요해. 너 하나 있니?
② 여기 근처에 슈퍼마켓이 있니?
③ 문밖에 누군가가 있다.

④ 주스 좀 주시겠어요?
⑤ 진수는 우유를 좀 원한다.

해설 ① an eraser가 단수이므로 ones를 one으로 바꿔야 한다. ② 의문문이므로 some이 아니라 any를 써야 한다. ③ someone은 단수 취급하므로 are를 is로 고쳐야 알맞다. ⑤ 긍정문이므로 any가 아니라 some을 써야 한다.

15 해석 거의 모든 사람은 자신이 가장 좋아하는 음식이 있다.

해설 everyone은 단수로 취급하기 때문에 have를 has로 고쳐야 한다.

CHAPTER 07 형용사, 부사, 비교

Unit 1 형용사

POINT 1
check up   p.78

1 shirt	2 playground	3 something

1 그는 새로운 셔츠 하나를 샀다.
2 우리 학교는 큰 운동장이 있다.
3 그 상자 안에 중요한 무언가가 있다.

POINT 2
check up   p.78

1 difficult	2 right

1 그 퍼즐은 어려웠다.
2 너의 답은 옳다.

POINT 3
check up   p.79

1 lots of, many	2 much, a lot of	3 lots of, many
4 much, a lot of	5 a lot of, much	6 a lot of, much
7 much, lots of	8 many, lots of	9 a lot of, much
10 much, lots of		

POINT 4
check up   p.79

1 a few	2 a little	3 a few	4 a few
5 little	6 a few	7 few	8 a few

Unit Exercise   p.80

A 1 difficult (problem)   2 small (apartment)
   3 (something) exciting   4 interesting (stories)
   5 beautiful (poems)

〈보기〉 기린은 긴 목을 가지고 있다.
1 이것은 어려운 문제이다.
2 그들은 작은 아파트에 산다.

3 그는 신나는 무언가를 했다.
4 그녀는 우리에게 재미있는 이야기들을 해주었다.
5 그는 그녀를 위해 아름다운 시들을 썼다.

B	1 much	2 lots of	3 many	4 a few
	5 a little	6 a lot of	7 Few	

1 우리는 이번 여름에 많은 비를 갖지 않았다.
(→ 이번 여름에 비가 많이 오지 않았다.)
2 정원에는 많은 꽃이 있다.
3 당신은 도서관에서 많은 책을 읽을 수 있다.
4 운동장에 몇 명의 아이들이 있었다.
5 그녀는 혼자서 약간의 시간을 보냈다.
6 나는 그와 많은 사진을 찍었다.
7 그 작가에 대해 아는 학생들은 거의 없다.

C	1 many	2 much	3 a few	4 much	5 many

Unit 2 부사

POINT 5
check up   p.81

1 easily	2 very	3 so, well	4 very, fast
5 so	6 early	7 so, hard	8 perfectly
9 Luckily	10 completely		

1 그녀는 그 문제를 쉽게 풀었다.
2 수빈이는 매우 사랑스러운 소녀이다.
3 우리는 그 친절한 소녀를 아주 잘 안다.
4 날씨가 매우 빠르게 변하고 있다.
5 우리 아버지는 매우 화가 나셨다.
6 학교는 한 시간 일찍 끝났다.
7 우리는 매우 열심히 공부했다.
8 이 셔츠는 너에게 완벽하게 어울린다.
9 다행히도 아무도 다치지 않았다.
10 교실은 완전히 비어 있었다.

POINT 6
check up   p.82

1 sometimes	2 usually	3 always

check up 1

1 ①   2 ①   3 ②   4 ①   5 ②   6 ②   7 ①   8 ②   9 ①

1 1월에는 종종 눈이 온다.
2 우리 아버지는 항상 아침 식사를 하신다.
3 나는 이 순간을 절대로 잊지 않을 것이다.
4 Peter는 보통 자전거로 학교에 간다.
5 그녀는 가끔 수업에 늦는다.
6 나는 아침에 항상 배고프다.
7 너는 보통 일찍 일어나니?
8 우리는 때때로 실수를 할 수 있다.
9 Emily는 수업에 빠지지 않는다.

Unit Exercise   p.83

A   1 danced   2 scary   3 gently   4 greeted
5 sweet   6 my father's car stopped on the road

1 그녀는 무대 위에서 아름답게 춤을 췄다.
2 그 영화는 매우 무서웠다.
3 한 노부부가 매우 온화하게 미소 지었다.
4 그는 친절하게 사람들을 맞이했다.
5 이 사과 파이는 너무 달다.
6 갑자기 우리 아버지의 차가 길에서 멈췄다.
7 우리는 그 다정한 소녀를 아주 잘 안다.

B   1 tightly   2 too   3 never   4 really   5 often

C   1 is usually   2 often walks
3 is always   4 can sometimes see

Unit 3   비교급과 최상급

check up

1 longer, longest   2 cuter, cutest   3 higher, highest   4 more important, most important   5 cheaper, cheapest   6 smaller, smallest   7 funnier, funniest
8 faster, fastest   9 greater, greatest   10 more delicious, most delicious   11 braver, bravest
12 colder, coldest   13 older, oldest   14 younger, youngest
15 earlier, earliest   16 prettier, prettiest   17 closer, closest
18 dirtier, dirtiest   19 more interesting, most interesting
20 more slowly, most slowly   21 warmer, warmest   22 more expensive, most expensive   23 wider, widest   24 cooler, coolest   25 more popular, most popular   26 bigger, biggest   27 lighter, lightest   28 smarter, smartest   29 stronger, strongest   30 more famous, most famous   31 larger, largest   32 easier, easiest   33 thinner, thinnest
34 healthier, healthiest   35 slimmer, slimmest
36 more beautiful, most beautiful   37 hotter, hottest

check up

1 more, most   2 less, least   3 better, best
4 worse, worst   5 more, most   6 better, best

check up

1 taller   2 bigger   3 more beautiful   4 better

1 우리 오빠는 아빠보다 키가 더 크다.
2 너의 가방은 내 것보다 더 크다.
3 이 드레스는 저것보다 더 아름답다.
4 Betty는 Alice보다 요리를 더 잘할 수 있다.

check up

1 tallest   2 biggest   3 most popular   4 fastest

1 Brad는 내 친구들 중에 키가 가장 크다.
2 러시아는 세계에서 가장 큰 나라이다.
3 그는 미국에서 가장 인기 있는 배우이다.
4 미나는 반에서 가장 빠르게 달렸다.

Unit Exercise   p.87

A   1 richer   2 happiest   3 better   4 more beautiful
5 fatter   6 worst   7 stronger   8 most useful

1 Rachel은 Nick보다 더 부유하다.
2 그것은 내 인생에서 가장 행복한 순간이었다.
3 Jenny의 파이는 내 것보다 더 맛있었다.
4 이 산은 작년보다 더 아름답다.
5 나의 고양이는 내 개보다 더 뚱뚱하다.
6 이것은 올해 중 최악의 영화이다.
7 우리 아버지는 여전히 나보다 힘이 더 세시다.
8 책은 가장 유용한 교육 자료이다.

B   1 the biggest   2 more homework than
3 the best room   4 lower than

C   1 colder   2 the tallest   3 the most difficult
4 more important   5 the youngest

1 이번 주는 지난주보다 더 춥다.
2 그녀는 자신의 반 친구들 중에서 키가 가장 크다.
3 마지막 질문이 그 시험에서 가장 어려웠다.
4 시간은 나에게 돈보다 더 중요하다.
5 나는 우리 가족 중에서 가장 어리다. 나는 두 명의 형이 있다.

Chapter Test   p.88

1 ③   2 ③   3 cook something special   4 ④   5 ⑤   6 ②   7 ③   8 ④   9 I will never use plastic bags from now on.   10 ⑤   11 ②   12 (1) younger than (2) taller than (3) the lightest   13 ④   14 (1) a little, a few (2) more light, lighter   15 ⑤

1 **해석** Daniel은 _____ 사람이다.
　① 똑똑한 ② 좋은 ③ 매우 ④ 완벽한 ⑤ 조용한
　해설 빈칸은 명사를 수식하는 형용사 자리이므로 부사인 very는 적절하지 않다.
　어휘 perfect 완벽한

2 **해석** ① 그 가수는 자신의 팬들로부터 많은 편지를 받았다.
　② 우리는 하루 종일 아주 많이 재미있었다.
　③ 나는 내 이웃에 친구가 몇 명 있다.
　④ 우리 가족은 며칠 동안 교외에 있을 것이다.
　⑤ 그 병에는 물이 많이 있지 않다.
　해설 ③ 셀 수 있는 명사의 복수형(friends) 앞에는 a little이 올 수 없으므로 a little을 a few로 고쳐야 알맞다. 또는 '거의 없다'라는 의미의 few가 올 수도 있다.
　어휘 neighbor 이웃　out of town 교외에, 도시를 떠나서

3 **해설** -thing으로 끝나는 단어는 형용사가 뒤에서 꾸며주므로 something 뒤에 형용사 special을 써야 한다.

4 **해석** 우리는 도쿄의 _____ 장소를 방문했다.
　해설 셀 수 있는 명사의 복수형 places 앞에 much는 올 수 없다.

5 **해석** 그녀는 매일 _____ 물을 마신다.
　해설 water는 셀 수 없는 명사이므로 ⑤의 lots of만 가능하다. 나머지는 모두 셀 수 있는 명사와 함께 쓰이는 말이다.

6 **해석** ① 다행히도 그녀는 그 시험을 통과했다.
　② 너 주간 뉴스 봤니?
　③ 그 소녀는 사랑스러운 미소를 갖고 있다.
　④ 그는 조용히 자신의 사무실을 나갔다.
　⑤ 그 강아지는 놀랍도록 똑똑했다.
　해설 ①의 Lucky는 Luckily(다행히도)로, ③의 love는 lovely(사랑스러운)로, ④의 quiet는 quietly(조용히)로, ⑤의 surprising은 surprisingly(놀랍도록)로 고쳐야 알맞다.

7 **해석** ① 그녀는 재빨리 길을 건넜다.
　② 그 거북이는 모래 위에서 느리게 움직였다.
　③ 너는 주의 깊게 운전해야 한다.
　④ Ian은 매우 빠르게 말했다.
　⑤ 나는 답을 쉽게 고를 수 없었다.
　해설 ①의 quick은 quickly(재빨리)로, ②의 slow는 slowly(느리게)로, ④의 fastly는 fast(빠르게)로, ⑤의 easy는 easily(쉽게)로 고쳐야 알맞다.
　어휘 cross (길을) 건너다　carefully 주의 깊게

8 **해석** ① 현명한 — 현명하게 ② 기쁜 — 기꺼이
　③ (소리가) 큰 — 큰 소리로 ④ 사랑(하다) — 사랑스러운
　⑤ 강한 — 강하게
　해설 ④는 '명사(동사) — 형용사'의 관계이지만 나머지는 모두 '형용사 — 부사'의 관계이다.

9 **해석** 나는 지금부터 결코 비닐봉지를 사용하지 않을 것이다.
　해설 조동사는 빈도부사가 뒤에 위치하므로 will 뒤에 never를 써야 한다.
　어휘 plastic bag 비닐봉지

10 **해석** ① 우리 학교는 보통 9시에 시작한다.
　② Jennifer는 늘 학교에 걸어간다.
　③ 나는 그들의 집을 종종 방문할 것이다.
　④ 너는 가끔 내 책을 빌려도 된다.
　⑤ 그들은 월요일에 항상 바쁘다.
　해설 일반동사는 빈도부사가 앞에, 조동사와 be동사는 뒤에 위치하므로 ⑤의 always는 are 뒤에 쓰는 것이 알맞다.

11 **해설** ② big의 비교급과 최상급은 bigger, biggest이다.

12 **해석** (1) Boa는 Bill보다 어리다.
　(2) Bill은 Eric보다 키가 크다.
　(3) Eric은 셋 중에 가장 가볍다.
　해설 (1) Boa가 Bill보다 어리므로 비교급 구문을 사용하여 younger than을 쓰는 것이 알맞다. (2) Bill이 Eric보다 키가 크므로 비교급 구문을 사용하여 taller than을 쓰는 것이 알맞다. (3) 'of the three'를 통해 셋 중 정도가 심하거나 가장 덜한 것을 나타내고 있음을 알 수 있는데, Eric이 몸무게가 가장 적게 나가므로 최상급 표현인 the lightest를 쓰는 것이 알맞다.
　어휘 height 키; 높이　weight 체중　light 가벼운

13 **해석** · 그곳은 이 지역에서 가장 붐비는 식당이다.
　· 그녀는 중국어보다 영어를 더 잘 말한다.
　해설 (A) 앞에 the가 있고, 범위를 나타내는 'in this area'가 있는 것으로 보아 최상급이 알맞다. (B) 뒤에 than이 있으므로 비교급이 알맞다.

14 **해석** A: 너 새 가방을 샀니? 멋지다!
　B: 고마워. 며칠 전에 샀어.
　A: 큰 가방이구나. 무겁지 않니?
　B: 내 예전 가방보다는 가벼워.
　해설 (1) days는 셀 수 있는 명사의 복수형이므로 a little을 a few로 고쳐 써야 한다. (2) light의 비교급은 more light가 아니라 lighter이다.

15 **해석** ⓐ 거기에 설탕을 너무 많이 넣지 마라.
　ⓑ Mary는 중국어 몇 단어를 안다.
　ⓒ 우리 선생님은 나에게 항상 좋은 충고를 해주신다.
　ⓓ 8월은 가장 더운 달이다.
　ⓔ 내 상태는 어제보다 더 나쁘다.
　해설 ⓐ sugar는 셀 수 없는 명사이므로 many가 아닌 much를 써야 한다. ⓑ words는 셀 수 있는 명사이므로 a little이 아닌 a few를 써야 알맞다. ⓒ 일반동사는 빈도부사가 앞에 위치하므로 always를 give 앞으로 옮겨야 알맞다. ⓔ than이 있고 비교 대상인 yesterday가 있으므로 최상급 worst가 아닌 비교급 worse로 고쳐야 한다.
　어휘 advice 충고　condition 상태

CHAPTER 08 여러 가지 문장 종류

Unit 1 명령문, 제안문, 감탄문

POINT 1　　　　　　　　　　　　　　　　p.92
check up

1 Be	2 Take	3 Be

1 너는 노인들에게 공손하다. → 노인들에게 공손하라.
2 너는 신발을 벗는다. → 신발을 벗어라.
3 너는 도서관에서 조용하다. → 도서관에서는 조용히 해라.

POINT 2　　　　　　　　　　　　　　　　p.92
check up

1 Don't use	2 Don't play	3 Don't be

1 너는 수업 중에 휴대폰을 사용한다. → 수업 중에 휴대폰을 사용하지 마라.
2 너는 밤에 기타를 연주한다. → 밤에 기타를 연주하지 마라.
3 너는 실패를 두려워한다. → 실패를 두려워하지 마라.

check up

1 Let's play	2 Let's have	3 Let's be

1 우리는 방과 후에 농구를 한다. → 방과 후에 농구를 하자.
2 우리는 이탈리아 식당에서 저녁을 먹는다.
  → 이탈리아 식당에서 저녁을 먹자.
3 우리는 다음 수업에 준비가 되어 있다. → 다음 수업을 준비하자.

check up

1 What	2 How	3 What

1 학교가 정말 크구나!
2 그는 정말 잘생겼구나!
3 그것은 정말 훌륭한 축제구나!

Unit Exercise   p.94

A 1 × → Be honest   2 × → Let's meet   3 ○
     4 × → Don't[Do not] take   5 × → Let's not play
     6 × → Don't[Do not] be angry
     7 × → Don't[Do not] go

1 너의 가족에게 정직하라.
2 4시에 만나자.
3 그 약을 하루에 세 번 먹어라.
4 여기서 사진을 찍지 마라.
5 오늘은 야구를 하지 말자.
6 그에게 화내지 마라.
7 뒤로 가지 마라.

B 1 What an old piano   2 How pretty
     3 What a big house   4 What handsome boys
     5 How interesting

1 그것은 매우 오래된 피아노이다. → 그것은 정말 오래된 피아노구나!
2 그 신발은 매우 예쁘다. → 그 신발은 정말 예쁘구나!
3 그것은 매우 큰 집이다. → 그것은 정말 큰 집이구나!
4 그들은 매우 잘생긴 소년들이다. → 그들은 정말 잘생긴 소년들이구나!
5 그 영화는 정말 재미있다. → 그 영화는 정말 재미있구나!

C 1 Wash your hands   2 Don't[Do not] make noise
     3 Be careful   4 Let's have lunch
     5 Don't[Do not] be late

Unit 2   의문사 의문문

check up

1 What size shoe do   2 What do you do
3 What is she watching

1 어떤 사이즈의 신발을 신으세요?
2 너는 주말에 무엇을 하니?
3 그녀는 지금 무엇을 보고 있니?

check up

1 Which do   2 Which season does
3 Whose is this bag

check up

1 When does	2 Why did

check up

1 How tall	2 How long	3 How much

Unit Exercise   p.98

A 1 How long   2 When   3 Which color
     4 Where   5 What   6 How much

1 A: 그 물고기는 얼마나 기니?
   B: 그것은 38센티미터야.
2 A: 다음 버스는 언제 도착하니?
   B: 그것은 15분 후에 도착해.
3 A: 너는 어느 색깔을 좋아하니?
   B: 나는 검은색을 좋아해.
4 A: 그녀는 어디 사니?
   B: 그녀는 인천에 살아.
5 A: 너는 저녁 식사 후에 무엇을 하니?
   B: 나는 보통 가족과 함께 TV를 봐.
6 A: 이 가방은 얼마인가요?
   B: 그것은 10달러입니다.

B 1 ⓑ   2 ⓓ   3 ⓐ   4 ⓔ   5 ⓒ

1 A: 의자 위에 있는 것은 누구의 지갑이니?
   B: 그것은 지수 꺼야.
2 A: 닭고기와 소고기 중에 어느 것을 선호하니?
   B: 나는 소고기가 더 좋아.
3 A: 제가 언제 이 책을 반납해야 하나요?
   B: 토요일까지요.
4 A: 어제 뮤지컬 어땠어?
   B: 그것은 환상적이었어.
5 A: 너의 여동생은 지금 무엇을 하고 있니?
   B: 그녀는 낮잠을 자고 있어.

C 1 How often do you play   2 Who is Frank talking
     3 Why are you upset   4 Where did Lisa visit
     5 What time will you meet

Unit 3   부가의문문, 부정의문문

check up

1 doesn't	2 wasn't	3 is	4 won't	5 he

1 그는 이 노래를 잘 불러, 그렇지 않니?

2 그 파스타는 정말 맛있었어. 그렇지 않니?

3 그것은 그의 잘못이 아니야. 그렇지?

4 Ann은 우리 집에 올 거야. 그렇지 않니?

5 Tom은 고기를 먹지 않아. 그렇지?

POINT 11
check up
p.100

1 I can't   **2** she was

1 A: 너는 우리와 함께할 수 없어. 그렇지?
   B: 응, 함께할 수 없어.

2 A: 그녀는 그것에 대해 화가 났어. 그렇지 않니?
   B: 응, 화가 났어.

POINT 12
check up
p.100

1 Isn't   **2** Didn't   **3** Wasn't   **4** Doesn't
5 Don't

1 이것은 너의 우산이니? → 이것은 너의 우산이지 않니?

2 너는 기차를 놓쳤니? → 너는 기차를 놓치지 않았니?

3 Jenny는 너와 함께 있었니? → Jenny는 너와 함께 있지 않았니?

4 그는 한국 음식을 좋아하니? → 그는 한국 음식을 좋아하지 않니?

5 그들은 서울에 사니? → 그들은 서울에 살지 않니?

Unit Exercise
p.101

A **1** × → isn't he   **2** × → isn't it   **3** ○
   4 × → will you   **5** ○   **6** × → do they

1 그 배우는 매우 유명해. 그렇지 않니?

2 호진이의 생일은 4월이야. 그렇지 않니?

3 우리 선생님은 지금 화나 보이셔. 그렇지 않니?

4 너의 지난 방학에 대해 얘기해줄래?

5 Jack은 트럼펫을 연주할 수 있어. 그렇지 않니?

6 Nick과 Betty는 너의 주소를 몰라. 그렇지?

B **1** isn't she, she is   **2** do you, I don't
   3 shall we   **4** can't he, he can
   5 wasn't she, she wasn't   **6** will you

1 A: 그녀는 간호사야. 그렇지 않니?
   B: 응, 맞아.

2 A: 너는 더운 날씨를 좋아하지 않아. 그렇지?
   B: 응, 안 좋아해.

3 영화 보러 갈래?

4 A: 그는 중국어를 말할 수 있어. 그렇지 않니?
   B: 응, 맞아.

5 A: Jane은 작년에 뉴욕에 있었어. 그렇지 않니?
   B: 아니, 그렇지 않아.

6 오늘의 일을 내일로 미루지 말아 주실래요?

C **1** was very romantic, wasn't it
   2 Doesn't Minho have
   3 Let's go to the concert, shall we
   4 Isn't that Rachel
   5 didn't participate in, did he

Chapter Test
p.102

1 ①   **2** ⑤   **3** ①   **4** Don't play computer games at night
5 What an interesting story it is   **6** ③
7 (1) Do not bring pets (2) Do not run   **8** ③   **9** ②   **10** ③
11 ③   **12** ③   **13** ④   **14** (1) What's[What is] your favorite
animal (2) What cute cats they are
15 ②, ③, ⑤   **16** How

1 **해석** 너의 여동생들에게 친절하게 대하고 서로 도와라.
   해설 ① 긍정명령문은 동사원형으로 시작하는데, 빈칸 뒤에 형용사 kind가 있으므로 Be가 알맞다.
   어휘 each other 서로

2 **해석** 천천히 말해주세요. 당신은 너무 빨리 말해요.
   해설 주어가 없는 것과 뒤 문장의 내용을 통해 긍정명령문이 필요함을 알 수 있다. 동사원형인 Speak이나 정중한 표현의 Please speak이 와야 한다.

3 **해석** ① 너의 여동생은 운동을 좋아하지 않아. 그렇지?
   ② 너와 나는 좋은 친구야. 그렇지 않니?
   ③ 그들은 테니스를 치지 않아. 그렇지?
   ④ Eric은 열심히 공부해. 그렇지 않니?
   ⑤ 그 소녀는 미국 출신이야. 그렇지 않니?
   해설 ① 문장의 동사가 doesn't like이므로 부가의문에는 does를 써야 하고, 주어(Your sister)는 대명사로 바꿔야 하므로 she를 써야 알맞다.

4 **해설** 주어진 우리말로 보아 부정명령문이며 어순은 「Don't+동사원형 ~」이 되어야 한다.

5 **해설** what을 사용한 감탄문은 「What+a(n)+형용사+명사(+주어+동사)」의 형태로 쓴다.

6 **해석** ① 그 가게는 주말에 문을 열지 않아. 그렇지?
   ② Tim과 Sally는 친구야. 그렇지 않니?
   ③ Amy는 프랑스로 여행 갈 거야. 그렇지 않니?
   ④ 너는 우리 집 근처에 살지 않아.
   ⑤ Paul은 어제 학교에 늦지 않았니?
   해설 ③ 부가의문문에서는 Amy를 대명사인 she로 고쳐야 알맞다.

7 **해석** (1) 식당에 반려동물을 데리고 오지 마세요.
   (2) 도서관에서 뛰지 마세요.
   해설 (1) 그림으로 보아 반려동물을 데려오지 말라는 것이므로 부정명령문 「Don't[Do not]+동사원형 ~」을 활용하면 된다. 빈칸이 네 개이므로 Do not으로 쓰는 게 적절하다. (2) 그림으로 보아 뛰지 말라는 내용이고 주어진 단어에 run이 있으므로 「Don't[Do not]+동사원형 ~」을 활용하면 된다. 마찬가지로 빈칸이 네 개이므로 Do not으로 쓰는 게 적절하다.

8 **해석** A: 그 문제는 어려웠어. 그렇지 않니?
   B: 응, 어려웠어.
   해설 동사가 was이므로 부가의문에는 부정형인 wasn't를 써야 하고, 명사인 주어는 대명사로 바꿔 써야 하므로 the question을 it으로 바꿔야 알맞다.

9 **해석** A: 너는 목마르지 않니?
   B: 응, 목마르지 않아. 나는 충분한 물을 마셨어.
   해설 부정의문문의 응답은 대답하는 내용이 긍정이면 Yes, 부정이면 No로 하면 되는데, 빈칸 뒤의 문장에서 목이 마르지 않다는 것을 알 수 있으므로 'No, I'm not.'이 알맞다.
   어휘 thirsty 목마른

10 **해석** ① A: Jane은 무엇을 하고 있니?
   B: 그녀는 자전거를 타고 있어.
   ② A: 너는 몇 시에 아침을 먹니?
   B: 보통 7시(에 먹어).
   ③ A: 그녀는 저녁 식사 후에 어디를 가니?
   B: 그녀는 보통 7시 30분에 저녁을 먹어.
   ④ A: 이것은 누구의 재킷이니?
   B: 그것은 내 것이야.
   ⑤ A: 대구까지 얼마나 오래 걸리니?
   B: 대략 세 시간 걸려.

해설 ③ 저녁 식사 후에 어디를 가는지 물었는데, 저녁 먹는 시간에 대해 대답했으므로 어색한 대화이다.

어휘 about 대략

11 해석 너는 _____, 그렇지 않니?
① 햄버거를 좋아해
② 야구를 해
③ 잘생겼어
④ 매일 운동해
⑤ 일찍 학교에 가
해설 부가의문문의 동사가 don't이므로 앞에는 일반동사 현재형의 긍정 표현이 와야 한다. ③의 are는 be동사이므로 적절하지 않다.

12 해석 그것은 매우 신나는 게임이다.
③ 그것은 정말 신나는 게임이구나!
해설 주어진 문장에 명사와 관사가 있으므로 What을 이용해 「What+a(n)+형용사+명사(+주어+동사)!」 어순으로 쓴다.

13 해석 ① 그것들을 섞지 마라.
② 손톱을 물어뜯지 마라.
③ 나에게 화내지 마라.
④ 직진해서 왼쪽으로 돌아라.
⑤ TV를 꺼라.
해설 ①의 Don't to는 Don't로, ②의 Not은 Don't로, ③의 Don't는 Don't be로, ⑤의 Turns는 Turn으로 고쳐야 알맞다.

어휘 mix up 섞다　bite 물어뜯다　nail 손톱　straight 똑바로　turn off (전기 등을) 끄다

14 해석 A: 네가 가장 좋아하는 동물이 무엇이니?
B: 나는 고양이를 좋아해. 나는 집에 고양이 두 마리가 있어. 여기 그들의 사진 몇 장이 있어.
A: 오, 그들은 정말 귀여운 고양이들이구나!
해설 (1)은 「What+be동사+주어 ~?」 어순으로, (2)는 「What+a(n)+형용사+명사(+주어+동사)!」의 어순으로 문장을 완성하면 된다.

15 해석 ① 이 문장을 따라 해보자.
② 택시를 타지 말자.
③ 너의 말을 조심해라.
④ 패스트푸드를 너무 자주 먹지 마라.
⑤ 여기서 신발을 벗어주세요.
해설 ②의 Not let's는 Let's not으로, ③의 Careful은 Be careful로, ⑤의 taking은 take로 고쳐야 알맞다.

어휘 repeat 따라하다　sentence 문장　take off (옷 등을) 벗다

16 해석 A: 새로운 반에서 첫날은 어땠니?
B: 좋았어.
A: 너희 반에는 얼마나 많은 학생들이 있니?
B: 대략 25명의 학생이 있어.
해설 첫 번째 빈칸에는 '어떻게, 어떤'의 의미가 필요하고, 두 번째 빈칸에는 many와 함께 '얼마나 많은'의 의미가 필요하므로 가장 적절한 의문사는 How이다.

CHAPTER 09 문장의 여러 형식

Unit 1 SVC

POINT 1　　　　　　　　　p.107
check up

1 shy	2 quiet	3 my role model	4 angry
5 a pilot	6 a great friend		

1 그 소년은 수줍어했다.
2 그는 조용해졌다.
3 우리 아버지는 내 롤 모델이시다.
4 Jessie는 화가 났다.
5 우리 삼촌은 조종사가 되셨다.
6 좋은 책은 훌륭한 친구이다.

POINT 2　　　　　　　　　p.108
check up 1

1 (looks) cute	2 (felt) happy	3 (sounds) great
4 (tasted) sour	5 (smells) sweet	

1 Katie는 귀여워 보인다.
2 그는 행복함을 느꼈다.
3 그것은 괜찮게 들린다.
4 그 주스는 신맛이 났다.
5 그 빵은 달콤한 냄새가 난다.

check up 2

1 beautiful	2 sweet	3 good	4 sad
5 look	6 feel	7 taste	8 sound

check up 3

1 sleepy	2 perfect	3 good	4 hungry
5 heavy	6 possible	7 fantastic	8 looks like

1 너는 졸려 보인다.
2 그녀의 계획은 완벽하게 들린다.
3 그 와인은 좋은 맛이 났다.
4 나는 방과 후에 배고픔을 느꼈다.
5 그 배낭은 무거워 보인다.
6 너의 꿈은 가능하게 들린다.
7 그 파스타는 환상적인 맛이 났다.
8 Tommy는 강한 소년처럼 보인다.

Unit Exercise　　　　　　　　　p.109

A	1 × → difficult	2 × → sad	3 ○	4 × → nice
	5 × → good	6 ○		

1 수학은 나에게 매우 어렵다.
2 네 여동생은 슬퍼 보인다.
3 Susan은 대학을 마친 후 선생님이 되었다.
4 그 양초는 좋은 냄새가 난다.
5 네 새 치마는 좋아 보인다.
6 Rick은 다른 사람들에게 항상 친절하다.

B	1 sounds	2 feel	3 tastes	4 smell	5 look

1 네 목소리는 이상하게 들린다.
2 나는 지금 외롭게 느껴지지 않는다.
3 이 커피는 쓴맛이 난다.

4 꽃에서 향기로운 냄새가 난다.
5 너는 그 옷을 입으니까 예뻐 보인다.

C 1 felt soft 2 is honest 3 sounds interesting
  4 became[got] famous 5 smells delicious

Unit 2 SVOO

POINT 3
check up
p.110

1 Tom, a picture 2 me, a flower
3 the girl, an apple pie 4 the teacher, the news

1 나는 Tom에게 그림 하나를 보여 주었다.
2 그는 나에게 꽃 한 송이를 사 주었다.
3 그는 그 소녀에게 사과 파이 하나를 만들어 주었다.
4 그들은 선생님께 그 소식을 말씀드렸다.

POINT 4
check up 1
p.111

1 her cat, me 2 a delicious lunch, them
3 a birthday cake, our sister

〈보기〉 Sam은 나에게 테니스를 가르친다.
1 그녀는 나에게 자신의 고양이를 보여 주었다.
2 그는 그들에게 맛있는 점심을 사 주었다.
3 우리는 언니에게 생일 케이크를 만들어 주었다.

check up 2

1 to 2 for

1 우리 엄마는 나에게 수건 한 장을 주셨다.
2 우리는 그 아이들에게 종이배를 만들어 주었다.

Unit Exercise
p.112

A 1 × → us milk[milk to us] 2 ○
  3 × → me a bike[a bike for me] 4 ○ 5 × → to him

1 소는 우리에게 우유를 준다.
2 Jack은 나에게 몇 가지 마술 속임수를 보여 주었다.
3 우리 아버지는 나에게 자전거를 사 주실 것이다.
4 저에게 진실을 말해 주세요.
5 너는 그에게 언제 이메일을 보낼 거니?

B 1 show me the way 2 cooked dinner for us
  3 brought her some flowers
  4 tells interesting stories to children

C 1 some dessert for you
  2 some cold water for you
  3 a new smartphone for me 4 a Christmas gift to me

〈보기〉 Green 선생님은 우리에게 음악을 가르치신다.
1 내가 너에게 디저트를 만들어 줄게.
2 그녀는 너에게 차가운 물을 좀 가져다 줄 것이다.
3 아빠는 나에게 새 스마트폰을 사 주실 것이다.
4 Rick은 해마다 나에게 크리스마스 선물을 보낸다.

Unit 3 SVOC

POINT 5
check up
p.113

1 my dog, Peggy 2 his son, Jack
3 her, a doctor 4 him, a brave man

1 나는 내 개를 Peggy라고 부른다.
2 그는 자신의 아들을 Jack이라고 이름 지었다.
3 그들은 그녀를 의사로 만들었다.
4 그녀는 그가 용감한 사람이라고 생각한다.

POINT 6
check up
p.113

1 angry 2 keeps 3 cold 4 found

1 나는 우리 형을 화나게 만들었다.
2 운동은 우리를 건강하게 해 준다.
3 얼음은 물을 차갑게 유지한다.
4 그는 그 시험이 쉽다는 것을 알게 되었다.

Unit Exercise
p.114

A 1 makes, sad 2 found, funny 3 leave, empty
  4 keep, warm

B 1 made her son a baseball player
  2 named my hamster Jerry
  3 think the girl a genius
  4 call me Sweetie

C 1 ○ 2 × → me very excited 3 ○
  4 × → me a fool 5 × → his parents angry
  6 ○ 7 × → her room dirty

1 나는 그 책이 유용하다는 걸 알게 되었다.
2 축제는 나를 매우 신나게 만들었다.
3 Mike는 자신의 아들을 음악가로 만들었다.
4 나를 바보라고 생각하지 마.
5 그의 버릇없는 대답은 부모님을 화나게 만들었다.
6 너는 문을 열어 두어야 한다.
7 그녀는 항상 자신의 방을 더러운 채로 둔다.

Chapter Test

p.115

1 ⑤   **2** ③   **3** ②   **4** ④   **5** ④   **6** sounds beautiful
7 makes me happy   **8** ④   **9** ⑤   **10** ①, ③   **11** ③
12 ①   **13** give her shoes[give shoes to her]   **14** ④
15 ①   **16** Mike taught the alphabet to the kid.
17 Bill gave his sister his toy.   **18** Your story sounds very
interesting   **19** Did you send a gift box to me
20 My classmates think me a good student   **21** ④, ⑤
22 ①, ②   **23** health, healthy   **24** calmly, calm
25 I bought my brother a toy. / I bought a toy for my brother.

1 **해석** 그 수프는 맛있는 _____.
① 이다   ② 보인다   ③ 맛이 난다
④ 냄새가 난다   ⑤ 만든다
해설 빈칸 뒤에 형용사 보어가 있으므로, be동사나 감각동사가 와야 한다.

2 **해석** ① 우리 아버지는 조종사이시다.
② Sally는 작가가 되었다.
③ 그 벌들은 아주 바빠 보인다.
④ 내 친구들은 나를 Katie라고 부른다.
⑤ 너는 탁자를 깨끗하게 해 두어야 한다.
해설 ③ look은 '~하게 보이다'라는 의미로 뒤에 보어가 와야 하므로, 부사 busily가 아닌 형용사 busy로 써야 한다.

3 **해석** ① 나는 내 여동생에게 웃긴 이야기를 해 줄 것이다.
② 동물들에게 먹이를 주지 마세요.
③ 나는 Nick에게 문자 메시지를 보냈다.
④ 엄마는 내게 멋진 스웨터를 만들어 주셨다.
⑤ 송 선생님은 학생들에게 요가를 가르치신다.
해설 ② give는 간접목적어(the animals)를 직접목적어(food) 뒤로 보낼 때 전치사 to를 쓴다.

4 **해석** 〈보기〉 그는 그녀에게 이메일을 보냈다.
① 그는 그녀에게 책을 빌려주었다.
② 다른 사람들에게 거짓말을 하지 마라.
③ 그들에게 돈을 좀 주자.
④ Emma는 우리에게 쿠키를 만들어 주었다.
⑤ Ted는 나에게 사진 몇 장을 보여 주었다.
해설 〈보기〉의 send를 비롯해 lend, tell, give, show 등은 간접목적어를 직접목적어 뒤로 보낼 때 전치사 to를 쓰는 동사인데, ④의 make는 전치사 for를 쓴다.

5 **해석** ① 그녀는 자신의 책으로 유명해졌다.
② 그 벨은 크게 들렸다.
③ 당신의 아기는 정말 사랑스러워 보여요.
④ 그 음식을 차갑게 두세요.
⑤ 나는 그 배우의 삶이 매우 재미있다는 걸 알게 되었다.
해설 ④ keep은 「keep+목적어+형용사 보어(~을 …한 상태로 두다)」의 형태로 쓰이는 동사이므로, 부사 coldly가 아닌 형용사 cold로 써야 한다.
어휘 loud (소리가) 큰

6 **해설** sound는 '~처럼 들리다'라는 의미로 뒤에 보어로 형용사를 쓰므로, beautiful을 써야 한다.

7 **해설** make는 「make+목적어+형용사 보어(~을 …하게 만들다)」의 형태로 쓰이는 동사이므로, 목적어 me 뒤에 형용사 happy를 써야 한다.

8 **해석** 〈보기〉 그 아기는 졸려 보인다.
① 저를 보지 마세요.
② 저는 그냥 둘러보는 중이에요.
③ 너는 무엇을 찾고 있니?
④ 너희 엄마는 아주 친절해 보이신다.
⑤ Dave는 거울을 보았다.
해설 〈보기〉와 ④의 look은 '~처럼 보이다'라는 뜻으로 뒤에 형용사 보어를 쓰는데, ①, ②, ⑤는 뒤에 전치사나 부사를 동반하여 '보다'라는 뜻을 나타낸다. ③의 look for는 '~을 찾다'라는 뜻이다.

9 **해석** ① Anna는 나에게 꽃을 보냈다.
② Julie는 나에게 닭을 요리해 주었다.
③ 그녀는 나에게 서류를 전달해 주었다.
④ 그는 그녀에게 연애편지를 썼다.
⑤ 나는 그에게 가방을 하나 사 줄 것이다.
해설 ① send, ③ pass, ④ write는 간접목적어를 직접목적어 뒤로 보낼 때 전치사 to를, ② cook은 전치사 for를 쓴다.
어휘 papers 서류

10 **해석** 그는 항상 나를[나에게] _____ 만든다[만들어 준다].
① 화나게   ② 슬프게   ③ 저녁을
④ 강하게   ⑤ 차분하게
해설 동사 make는 「make+간접목적어+직접목적어」의 형태로 쓰거나, 「make+목적어+목적격보어」의 형태로 쓸 수 있으므로 빈칸에는 명사와 형용사를 쓸 수 있다.

11 **해석** 〈보기〉 그 검은 외투는 멋져 보인다.
① Mark는 내게 몇 가지 질문을 했다.
② 모든 사람들이 그녀를 천사라고 부른다.
③ 그 장미는 좋은 냄새가 난다.
④ 우리는 우리 강아지를 Bora라고 이름 지었다.
⑤ 그녀는 우리에게 우유를 주었다.
해설 〈보기〉와 ③은 감각동사 다음에 형용사 보어가 쓰인 SVC 문장이다. ①, ⑤는 SVOO, ②, ④는 SVOC 문장이다.

12 **해석** 〈보기〉 미나는 그에게 자신의 사진들을 보여 줬다.
① Brad는 그녀에게 초콜릿을 사 주었다.
② 그녀는 소풍에 신이 났다.
③ 그들은 그 방을 비워두었다.
④ 나는 이 스파게티가 매우 맵다는 걸 알게 되었다.
⑤ 그는 유명한 가수가 되었다.
해설 〈보기〉와 ①은 「동사+간접목적어+직접목적어」의 형태의 SVOO 문장이다. ②, ⑤는 SVC, ③, ④는 SVOC 문장이다.
어휘 spicy 매운

13 **해석** A: 너는 여동생에게 그녀의 생일날 무엇을 줄 거니?
B: 나는 동생의 생일날 그녀에게 신발을 줄 거야.
해설 동사 give는 「give+간접목적어+직접목적어」의 형태로 쓰거나, 또는 간접목적어 앞에 전치사 to를 붙여서 직접목적어 뒤로 보낼 수 있다.

14 **해석** · 내가 너에게 부탁 하나 해도 될까?
· 그는 우리에게 무서운 이야기를 해 주었다.
해설 (A) 동사 ask는 간접목적어를 직접목적어 뒤로 보낼 때 전치사 of를 쓴다. (B) 동사 tell은 간접목적어를 직접목적어 뒤로 보낼 때 전치사 to를 쓴다.
어휘 scary 무서운

15 **해석** · 나에게 펜을 하나 건네줄래?
· 그녀는 엄마께 스카프를 사 드렸다.
해설 (A) 동사 pass는 간접목적어를 직접목적어 뒤로 보낼 때 전치사 to를 쓴다. (B) 동사 buy는 간접목적어를 직접목적어 뒤로 보낼 때 전치사 for를 쓴다.

16 **해석** 〈보기〉 Tomas는 나에게 자신의 그림을 보여 주었다.
Mike는 아이에게 알파벳을 가르쳐 주었다.
해설 동사 teach는 간접목적어를 직접목적어 뒤로 보낼 때 전치사 to를 쓴다.

17 **해석** 〈보기〉 Maria는 자신의 남편에게 시계를 사 주었다.
Bill은 여동생에게 자신의 장난감을 주었다.
해설 〈보기〉와 같이 「동사+직접목적어+전치사+간접목적어」 문장을 「동사+간접목적어+직접목적어」의 순서로 쓴다.

18 **해설** 동사 sound는 '~처럼 들리다'라는 의미로 뒤에 보어로 형용사가 오므로 sounds 뒤에 interesting을 쓴다. very는 형용사를 수식하는 부사이므로 interesting 앞에 쓴다.

19 **해설** 전치사 to가 있으므로 「직접목적어+to+간접목적어」의 순서로 쓴다.

20 **해설** 동사 think는 '~을 …라고 생각하다'라는 의미로 쓰일 때, 「think+목적어(me)+명사 보어(a good student)」의 형태로 쓴다.

21 **해석** ① 나는 우리나라를 자랑스럽게 느낀다.
② 이 음료는 커피 맛이 난다.
③ 그 아기는 천사처럼 보인다.

④ 그녀는 위대한 화가가 되었다.

⑤ 그것은 좋은 생각처럼 들린다.

해설 ① 동사 feel은 뒤에 형용사가 보어로 와서 '~처럼 느끼다'라는 의미로 쓰이므로, 부사 proudly를 형용사 proud로 써야 한다. ② 동사 taste와 ③ 동사 look은 모두 감각동사로 뒤에 명사가 올 경우에는 taste like, look like로 써야 한다.

어휘 proud 자랑스러운

22 해석 ① Amy는 훌륭한 의사다.

② 그 수프는 매우 신 맛이 났다.

③ 그 소년은 친구에게 화가 났다.

④ 이 티셔츠는 나에게 작아 보이지 않는다.

⑤ 그녀는 일어난 후에 배고픔을 느꼈다.

해설 ③ 동사 get의 보어로는 형용사인 angry가 와야 한다. ④ 동사 look과

⑤ 동사 feel은 감각동사로 형용사 보어가 왔으므로 look like는 look으로, felt like는 felt로 써야 한다.

23 해석 규칙적인 운동은 너를 건강하게 만든다.

해설 '~을 …하게 만들다'의 의미를 나타내려면 「make+목적어+형용사 보어」의 형태로 써야 하므로, 명사 health를 형용사 healthy로 써야 한다.

24 해석 나는 그 강이 매우 고요하다는 것을 알게 되었다.

해설 '~가 (어떤 상태)라는 것을 알게 되다'의 의미를 나타내려면 「find+목적어+형용사 보어」의 형태로 써야 하므로, 부사 calmly를 형용사 calm으로 써야 한다.

어휘 calm 고요한

25 해설 조건을 모두 만족하려면 「buy+간접목적어+직접목적어」와 「buy+직접목적어+for+간접목적어」의 두 가지 형태로 써야 하며, 과거시제를 이용해야 하므로 buy를 bought로 변형해서 써야 한다.

CHAPTER 10 to부정사와 동명사

check up

1 × → stay 2 × → visit 3 ○ 4 × → play

1 그녀는 집에 머무르기로 결정했다.
2 그의 계획은 우리의 사무실을 방문하는 것이다.
3 너는 운동을 많이 하기로 약속했다.
4 그 남자는 체스 두는 것을 배웠다.

Unit 1 to부정사의 부사적, 형용사적 쓰임

POINT 1

check up 1
p.121

1 보기 위해 2 이기기 위해 3 알게 되어서

check up 2

1 to buy potatoes 2 to play baseball
3 sad to leave here 4 to read a book
5 happy to help his friend

check up 3

1 to win a prize 2 to attend a meeting
3 to live in a big city 4 to take pictures
5 to celebrate his wife's birthday

〈보기〉 나는 서울에 갔다. 나는 우리 조부모님 댁을 방문하고 싶었다.
→ 나는 우리 조부모님 댁을 방문하기 위해 서울에 갔다.
1 나는 최선을 다했다. 나는 상을 타기를 원했다.
→ 나는 상을 타기 위해 최선을 다했다.
2 그는 그 건물로 들어갔다. 그는 회의에 참석해야만 했다.
→ 그는 회의에 참석하기 위해 그 건물로 들어갔다.
3 그들은 서울로 이사했다. 그들은 대도시에서 살기를 원했다.
→ 그들은 대도시에서 살기 위해 서울로 이사했다.
4 그녀는 새 카메라를 샀다. 그녀는 사진을 찍고 싶었다.
→ 그녀는 사진을 찍기 위해 새 카메라를 샀다.

5 Robert는 선물을 준비했다. 그는 아내의 생일을 축하하고 싶었다.
→ Robert는 아내의 생일을 축하하기 위해 선물을 준비했다.

POINT 2
p.122

check up

1 to eat 2 to sleep 3 to drive 4 to drink
5 to meet

Unit Exercise
p.123

A 1 ⓐ 2 ⓒ 3 ⓐ 4 ⓑ 5 ⓒ 6 ⓑ

1 나는 파스타를 먹으러 그 레스토랑에 갔다.
2 나는 날 도와줄 누군가가 필요하다.
3 그녀는 몇 가지 질문을 하기 위해 내게 전화했다.
4 그들은 동물원에 가서 기뻤다.
5 그는 자신의 돼지 저금통에 넣을 몇 개의 동전을 가지고 있다.
6 나는 그 소식을 듣고 충격을 받았다.

B 1 a chance to talk 2 to see the sunrise
3 happy to watch 4 to find something
5 some ways to learn

C 1 to provide information 2 to enjoy nature
3 sad to be alone

〈보기〉 Q: Sam은 왜 체육관에 갔니?
A: 그는 자기 공을 찾으러 체육관에 갔어.
1 Q: 그녀는 왜 이 책을 썼니?
A: 그녀는 정보를 제공하기 위해 그 책을 썼어.
2 Q: 너는 왜 시골에 사니?

A: 나는 자연을 즐기기 위해 시골에 살아.
3 Q: Jenny는 지금 왜 슬프니?
   A: 그녀는 집에 혼자 있어서 슬퍼.

3 우리 부모님은 함께 저녁을 요리하는 것을 아주 좋아하신다.
4 너는 휴가 동안 무엇을 할 계획이니?

C 1 to deliver milk   2 To become a movie star
   3 to have a pet   4 To bake cookies
   5 to visit there

Unit 2   to부정사의 명사적 쓰임

POINT 3   p.124
check up

| 1 To respect your friend | 2 To open a restaurant |

1 네 친구를 존중하는 것은 중요하다.
2 식당을 여는 것은 어려운 일이다.

POINT 4   p.124
check up

| 1 디자인하는 것이다 | 2 사는 것이다 | 3 만나는 것이다 |
| 4 말하는 것이다 | 5 되는 것이다 | |

POINT 5   p.125
check up 1

1 to buy a book	2 to be brave
3 to make a doll	4 to take a shower
5 to go out for dinner	6 to ride a horse
7 to visit the country	8 to get a present

1 나는 책 한 권을 사고 싶다.
2 너는 용감해질 필요가 있다.
3 그녀는 인형을 만들기로 결정했다.
4 그는 샤워를 하기 시작했다.
5 우리는 저녁 먹으러 나가는 것을 좋아한다.
6 미나는 말을 타기를 희망한다.
7 그들은 그 나라를 방문하기로 계획했다.
8 나는 선물을 받기를 바란다.

check up 2

| 1 to start | 2 to live | 3 to meet | 4 to give |
| 5 to clean | | | |

1 우리는 매일 아침 조깅을 시작하기로 계획했다.
2 나는 평화로운 세상에서 살기를 원한다.
3 나는 내 옛 친구를 만나기를 희망한다.
4 우리는 지나에게 생일 파티를 열어주기로 결심했다.
5 너는 네 방을 청소할 필요가 있다.

Unit Exercise   p.126

| A | 1 ⓐ | 2 ⓒ | 3 ⓑ | 4 ⓒ | 5 ⓑ | 6 ⓐ |

1 컴퓨터 게임을 하는 것은 재미있다.
2 그녀는 휴식을 취하고 싶어 한다.
3 나의 소원은 오로라를 보는 것이다.
4 나는 식료품 쇼핑을 갈 필요가 있다.
5 나의 취미는 영화를 보는 것이다.
6 일찍 일어나는 것은 내게 어렵다.

| B | 1 to move | 2 to cry | 3 to cook | 4 to do |

1 우리는 다른 도시로 이사 가기로 결정했다.
2 그 아기는 갑자기 울기 시작했다.

Unit 3   동명사의 쓰임

POINT 6   p.127
check up

| 1 Making a snowman | 2 Studying English |
| 3 Driving too fast | |

1 눈사람을 만드는 것은 재미있다.
2 영어를 공부하는 것은 흥미진진하다.
3 너무 빠르게 운전하는 것은 위험하다.

POINT 7   p.127
check up

| 1 playing volleyball | 2 writing novels |
| 3 building my house | 4 going fishing |

POINT 8   p.128
check up 1

| 1 singing | 2 closing | 3 working | 4 meeting |
| 5 making | | | |

check up 2

1 finished writing	2 kept crying
3 gave up learning	4 enjoys cooking
5 practiced speaking	

POINT 9   p.129
check up

| 1 giving | 2 taking | 3 selling | 4 wearing |
| 5 changing | | | |

1 이 이야기는 희망과 사랑을 주는 것에 관한 것이다.
2 사진을 찍을 수 있는 장소가 있다.
3 그는 차를 팔아서 돈을 모았다.
4 헬멧을 쓰지 않고서 자전거를 타지 마라.
5 그녀는 자신의 헤어스타일을 바꾸는 것에 대해 생각 중이다.

POINT 10   p.129
check up

| 1 went hiking | 2 am good at playing |
| 3 felt like buying | 4 Thank you for inviting |

Unit Exercise   p.130

| A | 1 ⓑ | 2 ⓒ | 3 ⓐ | 4 ⓒ | 5 ⓑ | 6 ⓒ | 7 ⓐ |

1 나의 취미는 만화책을 읽는 것이다.
2 Brian은 새를 관찰하는 것을 즐긴다.
3 샤워를 하면서 노래를 하는 것이 내 습관이다.
4 우리 할아버지는 결코 담배를 끊지 않으실 것이다.
5 그의 직업은 사람들에게 책을 파는 것이다.
6 너는 여기서 잠깐 기다리는 것을 꺼리니? (→ 여기서 잠깐 기다려줄래?)
7 돌고래들과 수영하는 것이 나의 꿈이다.

B 1 mastering 2 doing 3 makes 4 waking
  5 skiing 6 playing

1 그녀의 목표는 영어를 숙달하는 것이다.
2 Nick은 설거지를 끝냈다.
3 다른 사람들을 돕는 것은 나를 행복하게 만든다.
4 그녀의 문제는 너무 늦게 일어나는 것이다.
5 아버지와 나는 매년 겨울 스키 타는 것을 즐긴다.
6 그녀는 매일 피아노 치는 것을 연습한다.

C 1 kept thinking about 2 am good at expressing
  3 suggested going 4 by introducing myself

Chapter Test
p.131

1 ① 2 ⑤ 3 ④ 4 I exercise every day to stay healthy.
5 She sold her house to move to the country. 6 ② 7 ③
8 to get up, getting up 9 ②
10 mind sitting 11 for listening to 12 ⑤ 13 am good
at playing 14 ②, ④ 15 ②, ③ 16 ③
17 ④ 18 ① 19 playing tennis 20 drawing[to draw]
pictures

1 **해석** 〈보기〉 너는 손을 먼저 씻을 필요가 있다.
  ① 그는 기타를 연주하는 것을 좋아한다.
  ② 영어로 말하는 것은 어렵다.
  ③ 나의 목표는 중국어를 배우는 것이다.
  ④ 우유를 마시는 것은 건강에 좋다.
  ⑤ 그의 꿈은 스포츠카를 운전하는 것이다.
  해설 〈보기〉의 to wash는 동사 need의 목적어로 쓰인 to부정사로, ① likes
  의 목적어로 쓰인 to play와 쓰임이 같다. ②와 ④는 주어, ③과 ⑤는 보어로
  쓰인 to부정사이다.
2 **해석** 〈보기〉 Jessica의 목표는 요리사가 되는 것이다.
  ① 우리는 부엌을 청소하고 있다.
  ② 그녀는 몇 권의 책을 빌리고 있다.
  ③ 그 아기는 침대에서 잠을 자고 있다.
  ④ 그들은 그 파티에 관해 얘기하고 있다.
  ⑤ 그녀의 직업은 빵과 케이크를 굽는 것이다.
  해설 〈보기〉의 becoming과 ⑤의 baking은 보어로 쓰인 동명사이고, 나머지
  는 모두 진행형으로 쓰인 현재분사이다.
  어휘 chef 요리사
3 **해석** ① 나는 TV를 시청할 시간이 없다.
  ② 너를 도와줄 사람은 아무도 없다.
  ③ Tom은 그녀에게 먹을 음식을 좀 주었다.
  ④ 그녀는 인사를 하기 위해 내게 전화했다.
  ⑤ 나는 지금 해야 할 것이 있다.
  해설 ④의 to say는 '~하기 위해'라는 의미로 목적을 나타내는 부사적 쓰임
  의 to부정사이다. 나머지는 모두 명사를 꾸미는 형용사적 쓰임의 to부정사이
  다.
[4-5] 해석 〈보기〉 나는 슈퍼마켓에 갔다. 나는 양파 몇 개를 사고 싶었다.
  → 나는 양파 몇 개를 사기 위해 슈퍼마켓에 갔다.

4 **해석** 나는 매일 운동한다. 나는 건강을 유지하고 싶다.
  → 나는 건강을 유지하기 위해 매일 운동한다.
  해설 목적을 나타내는 부사적 쓰임의 to부정사구 to stay healthy를 첫 번째
  문장 뒤에 연결하여 문장을 완성한다.
  어휘 stay healthy 건강을 유지하다
5 **해석** 그녀는 자기 집을 팔았다. 그녀는 시골로 이사하고 싶었다.
  → 그녀는 시골로 이사하기 위해 자기 집을 팔았다.
  해설 목적을 나타내는 부사적 쓰임의 to부정사구 to move to the country를
  첫 번째 문장 뒤에 연결하여 문장을 완성한다.
6 **해석** ① 수학을 공부하는 것은 신난다.
  ② Tim은 약을 먹는 것을 피했다.
  ③ 커피를 마시는 것은 나를 깨어 있게 해준다.
  ④ 그녀는 산책하는 것을 즐긴다.
  ⑤ 내 취미는 컴퓨터 게임을 하는 것이다.
  해설 ②의 taking은 동사 avoided의 목적어로 쓰인 동명사이다.
  어휘 medicine 약 awake 깨어 있는
7 **해석** 너는 너의 어린 시절에 대한 에세이를 쓰는 것을 _____?
  ① 시작했니 ② 싫어했니 ③ 끝냈니 ④ 원했니 ⑤ 아주 좋아했니
  해설 ③ 빈칸 뒤에 to부정사가 있으므로 동명사만을 목적어로 쓰는 동사
  finish는 빈칸에 알맞지 않다.
  어휘 essay 에세이, 수필 childhood 어린 시절
8 **해석** Eric은 아침에 일찍 일어나는 것을 포기했다.
  해설 동사 give up은 목적어로 동명사를 쓰므로 to get up은 getting up으로
  고쳐야 한다.
9 **해석** 그는 그 산을 오르기 시작했다.
  해설 begin은 to부정사와 동명사 모두를 목적어로 쓰는 동사이다. 따라서
  to부정사 to climb과 바꿔 쓸 수 있는 것은 동명사 climbing이다.
10 **해설** mind는 동명사를 목적어로 쓰는 동사이므로 mind 뒤에 동명사 sitting
  을 쓴다.
11 **해설** '~해줘서 고맙다'는 의미를 나타낼 때는 thank you for를 쓰고, for는
  전치사이므로 뒤에 동명사 listening to를 써서 빈칸을 완성한다.
12 **해설** · 그녀는 계속해서 내게 'no'라고 말했다.
  · 그 소설은 행복을 찾는 것에 대한 것이다.
  해설 동사 keep은 동명사를 목적어로 쓰며 about은 전치사이므로 뒤에 동
  명사를 써야 한다. 따라서 (A)와 (B)에는 모두 동명사가 와야 한다.
13 **해석** 민호: Anne, 너는 무엇을 잘하니?
  Anne: 나는 피아노를 잘 쳐.
  해설 질문에 있는 '~을 잘하다'라는 의미의 be good at을 주어에 맞게 am
  good at으로 바꾸고, 전치사 at 뒤에는 동명사 playing을 써서 대답을 완성한
  다.
14 **해석** ① 그들은 거기에 가기로 결정했다.
  ② 나는 멋진 방학을 보내길 바란다.
  ③ 그는 집에 와서 기뻤다.
  ④ 그녀는 빗속에서 운전하는 것을 피한다.
  ⑤ 나는 팝송 부르는 것을 연습할 것이다.
  해설 ② 동사 wish는 to부정사를 목적어로 쓰므로 having을 to have로 고쳐
  야 알맞다. ④ 동사 avoid는 동명사를 목적어로 쓰므로 to drive를 driving으
  로 고쳐야 알맞다.
15 **해설** 동사 is 앞까지 주어 자리이므로 빈칸에는 to부정사와 동명사 모두 올
  수 있다.
16 **해석** ① 그들은 그 수학 문제를 풀어서 행복했다.
  ② 나는 하늘에 있는 별을 보는 것을 좋아한다.
  ③ 그는 언젠가 축구선수가 되기를 희망한다.
  ④ 나는 비를 피하기 위해 한 건물 안으로 들어갔다.
  ⑤ 늦게까지 깨어 있는 것은 좋지 않다.
  해설 ③의 to become은 동사 hopes 뒤에 목적어로 쓰인 to부정사이므로 '~
  되는 것을'로 해석해야 한다.
  어휘 someday 언젠가
17 **해설** '~해줘서 고맙다'는 의미를 나타낼 때는 thank you for -ing를 사용하여
  쓴다.
18 **해석** ③ 그의 나쁜 습관은 거짓말을 하는 것이다.

ⓑ 많은 초콜릿을 먹는 것은 이에 안 좋다.
ⓒ 그녀는 잡지 읽는 것을 멈췄다.
ⓓ 너는 그녀의 이름을 알기를 바라니?
ⓔ Henry는 매주 주말마다 도보 여행을 한다.
해설 ⓔ '~하러 가다'의 의미를 나타낼 때는 go -ing를 쓰므로 hike를 hiking으로 써야 한다.
어휘 hike 도보 여행하다, 하이킹하다

19 해석 Q: Tyler는 방과 후에 무엇을 하니?
A: 그는 방과 후에 테니스 치는 것을 즐겨.
해설 동명사를 목적어로 쓰는 동사 enjoy가 있으므로 playing tennis로 쓴다.
20 해석 Q: Kate는 방과 후에 무엇을 하는 것을 좋아하니?
A: 그녀는 방과 후에 그림 그리는 것을 아주 좋아해.
해설 동사 love는 목적어로 동명사와 to부정사 둘 다 쓸 수 있으므로 drawing pictures 혹은 to draw pictures로 쓸 수 있다.

CHAPTER 11 전치사

Unit 1 장소, 위치, 방향 전치사

POINT 1   p.136
check up

| 1 on | 2 in | 3 at | 4 in | 5 at | 6 on | 7 at | 8 in |

1 그 개는 땅 위에 누워있다.
2 하늘에 달을 봐.
3 우유 배달부는 현관에 우유를 두고 갔다.
4 우리 오빠는 스페인에서 한 달 동안 머물렀다.
5 버스 정류장에서 만나자.
6 오늘 아침에 도로 위에는 많은 차들이 있었다.
7 너는 공항에 언제 도착하니?
8 우리 부모님은 차 안에서 나를 기다리고 계셨다.

POINT 2   p.137
check up

| 1 behind | 2 out of | 3 across |

Unit Exercise   p.138

A 1 in 2 at 3 on 4 at 5 in 6 on 7 at 8 in

1 방 안에 공이 하나 있다.
2 몇 분 후에 우리는 게스트하우스에 도착할 것이다.
3 나는 네 휴대 전화를 탁자 위에 두었다.
4 기차는 역에 멈춰섰다.
5 남아메리카에서는 대부분의 사람들이 스페인어를 말한다.
6 누가 벽에 걸린 그림을 그렸니?
7 그 소년은 입구에서 표를 보여주었다.
8 너는 주머니 안에 무엇을 갖고 있니?

B 1 behind 2 in front of 3 by 4 under

1 컴퓨터 뒤에 책 한 권이 있다.
2 컴퓨터 앞에 달력 하나가 있다.
3 책상 옆에 의자 하나가 있다.
4 의자 아래에 고양이 한 마리가 있다.

C 1 in, into 2 over, on 3 around, at 4 in, between

1 Davis 씨는 시청에서 일했다.
Davis 씨는 시청 안으로 걸어 들어갔다.
2 풍선들이 건물 위로 날아가고 있다.

나는 공을 바닥에 두었다.
3 Nelson 씨는 차로 섬 주변을 둘러볼 것이다.
Nelson 씨는 해변에서 휴식을 취하고 있다.
4 너는 차 안에 잠시 동안 있어야 한다.
너는 미나와 소미 사이에 서야 한다.

Unit 2 시간을 나타내는 전치사

POINT 3   p.139
check up

| 1 in | 2 on | 3 in | 4 at | 5 on |
| 6 on | 7 in | 8 on | 9 in | 10 at |

1 Danny는 저녁에 우리 집을 방문할 것이다.
2 우리는 어린이날에 학교에 갈 필요가 없다.
3 서울 올림픽은 1988년에 개최되었다.
4 나는 보통 밤 10시에 자러 간다.
5 나는 화요일에 수학 수업이 있다.
6 방학은 7월 10일에 시작된다.
7 보통 여름에 비가 많이 온다.
8 우리 아빠는 내 생일에 나에게 선물을 주셨다.
9 우리 가족은 11월에 시드니로 여행을 갈 것이다.
10 밤늦게 돌아다니지 마라.

POINT 4   p.140
check up

| 1 before | 2 for | 3 during | 4 after |
| 5 around | 6 until[till] | 7 by | |

Unit Exercise   p.141

A 1 on 2 in 3 at 4 in 5 in 6 on 7 at 8 on

1 나는 목요일마다 발레 수업을 받는다.
2 제2차 세계대전은 1945년에 끝났다.
3 우리 가족은 보통 오후 6시에 저녁을 먹는다.
4 우리 할아버지는 오후에 낮잠을 주무신다.
5 우리는 겨울에 많은 눈을 가진다. (→ 겨울에는 눈이 많이 온다.)
6 올해는 새 학기가 3월 5일에 시작한다.
7 Victor와 나는 항상 정오에 점심을 먹는다.
8 비 오는 날에는 조심해서 운전하라.

B 1 after, before 2 for, during 3 by, until

1 나는 숙면 후에 상쾌한 기분이 들었다.
　사용 전에 설명서를 읽어주세요.
2 나는 버스를 20분 동안 기다렸다.
　수업 중에는 선생님의 말씀에 주의를 기울여라.
3 우리 동아리에 이번 달 말까지는 가입해라.
　도서관은 오늘 저녁 9시까지 연다.

C　1 after school　2 in May　3 until[till] midnight
　　4 around 10 o'clock　5 for a month

Unit 3　여러 가지 전치사

POINT 5
check up　　　　　　　　　　　　　　p.142

1 by　　2 with

1 나는 버스를 타고 슈퍼마켓에 갔다.
2 유리는 자신의 친구들과 함께 여행을 갈 것이다.

POINT 6
check up　　　　　　　　　　　　　　p.142

1 for　　2 in

1 이 나라는 커피로 유명하다.
2 나는 음악에 매우 흥미가 있다.

Unit Exercise　　　　　　　　　　　p.143

A　1 like　2 by　3 to　4 about　5 with

1 너는 너희 어머니처럼 보인다. (→ 너는 너희 엄마와 닮았다.)
2 나는 기차를 타고 우리 조부모님을 방문했다.
3 내 친한 친구는 다른 도시로 이사했다.
4 그녀는 세계 평화에 관해 연설할 것이다.
5 나는 우리 엄마와 시장에 갔다.

B　1 to　2 by　3 through　4 with

1 저에게 역에 가는 길을 알려 주실래요?
　나는 우리 이모께 편지를 보냈다.
2 나는 지하철을 타고 올림픽 공원에 갔다.
　너는 내일까지는 보고서를 제출해야 한다.
3 그는 정원을 통과해서 걸었다.
　우리는 인터넷을 통해서 의사소통할 수 있다.
4 어떤 사람들은 손으로 먹는다.
　저의 개와 당신 호텔에 숙박할 수 있을까요?

C　1 is good at science　　2 is interested in cars
　　3 was full of fish　　4 from the bus terminal to

Chapter Test　　　　　　　　　　　p.144

1 ⑤　　2 ⑤　　3 ④　　4 ③　　5 ②　　6 (A) at (B) in
7 I have[eat] lunch at 1 o'clock.　8 ③　9 ③　10 ④
11 ①, ③　12 ④　13 ④　14 were full of
15 (1) is good at magic (2) is good at playing the piano

1 해석 ① 나는 강남역에서 내렸다.
　　② 나는 집 안에서 누구도 볼 수 없다.
　　③ 너희 가족은 몇 명이니?
　　④ 두 소녀가 벤치에 앉아 있다.
　　⑤ 우리는 서울에서 몇몇 궁궐들을 볼 수 있다.
　해설 ⑤ 도시와 같이 비교적 넓은 장소에는 전치사 in을 쓴다.
2 해석 · 바다 아래에서 무엇을 볼 수 있니?
　　· 그들은 모닥불 주변에 앉아 있다.
　해설 (A) 문맥상 '바다 아래에서'가 적절하므로 under가 알맞다.
　　(B) 문맥상 '모닥불 주변에'가 되어야 하므로 around가 알맞다.
　어휘 campfire 모닥불
3 해석 · 미국에는 50개의 주가 있다.
　　· 그녀는 주방 안으로 들어갔다.
　해설 (A) 국가와 같이 비교적 넓은 장소에는 전치사 in을 쓴다. (B) 문맥상 주방 안으로 들어갔다는 내용이 자연스러우므로 into가 적절하다.
　어휘 state (미국 등의) 주(州)
4 해석 · 우리 엄마는 보통 늦게까지 일하신다.
　　· 택시로 20분밖에 안 걸린다.
　해설 (A) '늦게까지'라는 의미가 되어야 하고, 동작이나 상태가 계속되는 것을 나타내므로 by가 아닌 until이 알맞다. (B) 교통수단과 함께 쓰여 '~로, ~을 타고'라는 의미를 나타내는 것은 by이다.
5 해석 ① 우리 고모는 멕시코에 살고 계신다.
　　② 천장에 선풍기가 달려 있다.
　　③ 새들이 하늘에서 노래하고 있다.
　　④ 극장 앞에서 만나자.
　　⑤ 나는 내 휴대전화를 내 가방 안에서 발견했다.
　해설 모두 전치사 in이 들어가야 하는데, ②는 천장 표면에 선풍기가 달린 것이므로 전치사 on을 써야 한다.
　어휘 fan 선풍기　ceiling 천장
6 해설 (A) 버스 정류장과 같이 비교적 좁은 장소나 지점에는 전치사 at을 쓰고, (B) 하루를 이루는 부분(the afternoon) 앞에는 전치사 in을 쓴다.
7 해석 A: 너는 몇 시에 점심을 먹니?
　해설 시각 앞에는 전치사 at을 쓴다.
8 해설 '~ 전에'라는 의미에는 전치사 before를, '한 시간 동안'처럼 숫자를 포함한 구체적인 기간에는 전치사 for를 사용하여 나타내면 된다.
9 해석 ⓐ 나는 2년 전에 부산에 살았다.
　　ⓑ Sue는 일요일에는 일찍 일어나지 않는다.
　　ⓒ 나는 하루에 30분 동안 요가를 한다.
　　ⓓ 우리의 졸업식 날은 2월 15일이다.
　　ⓔ 그는 밤 11시까지 깨어 있었다.
　해설 ⓐ 도시와 같이 비교적 넓은 장소에는 전치사 in을 쓴다. ⓓ 특정한 날짜 앞에는 전치사 on을 쓴다.
　어휘 graduation 졸업(식)　awake 깨어 있는
10 해석 Mary와 나는 여행을 갔다. 나는 첫째 날에 매우 피곤해서 여덟 시간 동안 잠을 잤다. 아침 식사 후에 우리는 버스를 타고 미술관에 갔다. 우리는 거기에서 좋은 시간을 보냈다.
　해설 (D) '~로'라는 의미의 방향을 나타낼 때는 전치사 to를 쓴다.
11 해석 ① 버스로 10분이 걸릴 것이다.
　　② 그 어린 소년은 수학을 아주 잘한다.
　　③ 나는 우리 엄마와 네일숍에 갔다.
　　④ 그 마술사는 꽃을 새로 바꾸었다.
　　⑤ 뉴욕시는 자유의 여신상으로 유명하다.
　해설 ② '~을 잘하다'라는 의미의 관용 표현은 be good at이다. ④ 'A를 B로 바꾸다'라는 의미의 관용 표현은 turn A into B이다. ⑤ '~로 유명하다'라는 의미의 관용 표현은 be famous for이다.
　어휘 magician 마술사　the Statue of Liberty 자유의 여신상
12 해석 〈보기〉 아기는 천사처럼 미소 지었다.
　　① 그녀는 바람처럼 빠르게 달렸다.
　　② 날씨가 어떠니?
　　③ 그는 부자처럼 행동한다.
　　④ 나는 새 학교를 좋아한다.
　　⑤ 내 남동생은 어른처럼 말한다.

해설 ④의 like는 '좋아하다'라는 의미의 동사로 쓰였고, 〈보기〉를 포함한 나머지는 모두 '~처럼'이라는 의미의 전치사로 사용됐다.

13 해석 ⓐ 그녀는 모델처럼 걸었다.
ⓑ 이 카페는 치즈케이크로 유명하다.
ⓒ 내가 너와 함께 가도 될까?
ⓓ 이 시계는 내 것과 다르다.
해설 ⓐ에는 '~처럼'이라는 의미의 like, ⓑ에는 be famous for의 for, ⓒ에는 '~와 함께'라는 의미의 with, ⓓ에는 be different from의 from이 적절하므로 빈칸에 들어가지 않는 것은 ④ through이다.

14 해설 '~로 가득 차다'라는 뜻의 be full of를 이용하여 문장을 완성해야 하는데, 문맥과 주어진 우리말을 보아 be동사는 과거형 were를 사용한다.
어휘 tear 눈물

15 해석 ⑴ 민수는 미술을 잘한다.
⑵ 우리는 피아노 치는 것을 잘한다.
해설 '~을 잘하다'라는 의미의 관용 표현인 be good at과 주어진 단어를 사용하여 문장을 완성하면 된다. ⑵의 play는 playing으로 바꾸는 것에 유의한다.

CHAPTER 12 접속사

Unit 1 and/but/or

POINT 2 p.148

check up

1 teaches	2 go	3 came
4 to relax	5 expensive	6 taking

1 Daniel은 아이들과 함께 게임을 하고 영어로 그들을 가르친다.
2 그들은 제주도를 방문하거나 해외로 갈 것이다.
3 우리 형은 갑자기 문을 열고 들어왔다.
4 나는 깊게 숨 쉬는 것과 긴장을 푸는 것을 배웠다.
5 이 소파는 편안하지만 비싸다.
6 Steve는 혼자 여행하는 것과 사진 찍는 것을 즐긴다.

Unit Exercise p.149

A	1 or	2 and	3 but	4 or	5 but	6 but

1 그것은 록 콘서트니 아니면 재즈 콘서트니?
2 그는 새 한 마리를 봤고, 그것은 나뭇가지에 앉았다.
3 그는 그녀에게 연락하고 싶었지만 그녀의 번호를 가지고 있지 않았다.
4 너는 축구나 야구 중에 어느 운동을 더 좋아하니?
5 나는 그녀에게 좋은 선물을 사주고 싶지만 많은 돈을 가지고 있지 않다.
6 나는 더 이상 어리지 않지만, 우리 부모님은 나를 아직도 아이처럼 대하신다.

B	1 ④	2 ①	3 ②	4 ③

1 그녀는 캠핑을 좋아하지만 벌레는 좋아하지 않는다.
2 길거리 음식은 좋아 보이고 맛있다.
3 우리 아버지는 큰 물고기를 잡으셨지만 놓아주셨다.
4 너는 오렌지나 사과를 먹을 수 있어. 하나 골라.

C	1 × → cleaned	2 ○	3 × → listen	4 ○
	5 × → (to) say			

1 그녀는 빨래를 하고 집을 청소했다.
2 나는 어제 친구들을 만나고 책을 좀 빌렸다.
3 너는 잠시 휴식을 취하거나 자유롭게 음악을 들어도 된다.
4 우리 할머니는 매일 식물들에게 말을 걸고 노래를 불러 주신다.
5 그들은 너를 만나서 고맙다고 말하고 싶어 했다.

Unit 2 여러 가지 접속사

POINT 3 p.151

check up 1

1 When	2 before

1 그가 내게 전화했을 때, 나는 집에 있지 않았다.
2 길을 건너기 전에 잘 봐라.

check up 2

1 ⓑ	2 ⓑ

1 ⓐ 교통 체증 때문에 Henry는 늦게 왔다.
ⓑ 나는 일찍 일어났기 때문에 학교에 늦었다.
ⓒ 날씨가 추웠기 때문에 우리는 외출하지 않았다.
2 ⓐ 만약 우리가 최선을 다한다면 우리는 이 일을 끝낼 수 있다.
ⓑ 만약 네가 지금 바쁘다면, 내가 나중에 전화할게.
(→ If you're busy now, I'll call you later.)

POINT 4 p.151

check up

1 We hope∨you will get better soon.
2 The doctor said∨she should take a rest.
3 They couldn't believe∨their summer vacation was over.
4 James knew∨he made a mistake.

1 우리는 네가 곧 낫길 바란다.
2 그 의사는 그녀가 쉬어야 한다고 말했다.
3 그들은 여름 방학이 끝났다는 것을 믿을 수 없었다.
4 James는 자신이 실수했다는 것을 알았다.

Unit Exercise p.152

A	1 If	2 When	3 before	4 Because

1 만약 네가 지금 이것을 사면 공짜로 하나를 더 얻을 수 있다.
2 나는 어렸을 때 삼촌과 함께 살았다.
3 네가 집에 돌아오기 전에 나는 숙제를 끝낼 거야.
4 Michael은 매우 친절하기 때문에 인기가 있다.

B	1 ⓑ	2 ⓓ	3 ⓔ	4 ⓐ	5 ⓒ

1 방을 나갈 때 불을 꺼라.
2 레몬은 시기 때문에 나는 그것을 좋아하지 않는다.
3 나는 운동을 끝내고 난 후 매우 목이 말랐다.
4 그는 학교에 가기 전에 책가방을 쌌다.
5 만약 네가 열심히 공부한다면 영어를 빨리 배울 수 있다.

C 1 that Minsu is very strong
  2 that my brother will be a good doctor
  3 that I can win the game next time
  4 that he is honest

〈보기〉 그것은 내 잘못이 아니었다. 나는 그것을 말했다.
→ 나는 그것이 내 잘못이 아니라고 말했다.
1 민수는 매우 힘이 세다. 나는 그것을 안다.
→ 나는 민수가 매우 힘이 세다는 것을 안다.
2 우리 오빠는 좋은 의사가 될 것이다. 나는 그것을 생각한다.
→ 나는 우리 오빠가 좋은 의사가 될 거라고 생각한다.
3 나는 다음에는 경기에서 이길 수 있다. 나는 그것을 바란다.
→ 나는 다음에는 경기에서 이길 수 있기를 바란다.
4 그는 정직하다. 나는 그것을 믿는다. → 나는 그가 정직하다고 믿는다.

Chapter Test

p.153

1 ② 2 ⑤ 3 ② 4 ④ 5 after I exercised 6 ④
7 (1) Ann draws pictures when she is upset. (2) Sam goes swimming when he is free. 8 ④ 9 ③, ④ 10 ②
11 (1) because he missed the school bus (2) Because John was sick in bed 12 (1) because it's tasty (2) if it's sunny tomorrow (3) when your friend helps you 13 ⑤ 14 ④ 15 ④
16 believe that she will be the best pianist

1 해석 Susan은 테니스 치는 것을 즐기지만, 어제는 치지 않았다.
해설 빈칸 앞뒤의 내용이 서로 대조되므로 but이 알맞다.
2 해석 나는 그 가수를 좋아하는데 그녀는 아름다운 목소리를 가졌기 때문이다.
해설 빈칸 뒤의 내용이 빈칸 앞부분에 대한 이유이므로 because가 적절하다.
3 해석 ① Dan과 나는 좋은 친구이다.
② 우리 언니는 똑똑하고 다정하다.
③ 토요일이니 아니면 일요일이니?
④ 우리 학교는 오래됐지만 아름답다.
⑤ Patrick은 여자 형제는 있지만 남자 형제는 없다.
해설 ② 접속사 and는 문법적 성격이 같은 것끼리 연결해야 하므로 friend를 형용사인 friendly로 고쳐야 한다.
4 해석 우리의 정상 체온과 개의 정상 체온은 비슷하지만, 개의 체온이 우리보다 더 높다. 그것은 보통 38도와 39도 사이이기 때문에 당신의 개의 몸은 항상 당신의 몸보다 더 따뜻하다.
해설 (A) 빈칸의 앞뒤 내용이 서로 대조되므로 but이 적절하다. (B) 콤마 앞부분까지가 개의 몸이 더 따뜻한 이유에 해당하므로 because가 알맞다.
어휘 normal 정상의 temperature 체온; 온도 similar 비슷한
5 해설 '~한 후에'를 의미하는 접속사 after를 사용하여 문장을 완성한다.
6 해석 · 지나가 사실을 얘기하지 않았기 때문에 그녀의 아버지는 화가 났다.
· 내 남동생은 장난감을 잃어버렸기 때문에 울었다.
해설 '~ 때문에'라는 의미로 이유나 원인을 나타내는 접속사는 because이다.
7 해석 〈보기〉 Ted는 지루할 때 책을 읽는다.
(1) Ann은 속이 상할 때 그림을 그린다.
(2) Sam은 한가할 때 수영하러 간다.
해설 '~할 때'를 의미하는 접속사 when을 사용하고 기분이나 상황에 대한 내용을 when 뒤에 쓴다. 주어가 모두 3인칭 단수이므로 동사를 3인칭 단수형으로 바꾸어야 한다.
8 해석 ① 지민이는 외로울 때 음악을 듣는다.

② 내가 중국에 있을 때 Nancy는 나에게 편지를 보냈다.
③ 그녀는 한가할 때 피아노를 친다.
④ 그는 자주 거짓말을 하기 때문에 그들은 그를 신뢰하지 않는다.
⑤ 나는 내 이름을 들었을 때 손을 들었다.
해설 ④는 문맥상 when이 아닌 '~ 때문에'를 의미하는 접속사 because가 들어가야 알맞다.
9 해석 ① Tim은 아프지만 시험에 빠질 수 없다.
② 나는 속이 상할 때 매운 음식을 먹는다.
③ 그녀는 일찍 일어났지만 늦었다.
④ 나는 우산을 가져오지 않았기 때문에 젖었다.
⑤ 샤워한 후에 저녁을 먹어라.
해설 ③ 일찍 일어난 것과 늦은 것은 대조되는 내용이므로 and가 아니라 but으로 연결해야 알맞다. ④ 앞 내용에 대한 원인이 뒤에 이어지므로 if를 because로 고쳐야 알맞다.
10 해석 인도 사람들은 약 30개의 서로 다른 달력을 사용하기 때문에 많은 새해 첫날이 있다. 사람들은 그날들을 기념하기 위해 등을 켜고 카드나 선물을 교환한다.
해설 (A) 빈칸 뒤에 새해 첫날이 많은 이유를 나타내는 절이 이어지므로 접속사 because가 들어가야 적절하다. (B) '~할 때'라는 의미의 접속사 when이 들어가야 문맥상 적절하다.
어휘 light (불을) 켜다 lamp 등, 램프 exchange 교환하다 celebrate 기념하다, 축하하다
11 해석 (1) Ted는 통학버스를 놓쳤기 때문에 화가 났다.
(2) John은 아파서 누워 있었기 때문에 학교에 오지 않았다.
해설 (1) 접속사 because 뒤에 과거 시제를 사용해 he missed the school bus를 써준다. (2) 접속사 Because 뒤에 과거 시제를 사용해 John was sick in bed를 써준다.
12 해석 (1) 오렌지 주스는 맛있기 때문에 나는 그것을 한 잔 마셨다.
(2) 내일 날씨가 화창하면 그들은 소풍을 갈 것이다.
(3) 네 친구가 너를 도와줄 때 "고마워"라고 말해야 한다.
해설 (1)은 '~ 때문에'라는 의미의 이유를 나타내는 접속사 because를, (2)는 '만약 ~하다면'이라는 의미의 조건을 나타내는 접속사 if를, (3)은 '~할 때'라는 의미의 시간을 나타내는 접속사 when을 사용하여 문장을 연결하는 것이 적절하다.
13 해석 〈보기〉 우리는 그것이 곰이라고 생각했다.
① 민지는 저기에 있는 저 집에 산다.
② 저 아름다운 건물을 봐라.
③ 나는 흰 드레스를 입은 저 소녀를 안다.
④ 그는 똑똑했기 때문에 그것이 거짓말이라는 것을 알았다.
⑤ 나는 Kate가 노래를 잘할 수 있다고 믿지 않았다.
해설 〈보기〉와 ⑤의 that은 접속사로 쓰였고, ①, ②, ③은 지시형용사로, ④는 지시대명사로 쓰였다.
14 해석 〈보기〉 집에 도착할 때 나에게 전화해.
① 그는 어제 나를 봤을 때 달아났다.
② 그녀는 낯선 사람을 만날 때 항상 미소 짓는다.
③ 내가 방에 들어갔을 때, 아무도 나를 쳐다보지 않았다.
④ 다음 버스는 언제 도착하니?
⑤ 나는 어제 그녀를 길에서 만났을 때 행복했다.
해설 ④의 when은 '언제'라는 의미의 의문사로 쓰였고, 〈보기〉를 포함한 나머지 모두는 '~할 때'라는 의미의 접속사로 쓰였다.
어휘 run away 달아나다 stranger 낯선 사람
15 해석 ① 우리는 그녀가 옳다고 생각했다.
② 그는 그녀가 진실을 말한다고 믿는다.
③ Robert는 그녀가 매우 현명하다고 생각한다.
④ 나는 저 남자가 우리 선생님이라고 생각한다.
⑤ 나는 수미가 정직하다는 것을 안다.
해설 ④의 that은 지시형용사이므로 생략할 수 없다. 나머지는 모두 목적어절을 이끄는 접속사로 쓰였으므로 생략할 수 있다.
16 해석 나의 가장 친한 친구 유미는 피아니스트가 되고 싶어 한다. 방과 후에 그녀는 항상 열심히 연습한다. 그래서 나는 그녀가 미래에 최고의 피아니스트가 될 거라고 믿는다.
해설 believe 뒤에 목적어절을 이끄는 접속사 that을 사용하여 문장을 완성한다.

천일문
GRAMMAR

LEVEL
1

WORKBOOK 정답 및 해설

CHAPTER 01 be동사

Unit 1 be동사의 긍정문 p.02

A

1 We're	2 I'm	3 It's	4 She's	5 You're
6 They're	7 He's	8 You're	9 I'm	10 It's

1 우리는 영국 출신이다.
2 나는 훌륭한 요리사이다.
3 오늘은 날이 흐리다.
4 그녀는 내 사촌이다.
5 너는 아주 예쁘다.
6 그들은 운동장에 있다.
7 그는 매우 영리하다.
8 너는 좋은 학생이다.
9 나는 꽃가게에 있다.
10 그것은 맛있고 달콤하다.

B

1 was	2 were	3 is	4 were	5 was
6 are	7 are	8 were	9 are	10 is

1 그녀는 10년 전에 유명한 배우였다.
2 Tom과 Paul은 어젯밤에 피곤했다.
3 Sam은 이제 중학생이다.
4 Tommy와 나는 작년에 게을렀다.
5 어제는 매우 추웠다.
6 Jane과 Dave는 지금 나의 새로운 이웃들이다.
7 Ted와 나는 이제 가장 친한 친구이다.
8 그들은 지난달에 중국에 있었다.
9 네 양말은 지금 책상 아래에 있다.
10 컵이 지금 식탁 위에 있다.

C

1 is	2 was	3 am	4 are	5 are
6 was	7 are	8 is	9 were	10 were

1 고양이 한 마리가 지금 내 방에 있다.
2 어제는 날이 화창했다.
3 나는 지금 집에 있다.
4 우리는 지금 같은 반이다.
5 그 아이들은 지금 행복하다.
6 나는 두 달 전에 이탈리아에 있었다.
7 너와 James는 이제 같은 조에 있다.
8 Sophia는 지금 한가하다.
9 그들은 어젯밤에 너무 화가 났다.
10 내 여동생과 나는 일 년 전에 키가 작았다.

D

1 was, 달콤했다	2 was, 화장실에 있었다	3 is, 맑다
4 were, 우승자였다	5 is, 침대 위에 있다	
6 is, 음악 선생님이다	7 is, 잘생겼다	8 were, 은행에 있었다

Unit 2 be동사의 부정문과 의문문 p.04

A

1 isn't	2 Are	3 wasn't	4 Is	5 Were
6 isn't	7 Was	8 aren't	9 weren't	10 Are

1 그것은 별로 비싸지 않다.
2 너는 수영선수니?
3 나는 지난주에 여기에 없었다.
4 그녀는 너와 함께 있니?
5 그들은 어제 바빴니?
6 Daniel은 축구에 흥미가 없다.
7 Lisa는 작년에 1학년이었니?
8 어머니와 나는 쇼핑몰에 있지 않다.
9 우리는 두 시간 전에 학교에 있지 않았다.
10 Robert와 Kelly는 휴가 중이니?

B

1 was not[wasn't]	2 are not[aren't]
3 are not[aren't]	4 is not[isn't]
5 were not[weren't]	6 was not[wasn't]
7 are not[aren't]	

C

1 Yes, she is	2 No, he isn't[he's not]
3 No, it wasn't	4 No, they aren't[they're not]
5 Yes, it is	6 Yes, they are
7 Yes, they were	

1 A: 그녀는 똑똑하니?
   B: 응. 맞아. 그녀는 똑똑해.
2 A: James는 오늘 한가하니?
   B: 아니. 그렇지 않아. 그는 오늘 바빠.
3 A: 그것은 맛있었니?
   B: 아니. 그렇지 않았어. 그것은 너무 매웠어.
4 A: 그들은 너의 자매들이니?
   B: 아니. 그렇지 않아. 그들은 내 사촌들이야.
5 A: 그 개는 지금 네 방에 있니?
   B: 응. 맞아. 그것은 내 방에 있어.
6 A: Tim과 Sera는 지금 도서관에 있니?
   B: 응. 맞아. 그들은 도서관에 있어.
7 A: 너희 엄마와 아빠는 기뻐하셨니?
   B: 응. 그러셨어. 그분들은 기뻐하셨어.

D

1 Was it snowy	2 Is Alice at the concert
3 Was the test difficult	4 Are you serious
5 Is the movie interesting	
6 Are Mary and Jason twins	

1 A: 어제 눈이 내렸니?
   B: 응. 그랬어. 어제는 눈이 내렸어.

2 A: Alice는 콘서트에 있니?
B: 응, 맞아. 그녀는 콘서트에 있어.
3 A: 그 시험은 어려웠니?
B: 아니, 그렇지 않았어. 그것은 어렵지 않았어.
4 A: 너는 지금 진지하니?
B: 응, 그래. 나는 진지해.
5 A: 그 영화는 재미있니?
B: 아니, 그렇지 않아. 그 영화는 재미있지 않아.
6 A: Mary와 Jason은 쌍둥이니?
B: 아니, 그렇지 않아. 그들은 쌍둥이가 아니야.

Chapter Test
p.06

1 ④ **2** ④ **3** ③ **4** (1) was (2) are (3) were **5** ③
6 ② **7** ③ **8** isn't clean **9** The mountain is not[isn't] so high. **10** Am I too loud? **11** ① **12** ②, ④
13 ①, ④ **14** ④ **15** ③ **16** ⑤

1 해석 ① 나는 서점에 있다.
② 그 나무는 언덕 위에 있다.
③ Olivia는 공항에 있다.
④ Brown 씨는 야구 선수이다.
⑤ 나의 여동생들은 지금 런던에 있다.
해설 ④의 is는 '(무엇)이다', 나머지는 '(어디에) 있다'로 해석된다.
어휘 bookstore 서점 airport 공항

2 해석 David는 4년 전에 L.A.에 있었다.
해설 주어(David)가 3인칭 단수이고 과거를 나타내는 four years ago가 있으므로 was를 써야 한다.

3 해석 그 가게들은 요즘에는 문을 연다.
해설 주어(The stores)가 복수명사이고 현재를 나타내는 these days가 있으므로 are가 적절하다.
어휘 these days 요즘에는

4 해석 (1) 그는 지난해에 열네 살이었다.
(2) Sally와 나는 이제 건강하다.
(3) Tom과 David는 그 당시에 키가 작았다.
해설 (1) 주어가 He이고 과거를 나타내는 last year가 있으므로 was가 알맞다.
(2) 주어가 A and B 복수이고 현재를 나타내는 now가 있으므로 are가 적절하다. (3) 주어가 A and B 복수이고 과거를 나타내는 at that time이 있으므로 were를 써야 한다.

5 해석 · Julia는 인기 있는 배우이다.
· Mark와 나는 교실에 있다.
해설 (A)의 주어 Julia는 3인칭 단수이므로 is가 알맞다. (B)의 주어 Mark and I는 복수이므로 are가 알맞다.

6 해석 · 그 고양이는 지난주에 매우 아팠다.
· 그는 지금 욕실에 있다.
해설 (A)의 주어 The cat은 3인칭 단수이고 과거를 나타내는 last week가 있으므로 was가 적절하다. (B)의 주어는 He이고 현재를 나타내는 now가 있으므로 is가 와야 한다.

7 해석 · 그 의자들은 편안하다.
· Jane은 더 이상 게으르지 않다.
해설 (A)의 주어 The chairs는 복수명사이므로 are가 와야 한다. (B)의 주어 Jane은 3인칭 단수이므로 부정형 isn't가 알맞다.
어휘 comfortable 편안한 anymore 더 이상

8 해설 주어(That house)가 3인칭 단수이고 현재의 상태를 말하고 있으므로 부정형 isn't를 써야 한다.

9 해석 그 산은 매우 높다.
→ 그 산은 그다지 높지 않다.
해설 is의 부정형은 is not[isn't]이다.

10 해석 나는 너무 시끄럽다.
→ 내가 너무 시끄럽니?

해설 be동사의 의문문은 「be동사+주어 ~?」의 어순이다.
어휘 loud 시끄러운

11 해석 _____ 그 건물에 있니?
① 너희 형은 ② 그들은 ③ 그 학생들은 ④ 그 고양이들은 ⑤ Alex와 Jane은
해설 be동사 의문문의 어순은 「be동사+주어 ~?」이므로 빈칸에는 주어가 들어가야 한다. ①은 3인칭 단수명사로 Are와 함께 쓰일 수 없다.

12 해석 ① Alex는 게으르지 않다.
② 나는 지금 내 방에 있지 않다.
③ Mike는 축구를 잘하지 못한다.
④ 그녀는 어제 여기에 있었다.
⑤ 그들은 농구선수다.
해설 ② am not은 amn't로 줄여 쓸 수 없다. ④는 과거를 나타내는 yesterday가 있으므로 is 대신 과거형인 was가 와야 한다.
어휘 be good at ~을 잘하다

13 해석 ① 너는 지난 일요일에 아팠니?
② 너와 Nick은 목마르니?
③ 나는 일주일 전에 거기에 있지 않았다.
④ Andy와 나는 지금 부엌에 있다.
⑤ 어제 날씨가 좋았다.
해설 ① 과거를 나타내는 last Sunday가 있으므로 Are 대신 과거형인 Were를 써야 한다. ④ 주어가 A and B 복수이므로 am 대신 are가 적절하다.

14 해석 ① A: 너는 한국 출신이니? B: 아니, 그렇지 않아.
② A: 너는 지난 주말에 부산에 있었니?
B: 응, 그랬어.
③ A: Terry는 로봇 개니?
B: 아니, 그렇지 않아.
④ A: 너희 학교는 크니? B: 응, 커.
⑤ A: 보라는 어제 아팠니? B: 응, 아팠어.
해설 ④ 주어가 3인칭 단수명사인 your school이므로 적절한 응답은 'Yes, it is.'가 되어야 한다.

15 해석 너는 간호사니?
해설 You로 묻는 의문문은 I로 응답해야 하고 am not은 amn't로 줄여 쓸 수 없으므로 ③이 정답이다.

16 해석 진수와 수진이는 어제 집에 있었니?
해설 의문문의 주어가 A and B 복수이고 과거를 나타내는 yesterday가 있으므로 적절한 응답은 'Yes, they were.' 또는 'No, they weren't.'이다.

CHAPTER 02 일반동사

Unit 1 일반동사의 현재형 p.08

A

1 go	2 opens	3 loves	4 do	5 plays
6 walk	7 takes	8 has	9 like	10 practices

1 우리는 점심 식사 후에 산책하러 간다.
2 그 박물관은 오전 9시에 연다.
3 그녀는 아이들을 매우 좋아한다.
4 나는 방과 후에 숙제를 한다.
5 내 여동생은 매일 컴퓨터 게임을 한다.
6 Jack과 Cindy는 학교에 걸어간다.
7 아빠는 매일 아침에 샤워를 하신다.
8 그 책상은 다리가 네 개 있다.
9 Janet과 나는 초콜릿 우유를 좋아한다.
10 Sam은 대회를 위해 피아노를 연습한다.

B

1 cries	2 eat	3 washes	4 has	5 enjoy
6 does	7 watches	8 get	9 studies	10 play

1 그 아기는 하루 종일 운다.
2 내 여동생들과 나는 매일 아침 식사를 한다.
3 Emily는 매일 머리를 감는다.
4 우리 할아버지는 개 두 마리가 있으시다.
5 우리는 여름에 수영을 즐긴다.
6 Jack은 매일 밤 설거지를 한다.
7 Alice는 인터넷으로 뉴스를 본다.
8 우리 부모님은 매우 일찍 일어나신다.
9 Mike는 자신의 친구들과 영어를 공부한다.
10 그 소년들은 점심 식사 후에 축구를 한다.

C

1 plays	2 have	3 tries	4 go	5 live
6 washes	7 cleans	8 knows	9 wears	10 ride

1 Jeremy는 화요일마다 농구를 한다.
2 그들은 문제가 하나 있다.
3 수미는 항상 최선을 다한다.
4 미나와 나는 함께 수영을 하러 간다.
5 Jamie와 그의 가족은 런던에 산다.
6 내 남동생은 손을 씻는다.
7 소라는 매일 자신의 방을 청소한다.
8 Fred는 많은 재미있는 이야기를 안다.
9 Laura는 차 안에서 안전띠를 맨다.
10 나는 주말마다 자전거를 탄다.

D

1 ○	2 × → brushes	3 ○	4 × → buys
5 × → teaches	6 × → has	7 × → flies	8 ○ 9 ○
10 × → cooks			

1 나이 든 노인 한 분이 우리 동네에 사신다.
2 Jessica는 하루에 두 번 이를 닦는다.

3 내 친구는 버스에서 나와 함께 앉는다.
4 그녀는 점심으로 빵을 좀 산다.
5 우리 아빠는 학교에서 수학을 가르치신다.
6 Mark는 남동생 한 명과 여동생 한 명이 있다.
7 새 한 마리가 하늘을 난다.
8 우리 형은 거실에서 숙제를 한다.
9 내 자명종은 7시에 울린다.
10 엄마는 우리를 위해 음식을 요리하신다.

Unit 2 일반동사의 과거형 p.10

A

1 moved	2 had	3 missed	4 went	5 enjoyed
6 visited	7 ate	8 carried	9 read	10 bought

1 우리 가족은 2년 전에 부산으로 이사 갔다.
2 지나는 어젯밤에 심한 복통이 있었다.
3 그 선수는 경기에서 공을 놓쳤다.
4 나는 오늘 아침에 차를 타고 학교에 갔다.
5 그녀는 한국 음식을 즐겼다.
6 나는 지난달에 우리 할머니를 방문했다.
7 내 친구와 나는 저녁 식사 후에 후식을 먹었다.
8 나는 그 상자를 내 방으로 옮겼다.
9 그 학생들은 도서관에서 책을 읽었다.
10 엄마는 채소를 조금 사셨다.

B

1 helped	2 called	3 studied	4 arrived
5 hurried	6 regretted	7 stopped	8 asked
9 changed	10 stayed		

1 Flora는 지난 주말에 엄마를 도와드렸다.
2 Tanya는 오늘 아침에 내게 전화했다.
3 Mary는 어제 수학을 공부했다.
4 나는 안전하게 집에 도착했다.
5 Tom은 자기 자리로 서둘러 돌아갔다.
6 Homer는 자기가 한 말을 곧 후회했다.
7 열차가 역에 멈췄다.
8 나는 그에게 질문을 하나 했다.
9 Harry는 2주 전에 자신의 직업을 바꿨다.
10 1년 전에 나는 일주일 동안 런던에 머물렀다.

C

1 jogged	2 played	3 had	4 did
5 studied	6 watched	7 read	

〈보기〉 나는 매일 나의 개를 산책시킨다.
    → 나는 어젯밤에 나의 개를 산책시켰다.
1 Sally는 매일 아침에 조깅을 한다.
  → Sally는 어제 아침에 조깅을 했다.
2 Timmy와 나는 주말마다 야구를 한다.
  → Timmy와 나는 지난 일요일에 야구를 했다.
3 그 식당은 휴일마다 많은 손님이 있다.
  → 그 식당은 오늘 많은 손님이 있었다.
4 내 여동생은 매일 밤 숙제를 한다.

→ 내 여동생은 어젯밤에 숙제를 했다.
5 소라는 매일 영어를 공부한다.
→ 소라는 오늘 아침에 영어를 공부했다.
6 Kate는 매일 밤 TV를 본다.
→ Kate는 어제 하루 종일 TV를 봤다.
7 지나는 매달 많은 책을 읽는다.
→ 지나는 지난 방학 동안 많은 책을 읽었다.

D

1 had	2 met	3 went	4 studied
5 gave	6 agreed		

Unit 3 일반동사의 부정문과 의문문 p.12

A

1 doesn't eat	2 doesn't watch	3 don't have
4 don't brush	5 doesn't get up	6 don't like
7 doesn't live	8 doesn't have	

1 Lisa는 고기를 먹는다.
  → Lisa는 고기를 먹지 않는다.
2 Mike는 TV를 본다.
  → Mike는 TV를 보지 않는다.
3 우리는 겨울에 눈이 많이 온다.
  → 우리는 겨울에 눈이 많이 오지 않는다.
4 나는 아침 식사 후에 이를 닦는다.
  → 나는 아침 식사 후에 이를 닦지 않는다.
5 John은 일찍 일어난다.
  → John은 일찍 일어나지 않는다.
6 Mary와 Tom은 햄버거를 좋아한다.
  → Mary와 Tom은 햄버거를 좋아하지 않는다.
7 Susan은 부모님과 함께 산다.
  → Susan은 부모님과 함께 살지 않는다.
8 Patrick은 많은 돈을 가지고 있다.
  → Patrick은 많은 돈을 가지고 있지 않다.

B

1 Does, take	2 Do, like	3 Does, swim
4 Do, watch	5 Does, go	6 Do, give

1 A: 그녀는 매일 산책하니?
  B: 응, 맞아. 그녀는 매일 산책해.
2 A: 너는 스포츠를 좋아하니?
  B: 아니, 그렇지 않아. 나는 스포츠를 좋아하지 않아.
3 A: 너의 형은 수영을 매우 잘하니?
  B: 응, 맞아. 우리 형은 수영을 아주 잘해.
4 A: 그들은 저녁 식사 후에 TV를 보니?
  B: 아니, 그렇지 않아. 그들은 저녁 식사 후에 TV를 보지 않아.
5 A: Tony는 학교에 걸어서 가니?
  B: 응, 맞아. 그는 학교에 걸어서 가.
6 A: 너희 부모님은 너에게 용돈을 주시니?
  B: 아니, 그렇지 않아. 부모님은 나에게 용돈을 주시지 않아.

C

1 enjoy	2 find	3 Did	4 didn't	5 Did
6 didn't	7 get up	8 have	9 didn't	10 Did

1 너는 어제 영화가 즐거웠니?
2 Janet은 자신의 주머니에서 열쇠를 찾지 못했다.

3 너는 지난주에 그를 봤니?
4 우리 엄마는 어제 나를 기다리지 않으셨다.
5 Sally는 어젯밤에 시험을 위해 수학을 공부했니?
6 그는 지난 일요일에 할머니를 방문하지 않았다.
7 너는 아침에 일찍 일어났니?
8 나는 오늘 아침에 식사를 하지 않았다.
9 우리는 어젯밤에 소란을 피우지 않았다.
10 너는 네 친구와 어제 공원에 갔었니?

D

1 Did he break the window 2 didn't read the comic book 3 Did they watch 4 didn't do her homework
5 didn't clean my room 6 Did you meet
7 didn't remember his name

Chapter Test p.14

1 ④ 2 ④ 3 ⑤ 4 ④ 5 ③ 6 (1) has breakfast (2) studies English (3) watches TV 7 ⑤ 8 ③ 9 ④ 10 ②
11 ② 12 ③ 13 ②, ⑤ 14 ④ payed, paid

1 **해석** · 그녀는 새 배낭을 가지고 있다.
    · 그는 물을 마신다.
  해설 (A) 주어가 She로 3인칭 단수이기 때문에 동사는 has가 적절하다. (B) 주어가 He로 3인칭 단수이기 때문에 동사는 drinks로 써야 한다.
  어휘 backpack 배낭

2 **해석** · 우리 아버지는 지난 일요일에 집에서 세차를 하셨다.
    · Judy는 매일 밤 TV를 본다.
  해설 (A) 주어(My father)가 3인칭 단수이고 과거를 나타내는 last Sunday가 있으므로 washed를 써야 한다. (B) 주어(Judy)가 3인칭 단수이고 every night로 보아 반복적으로 일어나는 일이므로 현재형인 watches를 써야 한다.

3 **해석** · 그들은 어젯밤에 좋은 시간을 보냈다.
    · 우리는 어제 아무것도 하지 않았다.
  해설 (A) 주어(They)가 복수이고 과거를 나타내는 last night가 있으므로 had가 적절하다. (B) 주어(We)가 복수이고 과거를 나타내는 yesterday가 있으므로 didn't가 적절하다.

4 **해석** 그들은 어제 _____.
  ① 책을 읽었다 ② 집에 있었다 ③ 케이크를 만들었다 ④ 외출하지 않는다 ⑤ 테니스를 쳤다
  해설 과거를 나타내는 yesterday가 있으므로 don't go out은 didn't go out으로 써야 한다.

5 **해석** 내 친구들과 나는 지난주에 함께 _____.
  ① 멋진 저녁 식사를 했다 ② 영화를 보러 갔다 ③ 과학을 공부했다 ④ 겨울 캠프에 관해 이야기했다 ⑤ 컴퓨터 게임을 했다
  해설 과거를 나타내는 last week가 있으므로 과거형 동사를 써야 하는데 study의 과거형은 studyed가 아니고 studied이다.

6 **해석**
  하나는 7시에 일어난다.
  (1) 그녀는 7시 30분에 아침을 먹는다.
  (2) 그녀는 8시 30분에 영어를 공부한다.
  (3) 그녀는 10시에 TV를 본다.
  해설 (1) 주어가 3인칭 단수이므로 동사 have를 has로 바꿔 쓰는 것에 유의한다. (2) study의 3인칭 단수 현재형은 studies이다. (3) watch의 3인칭 단수 현재형은 watches이다.

7 **해석** ① A: 그녀는 영화를 좋아하니?
          B: 아니, 그렇지 않아. 그녀는 스포츠를 좋아해.
       ② A: 너는 부산에 사니?
          B: 아니, 그렇지 않아. 나는 서울에 살아.

③ A: Sue는 피아노를 치니?

   B: 응. 맞아. 그녀는 피아노를 아주 잘 쳐.

④ A: 너와 너희 형은 매일 운동을 하니?

   B: 응. 맞아. 우리는 매일 테니스를 쳐.

⑤ A: 너희 삼촌은 영어를 가르치시니?

   B: 아니. 그렇지 않아. 삼촌은 수학을 가르치셔.

해설 ⑤의 질문에서 주어(your uncle)가 3인칭 단수이고 현재를 나타내는 Does가 쓰였다. 따라서 적절한 응답은 긍정의 경우 'Yes, he does.', 부정의 경우 'No, he doesn't.'이다. 주어가 3인칭 단수(he)일 때 don't는 함께 쓸 수 없다.

8 해설 현재의 일을 말하고 있고, 주어(Amy)가 3인칭 단수이므로 study의 알맞은 부정형은 ③ doesn't study이다.

9 해설 ④ 과거의 일을 말하고 있으므로 부정형 didn't를 써야 하며 didn't 뒤에는 동사원형을 써야 하므로 didn't meet이 적절하다.

10 해석 ① 그녀는 서울에 사니?

② 너는 휴대폰을 가지고 있니?

③ 너희 아버지는 병원에서 일하시니?

④ Baker 씨는 아이들이 있니?

⑤ 그는 한국어를 가르치니?

해설 ①, ③, ④, ⑤는 모두 주어(she, your father, Ms. Baker, he)가 3인칭 단수이고 현재의 의미를 나타내는 문장이므로 의문문을 만들 때 Does가 필요하지만, ②는 주어가 you이므로 Do를 쓴다.

11 해석 ① 너는 정말 아침에 5시에 일어나니?

② 지나는 일본어를 공부하니?

③ 김 선생님은 한국 역사를 가르치신다.

④ 그녀는 수영장에서 수영하지 않는다.

⑤ 우리는 컴퓨터 게임을 좋아하지 않는다.

해설 ②는 주어(Jina)가 3인칭 단수이지만 Does가 앞에 쓰인 의문문이므로 동사원형인 study를 써야 한다.

12 해석 ① 그녀는 어젯밤에 일찍 잠자리에 들었니?

② 민호는 오늘 아침에 자신의 자전거를 닦았다.

③ Cindy는 작년에 나에게 크리스마스 카드를 보내지 않았다.

④ 그는 열이 있니?

⑤ 그들은 도서관에서 공부를 하니?

해설 ③ didn't 뒤에는 동사원형이 와야 하므로 sent가 아닌 send가 적절하다.

어휘 fever 열, 발열

13 해석

	Ken	Jim	Joe
부엌에서 요리하다	✔		✔
학교에 걸어가다	✔		
버스를 타고 학교에 가다		✔	✔
설거지하다	✔		✔
매일 운동하다		✔	

① Ken은 부엌에서 요리를 한다.

② Ken과 Joe는 학교에 걸어서 간다.

③ Jim은 매일 운동을 한다.

④ Jim은 설거지를 하지 않는다.

⑤ Joe는 학교에 버스를 타고 가지 않는다.

해설 표의 내용으로 보아 학교에 걸어서 가는 사람은 Ken뿐이므로 Joe도 학교에 걸어서 간다고 한 ②는 표의 내용과 일치하지 않는다. 또한 Joe는 버스로 학교에 가므로 ⑤ 역시 표의 내용과 일치하지 않는다.

14 해석 어제 진호는 무엇인가 먹고 싶었다. 그는 패스트푸드 식당으로 갔다. 그는 햄버거 한 개와 감자튀김 작은 것, 콜라 큰 것 하나를 주문했다. 그는 5천 원을 지불했다. 점원이 그에게 거스름돈을 주었다.

해설 Yesterday로 보아 과거의 일이므로 동사는 과거형으로 써야 한다. ④ pay의 과거형은 payed가 아니라 paid이다.

어휘 order 주문하다 clerk 점원 change 거스름돈; 잔돈

CHAPTER 03 현재진행형과 미래 표현

Unit 1 현재진행형
p.16

A

1 is drinking	2 is smelling	3 are jumping
4 are riding	5 are falling	6 am jogging
7 is lying	8 is planning	

1 그녀는 우유 한 컵을 마신다.

2 그 소년은 꽃향기를 맡는다.

3 그 아이들은 뛸 듯이 기뻐한다.

4 우리 부모님은 말을 타신다.

5 나뭇잎들이 나무에서 떨어진다.

6 나는 내 여동생과 함께 공원에서 조깅한다.

7 Fiona는 침대에 눕는다.

8 Jake는 이번 겨울을 위한 계획을 세운다.

B

1 is not[isn't] kicking, Is, kicking

2 are not[aren't] asking, Are, asking

3 is not[isn't] stopping, Is, stopping

4 are not[aren't] flying, Are, flying

1 지훈이는 지금 공을 차고 있다.

  → 지훈이는 지금 공을 차고 있지 않다.

  → 지훈이는 지금 공을 차고 있니?

2 그들은 선생님에게 많은 질문을 하고 있다.

  → 그들은 선생님에게 많은 질문을 하고 있지 않다.

  → 그들은 선생님에게 많은 질문을 하고 있니?

3 경찰관이 차들을 멈춰 세우고 있다.

  → 경찰관이 차들을 멈춰 세우고 있지 않다.

  → 경찰관이 차들을 멈춰 세우고 있니?

4 새들이 하늘 높이 날고 있다.

  → 새들이 하늘 높이 날고 있지 않다.

  → 새들이 하늘 높이 날고 있니?

C

1 × → is repairing	2 ○	3 × → are singing
4 × → is driving	5 × → is not[isn't] sleeping	
6 ○	7 × → are waiting	
8 × → are not[aren't] listening	9 ○	10 ○

1 그는 지금 라디오를 고치고 있다.

2 우리는 방 두 개짜리의 작은 집을 찾고 있다.

3 아이들 몇 명이 교실에서 노래하고 있다.

4 Stevens 씨는 멋진 차를 운전하고 있다.

5 꼬마 Johnny는 자기 침대에서 자고 있지 않다.
6 그 과학자는 물을 알코올과 섞고 있다.
7 Jake와 나는 바로 지금 Judy를 기다리고 있다.
8 학생 몇 명이 내 연설을 듣고 있지 않다.
9 두 명의 남자들이 지금 벽에 칠을 하고 있다.
10 너는 가위를 가지고 종이를 자르고 있니?

D

1 is selling	2 is passing	3 am wearing
4 Is he taking	5 is not[isn't] eating	
6 Are, talking	7 am not thinking	8 are throwing

Unit 2 미래 표현　　p.18

A

1 won't	2 be	3 is going to do
4 am going to	5 isn't going to	6 Will the train arrive
7 going to learn	8 going to go	

1 나는 너를 잊지 않을 것이다.
2 그는 내년에 15살이 될 것이다.
3 Mike는 파티에서 미술을 할 것이다.
4 나는 샌드위치를 좀 만들 것이다.
5 Vicky는 새 컴퓨터를 사지 않을 것이다.
6 기차가 역에 도착할까요?
7 너는 Smith 선생님께 영어를 배울 거니?
8 Jim이 너와 함께 갈까?

B

1 will not[won't] stay	2 is going to win
3 is not[isn't] going to dance	4 will not[won't] be
5 Will they come	6 Is Andy going to study
7 will take a nap	8 is not[isn't] going to spend

1 그녀는 이모 집에 머문다.
　→ 그녀는 이모 집에 머물지 않을 것이다.
2 우리 학교 야구팀이 시합에서 이긴다.
　→ 우리 학교 야구팀이 시합에서 이길 것이다.
3 미소는 학교 축제에서 춤을 춘다.
　→ 미소는 학교 축제에서 춤을 추지 않을 것이다.
4 나는 회의에 늦는다. → 나는 회의에 늦지 않을 것이다.
5 그들은 내 크리스마스 파티에 온다.
　→ 그들이 내 크리스마스 파티에 올까?
6 Andy는 뉴욕시에서 미술을 공부한다.
　→ Andy는 뉴욕시에서 미술을 공부할까?
7 나는 점심 식사 후에 낮잠을 잔다.
　→ 나는 점심 식사 후에 낮잠을 잘 것이다.
8 그는 옷에 모든 돈을 쓴다.
　→ 그는 옷에 모든 돈을 쓰지 않을 것이다.

C

1 will not[won't] be	2 are going to exercise
3 will[am going to] eat	4 Are you going to give
5 is going to buy	6 am not going to lend
7 Will you ask	8 Is Linda going to study
9 Will the war end	10 going to grow

1 날씨는 오늘 좋지 않을 것이다.
2 Fred와 Jenny는 함께 운동할 것이다.
3 나는 햄버거를 감자튀김과 함께 먹을 것이다.
4 너는 나에게 그 책을 줄 거니?
5 아빠는 나에게 자전거를 한 대 사 주실 것이다.
6 나는 그에게 돈을 빌려주지 않을 것이다.
7 너는 Amy의 전화번호를 물어볼 거니?
8 Linda는 프랑스에서 공부할 예정이니?
9 그 나라에서 전쟁이 끝날까?
10 너는 정원에서 토마토를 기를 거니?

D

1 will trust	2 are going to fly
3 Is Mike going to be	4 is not[isn't] going to visit
5 Will you help	6 is going to teach
7 I will not[won't] tell	8 Are you going to take

Chapter Test　　p.20

1 ①	2 ②	3 ③	4 ②	5 ③	6 lieing, lying

7 Is, Are　8 Are they going to clean the streets after school?
9 We are[We're] planning a lot of events for children.
10 ④　11 ③　12 ②　13 is washing
14 ③　15 are looking at　16 We are going to learn

1 **해석** ① 네 강아지는 지금 자고 있니?
　② 그는 자신의 코를 만지고 있다.
　③ Sue는 책을 읽고 있지 않다.
　④ 나는 내 손을 씻고 있다.
　⑤ 많은 사람들이 그 퍼레이드를 따라가고 있다.
　해설 ① 주어 your puppy가 3인칭 단수형이므로 Is가 되어야 한다.
　어휘 follow 따라가다　parade 퍼레이드
2 **해석** ① 나는 저 청바지를 살 것이다.
　② 그녀는 오늘 일하러 가지 않을 것이다.
　③ 나는 Jack과 영화를 볼 것이다.
　④ 너 오늘 저녁에 우리 집에 올래?
　⑤ 당신은 가게를 닫으실 건가요?
　해설 ② won't는 will not의 줄임말이므로, not을 지우거나 will not으로 써야 한다.
　어휘 blue jeans 청바지
3 **해석** ① 그녀는 자신의 아기를 안고 있다.
　② 나는 노란색 꽃을 그리고 있다.
　③ 그 밴드는 지금 곡을 연주하고 있지 않다.
　④ 지금 밖에 눈이 오고 있니?
　⑤ 너 거기 서 있니?
　해설 ③ 현재진행형의 부정문이므로 play는 playing이 되어야 한다.
4 **해석** · 그는 아침 식사를 준비하고 있다.
　· 나는 특별한 음식을 만들 것이다.
　해설 첫 번째 문장은 앞에 is가 있으므로 「be동사+-ing형」의 현재진행형이 알맞은데, prepare는 마지막 -e를 떼고 -ing를 붙여야 한다. 두 번째 문장에서 be going to 다음에는 동사원형이 알맞다.
5 **해석** · 오늘은 비가 오지 않을 것이다.
　· 그녀는 피아노를 연주하지 않을 것이다.
　해설 첫 번째 문장은 will을 사용한 미래 표현의 부정문이므로 will 뒤에 「not+동사원형」을 써야 알맞다. 두 번째 문장은 「be going to+동사원형」을 사용한 미래 표현이므로 going이 알맞다.
6 **해석** Paul은 바닥에 누워 있다.
　해설 현재진행형 문장인데 lie의 -ie를 y로 바꾸고 -ing를 붙여 lying이라고 써야 한다.

7 **해석** 너는 파티를 즐기고 있니?
해설 주어 you에 알맞은 be동사는 Is가 아니라 Are를 써야 한다.

8 **해석** 그들은 방과 후에 거리를 청소한다.
→ 그들이 방과 후에 거리를 청소할까?
해설 미래 표현인 be going to의 의문문은 「be동사+주어+going to+동사원형 ~?」의 순서로 쓴다.

9 **해석** 우리는 아이들을 위해 많은 행사를 계획한다.
→ 우리는 아이들을 위해 많은 행사를 계획하고 있다.
해설 현재진행형은 「be동사+-ing형」의 형태로 쓴다.
어휘 event 행사

10 **해석** ① A: 그는 장난감을 가지고 놀고 있니?
　　　　　B: 응. 그래.
② A: 너는 지금 라디오를 듣고 있니?
　　 B: 아니, 그렇지 않아.
③ A: 그녀는 자기 카메라를 가져올까?
　　 B: 응. 그렇지 않아.
④ A: 너는 버스 정류장에 가고 있니?
　　 B: 응. 그래.
⑤ A: 너는 택시를 탈 거니?
　　 B: 응. 그래.
해설 ①, ②는 현재진행형의 의문문이므로 응답은 'Yes, 주어+be동사.' 또는 'No, 주어+be동사+not.'이 되어야 한다. ③은 Yes 뒤엔 긍정이 오고 No 뒤에는 부정이 와야 하므로 응답을 'Yes, she is.' 또는 'No, she is not[isn't]'으로 고쳐야 한다. ⑤는 질문의 주어가 you이므로 대답은 you will이 아닌 I will로 해야 한다.

11 **해석** ⓐ 오늘은 종일 맑을 것이다.
ⓑ Maria는 TV를 보고 있지 않다.
ⓒ 너는 Janet을 만날 거니?
ⓓ 민수는 피아노를 치고 있다.
ⓔ 나는 요리 동아리에 가입할 것이다.

해설 ⓑ는 be동사 isn't와 일반동사 watch가 쓰여 동사가 두 개인 바르지 않은 문장이므로 현재진행형 isn't watching으로 고칠 수 있다. ⓔ는 미래 표현 「be going to+동사원형」이므로 joining은 join으로 써야 알맞다.
어휘 join 가입하다

12 **해석** ⓐ 그는 식탁을 차리고 있다.
ⓑ 나는 그 그림을 보고 있지 않다.
ⓒ 나는 네 이름을 기억할 것이다.
ⓓ 너는 휴가에 대해 생각하고 있니?
ⓔ 나는 내일 아침 일찍 일어날 것이다.
해설 ⓒ는 미래 표현 「will+동사원형」이므로 remembering은 remember로 써야 한다. ⓔ는 미래 표현 「be going to+동사원형」이므로 get을 to get으로 써야 한다.
어휘 set the table 상을 차리다

13 **해석** A: Mason은 지금 어디에 있니?
B: 그는 욕실에서 고양이를 씻기고 있어.
해설 지금 진행 중인 일을 이야기하고 있으므로 현재진행형을 써야 한다. 주어가 He이고 주어진 동사가 wash이므로 is washing으로 쓴다.

14 **해석** 〈보기〉 나는 멕시코로 여행을 갈 것이다.
① 나는 멕시코로 여행을 간다.
② 나는 멕시코로 여행을 가지 않을 것이다.
③ 나는 멕시코로 여행을 갈 것이다.
④ 나는 멕시코로 여행을 가고 싶다.
⑤ 나는 멕시코로 여행을 가지 않는다.
해설 ③ 「be going to+동사원형」은 미래를 나타내는 표현으로 「will+동사원형」과 의미가 가장 비슷하다.

15 **해설** 우리말로 보아 현재진행형이 되어야 하므로 「be동사+-ing형」으로 쓴다.

16 **해설** 조건을 모두 만족하려면 「be going to+동사원형」의 형태를 써야 하며, go는 going으로 형태를 변형하여 써야 한다.

CHAPTER 04 조동사

Unit 1 조동사의 기본 형태와 can/may　p.22

A

1 × → can answer	2 × → Can bears climb
3 × → May I speak	4 ○　　　5 × → can't dance
6 × → must not walk	7 × → can run　8 ○
9 × → May I come	10 ○

1 그녀는 그 질문에 답할 수 있다.
2 곰은 나무를 오를 수 있나요?
3 Kevin 좀 바꿔주시겠어요?
4 우리는 매일 교실을 청소해야 한다.
5 그들은 춤을 잘 출 수 없다.
6 잔디 위를 걸으면 안 됩니다.
7 Mike는 100미터를 14초 안에 달릴 수 있다.
8 너는 내 피아노를 쳐도 된다.
9 내가 지금 들어가도 될까?
10 너는 정오까지 이 일을 끝낼 수 있니?

B

1 ⓐ	2 ⓑ	3 ⓒ	4 ⓐ	5 ⓓ
6 ⓒ	7 ⓑ	8 ⓓ	9 ⓑ	10 ⓒ

1 Linda는 피자를 아주 잘 만들 수 있다.
2 너는 지금 이 쿠키를 먹어도 된다.
3 그녀는 그것을 좋아하지 않을지도 모른다.
4 Mickey는 바이올린을 켤 수 있니?
5 공항으로 가는 길 좀 알려주시겠어요?
6 그녀는 80세가 넘었을지도 모른다.
7 이 셔츠를 입어 봐도 될까요?
8 연필 좀 빌려주시겠어요?
9 너는 물을 한 잔 마셔도 된다.
10 우리 부모님은 지금 바쁘실지도 모른다.

C

1 can't	2 may	3 Can
4 Can	5 may	6 may not

D

1 Can, remember	2 may be
3 cannot[can't] touch	4 Can[Could], buy
5 may not agree	6 can borrow
7 May[Can] I use	

Unit 2 must/have to/should

p.24

A

1 has to visit	2 have to be	3 have to remember
4 has to bring	5 has to take	6 have to keep

1 Eric은 이번 주말에 할머니를 방문해야 한다.
2 우리는 도서관에서 조용히 해야 한다.
3 너는 네 비밀번호를 기억해야 한다.
4 그는 그것을 분실물 센터에 가져가야 한다.
5 나미는 다음 주에 시험을 봐야 한다.
6 우리는 약속을 지켜야 한다.

B

1 should listen	2 should not waste
3 should help	4 should not tell
5 should not eat	6 should brush

C

1 doesn't have to go	2 must not eat
3 have to catch	4 doesn't have to bring
5 have to be	6 must obey
7 should not[shouldn't] fight	
8 have to be	9 has to clean

1 Morris는 서점에 갈 필요가 없다.
2 세라는 오늘 밤에 아무것도 먹으면 안 된다.
3 너는 첫 번째 버스를 타야 한다.
4 그는 우산을 가지고 올 필요가 없다.
5 너는 10시까지 돌아와야 할 거야. 그렇지 않으면 너희 아빠가 화내실 거야.
6 그녀는 교통 법규를 따라야 한다.
7 Jane은 여동생과 싸우지 말아야 한다.
8 우리는 혼잡한 거리에서 조심해야 한다.
9 Peter는 매일 자신의 방을 청소해야 한다.

D

1 has to control	2 should ask
3 doesn't have to finish	4 must be
5 should not eat	6 must tell
7 has to take care of	8 must not bring

Chapter Test

p.26

1 ② 2 ① 3 ④ 4 ① 5 ③ 6 ⑤ 7 ④ 8 ⑤ 9
④ 10 don't have to 11 ①, ④ 12 cannot[can't] 13
(1) should (2) shouldn't (3) shouldn't 14 (1) ⓐ (2) ⓒ (3) ⓑ
15 (1) shouldn't make noise (2) shouldn't kick the seat 16 ④

1 **해석** Julie는 _____ 수 없다.
① 프랑스어를 말할 ② 피아노를 칠 ③ 스키를 탈 ④ 빨리 달릴 ⑤ 쿠키를 구울
해설 조동사 can't 뒤에는 동사원형이 와야 하므로 ②의 plays the piano는 어색하다. play the piano가 되어야 적절하다.

2 **해석** 너는 _____ 한다.
① 아침을 먹어야 ② 숙제를 해야 ③ 병원을 가야
④ 어머니를 도와야 ⑤ 다른 취미를 찾아야
해설 조동사 뒤에 동사원형이 와야 하므로 과거형이 쓰인 ① had breakfast 는 어색하다. have breakfast로 고쳐야 알맞다.

3 **해석** 〈보기〉 선수들은 규칙을 따라야 한다.
해설 〈보기〉의 have to는 '~해야 한다'라는 뜻으로 의무를 나타내는 조동사 이다. 같은 의미의 must로 바꿔 쓸 수 있다.

4 **해석** 〈보기〉 너는 내 휴대폰을 사용해도 된다.
해설 〈보기〉의 may는 '~해도 된다'라는 허가의 의미로 쓰였다. 같은 의미의 can으로 바꿔 쓸 수 있다.

5 **해설** '~하면 안 된다'는 의미의 강한 금지를 나타내는 must not이 와야 한다.

6 **해석** 〈보기〉 오늘 밤에 눈이 올지도 모른다.
① 제가 도와드릴까요?
② 너는 내 컴퓨터를 사용하면 안 된다.
③ 제가 질문 하나 해도 될까요?
④ 너는 지금 집에 가도 된다.
⑤ 그들은 지금 바쁠 것이다.
해설 〈보기〉의 may는 '~일[할] 것이다. ~일[할]지도 모른다'라는 추측의 의미를 나타내며, 같은 의미로 쓰인 ⑤가 정답이다. ②는 '~하면 안 된다'라는 금지를, 나머지는 '~해도 된다'라는 허가의 의미를 나타낸다.

7 **해석** · 우리는 영어를 열심히 공부해야 한다.
· 너는 네 방을 청소해야 한다.
해설 빈칸 뒤에 to가 있으므로 '~해야 한다'라는 뜻으로 의무를 나타내는 have to가 되어야 자연스럽다. 이때 두 문장의 주어가 각각 We와 You이므로 have가 적절하다.

8 **해석** ① 너는 여기 주차하면 안 된다.
② 제가 당신의 여권을 봐도 될까요? (→ 여권 좀 보여주시겠어요?)
③ 그 아기는 걸을 수 있다.
④ Jessica는 매일 약을 먹어야 한다.
⑤ 우리는 나쁜 말을 하지 말아야 한다.
해설 ①의 must park not은 must not park로 고쳐야 어법상 알맞다. ②, ④ 는 조동사 뒤에 동사원형이 와야 하므로 saw를 see로, takes를 take로 각각 바꿔야 한다. 조동사는 주어의 수와 인칭의 영향을 받지 않으므로 ③의 cans 는 can으로 고쳐야 한다.
어휘 passport 여권 take medicine 약을 먹다

9 **해석** ① 그는 플루트를 연주할 수 있니?
② Sam과 Jim은 살을 빼야 한다.
③ 그녀는 노래를 부를 수 없다.
④ 그는 그 책을 찾아야 한다.
⑤ 너는 점심을 먹어야 한다.
해설 조동사 뒤에 동사원형이 와야 하므로 ①의 plays는 play로 고쳐야 한다. ②는 주어가 복수이므로 has to를 have to로 고쳐야 하고 ③은 not can을 cannot으로 고쳐야 한다. ⑤는 should 뒤의 to를 빼야 한다.
어휘 flute 플루트

10 **해설** '~할 필요가 없다'라고 할 때는 don't[doesn't] have to를 쓴다. 이때 주어가 We이므로 don't have to가 알맞다.

11 **해석** ① 너는 누구에게도 그 비밀을 말하면 안 된다.
② 그녀는 아파서 누워 있을지도 모른다.
③ Jane은 서두를 필요가 없다.
④ 너는 8시까지 집에 와야 한다.
⑤ 우리 개는 높이 뛸 수 있다.
해설 ①은 must not 뒤에 to가 와서 어법상 알맞지 않다. must not tell로 써야 알맞다. ④는 조동사 뒤에 동사원형을 써야 하므로 came을 come으로 고쳐야 알맞다.
어휘 secret 비밀 be sick in bed 아파서 누워 있다

12 **해설** Sally는 공항에 가야 한다. 공항은 여기서부터 45킬로미터이다. 너무 멀다. 그녀는 공항에 걸어서 갈 수 있다.
해설 문맥상 너무 멀어서 걸어갈 수 '없다'가 되어야 자연스러우므로 can을 cannot[can't]으로 고쳐야 한다.
어휘 far (거리가) 먼

38 천일문 GRAMMAR LEVEL 1 WORKBOOK

13 해석 (1) 나는 운동을 좀 해야 한다.

(2) 나는 초콜릿을 너무 많이 먹지 말아야 한다.

(3) 나는 늦게 자지 말아야 한다.

해설 건강해지기 위하여 운동을 해야 하므로 should를 쓰고, 초콜릿을 많이 먹는 것과 늦게 자는 것은 하지 말아야 하므로 shouldn't를 써야 자연스럽다.

14 해석 〈보기〉 ⓐ 나는 서둘러야 한다.

ⓑ 나는 열심히 공부해야 한다.

ⓒ 나는 집을 청소해야 한다.

(1) 기차가 떠나고 있다.

(2) 나는 오늘 손님이 있다.

(3) 나는 내일 어려운 시험이 있다.

해설 문장의 의미로 보아 (1)과 ⓐ, (2)와 ⓒ, (3)과 ⓑ로 연결하는 것이 자연스럽다.

어휘 guest 손님

15 해석 (1) 떠들지 말아야 한다.

(2) 네 앞의 좌석을 발로 차지 말아야 한다.

해설 그림의 내용으로 보아 (1) 떠들지 말라는 것과 (2) 앞 좌석을 발로 차지 말라는 것이다. '~하지 말아야 한다'라는 의미의 「shouldn't+동사원형」으로 표현할 수 있다.

16 해설 ①은 조동사 뒤에 동사원형을 써야 하므로 must not breaks를 must not break로 바꿔야 한다. ②는 can change not을 cannot[can't] change로 바꿔야 옳으며, ③은 may 뒤의 is를 동사원형인 be로 바꿔야 한다. ⑤는 주어 Sora가 3인칭 단수이므로 don't have to가 아니라 doesn't have to로 써야 알맞다.

CHAPTER 01~04
총괄평가 1회

p.28~31

1 ②   2 ②   3 ④   4 ④   5 Does, Do   6 wasn't, weren't   7 ①   8 ④   9 ①   10 ④   11 ①
12 ③   13 Does Jason play the guitar in his band
14 She is not able to meet Mark   15 I will live in Paris
16 ⑤   17 ①   18 ④   19 ④   20 We were in the playground.   21 Is she going to the bus stop?
22 Visitors may not eat snacks here.   23 ⑤   24 ②
25 ③   26 ④   27 ⑤   28 ③   29 ④   30 ⑤
31 (1) were, was (2) stay, stayed
32 (1) practice, to practice (2) asks, ask

1 해석 진호는 지금 우체국에 있다.

해설 주어가 3인칭 단수이고 현재를 나타내는 now가 있으므로 is가 적절하다.

2 해석 Steve는 지금 빵을 만들고 있다.

해설 빈칸 앞에 is가 있으므로 「be동사+-ing형」의 현재진행형이 되어야 함을 알 수 있다. make는 -e로 끝나기 때문에 -e를 없애고 making으로 써야 한다.

3 해석 그들은 기차에 있다.

① 우리는 지금 피곤하다.

② 그 지하철은 매우 빠르다.

③ 오늘은 비가 온다.

④ 나는 지금 부엌에 있다.

⑤ 그들은 매우 친절하다.

해설 주어진 문장과 ④의 be동사는 '(어디에) 있다'라는 의미로 쓰였고, 나머지는 모두 '(어떠)하다'라는 의미로 쓰였다.

어휘 tired 피곤한

4 해석 ① 내 친구는 러시아 출신이다.

② 너희 누나는 배우니?

③ 한 남자가 지금 우유를 마시고 있다.

④ 그 소녀는 고양이가 있니?

⑤ 그는 사무실에서 일하고 있니?

해설 ④ 주어가 3인칭 단수이고 동사원형인 have가 있으므로 Does가 들어가야 한다.

어휘 actress 여배우

5 해석 학생들은 오늘 교복을 입어야 하나요?

해설 students는 복수이므로 Does를 Do로 바꿔야 알맞다.

어휘 school uniform 교복

6 해석 남동생과 나는 지난 방학 동안 이탈리아에 있지 않았다.

해설 주어가 A and B 복수이고 과거를 나타내는 last vacation이 있으므로 wasn't를 weren't로 고쳐야 한다.

7 해석 ① 그는 도움이 필요하지 않다.

② Emily는 어젯밤에 초콜릿을 먹었다.

③ Emma는 네 사촌이니?

④ 너희 아빠는 은행에서 일하시니?

⑤ 나는 거실에 있었다.

해설 ① 주어가 3인칭 단수이므로 don't가 아니라 doesn't가 알맞다.

8 해석 ① 그는 택시 운전사가 아니다.

② Paul은 잡지를 읽고 있지 않다.

③ 엄마와 나는 영화를 보고 있다.

④ 우리는 지금 빵집에 있다.

⑤ 그들은 그때 정직하지 않았다.

해설 ④ 현재를 나타내는 now가 있으므로 were를 are로 바꿔야 한다.

어휘 magazine 잡지   bakery 빵집   at that time 그때

9 해설 ① make의 과거형은 made이다.

10 해석 그녀는 매일 선글라스를 낀다.

해설 ④ 주어가 3인칭 단수이고 동사가 현재형이므로 의문문을 만들 때 Does가 필요하다. wears는 동사원형인 wear로 써야 한다.

11 해설 ① 과거 부정문으로 써야 하므로 didn't가 필요하고 뒤에는 동사원형인 do가 와야 한다.

어휘 do laundry 빨래를 하다

12 해설 ③ 미래 표현의 의문문은 「be동사+주어+going to+동사원형 ~?」이나 「Will+주어+동사원형 ~?」으로 쓸 수 있다.

13 해설 일반동사 현재형의 의문문은 「Do[Does]+주어+동사원형 ~?」인데 Jason은 3인칭 단수이므로 Does를 써야 한다.

14 해설 조동사 can과 같은 의미인 「be able to+동사원형」을 쓰면 되는데, 부정형이므로 be동사 뒤에 not을 붙인다.

15 해설 will 뒤에는 동사원형인 live를 써야 한다.

어휘 someday 언젠가

16 해석 ⓐ 그녀는 식사를 거르지 않을 것이다.

ⓑ 나는 올해 12살이 아니다.

ⓒ Nick은 매일 자신의 양말을 빤다.

ⓓ 그 아이들은 공을 가지고 놀지 않을 것이다.

ⓔ 우리 삼촌은 오늘 밤 콘서트에 가셔야 한다.

ⓕ 제가 당신의 로션을 빌려도 될까요?

해설 ⓐ 「be going to+동사원형」의 부정형이므로 go를 going으로 고쳐야 한다. ⓑ am not은 줄여 쓸 수 없다. ⓓ won't 뒤에는 동사원형이 와야 한다.

어휘 skip (식사 등을) 거르다

17 해석 · 너희 어머니는 지금 부산에 계시니?

· 한 소년이 길거리에서 울고 있다.

해설 두 문장 모두 주어가 각각 your mother, a boy로 3인칭 단수이므로 Is[is] 혹은 Was[was]를 써야 하는데, 첫 번째 문장에 현재를 나타내는 now가 있으므로 Is[is]가 가장 적절하다.

18 해석 · 사람들은 동물들을 보호해야 한다.

· 그 열차는 3시 정각에 떠날 것이다. 우리는 그 전에 도착해야 한다.

해설 둘 다 '~해야 한다'라는 의미의 문장이 되어야 하므로 의무를 나타내

는 조동사가 필요하다. 두 문장의 주어가 모두 복수형이므로 has to는 쓸 수 없고, must가 적절하다.

어휘 protect 보호하다

19 해석 ① 그는 그녀와 춤을 출 것이다.
② 그 아이들은 내일 수영을 할 것이다.
③ 나는 다음 주에 서울을 방문할 것이다.
④ 보라는 극장에 가고 있다.
⑤ 그들은 배드민턴을 칠 것이다.
해설 ④의 going은 「be동사+-ing형」의 현재진행형으로 쓰였고, 나머지는 「be going to+동사원형」 구문으로 쓰였다.

20 해석 우리는 운동장에 있다.
→ 우리는 운동장에 있었다.
해설 are를 과거형인 were로 바꿔야 한다.
어휘 playground 운동장

21 해석 그녀는 버스 정류장에 가고 있다.
→ 그녀는 버스 정류장에 가고 있니?
해설 현재진행형의 의문문은 be동사를 주어 앞으로 이동시켜야 한다.

22 해석 방문객들은 여기서 간식을 먹어도 된다.
→ 방문객들은 여기서 간식을 먹으면 안 된다.
해설 조동사의 부정형은 조동사 바로 뒤에 not을 붙여서 나타낸다.

23 해석 · 그들은 자신들의 집을 4년 전에 지었다.
· 우리 엄마는 내일 새로운 탁자를 사실 것이다.
해설 (A) 과거를 나타내는 ago가 있으므로 동사를 과거형으로 써야 하는데, build의 올바른 과거형은 built이다. (B) be going to 뒤에는 동사원형을 써야 하므로 buy가 적절하다.

24 해석 · Wilson 씨는 병원에 가야 한다. 그는 아프다.
· Jane과 나는 버스를 기다리고 있다.
해설 (A) 빈칸 뒤에 to가 있고 '~해야 한다'라는 의미가 필요하므로 have to가 적절한 표현인데, 주어인 Mr. Wilson이 3인칭 단수이므로 has to가 알맞다. (B) 빈칸 앞에 are가 있는 것으로 보아 현재진행형이 쓰였으므로 waiting이 와야 한다.

25 해석 ① Tommy는 프랑스어를 말할 수 있다.
② 그녀는 7시 전에 일을 끝낼 수 있다.
③ 당신의 재킷을 빌려도 될까요?
④ 우리는 그 문제를 풀 수 있다.
⑤ 그 토끼는 매우 높게 뛸 수 있다.
해설 ③의 can은 '~해도 된다'라는 허가의 의미로 쓰였고, 나머지는 '~할 수 있다'라는 능력의 의미로 쓰였다.
어휘 jacket 재킷 solve (문제 등을) 풀다

26 해석 ① 오늘 비가 올지도 모른다.
② 그녀는 너희 아버지를 알 것이다.
③ Laura는 매우 현명할 것이다.
④ 너는 내 의자를 언제든지 사용해도 된다.
⑤ 학생들은 질문이 있을지도 모른다.

해설 ④의 may는 '~해도 된다'라는 허가의 의미로 쓰였고, 나머지는 '~일[할] 것이다. ~일[할]지도 모른다'라는 추측의 의미로 쓰였다.
어휘 wise 현명한 any time 언제든지

27 해석 ① 그들은 새 차를 사지 않을 것이다.
② 우리 선생님은 어제 나에게 전화하셨다.
③ Sera는 과학 수업을 듣고 있지 않다.
④ 너와 Mary는 지난달에 LA에 있었니?
⑤ James는 일요일마다 일찍 일어나니?
해설 ① be going to의 부정문은 「be동사+not going to+동사원형」으로 나타내므로 not을 going 앞에 써야 한다. ② 과거를 나타내는 yesterday가 있으므로 called가 적절하다. ③ take의 -ing형은 taking이다. ④ 주어가 A and B 복수이고 과거를 나타내는 last month가 있으므로 Was를 Were로 고쳐야 한다.

28 해석 ① 너는 지난 금요일에 쇼핑하러 갔니?
② 너희 오빠는 야구를 하고 있니?
③ 어린이는 밤에 밖으로 나가면 안 된다.
④ Joe와 Ted는 물이 좀 필요하다.
⑤ 너는 오늘 도시락을 준비해야 하니?
해설 ① 과거를 나타내는 last Friday가 있으므로 Do를 Did로 고쳐 써야 한다. ② 맨 앞에 Is가 있는 것으로 보아 현재진행의 의문문이므로 play가 아닌 playing이 되어야 한다. ④ 주어가 A and B 복수이므로 need가 알맞다. ⑤ have to 뒤에는 동사원형을 써야 하므로 prepare로 고쳐야 한다.
어휘 go shopping 쇼핑하러 가다 prepare 준비하다 lunch box 도시락

29 해석 너희 부모님은 소파를 파실 거니?
해설 your parents는 3인칭 복수이므로 대명사 they로 바꾸고 긍정이면 'Yes, they will.', 부정이면 'No, they won't.'로 응답하면 된다.

30 해석 나는 여기서 신발을 벗어야 하니?
해설 의문문의 주어가 I이면 응답에서는 you로 대답해야 한다. Should로 시작하는 의문문이므로 응답은 긍정이면 'Yes, you should.', 부정이면 'No, you shouldn't.'로 쓴다.
어휘 take off (옷 등을) 벗다

31 해석 A: 너는 어제 학교에 오지 않았어. 아팠니?
B: 응, 맞아. 나는 온종일 집에 있었어.
해설 (1) 응답의 주어가 I이므로 were를 was로 고쳐야 한다. (2) 어제의 일에 대해 얘기하고 있으므로 stay를 과거형인 stayed로 고쳐야 한다.
어휘 all day 온종일

32 해석 A: 너는 오늘 밤에 Nancy와 드럼 연습을 할 거니?
B: 모르겠어. 그녀는 오늘 많은 숙제가 있어. 나는 그녀에게 다시 물어볼 거야.
해설 (1) 「be동사+주어+going to+동사원형 ~?」의 형태이므로 practice가 아니라 to practice로 고쳐야 알맞다. (2) will 뒤에는 동사원형을 써야 하므로 asks를 ask로 고쳐야 한다.

CHAPTER 05 명사와 관사

Unit 1 명사/관사 p.32

A

1 sugar	2 a	3 leaves	4 rice	5 cups
6 men	7 money	8 stories	9 mice	10 The

1 너는 탁자 위에서 설탕을 찾을 수 있다.
2 진수는 한 소녀를 봤다. 그녀는 빨간 치마를 입고 있었다.
3 그 나무는 잎이 무성하다.
4 그 여자는 밥을 짓고 있다.
5 James와 나는 몇 개의 컵을 깼다.
6 남자들이 점심을 먹고 있다.
7 박 선생님은 쇼핑몰에서 돈을 낭비하지 않으신다.
8 아버지는 우리에게 재미있는 이야기들을 해주셨다.
9 그 영화 속의 쥐들은 너무 귀엽다.
10 Helen은 오늘 아침에 바나나 한 개를 샀다. 그 바나나는 아주 달았다.

B

1 × → gold	2 ○	3 × → candies	4 × → buses
5 × → teeth	6 ○	7 × → tomatoes	8 × → lives

1 시간은 금이다.
2 그들에게는 두 아이가 있다.
3 그 선생님은 학생들에게 많은 사탕을 줬다.
4 도로에 많은 버스가 있다.
5 Steve는 좋지 않은 치아가 두 개 있다.
6 충고해줘서 고마워.
7 우리 엄마는 토마토 1킬로그램을 사셨다.
8 소방관들은 많은 사람들의 생명을 구한다.

C

1 a cup of	2 two pieces of
3 three bottles of	4 a bowl of

1 우리는 매일 아침에 차 한 잔을 마신다.
2 Tom은 나에게 케이크 두 조각을 줬다.
3 그녀는 주스 세 병을 샀다.
4 나는 아침으로 시리얼 한 그릇을 먹었다.

D

1 a bike	2 a glass[cup] of milk
3 meat	4 five slices[pieces] of pizza
5 potatoes	6 sheep

Unit 2 There is/are

p.34

A

1 is	2 are	3 were	4 bread	5 students
6 was	7 Are	8 wasn't	9 Is	

1 시장 옆에 버스 한 대가 있다.
2 Carl과 Emily는 카페에 있다.
3 공원에 두 아이가 있었다.
4 내 접시에 약간의 빵이 있다.
5 교실에 학생들이 없었다.
6 우리 사이에는 진실한 사랑이 있었다.
7 동물원에 사슴들이 좀 있니?
8 그들 사이에는 우정이 없었다.
9 냉장고 안에 우유가 있니?

B

1 There are	2 There is	3 There is
4 There are	5 There is	6 There is
7 There are	8 There are	9 There is
10 There are		

1 접시에 쿠키가 세 개 있다.
2 책상 위에 공책 한 권이 있다.
3 지갑 속에 돈이 있다.
4 내 방에는 컴퓨터 한 대와 텔레비전 한 대가 있다.
5 밤하늘에 보름달이 있다.
6 그 컵에는 우유가 좀 있다.
7 내 시험에는 실수가 많다.
8 그 그림에는 두 명의 아이들이 있다.

9 오늘은 많은 비가 있다. (→ 오늘은 비가 많이 온다.)
10 어항 안에 세 마리의 아름다운 물고기가 있다.

C

1 There was	2 There is	3 There were
4 There are	5 There weren't	6 There wasn't
7 There is	8 There are	

1 어제 그의 얼굴에는 미소가 있었다.
2 내 책상 위에는 우리 가족 사진이 하나 있다.
3 지난해에 그 연못에는 물고기가 좀 있었다.
4 기차에 많은 승객들이 있다.
5 지난여름에는 그 해변에 사람들이 없었다.
6 어제 그 가게에 빵이 없었다.
7 부엌에 수프 한 그릇이 있다.
8 버스에는 매일 많은 아이들이 있다.

D

1 There is good news	2 There was ice
3 Are there paper and a pen	4 There were many trees
5 There weren't lots of cars	6 Is there my textbook
7 There wasn't a jacket	

Chapter Test

p.36

1 ②   2 ⑤   3 ③   4 ⑤   5 ④   6 There are two glasses of apple juice   7 There was not[wasn't] meat   8 Are there many children   9 ④   10 There are two birds   11 ③   12 ④   13 ③   14 ②

1 **해설** 「자음+o」로 끝나는 명사의 복수형은 -es를 붙여서 만든다.

2 **해석** 내 가방 안에 _____ 있다.
① 손목시계가 ② 신문이 ③ 우산이 ④ 사진 네 장이 ⑤ 오렌지 몇 개가
해설 There are 뒤에는 복수명사가 와야 하므로 some oranges가 적절하다. ① watch는 셀 수 있는 명사이므로 watches가 되어야 하고, photo의 복수형은 photos이다.

3 **해석** 길에 _____ 있니?
① 사람들이 ② 나무들이 ③ 쓰레기가 ④ 가게들이 ⑤ 자동차들이
해설 Is there 뒤에는 단수명사나 셀 수 없는 명사가 오므로 garbage가 적절하다. 나머지는 모두 셀 수 있는 명사의 복수형이다.
어휘 garbage 쓰레기

4 **해석** ① Bill은 빵 한 덩이를 샀다.
② 나는 설탕 한 숟가락이 필요하다.
③ 제게 종이 한 장을 주세요.
④ Nina는 커피 두 잔을 주문했다.
⑤ 그녀는 매일 우유 세 잔을 마신다.
해설 ⑤ 셀 수 없는 명사의 복수형은 단위를 나타내는 말에 -(e)s를 붙여 표현하므로 three glass of가 아닌 three glasses of로 고쳐야 적절하다.

5 **해석** ① 세 명의 여성이 너를 보러 왔다.
② 우리 아빠는 하루에 8시간 일하신다.
③ 그녀는 토마토 몇 개를 샀다.
④ 나는 아침에 우유를 좀 마신다.
⑤ 그 두 여자는 프랑스 출신이다.
해설 ① lady의 복수형은 ladies이다. ② eight가 있으므로 복수형인 hours를 써야 한다. ③ tomato의 복수형은 tomatoes이다. ⑤ 앞에 two가 있으므로 복수형인 women이 적절하다.

6 **해설** '~개[이] 있다'의 의미인 「There is/are+명사」로 나타내면 되는데, 두 잔의 사과주스가 있다고 했으므로 two glasses of로 바꿔 써야 한다.

7 해설 「There is/are+명사」로 나타내면 되는데, 해석을 통해 과거형의 부정문임을 알 수 있으므로 There was not[wasn't] 순서로 쓰고 meat은 셀 수 없는 명사이므로 그대로 쓰면 된다.

8 해설 「There is/are+명사」 의문문으로 나타내고 child를 복수형 children으로 바꿔 쓰면 된다.

9 해석 A: 도와드릴까요?
B: 네. 햄버거 세 개. 샌드위치 두 개. 사과 파이 네 개 그리고 핫도그 두 개를 주시겠어요?
A: 알겠습니다. 그밖에 다른 건요?
B: 피자 다섯 조각도 주세요.
해설 ① hamburger의 복수형은 hamburgers, ② sandwich의 복수형은 sandwiches, ③ pie의 복수형은 pies이고, ⑤ pizza는 셀 수 없는 명사이므로 항상 단수형으로 써야 한다.

10 해석 〈보기〉 바위 위에 사자 한 마리가 있다.
나뭇가지 위에 새 두 마리가 있다.
해설 새가 두 마리이므로 There are를 써야 하며, bird의 복수형은 birds이다.
어휘 branch 나뭇가지

11 해석 ① 나는 수프 두 그릇이 필요하다.
② 우리 숙모는 아이가 한 명 있다.
③ 책장에는 백 권의 책이 있다.
④ 버스에 많은 승객들이 있다.
⑤ Bob과 Lisa는 지금 연주회장에 있니?

12 해설 ① 셀 수 없는 명사의 복수형은 단위를 복수형으로 써서 나타내므로 bowl을 bowls로 고쳐야 한다. ② a 뒤에는 단수명사가 오므로 children을 child로 고쳐야 한다. ④ There are 뒤에는 복수명사를 쓰므로 passenger를 passengers로 고쳐야 한다. ⑤ A and B 주어는 복수 취급하므로 Is를 Are로 고쳐야 한다.
어휘 bookshelf 책장　concert hall 연주회장

12 해석 한 의사와 한 엔지니어가 있다. 그 의사는 서울에 살고 그 엔지니어는 부산에 산다.
해설 명사를 처음 언급할 때는 명사 앞에 a/an을 쓰고, 앞에 나온 명사를 다시 언급할 때는 the를 쓴다. engineer는 모음으로 시작하므로 an을 써야 한다.
어휘 engineer 엔지니어

13 해석 ⓐ 너의 그림 속에 고양이 한 마리가 있니?
ⓑ 일본에는 많은 섬들이 있다.
ⓒ 그 공원에는 토끼 두 마리가 있다.
ⓓ 여기 주변에 좋은 식당들이 있니?
ⓔ 내 방에는 큰 침대가 하나 있다.
해설 ⓐ cat은 셀 수 있는 명사의 단수형이므로 앞에 a를 써야 한다. ⓓ 주어가 복수명사인 restaurants이므로 Is를 Are로 고쳐야 맞다.

14 해설 계란 한 개는 an egg, 토마토 두 개는 two tomatoes, 수프 한 그릇은 a bowl of soup, 빵 한 덩이는 a loaf of bread이다.

CHAPTER 06 대명사

Unit 1 인칭대명사

p.38

A

1 him	2 its	3 your	4 me	5 their
6 our	7 mine	8 They	9 We	10 His

1 그는 항상 거짓말을 해. 그를 믿지 마.
2 꽃은 그것의 고유한 향기가 있다.
3 그는 너의 역사 선생님이시니?
4 저에게 종이 한 장을 주세요.
5 Gary와 Tony는 지난주에 자신들의 여행을 시작했다.
6 우리는 우리의 여름 캠프에 대해 이야기했다.
7 Nancy는 자신의 교과서를 가져오지 않았다. 그녀는 내 것을 빌렸다.
8 나는 우리 조부모님이 그립다. 그분들은 캐나다에 사신다.
9 Kate와 나는 함께 산다. 우리는 룸메이트이다.
10 내 생일은 4월에 있다. 그의 생일은 5월에 있다.

B

1 mine	2 His	3 his	4 your	5 their
6 hers	7 Our	8 yours	9 his	

1 저 갈색 신발은 나의 것이다.
2 그의 어머니는 간호사이시다.
3 내 눈동자는 검은색이다. 그러나 그의 것[눈동자]은 갈색이다.
4 너희 언니는 중학생이니?
5 그 학생들은 자신들의 교실에 있다.
6 그 치마는 나의 것이 아니다. 그것은 그녀의 것[치마]이다.
7 진수와 나는 자전거를 가지고 있다. 우리의 자전거들은 새것이 아니다.
8 그 검은색 가방은 내 것이야. 너의 것[가방]은 어디에 있니?
9 저 모자는 너의 것이니 그의 것이니?

C

1 hers	2 Mina's	3 her	4 its
5 them	6 mine	7 boys'	8 its
9 your	10 grandparents'		

1 탁자 위의 책은 그녀의 것이다.
2 내 머리는 길지만, 미나의 것[머리]은 짧다.
3 빨간 모자가 하나 있다. 그것은 그녀의 모자이다.
4 그 학교는 그것 소유의 수영장이 있다.
5 나는 책상 아래에서 그것들을 발견했다.
6 그 여권은 나의 것이다.
7 나는 남자 중학교에 다닌다.
8 너는 그것의 표지로 책을 판단하면 안 된다. (→ 겉모습만 보고 판단해서는 안 된다.)
9 미안해. 내가 너의 컴퓨터를 망가뜨렸어.
10 나는 오늘 나의 조부모님 댁에 간다.

D

1 his	2 hers	3 him	4 Mike's
5 Its	6 Their	7 She, her	8 my, yours

Unit 2 지시대명사와 it

p.40

A

1 This	2 that	3 These	4 this	5 those
6 That	7 these			

B

1 × → It	2 ○		3 × → this	4 × → that
5 ○	6 × → those		7 × → These	8 ○

1 오늘은 정말 바람이 많이 분다.
2 저기 있는 저것은 너의 수건이니?
3 그는 이 낡은 셔츠를 입지 않았다.
4 그는 저 건물에서 일하고 있니?
5 이 토마토들은 정말 맛있다.
6 하늘에 저 별들을 봐.
7 이 자리들은 노인들을 위한 것이다. (→ 이 자리들은 경로석이다.)
8 오늘은 금요일이다.

C

1 It is[It's] 5:40 p.m.	2 It is[It's] windy and cloudy.
3 It is[It's] Monday.	4 It is[It's] 200 meters.
5 It is[It's] July 3rd.	6 It is[It's] warm.

1 A: 지금 몇 시니?
   B: 오후 5시 40분이야.
2 A: 오늘 날씨는 어때?
   B: 바람이 불고 흐려.
3 A: 오늘 무슨 요일이니?
   B: 월요일이야.
4 A: 여기서 도서관까지 얼마나 머니?
   B: 200 미터야.
5 A: 오늘이 며칠이니?
   B: 7월 3일이야.
6 A: 오늘 아침 날씨가 어때?
   B: 따뜻해.

D

1 대구까지는 약 3시간이 걸린다.	2 4일 동안 비가 왔다.
3 나는 그것을 못 찾겠다.	4 호주는 지금 겨울이다.
5 아버지는 그것을 일요일마다 닦으신다.	
6 지난주에 서울에 눈이 많이 왔다.	7 너무 어둡다.

Unit 3 one, some, any

p.42

A

1 one	2 ones	3 It	4 It	5 one	6 ones
7 one	8 ones				

1 제가 제 포크를 바닥에 떨어뜨렸어요. 제게 새 걸로 하나 가져다주시겠어요?
2 나는 새 운동화가 필요하다. 나는 오늘 흰색 운동화를 살 것이다.
3 나는 어젯밤에 콘서트에 갔다. 그것은 아주 재미있었다.
4 이 책은 나의 것이 아니다. 그것은 Sara의 것이다.
5 저는 펜이 없어요. 제게 하나를 빌려주시겠어요?
6 내 여동생은 분홍색 원피스를 좋아한다. 그러나 나는 검은색 원피스를 좋아한다.
7 저는 이것이 맘에 안 들어요. 제게 다른 것을 보여주시겠어요?
8 이 바지는 너무 비쌉니다. 저렴한 바지가 있나요?

B

1 × → some	2 × → some	3 ○	4 × → any
5 × → any	6 × → some	7 ○	8 × → some

1 오렌지 주스 좀 드시겠어요?
2 비스킷과 감자가 조금 있다.
3 질문 있습니까?
4 나는 남자 형제가 한 명도 없다.
5 너는 이 근처에 있는 박물관을 좀 알고 있니?
6 너는 비타민 C를 좀 섭취해야 한다.
7 제가 빵 좀 먹어도 될까요? (→ 빵 좀 주시겠어요?)
8 나는 배고프다. 나는 약간의 피자를 원한다.

C

1 has	2 likes	3 is	4 knows	5 is	6 has
7 is	8 Is	9 seems			

1 누군가는 이 일을 해야 한다.
2 모든 사람은 예의 바른 사람들을 좋아한다.
3 이 그림에서 무언가가 이상하다.
4 아무도 그녀의 이름을 모른다.
5 냉장고에 어떤 것도 잘못된 게 없다.
6 모든 사람은 6시 정각까지 여기에 있어야 한다.
7 실례지만, 누군가가 이것을 사용 중인가요?
8 지금 TV에 무언가 나오니?
9 모든 것이 내게는 꿈같다.

D

1 need a new one	2 Everyone has to have ID cards
3 I will buy some	4 Do you have clean ones
5 need anything from the store	
6 don't have any plans today	
7 There is something in my shoe	

Chapter Test

p.44

1 ③   2 ⑤   3 ②   4 (1) her problem (2) our apartment (3) their books   5 ④   6 ④   7 ③   8 ②   9 This, It   10 feel, feels   11 ②   12 ③   13 ③   14 ④   15 (1) Everyone has a different personality (2) Nobody likes rude people

1 **해석** Bob은 _____ 친구이다.
   ① 나의 ② 너의 ③ 그를 ④ 그녀의 ⑤ Tom의
   해설 문맥상 '~의'라는 의미의 소유격 인칭대명사가 필요하므로 목적격인 him은 알맞지 않다.

2 **해석** Carl은 어제 시내에서 _____ 봤다.
   ① 나를 ② 너를 ③ 그들을 ④ 그녀를 ⑤ 우리의
   해설 문맥상 목적격 인칭대명사가 와야 자연스러우므로 소유격인 our는 적절하지 않다.
   어휘 downtown 시내에

3 **해석** ① John과 Tony는 Amy의 남동생들이다. 나는 그들을 안다.
   ② 이것이 나의 개야. 그것은 정말 귀여워.
   ③ Susan은 부엌에 있다. 그녀는 배가 고프다.
   ④ James는 나의 이웃이다. 그는 영국 출신이다.
   ⑤ Tom과 Kate는 쌍둥이다. 그들은 매우 비슷하다.
   해설 ①의 they는 them으로, ③의 Her는 She로, ④의 His는 He is 또는 He's로, ⑤의 We는 They로 고쳐야 알맞다.
   어휘 twin 쌍둥이   similar 비슷한

4 **해석** 〈보기〉 그것은 너의 실수가 아니다. 그것은 나의 실수이다.
   (1) 그것은 그의 문제이지, 그녀의 문제가 아니다.
   (2) 그들의 아파트는 우리의 것[아파트] 옆에 있다.

(3) 이 책들은 우리의 것이 아니다. 그것들은 그들의 것[책]들이다.
해설 소유대명사는 「소유격+명사」와 같은 의미이다.
어휘 apartment 아파트

5 해석 David는 나의 친구이다. 우리는 같은 반이다. 그는 매우 친절하고 똑똑하다. 모두가 그를 좋아한다.
해설 (A) '~의'라는 의미의 소유격이 필요하므로 my가 적절하다. (B) 'David와 나'를 의미하는 주격 인칭대명사가 필요하므로 We가 알맞다. (C) 목적어 자리이므로 목적격인 him이 와야 한다.

6 해석 · 이것들은 나의 양말들이 아니다.
· 이 가위들은 Evan의 것들이다.
해설 my socks와 scissors 모두 복수명사이고, 대명사와 형용사 역할이 모두 가능한 단어가 필요하므로 These가 가장 적절하다.

7 해석 ⓐ 지금 몇 시니?
ⓑ 그것은 무엇이니?
ⓒ 10월 19일이다.
ⓓ 한국은 여름이다.
ⓔ 그것을 저에게 주시겠어요?
ⓕ 그것은 너무 어렵다.
해설 ⓐ, ⓒ, ⓓ의 It[it]은 비인칭 주어로 쓰였고, ⓑ, ⓔ, ⓕ의 It[it]은 모두 대명사로 쓰였다.

8 해석 ① 부산에 눈이 오고 있다.
② 그것은 내가 가장 좋아하는 노래이다.
③ 밖은 이미 어둡다.
④ 서둘러! 8시 정각이야.
⑤ 역까지는 2킬로미터이다.
해설 ②의 It은 대명사로 쓰였고, 나머지는 모두 비인칭 주어로 쓰였다.
어휘 station 역, 정거장

9 해석 오늘은 9월 11일이다.
해설 날짜를 나타낼 때는 비인칭 주어 It을 사용한다.

10 해석 모든 사람은 때때로 외롭다고 느낀다.
해설 Everyone은 3인칭 단수로 취급하므로 feel을 3인칭 단수형인 feels로 고쳐야 적절하다.
어휘 lonely 외로운

11 해석 · 모든 사람은 그 새로운 학생을 좋아한다.
· 이 장소는 그것의 야경으로 유명하다.
· 그 가게는 짧은 바지밖에 없다. 나는 긴 바지가 필요하다.
해설 (A) Everybody는 3인칭 단수로 취급하므로 likes가 알맞다. (B) This place의 소유격이 필요하므로 it's가 아닌 its가 알맞다. (C) 앞 문장의 pants와 같은 종류의 것을 의미하는 대명사가 필요하므로 ones가 적절하다.
어휘 night view 야경

12 해석 · 우리는 돈이 하나도 없다.
· 과일 좀 드시겠어요?
해설 (A) 부정문이므로 any를 써야 한다. (B) 긍정의 대답을 기대하는 의문문이므로 some을 써야 한다.

13 해석 · 우리 반의 모든 사람은 열심히 공부한다.
· 나의 키보드에는 어떤 것도 잘못된 게 없다.
해설 -one, -body, -thing으로 끝나는 대명사들은 3인칭 단수로 취급하므로 각각 studies, is가 적절하다.
어휘 keyboard (컴퓨터 등의) 키보드

14 해석 ① 이 방에 누군가 있나요?
② 커피를 좀 더 드시겠습니까?
③ Jack은 그 장소를 방문해서 사진을 좀 찍었다.
④ 우리는 오늘 어떤 것도 하지 않는다.
⑤ 엄마는 빵은 좀 사셨지만, 사과는 하나도 사지 않으셨다.
해설 ④ nothing은 그 자체로 부정의 의미를 나타내므로 문맥상 not과 함께 쓸 필요가 없다.

15 해설 -one, -body, -thing으로 끝나는 대명사들은 뒤에 3인칭 단수형 동사가 오는 것에 유의한다.

CHAPTER 07 형용사, 부사, 비교

Unit 1 형용사

p.46

A

1 yellow (butterfly)
2 small (gift)
3 cute (puppy)
4 delicious (food)
5 (anything) wrong
6 new (restaurant)
7 (something) new
8 brave (people)
9 important (event)
10 (someone) strange

〈보기〉 그 고양이는 긴 꼬리를 가지고 있다.
1 노란 나비 한 마리가 내게 날아왔다.
2 그는 오늘 내게 작은 선물 하나를 주었다.
3 사진에는 귀여운 강아지 한 마리가 있다.
4 우리는 그 식당에서 맛있는 음식을 먹었다.
5 나는 그들에게 어떤 잘못된 일도 하지 않았다.
6 새 식당은 아침 10시에 문을 연다.
7 우리는 수업시간에 새로운 무언가를 배울 것이다.
8 이것은 용감한 사람들에 관한 책이다.
9 우리는 오늘 중요한 행사가 있다.
10 나는 문에 있는 낯선 누군가를 봤다.

B

1 lots of	2 Many	3 much	4 A few	5 little
6 a lot of	7 little	8 Many	9 a few	10 lots of

1 탄산음료에는 설탕이 많다.
2 나뭇가지에 많은 새들이 앉아 있다.
3 그녀는 책에 많은 돈을 쓰지 않는다.
4 몇 명의 사람들이 그들의 결혼식에 참석했다.
5 병에 레모네이드가 거의 없다.
6 서울에는 교통량이 많다.
7 그는 지금 취미를 위한 시간이 거의 없다.
8 많은 아이들이 건강에 해로운 식습관을 가지고 있다.
9 그녀는 몇 시간 전에 자동차 사고가 났다.
10 John은 자신의 생일에 많은 선물을 받았다.

C

1 much	2 many	3 A few	4 few	5 little
6 many	7 much			

D

1 many signs	2 something hot
3 a little knowledge	4 nothing special
5 a few members	6 The young girl was polite

Unit 2 부사
p.48

A

1 sells	2 angry	3 find	4 ran	5 much
6 attractive	7 Tony found his lost cell phone			8 tired
9 lovely	10 I heard a scream from outside			

1 이 주간지는 잘 팔린다.
2 우리 언니는 내게 매우 화가 났다.
3 너는 그 답을 쉽게 찾을 것이다.
4 그녀는 자신의 집으로 매우 빠르게 뛰어갔다.
5 도와주셔서 아주 많이 감사합니다.
6 그 남자의 목소리는 정말 매력적이었다.
7 마침내 Tony는 자신의 잃어버린 휴대전화를 찾았다.
8 나는 요즘 너무 피곤하다.
9 너의 남동생은 정말 사랑스럽다.
10 갑자기 나는 바깥에서 나는 비명을 들었다.

B

| 1 patiently | 2 quite | 3 hard | 4 Sadly | 5 politely |
| 6 totally | 7 quietly | | | |

C

1 × → should always watch	2 × → sometimes forget
3 × → are always	4 ○	5 ○	6 × → often helps
7 × → will never eat	8 ○	9 × → usually take

1 우리는 항상 사고에 조심해야 한다.
2 나는 내 숙제를 가끔 잊어버린다.
3 우리 부모님은 나를 항상 자랑스러워하신다.
4 Sally는 오후 7시 이후에는 전혀 아무것도 먹지 않는다.
5 너는 이 실수를 절대 다시 해서는 안 된다.
6 우리 형은 내 숙제를 자주 도와준다.
7 나는 불량식품을 절대 먹지 않을 것이다.
8 그 시장은 주말에 항상 붐빈다.
9 나는 항상 아침에 샤워를 한다.

D

1 never sings	2 often goes	3 can sometimes use
4 are always	5 will never keep	6 often visit
7 is sometimes		

Unit 3 비교급과 최상급
p.50

A

1 warmer	2 prettiest	3 worse	4 thinner
5 hottest	6 less	7 shorter	8 youngest
9 more often	10 more interesting		

1 3월은 2월보다 더 따뜻하다.
2 그것은 세상에서 가장 예쁜 공원이다.
3 감기가 어제보다 더 심해졌다.
4 너는 지난달보다 더 마른 것 같다.
5 오늘은 올해 들어 가장 더운 날이다.
6 우리는 지난달보다 돈을 덜 썼다.
7 나의 다리는 내 여동생의 것[다리]보다 더 짧다.
8 Jacob은 가족 중에서 가장 어리다.
9 나는 지금보다 더 자주 운동해야 한다.
10 뭔가 더 재미있는 것을 하자.

B

1 more handsome	2 older	3 most peaceful
4 better	5 bigger	6 busiest
7 less	8 more popular	9 better
10 most generous		

1 Ian이 Ted보다 더 잘생겼다.
2 Brian은 우리 형보다 나이가 더 많다.
3 그곳은 이 나라에서 가장 평화로운 마을이다.
4 우리 언니는 나보다 영어를 더 잘 말한다.
5 지구는 달보다 더 크다.
6 우리 아버지는 우리 가족 중에서 가장 바쁘시다.
7 나는 어제보다 시간이 더 없다.
8 그 영화는 소설보다 더 인기가 있다.
9 개는 사람보다 더 잘 들을 수 있다.
10 그는 그들 모두 중에서 가장 관대한 사람이다.

C

1 more patient than	2 the closest supermarket
3 thicker than	4 the deepest lake
5 the best result	6 worse than

D

1 faster	2 the most	3 more exciting
4 the luckiest	5 the heaviest	6 better
7 the worst	8 more diligently	

1 오토바이는 자전거보다 빠르다.
2 그녀는 그들 중 가장 많은 돈을 가지고 있다.
3 나에겐 야구가 축구보다 더 흥미진진하다.
4 오늘은 내 인생에서 가장 운이 좋은 날이었다.
5 육지에서 가장 무거운 동물은 무엇이니?
6 내게 네 것보다 더 좋은 생각이 있다.
7 그 가뭄은 100년 중 최악이었다.
8 Barry는 Shane보다 더 부지런히 일한다.

Chapter Test
p.52

1 ⑤ 2 useful something, something useful 3 ②
4 ③ 5 ③ 6 ① 7 ② 8 ⑤ 9 ①, ②, ④
10 I have the biggest bag in my class 11 ④ 12 ④ 13
③ 14 (1) never goes out at night (2) often plays tennis 15
(1) more expensive than (2) larger than
(3) the most popular

1 해석 ① Rachel은 귀여운 토끼 한 마리를 가지고 있다.
② 내 이웃 사람들은 매우 친절하다.
③ 그녀의 새 드레스는 아름답다.
④ 우리는 함께 좋은 시간을 가졌다.
⑤ 나는 그 아기를 내 팔로 조심히 안았다.
해설 ⑤ careful은 동사 held를 꾸며주는 부사가 되어야 하므로 carefully(조심히)로 고쳐야 알맞다.
어휘 neighborhood 이웃 사람들

2 해석 나는 미래에 유용한 무언가를 발명할 것이다.
해설 -thing으로 끝나는 단어는 형용사가 뒤에서 꾸며줘야 하므로 useful something을 something useful로 고쳐야 알맞다.
어휘 invent 발명하다

3 해석 · 나는 스포츠에 관심이 많지 않다.
· 병에는 주스가 많지 않다.
해설 interest와 juice는 모두 셀 수 없는 명사이므로 공통으로 들어가기에 적절한 말은 much이다. ⑤의 very는 부사이므로 명사를 꾸밀 수 없다.
어휘 interest 관심, 흥미 jar 병; 단지

4 해석 ① 우리는 시간이 많이 없다.
② 파티에 온 사람이 거의 없다.
③ 나는 거기서 그림 몇 점을 보았다.
④ 그는 한국에 대해 많은 것을 알고 있다.
⑤ 그는 매일 차를 많이 마신다.
해설 ③ paintings는 셀 수 있는 명사이므로 a little을 a few로 고쳐야 알맞다.
어휘 painting 그림

5 해석 ① 갑자기 나는 춥다고 느꼈다.
② 그 발레리나는 춤을 매우 잘 춘다.
③ Alex는 그 퀴즈를 쉽게 풀었다.
④ Julie는 자신의 방을 빠르게 청소했다.
⑤ 그녀의 발표는 정말 멋졌다.
해설 ③의 easy는 동사 solved를 꾸며주는 부사 easily(쉽게)로 바꿔야 한다.
어휘 ballerina 발레리나 quiz 퀴즈; 시험 presentation 발표

6 해석 ① 달 — 매달의 ② 분명한 — 분명하게
③ 조용한 — 조용히 ④ 새로운 — 새로이
⑤ 다른 — 다르게
해설 ①은 '명사 — 형용사'의 관계이고, 나머지는 모두 '형용사 — 부사'의 관계이다.

7 해석 Jenny는 똑같은 실수를 절대 다시 하지 않을 것이다.
해설 빈도부사는 be동사와 조동사 뒤, 일반동사 앞에 위치하므로 never가 들어가기에 적절한 곳은 ⓑ이다.

8 해설 ①은 hot — hotter — hottest, ②는 well — better — best, ③은 tired — more tired — most tired, ④는 many — more — most가 되어야 알맞다.

9 해석 ① 나는 지난주에 책 몇 권을 샀다.
② 그녀는 보통 10시에 잠자리에 든다.
③ 윤호는 많은 외국인 친구들이 있다.
④ Sue는 예전보다 더 조용하다.

⑤ 나는 많은 유용한 사이트를 안다.
해설 ① books는 셀 수 있는 명사이므로 a little을 a few로 바꿔야 알맞다. ② 일반동사는 빈도부사를 앞에 쓰므로 goes usually를 usually goes로 고쳐야 한다. ④ than이 있으므로 the quietest를 비교급인 quieter로 고쳐야 적절하다.
어휘 foreign 외국의 site (인터넷) 사이트

10 해설 '~ 중에서 가장 …한'의 의미가 필요하므로 big을 최상급인 the biggest로 바꿔서 문장을 완성하면 된다.

11 해석 나는 _____ 오렌지들을 가지고 있다.
해설 ④ 셀 수 없는 명사 앞에 쓰이는 much는 oranges 앞에 올 수 없다.

12 해석 그 시험은 내가 생각했던 것보다 더 어려웠다.
해설 뒤에 than이 있으므로 빈칸에는 비교급이 들어가야 하는데, difficult는 3음절의 형용사이므로 앞에 more를 써서 비교급을 만든다.

13 해석 이 근처에서 가장 가까운 지하철역은 어디인가요?
해설 빈칸 앞에 the가 있으므로 빈칸에는 최상급이 들어가야 하는데, near는 1음절의 형용사이므로 뒤에 -est를 붙여서 최상급으로 만든다.

14 해석

	항상	보통	자주	전혀 ~않다
영어를 공부하다	○			
밤에 외출하다				○
테니스를 치다			○	

〈보기〉 수진이는 항상 영어 공부를 한다.
(1) 수진이는 밤에 전혀 외출하지 않는다.
(2) 수진이는 자주 테니스를 친다.
해설 (1) 표에서 never에 표시된 'Go out at night'를 활용하고 never를 일반동사 앞에 써야 한다. (2) 표에서 often에 표시된 'Play tennis'를 활용하고 often을 일반동사 앞에 써서 문장을 완성하면 된다.

15 해석

	의자 A	의자 B	의자 C
가격	$65	$35	$50
크기	작은	큰	중간
인기	★★	★	★★★

(1) 의자 A는 의자 B보다 더 비싸다.
(2) 의자 B는 의자 C보다 더 크다.
(3) 의자 C는 셋 중에 가장 인기가 많다.
해설 (1) 의자 A가 의자 B보다 더 비싸고 expensive가 3음절 이상의 형용사이므로 빈칸에 more expensive than을 쓰는 것이 적절하다. (2) 의자 B는 의자 C보다 더 크므로 빈칸에 larger than을 써서 문장을 완성한다. (3) 빈칸 앞에 the가 있고 뒤에는 범위를 나타내는 'of the three'가 있으므로 최상급이 필요함을 알 수 있는데, popular가 3음절 이상의 형용사이므로 most popular가 적절하다.

CHAPTER 08 여러 가지 문장 종류

Unit 1 명령문, 제안문, 감탄문 p.54

A

1 × → Be brave 2 ○ 3 × → Don't[Do not] push
4 × → Let's have 5 × → Don't[Do not] be 6 ○
7 × → Don't[Do not] close 8 × → not go 9 ○
10 × → Turn on

1 새로운 도전에 용감해져라.
2 앉아주세요.
3 시작 버튼을 누르지 마라.
4 그의 생일 파티를 열자.
5 변화를 두려워하지 마라.
6 함께 음악 수업을 받자.
7 창문을 닫지 마세요.
8 오늘은 쇼핑하러 가지 말자.
9 긴장하지 마. 너는 이것을 할 수 있어.
10 불을 켜라.

B

1 What a funny movie	2 How cute
3 What an expensive T-shirt	4 What a nice sweater
5 How big	6 What tall buildings
7 How delicious	8 How quickly

1 이것은 매우 재미있는 영화이다.
 → 이것은 정말 재미있는 영화구나!
2 너의 여동생은 매우 귀엽다. → 너의 여동생은 정말 귀엽구나!
3 이것은 매우 비싼 티셔츠이다 → 이것은 정말 비싼 티셔츠구나!
4 그녀는 매우 좋은 스웨터를 입고 있다.
 → 그녀는 정말 좋은 스웨터를 입고 있구나!
5 그 코끼리는 매우 크다. → 그 코끼리는 정말 크구나!
6 그것들은 매우 높은 건물들이다.
 → 그것들은 정말 높은 건물들이구나!
7 이 초콜릿 케이크는 매우 맛있다.
 → 이 초콜릿 케이크는 정말 맛있구나!
8 시간은 매우 빨리 지나간다. → 시간은 정말 빨리 지나가는구나!

C

1 Wait for your turn	2 Don't[Do not] yell
3 Be polite	4 Let's study English
5 Be careful	6 Let's buy a birthday present
7 Don't[Do not] be late	

D

1 Let's go to a concert	2 Brush your teeth
3 What an interesting book it is	
4 Don't shake your legs	5 How small the world is
6 Don't eat sweets too much	7 Let's take a rest at home

Unit 2 의문사 의문문

p.56

A

1 Whose	2 Who	3 What	4 Which	5 What

1 A: 저 목걸이는 누구의 것이니?
 B: 그것은 Nancy의 것이야.
2 A: 누가 초콜릿 쿠키를 좋아하니?
 B: 우리 오빠가 그것들을 좋아해.
3 A: 너는 작년에 어떤 나라를 방문했니?
 B: 나는 독일과 프랑스를 방문했어.
4 A: 너는 오렌지와 바나나 중에 어느 것을 선호하니?
 B: 나는 바나나를 선호해.
5 A: 너희들은 너희 부모님을 위해 무엇을 살 거니?
 B: 우리는 부모님을 위해 꽃을 살 거야.

B

1 ⓒ	2 ⓓ	3 ⓑ	4 ⓐ	5 ⓗ	6 ⓔ	7 ⓖ	8 ⓕ

1 A: 진호는 지금 어디서 조깅을 하고 있니?
 B: 그는 항상 그 공원에서 조깅해.
2 A: 우리는 오늘 언제 점심을 먹을 수 있니?
 B: 수학 수업 이후에.
3 A: 그 아이들은 어떤 후식을 좋아하니?
 B: 그들은 아이스크림을 좋아해

4 A: 지난주에 너의 여행은 어땠니?
 B: 모든 것이 완벽했어.
5 A: 저기에 있는 저 장갑은 누구의 것이니?
 B: 그것들은 내 것이야.
6 A: 너는 오늘 아침에 무엇을 먹었니?
 B: 나는 아침을 걸렀어.
7 A: 그 축제는 얼마나 오래 계속될 예정이니?
 B: 그것은 2주 동안 계속될 거야.
8 A: 왜 Robert는 집에 있니?
 B: 왜냐하면 그는 너무 피곤하기 때문이야.

C

1 Which sport	2 How	3 Why	4 Whose bag
5 Who	6 What size	7 When	8 How far

1 A: 너는 어느 운동을 제일 좋아하니?
 B: 나는 농구를 제일 좋아해.
2 A: 너는 어떻게 학교에 가니?
 B: 나는 버스로 학교에 가.
3 A: 너는 왜 늦게까지 자지 않고 있었니?
 B: 왜냐하면 나는 시험공부를 했기 때문이야.
4 A: 이것은 누구의 가방이니?
 B: 그것은 우리 누나 거야.
5 A: 그녀의 남자친구는 누구니?
 B: Tom이 그녀의 남자친구야
6 A: 너는 어떤 사이즈를 입니?
 B: 나는 38사이즈를 입어.
7 A: 너희들은 언제 수학여행을 갈 거니?
 B: 우리는 내일 갈 거야.
8 A: 우체국까지는 얼마나 머니?
 B: 세 블록 떨어져 있어.

D

1 Where is a fire station	2 How much does it weigh
3 What will you do	4 Which color do you like
5 Why did you go to bed	6 Whose wallet is that
7 When did the movie end	

Unit 3 부가의문문, 부정의문문

p.58

A

1 ○	2 × → doesn't she	3 × → isn't he	4 ○
5 × → won't we	6 ○	7 ○	8 × → do you
9 × → wasn't he	10 ○		

1 그는 파란색 제복을 입고 있지 않니?
2 Sandra는 피자를 좋아해, 그렇지 않니?
3 그는 지금 자고 있어, 그렇지 않니?
4 시험은 다음 주 월요일에 시작하지 않니?
5 너와 나는 내일 만날 거야, 그렇지 않니?
6 그녀는 작년에 인천에 살지 않았니?
7 놀이공원에 갈래?
8 너는 차를 운전하지 않아, 그렇지?
9 너희 아버지는 어제 바빴지, 그렇지 않니?
10 그에게 이 사진들을 전해주실래요?

B

1 doesn't she	2 can't he	3 are they
4 shall we	5 did you	6 wasn't he
7 will you	8 won't we	9 don't they
10 were they		

1 그녀는 내 전화번호를 알고 있어, 그렇지 않니?
2 Tom은 자전거를 탈 수 있어, 그렇지 않니?
3 그 소년들은 안경을 쓰고 있지 않아, 그렇지?
4 새 의자를 살래?
5 너는 지난주에 역사 수업을 듣지 않았어, 그렇지?
6 그는 오래전에 야구선수였어, 그렇지 않니?
7 당신의 숙제를 가져와 주실래요?
8 우리는 오늘 택시를 탈 거야, 그렇지 않니?
9 소미와 진호는 항상 함께 점심을 먹어, 그렇지 않니?
10 그들은 오늘 아침에 시장에 없었어, 그렇지?

C

1 weren't you, I was	2 do they, they do
3 can they, they can't	4 is he, he isn't
5 didn't she, she did	6 won't she, she won't

1 A: 너는 체육관에 있었어, 그렇지 않니?
　B: 응, 체육관에 있었어.
2 A: 너희 부모님은 한국에 살지 않으셔, 그렇지?
　B: 아니, 한국에 사셔.
3 A: 그들은 그 문제를 풀 수 없어, 그렇지?
　B: 응, 그들은 풀 수 없어.
4 A: 민수는 지금 집에 있지 않아, 그렇지?
　B: 응, 집에 없어.
5 A: 수나는 자신의 책상에서 그 열쇠를 찾았어, 그렇지 않니?
　B: 응, 그녀가 책상에서 그것을 찾았어.
6 A: 그녀는 내일 연설할 거야, 그렇지 않니?
　B: 아니, 그녀는 하지 않을 거야.

D

1 weren't fat, were they
2 didn't watch the musical, did she
3 Let's have dinner, shall we
4 Isn't this watch expensive
5 Show your ticket to me, will you
6 opens every day, doesn't it

Chapter Test

p.60

1 ①	2 ④	3 ④	4 easy the question is	5 ①
6 ③	7 Don't[Do not]	8 ①	9 ③	10 ⑤	11 ④

12 (1) How far (2) How can I　13 ③　14 ③, ⑤　15 ③
16 (1) can you (2) didn't she (3) weren't they

1 해석 참고 기다려주세요.
해설 Please로 시작하는 명령문이고 빈칸 뒤에 형용사 patient가 있으므로 ① be가 알맞다.
어휘 patient 참을성 있는
2 해석 ① 저녁마다 너의 개와 산책하라.
② 붐비는 거리에서는 조심해라.

③ 학교에서 뛰지 마라.
④ 너는 오늘 일찍 일어난다.
⑤ 따뜻한 물을 마시고 좀 자라.
해설 ④는 명령문이 아니라 You로 시작하는 평서문이다.
어휘 take a walk 산책하다　crowded 붐비는
3 해석 ① 줄을 서라.
② 문 좀 닫아주세요.
③ 오른손을 들어라.
④ 다시는 늦지 마라.
⑤ 조심히 길을 건너라.
해설 ④ Be not은 Don't be로 바꿔야 알맞다.
어휘 raise 들다　carefully 조심히, 주의하여
4 해석 그 문제는 정말 쉽다.
→ 그 문제는 정말 쉽구나!
해설 How로 시작하는 감탄문의 어순은 「How+형용사/부사(+주어+동사)」
이다.
5 해석 · 너희 조부모님께 공손해라.
· 강에서 수영하지 마라. 그것은 매우 깊다.
해설 둘 다 주어가 없으므로 명령문이며, (A) 뒤에는 형용사 polite가 있으므로 Be가 알맞다. (B)는 문맥상 부정명령문이 필요하므로 Don't가 와야 적절하다.
6 해석 A: 너는 언제 너희 할머니를 방문했니?
B: 지난달에 (방문했어).
A: 너는 거기에 어떻게 갔니?
B: 나는 버스로 갔어.
해설 (A) 시기에 대한 질문이 필요하므로 When이 알맞다. (B) 수단에 대한 질문이 필요하므로 How를 써야 한다.
7 해석 눈을 뜨고 있어라.
= 눈을 감지 마라.
해설 문맥상 부정명령문이 필요하고, 빈칸 뒤에 일반동사 close가 있으므로 Don't[Do not]가 적절하다.
8 해석 A: 너는 야구와 농구 중에 어느 운동을 더 좋아하니?
B: 나는 농구를 더 좋아해.
해설 명사 앞에서 형용사처럼 쓰이는 의문사에는 What, Which, Whose가 있는데, 두 가지 중의 하나를 선택하는 구조이므로 Which가 적절하다.
9 해석 ① 너는 키가 얼마나 크니?
② 이 배낭은 얼마요?
③ 너는 어떤 색을 골랐니?
④ 너희 할아버지는 연세가 어떻게 되시니?
⑤ 당신은 아이들이 몇 명 있습니까?
해설 ③ '어떤' 색을 골랐는지 묻고 있고, 명사 앞에서 형용사처럼 쓸 수 있는 의문사가 필요하므로 What이 적절하다. 나머지는 키, 가격, 나이, 아이 수를 물어보고 있으므로 모두 How를 써야 한다.
어휘 backpack 배낭
10 해설 문장에 명사가 있으므로 What으로 시작하는 감탄문을 쓰면 된다.
「What+a(n)+형용사+명사(+주어+동사)」의 어순에 맞게 쓴 ⑤ What a funny photo it is!가 적절하다.
11 해석 ① 너는 영어를 좋아해, 그렇지 않니?
② 그는 바쁘지 않아, 그렇지?
③ 너의 여동생은 파스타를 좋아해, 그렇지 않니?
④ 그 아이들은 높이 점프할 수 없어, 그렇지?
⑤ 그녀는 늦게 왔어, 그렇지 않니?
해설 ①의 aren't you는 don't you로, ②의 isn't he는 is he로, ③의 doesn't it은 doesn't she로, ⑤의 doesn't she는 didn't she로 바꿔야 한다.
12 해석 A: (1) 그 공원은 얼마나 머니?
B: 여기서 약 2킬로미터야.
A: (2) 나는 거기에 어떻게 갈 수 있니?
B: 너는 저기에서 버스를 타면 돼.
해설 (1) 위치를 나타내는 Where이나 '얼마나 먼 ~?'을 의미하는 How far가 적절하다. (2) 수단을 나타내는 의문사 How가 필요한데, 조동사와 주어에 맞게 How can I로 써야 적절하다. 〈조건〉에 따라 (1)에도 How를 쓰면 된다.
13 해석 ① A: 너는 몇 살이니?
B: 나는 14살이야.

② A: 너는 토요일에 주로 무엇을 하니?
　 B: 나는 조부모님을 방문해.
③ A: 너는 얼마나 자주 수영을 가니?
　 B: 대략 한 시간 동안 (수영해).
④ A: 너희 아버지는 키가 얼마나 크시니?
　 B: 아버지는 175센티미터이셔.
⑤ A: 네가 가장 좋아하는 과목이 뭐니?
　 B: 수학이 내가 가장 좋아하는 과목이야.
해설 ③ How often은 빈도를 묻는 표현인데 '한 시간 동안'이라고 시간의 길이로 답했으므로 어색하다.

14 해석 ① 표를 잃어버리지 마라.
② 손을 씻어라.
③ 강에 비닐봉지를 던지지 말자.
④ 집에 늦게 오지 마라.
⑤ 지금 당장 숙제를 해라.
해설 ①의 Don't be lose는 Don't lose로, ②의 Washes는 Wash로, ④의 Don't came은 Don't come으로 고쳐야 알맞다.
어휘 lose 잃다　throw 던지다　plastic bag 비닐봉지　right now 지금 당장

15 해석 ⓐ 너는 매일 과일을 먹지 않니?
ⓑ 정말 아름다운 경치구나!
ⓒ 어제 너희 오빠는 어디에 있었니?
ⓓ 그녀는 영국 출신이 아니야, 그렇지?
ⓔ 수미와 소희는 좋은 시간을 보냈어, 그렇지 않니?
ⓕ 진수는 언제 스키를 타러 갈 거니?
해설 ⓑ는 What a beautiful view it is!로, ⓒ의 Where your brother was는 Where was your brother로, ⓔ의 hadn't they는 didn't they로 고쳐야 알맞다.
어휘 view 경치　go skiing 스키 타러 가다

16 해석 〈보기〉 Kate와 Mike는 자주 만나, 그렇지 않니?
(1) 너는 우리와 함께할 수 없어, 그렇지?
(2) 그녀는 박물관에 갔어, 그렇지 않니?
(3) 그들은 지난달에 뉴욕에 있었어, 그렇지 않니?
해설 (1) 주어가 You이고 조동사 can의 부정문이므로 빈칸에는 can you 가 알맞다. (2) 주어가 She이고 일반동사 과거형의 긍정문이므로 빈칸에는 didn't she가 적절하다. (3) 주어가 They이고 be동사 과거형의 긍정문이므로 빈칸에는 weren't they를 써야 한다.

CHAPTER 05~08
총괄평가 2회

p.62~65

1 ④　2 ⑤　3 ②　4 ⑤　5 ④　6 ①　7 ④
8 ④　9 (A) were (B) sheets　10 (A) Its (B) her
11 ③　12 ②　13 ④　14 ⑤　15 They always eat fruit
16 Where is the most famous bakery　17 ⑤　18 ②
19 ④　20 ③　21 ②　22 ④　23 ③
24 ①　25 ②, ④, ⑤　26 ②　27 Don't[Do not] be
nervous　28 He is the most popular singer　29 You
didn't[did not] watch the movie, did you　30 ⑤
31 (1) ⓒ, Yes, I did　(2) ⓔ, Call

1 해석 부엌에 _____ 있다.
① 바나나들이　② 케이크 두 조각이　③ 접시 네 개가　④ 고기가　⑤ 칼들이
해설 ④ 빈칸 앞에 There are가 있으므로 셀 수 없는 명사인 meat은 빈칸에 알맞지 않다.

2 해석 그녀는 조금의 _____ 가지고 있다.
① 장난감들을　② 친구들을　③ 감자들을　④ 동전들을　⑤ 돈을

해설 ⑤ 빈칸 앞에 a few가 있으므로 셀 수 없는 명사인 money는 적절하지 않다.

3 해설 ② woman의 복수형은 women이다.

4 해석 ① 우리는 후식으로 약간의 딸기를 살 것이다.
② 남동생과 나는 케이크 한 조각을 먹었다.
③ 복사기에 종이가 거의 없었다.
④ 나는 부모님을 위해 커피 두 잔을 준비했다.
⑤ Jake는 자신의 방에 많은 가구를 가지고 있지 않다.
해설 ⑤ furniture는 셀 수 없는 명사이므로 many 대신 much를 써야 한다.
어휘 copy machine 복사기

5 해석 ① 너는 내 선생님을 알지 못해, 그렇지?
② 그 카페에서는 주스가 차보다 더 인기 있다.
③ 그는 오늘 여동생을 돌봐야 해, 그렇지 않니?
④ 그녀는 우리 반에서 가장 똑똑하다.
⑤ Cindy는 진호보다 더 많은 반려동물이 있다.
해설 ④ smart의 최상급은 the smartest이다.
어휘 take care of 돌보다

6 해석 ① 옛날에는 우리 사이에 강한 믿음이 있었다.
② 어제 그 경기장에는 많은 사람들이 있었니?
③ 내 지난 에세이에는 많은 실수가 있었다.
④ 어젯밤 하늘에 먹구름이 있었니?
⑤ 몇 분 전에 탁자 위에 물 두 잔이 있었다.
해설 ① 문맥상 과거의 일을 나타내고 주어 strong trust는 셀 수 없는 명사이므로 빈칸에는 be동사의 과거형 was가 들어가야 한다. 나머지는 모두 빈칸에 Were[were]가 들어간다.
어휘 trust 믿음, 신뢰　stadium 경기장　essay 에세이

7 해석 ① 박물관에 많은 방문객들이 있었다.
② 저에게 우유 한 잔을 주시겠어요?
③ 그들은 피자 세 조각을 먹었다.
④ 제가 라디오를 꺼도 될까요?
⑤ 동물원에 많은 원숭이들이 있다.
해설 ④ 어떤 것을 가리키는지 분명한 경우이므로 a를 the로 바꿔야 맞다.

8 해석 ① 지수는 올해 책을 거의 읽지 않았다.
② 너는 약간의 소금이 있니?
③ 그는 많은 돈을 가지고 있지 않다.
④ 우리 누나는 약간의 주스를 만들었다.
⑤ Ann과 Max는 나의 같은 반 친구들이다. 그들은 영리하다.
해설 ④ juice는 셀 수 없는 명사이므로 a few를 a little로 고쳐야 한다.

9 해석 · 나무에 많은 새들이 있었다.
· 두 장의 종이가 내 책상 위에 있었다.
해설 (A) A lot of birds는 셀 수 있는 명사의 복수형이므로 was를 were로 바꿔야 한다. (B) 앞에 Two가 있고 셀 수 없는 명사 paper는 단위를 나타내는 말을 복수형으로 만들므로 sheet을 sheets로 고쳐야 맞다.

10 해석 · 나는 개 한 마리가 있다. 그것의 다리들은 짧고 튼튼하다.
· Robert는 그녀의 우산을 빌렸다.
해설 (A)와 legs, (B)와 umbrella는 소유 관계이므로 It's와 hers를 각각 소유격 Its, her로 고쳐 써야 한다.

11 해석 〈보기〉 어제는 너무 추웠다.
① 도서관까지는 3킬로미터이다.
② 8시야. 버스가 곧 도착할 거야.
③ 그것은 내 숙제였어.
④ 버스로 30분 걸린다.
⑤ 밖은 매우 밝았다.
해설 ③의 It은 대명사로 쓰였고 〈보기〉를 포함한 나머지는 모두 날씨, 거리, 시간, 명암 등을 나타내는 비인칭 주어로 쓰였다.

12 해석 · Jane은 그 바지를 사지 않을 것이다. 그것은 너무 짧다.
· 제 수프에 후추를 넣어주세요.
해설 (A)는 주어 자리이고 앞 문장의 the pants를 가리키므로 복수인 They 가 적절하다. (B) pepper는 셀 수 없는 명사이므로 a little이 알맞다.
어휘 pepper 후추

13 해석 · 네 컴퓨터는 내 것보다 더 비싸다.
· 이것은 우리 마을에서 최고의 잡지이다.

해설 (A) expensive의 비교급은 more expensive이다. (B) 범위를 나타내는 in my town이 있으므로 최상급 표현을 써야 하고 good의 최상급은 the best 이다.

어휘 magazine 잡지

14 해설 ⑤ healthy의 비교급과 최상급은 healthier, healthiest이다.

15 해설 빈도부사는 일반동사 앞에 쓰므로 always를 eat 앞에 쓰면 된다.

16 해설 의문사와 be동사가 있는 의문문이므로 「Where+be동사+주어 ~?」 어순으로 쓰고 famous의 최상급이 the most famous인 것에 유의한다.

17 해석 ① 그의 가방은 새것이지만 그녀의 것은 낡았다.
② 너는 저기에 있는 저 남자들을[들을] 아니?
③ 네 선생님께 공손해라.
④ 우리는 은행에서 Emily의 부모님을 만났다.
⑤ 책상에 있는 저것은 누구의 장갑이니?
해설 ① her bag을 대신할 수 있는 대명사는 소유대명사 hers를 써야 한다. ② those는 복수명사 앞에 쓰이고 man은 단수형이므로 those men이나 that man으로 고쳐야 한다. ③ Polite는 형용사이므로 Be polite로 바꿔야 한다. ④ Emily와 parents는 소유 관계이므로 Emily는 소유격인 Emily's로 고쳐야 적절하다.

18 해석 ① 그는 많은 샌드위치를 가져왔다.
② 그 아이는 무거운 어떤 것도 옮길 수 없다.
③ 모든 사람이 그 식당의 파스타를 좋아한다.
④ Nancy는 보통 학교에 일찍 도착한다.
⑤ 나는 새 수건이 필요하다. 너는 수건 하나가 있니?
해설 ① sandwiches는 셀 수 있는 명사이므로 much 대신 many를 써야 한다. ③ Everyone은 단수로 취급하므로 like를 likes로 고쳐야 한다. ④ 빈도부사 usually는 일반동사인 arrives 앞에 써야 한다. ⑤ 앞 문장의 a new towel과 같은 종류인 하나를 의미하는 대명사가 필요하므로 it을 one으로 고쳐야 한다.

어휘 towel 수건

19 해설 명사(student)가 있는 감탄문은 「What+a(n)+형용사+명사(+주어+동사)」의 어순으로 쓴다.

20 해설 '왜'를 의미하는 의문사 why를 사용하고 be동사가 있는 의문문이므로 「의문사+be동사+주어 ~?」의 어순으로 쓴다.

21 해석 A: _____
B: 나는 고기보다 생선을 더 좋아해.
① 너는 고기 또는 생선을 얼마나 많이 먹니?
② 왜 너는 고기보다 생선을 더 좋아하니?
③ 너는 어디서 생선을 사니?
④ 너는 어제 무엇을 먹었니?
⑤ 너는 고기와 생선 중에 어느 것을 더 좋아하니?
해설 ⑤ 두 가지 이상의 정해진 것들 중에서 어느 하나를 선택하도록 물을 때는 which 의문문을 쓴다.

22 해석 · 너는 얼마나 자주 머리를 자르니?
· 지난 일요일에 음악 축제는 어땠니?
해설 첫 번째 문장은 빈칸 뒤에 부사 often이 쓰여 '얼마나 자주'의 의미로 정도를 묻는 것이 적절하고, 두 번째 문장은 '어떤'의 의미로 상태를 묻는 것이 적절하므로 빈칸에는 How가 들어가야 한다.

23 해석 · 다른 사람들에게 그 비밀을 말하지 마라.
· 오늘 경기에서 최선을 다해라.

해설 첫 번째 문장은 금지를 나타내는 명령문 「Do not+동사원형 ~」이고 두 번째 문장은 '~해라'를 나타낼 때 동사원형으로 시작하는 명령문이므로 Do 가 알맞다.

어휘 secret 비밀   do A's best 최선을 다하다

24 해석 · 우리 아빠는 나에게 펜 한 개를 주셨다. 나는 오늘 그 펜을 잃어버렸다.
· 딸기 케이크는 그 가게에서 가장 비싸다.
해설 첫 번째 문장의 빈칸 뒤에 있는 pen은 앞에 나온 것을 가리키므로 the 가 적절하다. 두 번째 문장의 most expensive는 최상급 표현이므로 앞에 the 가 필요하다.

25 해석 ① 정말 아름다운 드레스구나!
② 그들은 그의 이름을 알지 못해, 그렇지?
③ 너는 점심으로 무엇을 가져올 거니?
④ 마지막 영어 시험은 너무 쉬웠다.
⑤ 네 여동생에게 화내지 마라.
해설 ② 동사가 don't로 현재시제이므로 부가의문문에는 did가 아니라 do 를 써야 한다. ④ easily 자리에는 주어를 보충 설명하는 형용사가 필요하므로 easy로 고쳐야 한다. ⑤ Don't 뒤에는 동사원형을 써야 하므로 형용사 angry 앞에 동사원형 be를 써야 한다.

26 해석 A: 너는 오늘 박물관에 갈 거야, 그렇지 않니?
B: 아니, 안 갈 거야. 공휴일이기 때문에 박물관은 오늘 문을 닫아.
A: 너는 오늘 무슨 계획이 있니?
B: 함께 영화를 보자.
해설 ① 동사가 will이므로 부가의문문에는 will you가 아니라 won't you가 적절하다. ③ 날짜를 나타낼 때는 that이 아니라 비인칭 주어 it을 쓴다. ④ 의문문이므로 some을 any로 고쳐야 알맞다. ⑤ Let's 뒤에는 동사원형을 쓰 므로 watches를 watch로 고쳐야 한다.

27 해설 금지를 나타내는 명령문은 「Don't[Do not]+동사원형 ~」이고 nervous 가 형용사이므로 앞에 be동사를 써야 한다.

28 해설 '~중에서 가장 …한'의 의미가 필요하므로 popular를 최상급인 the most popular로 바꿔서 문장을 완성하면 된다.

29 해설 의미상 부가의문문을 써야 하는데 동사가 didn't[did not]이므로 부가 의문문에는 did를 쓴다.

30 해석 미나의 생일이다. 그녀는 나와 다른 친구들을 자신의 집에 초대했다. 그녀의 어머니는 우리를 위해 조금의 간식과 약간의 주스를 준비하셨다. 나는 그녀에게 선물로 사랑스러운 셔츠를 줬다.
해설 (A) 날짜를 나타낼 때는 비인칭 주어 It을 쓴다. (B) juice는 셀 수 없는 명사이므로 a little이 알맞다. (C) 명사를 수식하는 형용사 자리이므로 lovely 가 적절하다.

31 해석 A: 내 컴퓨터에 무언가가 잘못됐어.
B: 너는 어제 그것을 사지 않았니?
A: 응, 어제 샀어. 그것은 새 컴퓨터야.
B: 그럼 그 가게에 전화해서 그것에 대해 물어봐.
해설 (1) 뒤의 문장을 통해 새로 산 것임을 알 수 있으므로 ⓒ는 긍정을 의미하는 Yes, I did로 고쳐야 알맞다. (2) '~해라'를 나타내는 명령문은 동사원형으로 시작하므로 ⓔ는 Call로 바꿔야 한다.

CHAPTER 09 문장의 여러 형식

Unit 1 SVC

p.66

A

> 1 ×→ smells bad   2 ○   3 ×→ kept silent
> 4 ×→ my best friend   5 ○   6 ○   7 ×→ looks like
> 8 ×→ get angry   9 ○   10 ○

1 그 샌드위치에서는 고약한 냄새가 난다.
2 내가 가장 좋아하는 계절은 여름이다.
3 모두가 그의 연설 후에 침묵했다.
4 Judy는 나의 가장 친한 친구이다.
5 잎들은 가을에 울긋불긋해진다.
6 저 푸른색 사과들은 신맛이 난다.
7 그 인형은 실제 여자아이처럼 보인다.
8 요즘 나는 아주 쉽게 화가 난다.
9 그 담요는 구름처럼 느껴진다.
10 좋은 약은 쓴맛이 난다.

B

> 1 tastes like, tastes   2 smell, smells like
> 3 looks, looks like   4 sounds like, sounds

〈보기〉 Jenny의 스카프는 부드럽게 느껴진다.
　　　 가끔 나는 바보처럼 느껴진다.
1 그 케이크는 치즈 맛이 난다.
　 그 아이스크림은 달콤한 맛이 난다.
2 저 장미들은 좋은 향기가 난다.
　 그 비누는 레몬향이 난다.
3 Tony는 약해 보이지만 힘이 아주 세다.
　 그 개는 어둠 속에서 늑대처럼 보인다.
4 네 목소리는 너희 아빠의 목소리처럼 들린다.
　 그녀의 새 노래는 나에게 아주 슬프게 들린다.

C

> 1 sounds strange   2 became[got] rich   3 tastes salty
> 4 are cheap   5 feel sleepy   6 smell fresh

D

> 1 He is an honest boy   2 My roommate felt lonely
> 3 His speech sounds boring
> 4 She became an English teacher
> 5 These grapes taste sour   6 Your shoes look dirty
> 7 Fresh bread smells like butter

Unit 2 SVOO

p.68

A

> 1 to her   2 me some paper   3 his parents his painting
> 4 to her   5 me the secret   6 history to students
> 7 the book to me

1 Eddie는 그녀에게 자신의 축구공을 빌려줄 것이다.

2 저에게 종이 몇 장 좀 가져다주실래요?
3 그는 부모님께 자신의 그림을 보여 드리지 않았다.
4 너는 언제 그녀에게 편지를 쓸 거니?
5 저에게 비밀을 말해 주세요.
6 우리 아버지는 대학에서 학생들에게 역사를 가르치신다.
7 그녀는 나에게 그 책을 전달했다.

B

> 1 asked me my age   2 send this message to her
> 3 showed his favorite place to them
> 4 gave me her name card   5 ask a favor of you
> 6 cooked his parents chicken soup
> 7 made a doll for her daughter

C

> 1 ×→ for the bird   2 ○
> 3 ×→ a storybook to us[us a storybook]
> 4 ×→ to his friends   5 ○   6 ×→ to my brother   7 ○
> 8 ○

1 우리는 그 새에게 새장을 만들어 주었다.
2 우리 어머니는 나에게 콘서트 표를 사 주셨다.
3 우리에게 이야기책을 읽어 주세요.
4 그는 친구들에게 자신의 여행 계획을 말해 주었다.
5 Vince는 그녀에게 초콜릿 한 상자를 보냈다.
6 아빠는 우리 형에게 우산을 주셨다.
7 네 펜을 나에게 빌려줄래?
8 우리 할아버지는 우리에게 자전거 두 대를 가져다주셨다.

D

> 1 some money to me   2 her dreams to us
> 3 some coins to his sister   4 a birthday cake for their son
> 5 a chicken for us   6 the way to the zoo to me

〈보기〉 나는 그녀에게 새해 카드를 보낼 것이다.
1 저에게 돈을 좀 빌려주세요.
2 Doris는 우리에게 자신의 꿈을 항상 이야기해 준다.
3 Harry는 자신의 여동생에게 동전 몇 개를 주었다.
4 그들은 자신의 아들에게 생일 케이크를 만들어 주었다.
5 그녀는 우리에게 닭 한 마리를 요리해 주었다.
6 그 남자는 나에게 동물원에 가는 길을 보여 주었다.

Unit 3 SVOC

p.70

A

> 1 smart   2 made   3 found   4 dark   5 call
> 6 a perfect man   7 happy   8 safe

1 우리는 지은이가 똑똑하다는 것을 알게 되었다.
2 그녀는 아들을 위대한 피아니스트로 만들었다.
3 그들은 상자가 비어 있다는 걸 알게 되었다.
4 그녀는 그 방을 어둡게 두었다.

5 내 친구들은 나를 Dancing Queen이라고 부른다.
6 그는 자신의 아빠가 완벽한 사람이라고 생각한다.
7 그 마술사는 아이들을 행복하게 해 주었다.
8 경찰은 국민들을 안전하게 유지해 주어야 한다.

B

1 leave, open 2 named, Captain 3 found, friendly
4 call, a top model 5 made, rich 6 think, gold

C

1 leave me alone 2 make you sleepy
3 found the old man wise 4 called the little boy Joe
5 leave the next page blank 6 makes the air clean

D

1 × → me mad 2 × → his son Micky 3 × → him rude
4 ○ 5 × → you healthy 6 ○ 7 ○
8 × → call me Messi

1 나를 제발 화나게 하지 마.
2 Neil은 아들을 Micky라고 이름 지었다.
3 모두가 그를 무례하다고 생각한다.
4 그들은 그 소녀가 사랑스럽다고 생각한다.
5 좋은 음식은 너를 건강하게 해 줄 것이다.
6 그 노래는 그를 부자로 만들어 주었다.
7 손을 깨끗하게 유지해라.
8 내 친구들은 나를 Messi라고 부른다.

Chapter Test

1 ④, ⑤ 2 ②, ③ 3 ② 4 ① 5 Her mother made
delicious pizza for me. 6 Mr. Smith wrote me a postcard.
7 ① 8 ⑤ 9 ③ 10 ⑤, It tasted very good.
11 ② 12 Will you pass the salt to me
13 His invention made him very famous 14 ④
15 Ben showed his cat to us[Ben showed us his cat].
16 The river looks like a mirror. 17 This soap makes your
dirty shirt white.

1 **해석** ① Woody와 나는 좋은 친구다.
② 오늘 나에게 전화를 주세요.
③ Jack은 우리에게 자신의 방을 보여 주었다.
④ 나에게 그 컵을 전달해 주겠니?
⑤ 너는 항상 나에게 중요하다.
해설 ④ 「동사+간접목적어+직접목적어」나 「동사+직접목적어+전치사+간접목적어」의 순서로 써야 하므로, Will you pass me the cup? 혹은 Will you pass the cup to me?가 되어야 한다. ⑤ be동사 뒤에는 보어로 명사나 형용사가 와야 하므로, 부사 importantly는 형용사 important가 되어야 한다.

2 **해석** ① 그 팬케이크는 정말 맛있었다.
② 그녀는 우리에게 그 이야기를 해 주었다.
③ 나는 언젠가 너를 가수로 만들 것이다.
④ 그 새끼 고양이들은 아주 귀여워 보인다.
⑤ Mike는 나에게 작은 선물 하나를 보냈다.
해설 ② 동사 tell은 '~에게 …을 말해 주다'라는 뜻으로 She told us the story. 혹은 She told the story to us.로 써야 한다. ③ 동사 make는 '~을 …로

만들다'로 쓸 때 「make+목적어+명사 보어」의 순서로 쓰므로 I'll make you a singer someday.가 되어야 한다.
어휘 someday 언젠가 kitten 새끼 고양이

3 **해석** 그 소녀는 _____ 보인다.
① 예쁜 ② 슬프게 ③ 행복한 ④ 졸린 ⑤ 사랑스러운
해설 ② 동사 look은 뒤에 형용사를 보어로 사용하여 '~처럼 보이다'라는 의미로 쓰이므로 부사 sadly는 쓸 수 없다.

4 **해석** 우리는 Cindy에게 그 상자를 _____.
① 사 주었다 ② 건네줬다 ③ 보여 줬다 ④ 보냈다 ⑤ 주었다
해설 ① 동사 buy는 간접목적어를 직접목적어 뒤로 보낼 때 전치사 for를 쓴다.

5 **해석** 〈보기〉 그녀는 나에게 몇 권의 책을 주었다.
그녀의 어머니는 나에게 맛있는 피자를 만들어 주었다.
해설 동사 make는 간접목적어를 직접목적어 뒤로 보낼 때 전치사 for를 쓴다.

6 **해석** 〈보기〉 그는 나에게 그 소식을 말해 주었다.
Smith 선생님은 나에게 엽서를 써 주셨다.
해설 〈보기〉와 같이 「동사+직접목적어+전치사+간접목적어」 문장을 「동사+간접목적어+직접목적어」의 순서로 바꿔 쓴다.
어휘 postcard 엽서

7 **해석** · 네 생각은 멋지게 들린다.
· 나를 슬프게 하지 마.
해설 (A) 동사 sound는 '~처럼 들리다'라는 의미로 보어로 형용사가 오므로 great가 알맞다. sound like 뒤에는 명사가 와야 한다. (B) 동사 make는 '~을 …하게 만들다'의 의미로 쓰일 때 보어로 명사나 형용사를 쓰므로 형용사 sad가 알맞다.

8 **해석** ① 그녀는 나에게 공을 패스했다.
② 그는 자신의 일기장을 나에게 보여 주었다.
③ 우리에게 태권도를 가르쳐 주세요.
④ 나는 그에게 편안한 의자를 빌려주었다.
⑤ 엄마는 나에게 아름다운 드레스를 만들어 주셨다.
해설 모두 「동사+간접목적어+직접목적어」의 순서를 바꿔 쓸 때 간접목적어 앞에 전치사 to를 쓰는 동사인데, ⑤ make는 전치사 for를 쓰는 동사이다.
어휘 comfortable 편안한

9 **해석** ① 그 음악은 우리를 졸리게 만들었다.
② 그는 많은 사람들을 행복하게 만들었다.
③ 그 요리사는 나에게 맛있는 수프를 만들어 주었다.
④ 그 소음은 그들을 정말 화나게 만들었다.
⑤ 그 깜짝 파티는 그녀를 기쁘게 만들었다.
해설 ③은 make 뒤에 「직접목적어+전치사+간접목적어」가 오는 구조로 쓰였고, 나머지는 모두 「make+목적어+형용사 보어」의 형태로 쓰였다.
어휘 cook 요리사 noise 소음 surprise party 깜짝 파티

10 **해석** ① 오늘은 내 생일이다. ② 엄마는 나에게 자전거를 한 대 사 주셨다. ③ 그것은 멋져 보였다. ④ 아빠는 나에게 생일 케이크를 만들어 주셨다. ⑤ 그것은 아주 맛있었다.
해설 ⑤ 동사 taste 뒤에 good이라는 형용사 보어가 오므로 like를 없애야 한다. like는 뒤에 명사가 올 때 쓴다.

11 **해설** 영작하면 We found him a kind man.이 되므로, 세 번째 오는 단어는 him이다.

12 **해설** 주어진 단어에 전치사 to가 있으므로, 「pass+직접목적어+전치사(to)+간접목적어」의 순서로 문장을 완성한다.

13 **해설** 「make+목적어+형용사 보어」의 순서로 문장을 완성한다.

14 **해석** ⓐ 그 사과는 달콤한 냄새가 난다.
ⓑ 그들은 모두 달라 보인다.
ⓒ 선생님은 우리에게 숙제를 내 주셨다.
ⓓ 우리 아버지는 나에게 새 인형을 사 주셨다.
ⓔ 그는 나에게 초대장을 보냈다.
해설 ⓓ 「동사(bought)+간접목적어(me)+직접목적어(a new doll)」나 「동사(bought)+직접목적어(a new doll)+for+간접목적어(me)」의 형태로 써야 한다.
어휘 invitation 초대장

15 **해석** Ben은 우리에게 자신의 고양이를 보여 주었다.
해설 「show+간접목적어+직접목적어」나 「show+직접목적어+전치사(to)+간

16 해석 그 강은 거울처럼 보인다.

해설 감각동사 look 뒤에 명사인 a mirror가 있으므로 looks like로 쓴다.

17 해설 동사 make를 '~을 …하게 만들다'의 의미로 쓰려면 「make+목적어+형용사 보어」의 순서로 쓴다. 주어가 3인칭 단수인 This soap이므로 make는 makes로 변형해서 써야 한다.

CHAPTER 10 to부정사와 동명사

Unit 1 to부정사의 부사적, 형용사적 쓰임
p.74

A

1 ⓐ	2 ⓑ	3 ⓑ	4 ⓒ	5 ⓐ	6 ⓒ	7 ⓑ

1 나는 그 문제를 논의하기 위해 그를 기다렸다.
2 그는 먹을 약간의 간식을 내게 가져다 주었다.
3 Alice는 오늘 참석할 세 개의 회의가 있다.
4 그들은 함께 영화를 보러 가서 행복했다.
5 그녀는 소원을 빌기 위해 눈을 감았다.
6 Tom은 나쁜 소식을 듣게 되어서 슬펐다.
7 나는 그에게 선물을 줄 방법을 찾지 못했다.

B

1 to ask a question	2 to have dinner
3 glad to meet	4 to make French fries
5 to do my homework	6 happy to make

〈보기〉 Q: Alice는 왜 백화점에 갔니?
A: 그녀는 신발 한 켤레를 사러 백화점에 갔어.
1 Q: 너는 어젯밤에 그에게 왜 전화했니?
A: 나는 그에게 질문하려고 전화했어.
2 Q: 그들은 왜 여기에 올 거니?
A: 그들은 우리와 저녁 식사를 하기 위해 여기에 올 거야.
3 Q: 네 여동생은 왜 기뻐하니?
A: 그녀는 가장 친한 친구를 만나서 기뻐해.
4 Q: 그는 왜 감자를 샀니?
A: 그는 감자튀김을 만들기 위해 그것들을 샀어.
5 Q: 너는 왜 늦게까지 도서관에 있었니?
A: 나는 숙제를 하기 위해 거기에 늦게까지 있었어.
6 Q: Henry는 왜 그렇게 행복하니?
A: 그는 새 친구들을 사귀어서 행복해.

C

1 to give a presentation	2 to say about it
3 sorry to hear the news	4 to share secrets with
5 to please her	6 happy to buy fresh fish
7 to buy a shirt	

D

1 to succeed	2 to sell
3 to win the game	4 to lead this country
5 to play soccer	6 to build a house

〈보기〉 그녀는 공원에 갔다. 그녀는 개를 산책시키길 원했다.
→ 그녀는 개를 산책시키기 위해 공원에 갔다.
1 Rick은 열심히 일했다. 그는 성공하고 싶었다.
→ Rick은 성공하기 위해 열심히 일했다.
2 그는 차를 가지고 있다. 그는 그 차를 팔 것이다.
→ 그는 팔 차를 가지고 있다.
3 Sam은 기뻤다. 그는 경기에서 이겼다. → Sam은 경기에서 이겨서 기뻤다.
4 그는 위대한 지도자이다. 그는 이 나라를 이끌 것이다.
→ 그는 이 나라를 이끌 위대한 지도자이다.
5 그들은 운동장으로 갔다. 그들은 축구를 하고 싶었다.
→ 그들은 축구를 하기 위해 운동장으로 갔다.
6 우리는 계획이 있다. 그 계획은 집을 짓는 것이다.
→ 우리는 집을 지을 계획이 있다.

Unit 2 to부정사의 명사적 쓰임
p.76

A

1 ⓐ	2 ⓑ	3 ⓒ	4 ⓑ	5 ⓒ	6 ⓐ	7 ⓒ	8 ⓑ	9 ⓒ	10 ⓐ

1 이메일을 보내는 것은 빠르고 쉽다.
2 Jin의 취미는 사진을 찍는 것이다.
3 그녀는 한국사를 공부하고 싶어 한다.
4 Julie의 목표는 세상을 변화시키는 것이다.
5 그 회사는 자동차를 생산하기 시작했다.
6 너무 많이 걱정하는 것은 건강에 해롭다.
7 Ted는 자기 개를 찾기를 희망했다.
8 나의 계획은 한 달에 10권의 책을 읽는 것이었다.
9 너는 너의 ID와 비밀번호를 기억할 필요가 있다.
10 환경을 보호하는 것은 필수적이다.

B

1 to live	2 to change	3 to learn	4 to buy
5 to meet	6 to work	7 to watch	

1 나는 큰 집에서 살고 싶다.
2 우리는 우리의 마음을 바꾸기로 결정했다.
3 그들은 식사 예절을 배울 필요가 있다.
4 Tom은 새 카메라를 사기를 바랐다.
5 그는 다음 주 일요일에 할머니를 만나는 것을 계획했다.
6 그녀는 2015년에 그 회사에서 일하기 시작했다.
7 우리 형은 집에서 스포츠 경기를 시청하는 것을 아주 좋아한다.

C

1 ○	2 ○	3 × → to play	4 ○	5 × → to clean
6 × → to know	7 × → to write	8 × → to repair		
9 ○	10 ○			

1 곧 비가 오기 시작할 것이다.
2 나는 이탈리아에 다시 방문하기를 희망한다.
3 나는 너와 농구를 하고 싶다.
4 그 강을 수영해서 건너는 것은 불가능하다.
5 그는 거실을 청소할 필요가 있다.
6 그녀는 그의 비밀에 대해 알고 싶어 했다.
7 그녀의 계획은 요리책을 쓰는 것이다.
8 우리 아버지는 우리 집을 수리하기로 결정하셨다.
9 Megan은 사람들 앞에서 노래 부르는 것을 아주 좋아한다.
10 그의 꿈은 자기 나라로 돌아가는 것이다.

D

1 To play with him	2 to be alone
3 to lose weight	4 to change his name
5 To build the museum	6 to become a lawyer

Unit 3 동명사의 쓰임 p.78

A

1 ⓐ 2 ⓑ 3 ⓒ 4 ⓒ 5 ⓑ 6 ⓐ 7 ⓒ 8 ⓑ 9 ⓐ 10 ⓒ

1 충분한 물을 마시는 것은 중요하다.
2 그의 역할은 학생들에게 조언을 해 주는 것이다.
3 그녀는 그 강을 따라 걷는 것을 즐긴다.
4 Emma는 늦게까지 일하는 것을 꺼리지 않는다.
5 나의 목표는 내 영어에 자신감을 갖는 것이다.
6 평화로운 삶을 사는 것이 그의 소원이었다.
7 Susan은 너무 많이 먹는 것을 피할 것이다.
8 그가 가장 좋아하는 활동은 음악을 듣는 것이다.
9 물 없이 사는 것은 불가능하다.
10 그녀는 그 보물을 찾는 것을 포기했다.

B

1 making	2 learning	3 Jogging	4 traveling
5 cooking	6 Watching	7 seeing	8 speaking
9 talking	10 Washing		

1 그의 직업은 온라인 게임을 만드는 것이다.
2 나는 한때 중국어를 배우는 것을 고려했었다.
3 조깅은 건강해지는 좋은 방법이다.
4 그녀의 다음 계획은 전국을 일주하는 것이다.
5 Jacob은 1시간 전에 요리하는 것을 끝냈다.
6 야구 경기를 보는 것은 항상 흥미진진하다.
7 그의 꿈은 아프리카에서 야생 동물들을 보는 것이다.
8 그녀는 매일 영어를 말하는 것을 연습한다.
9 그 아이들은 수업 시간 동안 계속 이야기를 했다.
10 손을 씻는 것은 건강을 위해 중요하다.

C

1 × → enjoys trying 2 ○ 3 × → suggested taking
4 ○ 5 ○ 6 × → at taking 7 × → like eating 8 ○
9 ○ 10 × → by listening

1 그녀는 새로운 요리를 먹어보는 것을 즐긴다.
2 그 영화는 자신을 사랑하는 것에 관한 것이다.
3 그는 택시를 탈 것을 제안했다.
4 우리 언니와 나는 옷을 사러 쇼핑을 갔다.
5 그 피아니스트는 피아노를 계속 연습했다.
6 너는 사진을 잘 찍니?

7 나는 따뜻한 것을 먹고 싶다.
8 그 사람들은 먹지도 않고 종일 일을 했다.
9 그들은 새집으로 이사하는 것을 고려했다.
10 나는 영어로 된 노래를 듣는 것으로 영어를 배웠다.

D

1 finished watching	2 Thank you for giving
3 for buying	4 avoid telling
5 goes camping	6 mind sending

Chapter Test p.80

1 ① 2 ④ 3 joining, to join 4 ③ 5 ⑤
6 They have a plan to eat out. 7 Jack and Peter went out to take a walk. 8 ④ 9 ② 10 ③ 11 watching movies
12 playing soccer 13 ⑤ 14 ④ 15 ③

1 **해석** ① Joy는 여기에 머무르기를 바랐다.
② 그는 Nancy를 초대하기로 결정했다.
③ 많은 사람을 아는 것은 좋다.
④ 내가 가장 좋아하는 활동은 자전거 타기이다.
⑤ 나는 책 몇 권을 반납할 필요가 있다.
해설 ① to부정사는 to 뒤에 동사원형을 쓰므로 to stayed는 to stay가 되어야 알맞다.

2 **해석** ① Susan은 TV 보는 것을 멈췄다.
② James는 그녀를 보고 싶어 한다.
③ 그 소년은 나를 보며 계속 미소를 지었다.
④ 우리는 수영장에 갈 것을 계획했다.
⑤ 그들은 초콜릿 케이크를 먹는 것을 좋아한다.
해설 ④ 동사 plan은 to부정사를 목적어로 쓰므로 going은 to go가 되어야 한다.

3 **해석** 나는 더 많은 책을 읽기 위해 독서 동호회에 가입하기로 결심했다.
해설 decide는 to부정사를 목적어로 쓰는 동사이므로 joining을 to join으로 고쳐야 한다.

4 **해석** ① Jim은 잠을 자기 위해 불을 껐다.
② 그녀는 대회에서 이기기 위해 그림 그리는 것을 연습했다.
③ 나는 우리 삼촌으로부터 선물을 받아서 정말 행복했다.
④ Sam은 배드민턴을 치기 위해 라켓을 샀다.
⑤ 우리는 샤워를 하기 위해 집에 왔다.
해설 ③은 감정의 원인을 나타내는 to부정사이다. 나머지는 목적을 나타내는 to부정사이다.
어휘 contest 대회 racket (테니스, 배드민턴 등의) 라켓

5 **해석** 〈보기〉 그녀는 우유를 조금 마시기 위해 부엌으로 갔다.
① 먹을 과일이 없다.
② 그는 쓸 멋진 모자를 찾고 있다.
③ 나는 쓸 약간의 돈이 있다.
④ 너는 잠시 휴식을 취할 시간이 있니?
⑤ 나는 숙제를 하기 위해 책상에 앉았다.
해설 〈보기〉의 to drink는 목적을 나타내는 부사적 쓰임의 to부정사로, ⑤의 to do와 그 쓰임이 같다. 나머지는 모두 앞의 명사를 꾸미는 형용사적 쓰임의 to부정사이다.

[6-7] **해석** 〈보기〉 그는 알람을 맞췄다. 그는 내일 일찍 일어날 필요가 있다.
→ 그는 내일 일찍 일어나기 위해 알람을 맞췄다.

6 **해석** 그들은 계획이 있다. 그 계획은 외식하는 것이다.
→ 그들은 외식할 계획이 있다.
해설 명사 a plan을 꾸미도록 형용사적 쓰임의 to부정사 to eat out을 써서 문장을 완성한다.

7 **해석** Jack과 Peter는 밖으로 나갔다. 그들은 산책하고 싶었다.
→ Jack과 Peter는 산책하기 위해 밖으로 나갔다.

해설 첫 번째 문장 뒤에 목적을 나타내는 부사적 쓰임의 to부정사 to take a walk를 써서 문장을 완성한다.

8 해석 그녀는 자신의 방을 청소하는 것을 막 끝냈다.
해설 finish는 동명사를 목적어로 쓰는 동사이므로 ④ cleaning이 알맞다.

9 해석 ① 그의 직업은 택시를 운전하는 것이다.
② 그녀는 전화 통화를 하고 있다.
③ 피자를 주문해도 될까?
④ 그녀는 가수가 되는 것을 포기했다.
⑤ 침대에서 책을 보는 것은 눈에 나쁘다.
해설 나머지는 모두 동명사인 반면 ②의 talking은 진행형으로 쓰인 동사의 -ing형이다.

10 해석 Rachel은 체육관에서 운동하는 것을 _____.
① 좋아했다 ② 시작했다 ③ 고려했다 ④ 계획했다 ⑤ 결심했다
해설 ③ 빈칸 뒤에 to부정사가 있으므로 동명사를 목적어로 쓰는 동사 considered는 빈칸에 올 수 없다.
어휘 gym 체육관

11 해석 Q: Paul은 보통 매주 주말마다 무엇을 하니?
A: 그는 매주 주말마다 영화를 관람하는 것을 즐겨.
해설 표를 보면 Paul이 주말에 즐기는 활동은 영화를 보는 것이다. enjoy는 동명사를 목적어로 쓰는 동사이므로 watching movies가 알맞다.

12 해석 Q: Amy는 주말에 무엇을 하는 것을 좋아하니?
A: 그녀는 주말에 축구를 하는 것을 아주 좋아해.

해설 표를 보면 Amy가 주말에 즐기는 활동은 축구이다. 동사 love는 to부정사와 동명사를 둘 다 목적어로 쓰므로 playing soccer와 to play soccer로 답할 수 있다. 단, 주어진 〈조건〉에 따라 11번의 동명사 watching과 형태가 같은 playing soccer를 써야 알맞다.

13 해설 '~을 잘하다'라는 의미의 be good at은 at 뒤에 (동)명사를 쓴다. 주어진 문장이 부정의 의미이므로 「be not good at+동명사」를 써서 영작해야 한다.

14 해석 ① 너는 왜 나를 계속 괴롭히니?
② 이렇게 늦게 전화해서 미안해.
③ 함께 점심 먹는 게 어때?
④ 나는 아이스크림을 먹고 싶다.
⑤ 그녀는 프랑스를 여행하기를 바란다.
해설 feel like 다음에는 동명사를 써야 하므로 ④의 to have는 having이 되어야 알맞다.
어휘 bother 괴롭히다

15 해석 〈보기〉 ⓐ 그녀는 일을 끝마쳐서 기뻤다.
ⓑ 우리는 지하철을 타서 시간을 아꼈다.
ⓒ 그는 높이 뛰는 것을 연습했다.
ⓓ 오전 10시에 눈이 오기 시작했다.
ⓔ 그녀는 그 카페에 가자고 제안했다.
해설 ⓐ '~해서'라는 감정의 원인을 나타내는 to부정사 to finish를 써야 알맞다. ⓒ 동사 practice는 동명사를 목적어로 쓰는 동사이므로 jumping을 써야 알맞다.

CHAPTER 11 전치사

Unit 1 장소, 위치, 방향 전치사
p.82

A

| 1 in | 2 at | 3 on | 4 at | 5 in | 6 on | 7 on | 8 in | 9 at |

1 모두가 차 안에서 안전벨트를 착용해야 한다.
2 마침내 그들은 역에 도착했다.
3 그녀의 사무실은 2층에 있다.
4 그는 버스 정류장에서 그녀를 기다렸다.
5 우리 삼촌은 오래전에 일본에서 사셨다.
6 그들은 벤치에 앉아 있다.
7 그녀는 빙판 위에서 스케이트를 타고 있다.
8 너희 반에는 얼마나 많은 학생들이 있니?
9 비행기가 공항에 착륙하고 있다.

B

| 1 over | 2 under | 3 around |
| 4 between | 5 by | 6 in front of |

1 몇몇 새들이 나무 위로 날아가고 있다.
2 한 소년이 나무 아래에서 책을 읽고 있다.
3 개 한 마리가 나무 주변을 뛰어다니고 있다.
4 카페는 병원과 은행 사이에 있다.
5 병원은 카페 옆에 있다.
6 한 소녀가 은행 앞에 서 있다.

C

| 1 by, at | 2 behind, in | 3 on, under |
| 4 in, out of | 5 at, across | |

1 그는 내 옆에 앉았다.
9시에 공항에서 만나자.
2 커튼 뒤에 있는 저것은 뭐니?
나는 주머니 안에 돈이 조금 있다.
3 소년들이 무대 위에서 노래하고 있다.
배가 다리 아래를 지나가고 있다.
4 엄마. 엄마가 세상에서 최고예요!
그들은 불타는 집에서 나왔다.
5 Paul은 현관에서 작별 인사를 하고 있다.
소녀들은 강을 가로질러 수영하고 있다.

D

1 in the refrigerator	2 in front of my house
3 over a river	4 on the hill
5 into the room	6 along the river

Unit 2 시간을 나타내는 전치사
p.84

A

| 1 on | 2 in | 3 at | 4 in | 5 in | 6 on | 7 at | 8 at | 9 on |

1 그는 1월 8일에 태어났다.
2 농부들은 가을에 아주 바쁘다.
3 나는 12시 정각에 Susan을 만날 것이다.
4 그들은 8월에 한국을 방문할 것이다.
5 Jake는 2013년에 인천으로 이사했다.
6 그녀는 화요일에 치과에 가야 한다.
7 나는 내일 오전 6시 30분에 일어나야 한다.
8 그 식당에는 점심시간에 많은 사람들이 있다.
9 Grace와 Teddy는 일요일마다 해변에 간다.

B

1 on	2 in	3 at	4 at	5 in	6 on	7 in	8 on	9 at
10 at								

1 우리는 4월 20일에 다른 도시로 이사할 것이다.
2 한국 전쟁은 1950년에 발발했다.
3 나의 모든 수업이 오후 3시에 끝났다.
4 밤에는 시끄럽게 하지 마라.
5 나는 보통 아침에 산책한다.
6 우리 아버지는 월요일에 일하지 않으신다.
7 아이스크림은 여름에 후식으로 인기 있다.
8 그 가게는 새해 첫날에 문을 여니?
9 내 시계는 3시 34분에서 멈췄다.
10 뉴스는 매일 정오에 시작한다.

C

1 before, after	2 for, during	3 by, until

1 너는 수영하기 전에 준비운동을 할 필요가 있다.
  폭우 후에 도로가 젖어 있었다.
2 15초 동안 숨을 참아라.
  James는 방학 동안 집에 머물기를 원한다.
3 제게 3시까지는 전화해주세요.
  나는 4시까지 학교에서 수업이 있다.

D

1 around 3 o'clock	2 until[till] tomorrow
3 during the game	4 after breakfast
5 for two hours	6 before 5:30
7 by 11 o'clock	

Unit 3 여러 가지 전치사
p.86

A

1 about	2 by	3 from	4 like
5 with	6 for	7 to	8 through

1 나는 지구 온난화에 관해 에세이를 썼다.
2 너는 전화로 표를 예약할 수 있다.
3 우리 집은 여기에서 멀지 않다.
4 우리는 햄스터 같은 작은 반려동물을 원한다.
5 나는 친구들과 놀이공원에 갔다.
6 과거에는 많은 청년들이 자신의 나라를 위해서 죽었다.
7 저에게 표를 보여 주시겠습니까?
8 그녀는 창문을 통해 밖을 바라보았다.

B

1 to	2 through	3 with	4 by

1 첫 번째 모퉁이에서 오른쪽으로 돌아라.
  이 선생님은 외국 학생들에게 태권도를 가르치셨다.
2 그들은 TV를 통해 그 배우를 알고 있다.
  말들은 숲을 통과해서 뛰었다.
3 그는 칼로 스테이크를 잘랐다.
  그녀는 언니와 저녁 식사를 준비했다.
4 너는 그곳에 버스를 타거나 걸어서 갈 수 있다.
  너는 10월 31일까지는 돈을 갚아야 한다.

C

1 × → at	2 × → of	3 × → from	4 ○	5 × → on
6 × → with	7 ○	8 × → into	9 × → to	

1 우리 형은 축구를 잘한다.
2 유리잔은 물로 가득 찼다.
3 우리의 식사예절은 너희의 것(식사예절)과는 다르다.
4 Emma와 나는 2시부터 5시까지 같이 공부했다.
5 이번 주말에 우리는 여행을 갈 것이다.
6 우리 어머니는 그 소식에 기뻐하셨다.
7 프랑스는 와인으로 유명하다.
8 그 영화는 한 가난한 소년을 스타로 바꿨다.
9 너희 덕분에 그 행사는 성공적으로 끝났다.

D

1 is different from British English	
2 is interested in animals	3 was full of coins
4 turned apples into jam	5 is good at dancing
6 was happy with the Christmas present	
7 is famous for pyramids	8 from Monday to Friday

Chapter Test
p.88

1 ②   2 ③   3 ②   4 (1) by[next to, beside] (2) on   5 ②
6 ③   7 ③, ⑤   8 ③   9 the desk between the bed and the TV   10 lived here for 5 years   11 was full of trash after the storm   12 ①   13 ②   14 ⑤   15 ④
16 ⑤

1 **해석** · 우리는 아프리카에서 많은 야생 동물들을 볼 수 있다.
  · 나는 그의 집 앞에서 그를 기다렸다.
  해설 국가와 같이 비교적 넓은 장소에는 전치사 in을 쓰고, front of는 in과 함께 쓰여 '~ 앞에'라는 뜻을 가진다.
  어휘 wild 야생의
2 **해석** · 그들은 벤치에서 휴식을 취했다.
  · 우리는 7월 22일에 가게를 열 것이다.
  해설 접촉해 있는 장소나 표면에는 on을 쓴다. 또한 특정한 날짜 앞에도 전치사 on을 쓴다.
3 **해석** · Susan은 가위로 종이를 잘랐다.
  · 우리는 그 결과에 기뻐했다.
  해설 (A) '~을 가지고'라는 의미를 나타내는 전치사 with를 쓴다.
  (B) be pleased with는 '~을 기뻐하다'라는 의미의 관용 표현이다.
  어휘 scissors 가위 result 결과
4 **해석** 〈보기〉 공 하나가 탁자 아래에 있다.
  (1) 고양이 한 마리가 소파 옆에 있다.
  (2) 램프 하나가 탁자 위에 있다.
  해설 (1) 그림에서 고양이가 소파 바로 옆에 있으므로 '~ 옆에'를 의미하는 전치사 by나 next to, 또는 beside가 적절하다. (2) 그림에서 램프가 탁자 위에 놓여 있으므로 '~ 위에'를 의미하는 전치사 on이 알맞다.
5 **해석** 우리 집 _____ 커다란 나무가 있다.
  ① 뒤에 ② 사이에 ③ 옆에 ④ 옆에 ⑤ 앞에
  해설 between은 '~ 사이에'라는 뜻으로 적어도 두 개 이상의 대상이 필요하므로 적절하지 않다.
6 **해석** 우리는 밤에 저녁 식사를 함께 만들었다.
  해설 (A) 비교적 넓은 장소나 공간의 내부를 나타낼 때는 전치사 in을 쓴다.
  (B) 하루 중 특정한 때인 night 앞에는 전치사 at을 쓴다.

7 **해석** ① 새들이 가지 위에서 노래하고 있다.
② 나는 네 열쇠를 서랍 안에서 찾았다.
③ 도로에 많은 차가 있다.
④ 나는 작은 마을에서 5년을 보냈다.
⑤ 입구에서 기다려주세요.
해설 ① 접촉해 있는 장소나 표면을 나타내므로 on을 쓴다. ② 공간의 내부를 나타내므로 전치사 in을 쓴다. ④ 비교적 넓은 장소를 나타내므로 전치사 in을 쓴다.
어휘 branch (나뭇)가지 drawer 서랍 entrance (출)입구

8 **해석** ① 5월에는 아주 따뜻하다.
② 너는 봄에 벚꽃을 볼 수 있다.
③ 우리는 일요일에는 가게를 열지 않는다.
④ 진수는 캐나다에서 프랑스어를 해야 한다.
⑤ 많은 사람들이 서울에 산다.
해설 ③ 요일 앞에는 전치사 on을 써야 한다. 나머지는 빈칸 뒤에 달, 계절, 국가, 도시가 있으므로 모두 전치사 in을 쓴다.
어휘 cherry blossom 벚꽃

9 **해설** '~ 사이에'라는 의미의 전치사 between을 사용하면 된다.

10 **해설** '~동안'이라는 의미로 숫자를 포함한 구체적인 기간 앞에는 전치사 for를 쓴다.

11 **해설** '~ 후에'를 의미하는 전치사 after와 '~로 가득 차다'라는 의미의 be full of를 사용해 문장을 완성하면 된다.

12 **해석** A: 너는 아침에 몇 시에 일어나니?
B: 나는 보통 7시 30분에 일어나.
A: 너는 나와 다르구나. 나는 항상 늦게 자고 10시에 일어나.
B: 너는 저녁 식사 후에 무엇을 하니?

A: 나는 테니스를 연습해. 나는 요즘 스포츠에 흥미가 있어.
해설 (A) 빈칸 뒤에 the morning은 하루를 이루는 부분이므로 on을 in으로 고쳐야 알맞다.
어휘 practice 연습하다 these days 요즘

13 **해석** · 나는 벽을 통해 그들의 대화를 들을 수 없었다.
· 그는 공상과학 소설에 흥미가 있다.
해설 (A) 문맥상 '~을 통해서'라는 의미의 전치사 through가 적절하다. (B) be interested는 in과 함께 쓰여 '~에 흥미가 있다'라는 의미로 사용된다.
어휘 conversation 대화 science fiction 공상과학 소설

14 **해석** · 나와 함께 쇼핑몰에 갈래?
· 인터넷 덕분에 우리는 세상에 대해 더 잘 알 수 있다.
해설 (A) 문맥상 '~와 함께'라는 의미의 전치사 with가 적절하다. (B) Thanks는 to와 함께 쓰여 '~ 덕분에'라는 의미로 사용된다.
어휘 mall 쇼핑몰

15 **해석** ① 나한테 더 이상 말 걸지 마.
② 이 의자는 어린아이들을 위한 것이다.
③ 우리 오빠는 야구를 잘한다.
④ 나는 택시를 타고 공항에 갔다.
⑤ 우리는 내일 여행을 갈 수 없다.
해설 ④ 교통수단을 나타낼 때는 전치사 by를 쓴다.

16 **해석** ① 이 책은 야생화에 대한 것이다.
② 우리 할아버지는 지팡이를 가지고 걸으신다.
③ 나는 내 시험 점수에 기쁘지 않다.
④ 우리는 돌을 금으로 바꿀 수 없다.
⑤ 내 의견은 너의 것(의견)과 다르다.
해설 ⑤ '~와 다르다'는 의미의 관용 표현은 be different from이다.
어휘 wild flower 야생화 stick 지팡이 opinion 의견

CHAPTER 12 접속사

Unit 1 and/but/or
p.90

A

| 1 and 2 but 3 but 4 or 5 but 6 and 7 or 8 and |

1 나는 지난 겨울 방학에 말레이시아와 태국을 방문했다.
2 그는 나를 기억했지만, 나는 그를 기억하지 못했다.
3 나는 너에게 동의하지 않지만 네 생각을 존중한다.
4 사과 주스나 포도 주스 중에 어느 것을 마실래?
5 자전거 여행은 매우 인기 있는 행사지만, 그것은 확실히 힘들다.
6 내 이름은 Amanda이고 나는 핀란드에 산다.
7 우리는 거기에 버스를 타거나 지하철을 타고 갈 수 있다.
8 그들은 시장에 갔고 그다음에 저녁을 먹었다.

B

1 but he didn't cry	2 or that one
3 and I'm good at it	
4 and gave them to her neighbors	
5 and he bought a guitar	6 but they don't work well
7 or his bedroom	8 but his sister doesn't like it

1 그 영화는 슬펐지만, 그는 울지 않았다.
2 이것 또는 저것 중에 어떤 가방이 너의 것이니?
3 나는 그림 그리는 것을 좋아하고 그것을 잘한다.
4 Mary는 쿠키를 좀 만들어서 자신의 이웃들에게 그것을 주었다.
5 그는 돈을 모아서 기타를 샀다.

6 가끔 그는 장난감 로봇들을 만들지만, 그것들은 잘 작동하지 않는다.
7 진호는 거실이나 자신의 침실에 있을 것이다.
8 Frank는 과학을 좋아하지만, 그의 여동생은 과학을 좋아하지 않는다.

C

| 1 × → windy 2 × → have 3 × → (to) take 4 × → buy |
| 5 ○ 6 × → wise 7 × → go 8 × → lazy 9 ○ |

1 오늘 날씨는 춥고 바람이 분다.
2 축제에 가서 즐기자.
3 너는 쇼핑을 가고 싶니 아니면 산책하고 싶니?
4 내가 이것을 고쳐야 할까 아니면 새것을 사야 할까?
5 Kate는 TV 보는 것과 음악 듣는 것을 좋아한다.
6 그 어린 소녀는 어렸지만 현명했다.
7 우리는 영화를 보러 가거나 소풍을 갈 것이다.
8 Peter는 똑똑하지만 게으르다.
9 유리는 사진을 좀 찍어서 자신의 친구에게 그것들을 보냈다.

D

| 1 old but comfortable |
| 2 eat out or eat at home |
| 3 turned off the TV and went to bed |
| 4 a little cold but very delicious |
| 5 family and friends |
| 6 call me or send a text message |
| 7 went to the park and rode bicycles |

Unit 2 여러 가지 접속사

A

1 before	2 If	3 because	4 When
5 because	6 when	7 If	8 after

1 우리 엄마가 돌아오시기 전에 우리는 거실을 청소해야 한다.
2 만약 네가 10km 코스를 끝마친다면, 너는 메달을 받을 거야.
3 많은 책들이 있기 때문에 나는 그 도서관을 좋아한다.
4 어렸을 때 나는 김치를 좋아하지 않았다.
5 우리 형은 독감에 걸렸기 때문에 출근할 수 없었다.
6 내가 오늘 아침에 전화했을 때 너는 어디에 있었니?
7 만약 오늘 네가 아무 계획이 없다면, 함께 어울리자.
8 너는 졸업한 후에 무엇을 할 거니?

B

1 ⓑ	2 ⓓ	3 ⓐ	4 ⓒ	5 ⓕ	6 ⓖ	7 ⓔ	8 ⓗ

1 Vicky는 처음 곡을 썼을 때 겨우 다섯 살이었다.
2 만약 날이 화창하다면 나는 공원에 갈 것이다.
3 그는 집에 온 후에 항상 손을 씻는다.
4 그 소녀는 아팠기 때문에 결석했다.
5 두통이 있을 때 이 약을 먹어라.
6 그들은 그 수프가 너무 짰기 때문에 먹지 않았다.
7 그 기계를 사용하기 전에 전원을 켜라.
8 만약 불이 난다면 경보가 울릴 것이다.

C

1 that the story is true
2 that she likes my present
3 that Robert can be a great chef
4 that he is a genius
5 that the grammar test was very difficult

〈보기〉 그는 너를 도울 수 있다. 나는 그것을 생각한다.
→ 나는 그가 너를 도울 수 있다고 생각해.
1 그 이야기는 사실이다. 나는 그것을 안다.
→ 나는 그 이야기가 사실이라는 것을 알아.
2 그녀는 내 선물을 좋아한다. 나는 그것을 바란다.
→ 나는 그녀가 내 선물을 좋아하기를 바라.
3 Robert는 훌륭한 요리사가 될 수 있다. 그들은 그것을 믿는다.
→ 그들은 Robert가 훌륭한 요리사가 될 수 있다고 믿는다.
4 그는 천재다. 어떤 사람들은 그것을 말한다.
→ 어떤 사람들은 그가 천재라고 말한다.
5 그 문법 시험이 매우 어려웠다. 수지는 그것을 생각한다.
→ 수지는 그 문법 시험이 매우 어려웠다고 생각한다.

D

1 before we came down the mountain
2 If you try hard
3 when I fought with my brother
4 because the food isn't expensive
5 After the speech is over
6 that Philip will win the first prize
7 when I get on the train
8 because they won the game

1 우리는 휴식을 취했다. 우리는 산에서 내려왔다.
→ 산에서 내려오기 전에 우리는 휴식을 취했다.

2 너는 열심히 노력한다. 너의 꿈이 실현될 것이다.
→ 만약 네가 열심히 노력한다면, 너의 꿈이 실현될 것이다.
3 우리 부모님은 화가 나셨다. 나는 남동생과 싸웠다.
→ 내가 남동생과 싸웠을 때 부모님은 화가 나셨다.
4 이 식당은 인기 있다. 음식이 비싸지 않다.
→ 음식이 비싸지 않기 때문에 이 식당은 인기 있다.
5 연설이 끝났다. 너는 밖에 나갈 수 있다.
→ 연설이 끝난 후에 너는 밖에 나갈 수 있다.
6 나는 생각한다. Philip이 일등을 할 것이다.
→ 나는 Philip이 일등을 할 거라고 생각한다.
7 나는 너에게 전화할 것이다. 나는 기차를 탄다.
→ 내가 기차 탈 때 너에게 전화할게.
8 그들은 아주 행복했다. 그들은 경기에서 이겼다.
→ 그들은 경기에서 이겼기 때문에 아주 행복했다.

Chapter Test

1 ① 2 ④ 3 but 4 ② 5 ③ 6 ①, ④, ⑤
7 ② 8 after 9 ① 10 ② 11 is always busy because she has lots of things to do 12 We thought that it was a spider 13 He opened the window because it was hot
14 (1) before she has breakfast (2) after she brushes her teeth
15 ③

1 **해석** 그들은 책, 옷, 그리고 장난감 같은 많은 오래된 것들을 모았다.
해설 문맥상 '그리고'라는 의미가 필요하므로 and가 적절하다.
어휘 collect 모으다
2 **해석** 너는 우리와 함께 있을 거니 아니면 지금 집에 갈 거니?
해설 or는 문법적 성격이 같은 것끼리 연결해야 하므로 앞에 있는 동사 stay와 같은 동사원형이 와야 한다.
3 **해석** 우리는 피자를 원했다. Jake는 중국 음식을 주문했다.
→ 우리는 피자를 원했지만, Jake는 중국 음식을 주문했다.
해설 두 문장이 서로 반대되는 내용이므로 접속사 but을 써야 한다.
4 **해석** · Eric은 잘생겼고 친절하다.
· Amy와 나는 좋은 친구이다.
해설 문법적으로 성격이 같은 것을 연결하는 '~과[와]'의 의미를 지닌 접속사가 필요하므로 and가 적절하다.
5 **해석** · 네 생일은 언제니?
· 나는 어렸을 때 곱슬머리였다.
해설 첫 번째 빈칸에는 '언제'라는 의미가 필요하고, 두 번째 빈칸에는 '~할 때'의 의미가 필요하므로 알맞은 것은 When이다.
어휘 curly 곱슬곱슬한
6 **해석** ① 그 거리는 깨끗하고 조용했다.
② 미라는 노래 부르고 춤추는 것을 좋아한다.
③ 그것은 안 좋은 냄새가 나지만 맛있다.
④ 너는 축구하고 싶니 아니면 소설을 읽고 싶니?
⑤ 그녀는 집을 빨간색과 노란색으로 페인트칠했다.
해설 ②는 singing과 문법적 성격이 같아야 하므로 dance 대신 dancing을 써야 한다. ③은 두 문장이 서로 반대되는 내용이므로 or 대신 but을 써야 알맞다.
7 **해석** 토요일에 미나는 거실을 청소한다. 그녀는 설거지를 하고 고양이에게 먹이도 준다. 그러나 그녀는 화장실은 청소하지 않는다.
해설 (A) 문법적 성격이 같은 것끼리 연결하면서 '그리고'의 의미가 필요하므로 and가 적절하다. (B) 빈칸 앞뒤 문장이 서로 대조되는 내용이므로 But을 써야 한다.
어휘 wash the dishes 설거지하다 feed 먹이를 주다
8 **해석** 기차는 떠났고, 그다음에 우리는 역에 도착했다.
= 기차가 떠난 후에 우리는 역에 도착했다.
해설 우리가 역에 도착한 것은 기차가 떠난 후이므로 '~한 후에'라는 의미의 접속사 after를 써야 한다.

58 **천일문 GRAMMAR** LEVEL 1 **WORKBOOK**

어휘 **get to** 도착하다

9 해석 ① 나는 일어난 후에 따뜻한 우유를 마셨다.
② 경기가 시작됐을 때 그녀는 아팠다.
③ 나는 졸릴 때 세수를 한다.
④ 추웠기 때문에 그는 코트를 입었다.
⑤ 지루했기 때문에 우리는 TV 보는 것을 그만두었다.
해설 ① 문맥상 '~한 후에'라는 의미의 접속사가 필요하므로 before가 아닌 after를 써야 알맞다.

10 해석 ① 어렸을 때 나는 대구에 살았다.
② Nick은 늦게 일어났기 때문에 통학버스를 놓쳤다.
③ 만약 네가 그 모자를 사지 않는다면 내가 그것을 살게.
④ Emma는 운동한 후에 물을 마셨다.
⑤ 네가 시간 있을 때 나에게 전화해 줘.
해설 ② because of는 전치사이므로 뒤에 「주어+동사」 구조가 올 수 없다. because of를 because로 고쳐야 한다.
어휘 **miss** 놓치다 **school bus** 통학버스

11 해석 우리 엄마는 항상 바쁘시다. 엄마는 많은 할 일이 있다.
→ 우리 엄마는 많은 할 일이 있기 때문에 항상 바쁘시다.
해설 because 뒤에 엄마가 바쁘신 이유인 할 일이 많다는 내용을 쓰면 된다.

12 해설 「주어+동사」 뒤에 목적어로 that절을 쓴다.

13 해설 because 뒤에 창문을 연 이유가 오도록 문장을 구성하면 된다.

14 해석 (1) 수지는 아침을 먹기 전에 조깅한다.
(2) 수지는 이를 닦은 후에 학교에 간다.
해설 (1) 조깅은 아침을 먹기 전에 하므로 '~하기 전에'라는 의미의 접속사 before가 필요하다. (2) 학교에 가는 것은 이를 닦은 후이므로 '~한 후에'라는 뜻의 접속사인 after를 써야 한다.
어휘 **jog** 조깅하다

15 해석 〈보기〉 나는 그가 화가인지 몰랐다.
① Daniel은 이미 저 책을 샀다.
② 이것 또는 저것 중에 어느 것이 더 좋니?
③ 나는 수학이 어렵지 않다고 생각한다.
④ 너는 저 뉴스를 믿니?
⑤ 탁자 위의 저 상자는 무엇이니?
해설 〈보기〉와 ③의 that은 명사절을 이끄는 접속사로 쓰였고, ①, ④, ⑤의 that은 지시형용사, ②의 that은 지시대명사로 쓰였다.

CHAPTER 09~12
총괄평가 3회

p.96~99

1 ③　　**2** ②　　**3** ④　　**4** ③　　**5** for　　**6** ①　　**7** ⑤
8 warmly, warm　　**9** because of, because　　**10** ④　　**11** ②
12 ⑤　　**13** ③　　**14** teaches children science　　**15** you go on a trip in summer　　**16** ④　　**17** ①
18 ②　　**19** ⑤　　**20** went to the bakery to buy some bread
21 can't write anything because I lost my pen　　**22** ②
23 ③　　**24** ②, ④　　**25** ①, ④
26 my house for 3 years　　**27** feel like drinking hot water or tea　　**28** ②　　**29** ④　　**30** ③　　**31** (1) to you them, you them[them to you] (2) or, but

1 해석 그녀는 너에게 사진을 _____ 것이다.
① 보내줄 ② 보여줄 ③ 볼 ④ 가져다줄 ⑤ 줄
해설 ③ 「동사+간접목적어+직접목적어」 형태의 SVOO 문장이므로 look은 빈칸에 알맞지 않다.

2 해석 나는 새 책상을 사는 것을 _____.
① 원한다 ② 고려한다 ③ 계획한다 ④ 희망한다 ⑤ 바란다
해설 ② 빈칸 뒤에 to부정사가 있으므로 동명사를 목적어로 쓰는 consider는 빈칸에 알맞지 않다.

3 해석 ① 그는 유명한 배우가 되었다.
② 그들은 경기장에 가는 것을 좋아한다.
③ 그녀는 자신의 개를 Leo라고 이름 지었다.
④ 그 케이크는 단맛이 난다.
⑤ 나미는 버스를 타기로 결정했다.
해설 ④ taste 뒤에는 보어로 형용사가 와야 하므로 sweetly를 sweet로 고쳐야 한다.
어휘 **stadium** 경기장

4 해석 ① 그들은 목요일에 시카고에 있을 것이다.
② 우리는 그 답이 틀린 것을 알고 있었다.
③ 수진이는 시장에 가서 점심을 먹을 것이다.
④ 이 가방은 어린아이들을 위한 것이다.
⑤ 내가 자러 간 뒤에 누군가가 초인종을 눌렀다.
해설 ③ and가 동사를 연결할 때 동사의 수와 시제가 일치해야 하므로 eats를 eat으로 고쳐야 한다.

5 해석 우리 부모님은 언니에게 바지를 사주셨다.
해설 buy는 간접목적어를 직접목적어 뒤로 보낼 때 전치사 for를 쓴다.

6 해석 그녀가 어렸을 때 그녀의 가족은 런던에서 살았다.
해설 도시와 같이 비교적 넓은 장소에는 전치사 in을 쓴다.

7 해석 그가 집에 없다면 나는 메시지를 남길 것이다.
해설 빈칸 뒤의 내용이 조건을 나타내므로 '만약 ~하다면'이라는 의미의 접속사 if가 적절하다.
어휘 **leave a message** 메시지를 남기다

8 해석 장갑은 나를 따뜻하게 해준다.
해설 SVOC 구조에서 목적격보어 자리에 부사를 쓸 수 없으므로 warmly를 warm으로 고쳐야 알맞다.

9 해석 그녀는 그 신발이 좋지 않기 때문에 사지 않았다.
해설 because of 뒤에 「주어+동사」 구조가 나오므로 because로 고쳐야 한다. because of 뒤에는 명사가 온다.

10 해설 '~할 때'를 의미하는 접속사 when을 쓰고, avoid 뒤에는 동명사가 목적어로 와야 하므로 going을 써야 알맞다.

11 해설 tell은 목적어 2개를 갖는 동사이므로 「동사(tell)+간접목적어(me)+직접목적어(his address)」의 형태로 쓰거나 전치사 to를 이용하여 간접목적어를 뒤로 보내는 형태로 나타낼 수 있다.

12 해석 ① 그들은 경기에서 이기기 위해 열심히 연습했다.
② 우리는 Bob을 만나기 위해 한 시간 동안 기다렸다.
③ Jenny는 우리와 저녁을 먹기 위해 여기에 있다.
④ 나는 그녀를 행복하게 해주기 위해 선물을 사주었다.
⑤ 그는 빌릴 책이 한 권 있다.
해설 ⑤의 to부정사는 명사를 꾸미는 형용사적 쓰임이지만 나머지는 모두 목적을 나타내는 부사적 쓰임이다.

13 해석 ① 내가 그를 알았을 때 그는 학생이었다.
② Cindy는 춤출 때 아름답다.
③ 너는 언제 그 편지를 보냈니?
④ 화창할 때 소풍을 가자.
⑤ 내가 Gary와 이야기할 때 우리 오빠는 샤워를 했다.
해설 ③의 When은 의문사로 쓰였고, 나머지는 모두 접속사로 쓰였다.

14 해설 teach는 「동사+간접목적어+직접목적어」 형태로 쓰므로 children 뒤에 science를 써야 한다.

15 해설 '여행을 가다'라는 의미의 관용 표현 go on a trip을 사용하고, 전치사 in은 계절을 나타낼 때 쓰이므로 summer 앞에 쓴다.

16 해석 · 동전들을 모으는 것은 내 취미이다.
· 나는 지난주에 자전거를 탔고 등산도 했다.
해설 (A) 동명사가 주어일 때 동사는 단수형을 쓰므로 is가 적절하다. (B) 빈칸 앞뒤의 내용이 서로 이어지므로 접속사 and가 알맞다.

17 해석 · Carl은 학교에서 공책을 잃어버렸다.
· 내 여동생은 부모님을 위해 파스타를 요리했다.

정답 및 해설　**59**

해설 (A) 학교와 같이 비교적 좁은 장소나 지점에는 전치사 at을 쓴다. (B) cook은 간접목적어를 직접목적어 뒤로 보낼 때 전치사 for를 쓴다.

18 해석 〈보기〉 그의 습관은 껌을 씹는 것이다.
① 운동 경기를 보는 것은 재미있다.
② Tony는 자신의 개에 대해서 말하고 있다.
③ 그들은 쇼핑하는 것을 즐긴다.
④ 내 꿈은 세계를 여행하는 것이다.
⑤ 나는 바이올린을 연주하는 것을 멈췄다.
해설 ②의 speaking은 진행형으로 쓰였지만, 〈보기〉를 포함한 나머지 모두는 동명사로 사용됐다.
어휘 chew 씹다

19 해석 〈보기〉 어른처럼 행동하지 마.
① Jimmy는 로봇처럼 걷는다.
② 너는 너희 형처럼 빠르게 달릴 수 있니?
③ 나는 우리 선생님처럼 말할 수 있다.
④ 그녀는 자신의 어머니처럼 요리할 수 있다.
⑤ 그들은 아기를 아주 많이 좋아한다.
해설 ⑤의 like는 '좋아하다'라는 의미의 동사로 쓰였지만, 〈보기〉를 포함한 나머지 모두는 '~처럼'이라는 의미의 전치사로 쓰였다.

20 해석 내 남동생은 빵집에 갔다. 그는 빵을 좀 사기를 원했다.
→ 내 남동생은 빵을 좀 사기 위해서 빵집에 갔다.
해설 두 번째 문장을 목적을 나타내는 부사적 쓰임의 to부정사 어구로 바꿔 쓰면 된다.

21 해석 나는 아무것도 쓸 수 없다. 나는 펜을 잃어버렸다.
→ 나는 펜을 잃어버렸기 때문에 아무것도 쓸 수 없다.
해설 이유를 설명하고 있는 두 번째 문장 앞에 because를 사용하면 된다.

22 해석 · 그녀에게 저 긴 드레스를 줘라.
· 나는 Peter 덕분에 숙제를 끝냈다.
해설 첫 번째 문장의 give는 간접목적어를 직접목적어 뒤로 보낼 때 전치사 to를 쓴다. 두 번째 문장의 thanks는 전치사 to와 쓰여 '~덕분에'라는 관용 표현으로 쓰인다.

23 해석 · Kate는 그 소식을 말하기 위해 자신의 친구에게 전화했다.
· 그 도시는 금요일부터 일요일까지 축제를 개최할 것이다.
해설 첫 번째 문장은 문맥상 '~하기 위해'라는 의미의 목적을 나타내는 부사적 쓰임의 to부정사가 필요하다. 두 번째 문장의 from은 전치사 to와 함께 쓰여 'A부터 B까지'라는 의미의 관용표현으로 쓰인다.
어휘 hold (행사 등을) 개최하다

24 해석 ① 나는 택시를 타서 제시간에 도착했다.
② 이 선생님은 그 가수를 만나기를 바라신다.
③ 스테이크를 칼로 잘라라.
④ 그녀는 10월에 자신의 삼촌을 방문할 것이다.
⑤ 그들은 너무 어두워지기 전에 테니스 치는 것을 끝냈다.
해설 ② wish는 to부정사를 목적어로 쓰므로 meeting이 아니라 to meet이 알맞다. ④ 월을 나타낼 때는 전치사 at이 아니라 in을 써야 한다.

25 해석 ① 그의 환한 미소는 우리를 항상 행복하게 만든다.
② 그 소녀는 아주 사랑스러워 보인다.
③ Nancy는 자신의 남동생에게 역사를 가르쳤다.
④ 빨간색과 초록색 중 하나를 선택하세요.
⑤ 만약 유리가 시간이 있다면 우리는 식당에 갈 것이다.
해설 ① make가 SVOC 형식으로 쓰였으므로 목적격보어 자리의 부사 happily를 happy로 고쳐야 한다. ④ 둘 중에서 선택을 의미하는 접속사가 필요하므로 and가 아니라 or가 적절하다.

26 해설 3 years는 숫자를 포함한 구체적인 기간이므로 전치사 for를 쓴다.

27 해설 feel like 다음에는 동명사를 써야 하므로 drink를 drinking으로 바꿔 쓰고, 선택을 의미하는 접속사 or로 hot water와 tea를 연결하면 된다.

28 해석 ⓐ 우리 부모님은 나를 혼자 남겨두셨다.
ⓑ 우리는 우리 차례를 기다리는 것을 포기했다.
ⓒ 쿠키를 만드는 것은 쉽지 않다.
ⓓ 나는 TV를 통해 그 노래를 안다.
ⓔ 우리 동아리에 가입해줘서 고마워.
ⓕ 그 공원은 5월에 매우 아름답다.
해설 ⓒ 동사 make를 주어로 쓸 때는 동명사 주어(Making cookies)나 to부

정사 주어(To make cookies)를 사용할 수 있다. 이때 동명사 주어와 to부정사 주어는 단수 취급한다. ⓕ 월을 나타낼 때는 전치사 at이 아니라 in을 써야 한다.
어휘 turn 차례

29 해석 ① 그들은 내가 아픈 것을 알고 있었니?
② 그녀는 모든 사람이 정직하기를 바란다.
③ 항상 그들은 최선을 다한다고 말한다.
④ 너는 저기에 있는 저 남자를 아니?
⑤ 너는 Nick이 Jane을 사랑한다는 것을 믿을 수 있니?
해설 ④의 that은 지시형용사로 쓰였기 때문에 생략할 수 없다. 나머지는 모두 목적어절을 이끄는 접속사로 쓰였기 때문에 생략 가능하다.

30 해석 ① 나는 화가 날 때 음악을 듣는다.
② 나갈 때 창문을 닫아라.
③ 지수는 내 전화번호를 잊어버렸기 때문에 나에게 전화할 수 없다.
④ 그녀가 떠날 때 나는 그녀에게 손을 흔들었다.
⑤ 그는 오늘 아침에 일어났을 때 두통이 있었다.
해설 ①, ②, ④, ⑤는 모두 '~할 때'를 의미하는 접속사 when이 들어갈 수 있지만, ③은 '~ 때문에'를 의미하는 접속사 because가 적절하다.
어휘 wave (손, 팔 등을) 흔들다

31 해석 A: 나는 캐나다에서 많은 사진을 찍었어. 나는 너에게 그것들을 보여줄 수 있어.
B: 오, 나는 그것들을 보고 싶지만 지금은 교실을 청소해야 해.
A: 만약 네가 일찍 끝낸다면 우리 반으로 와 줘.
해설 (1)「show+간접목적어+직접목적어」 형태에서는 전치사 to가 필요 없으므로 to you를 you로 고치거나 them to you로 고쳐야 알맞다. (2) 앞뒤 내용이 대조되므로 or가 아니라 but이 적절하다.

중학 내신부터 수능 기초까지 완성하는 16가지 독해유형 정복

READING 16

LEVEL 1, 2, 3

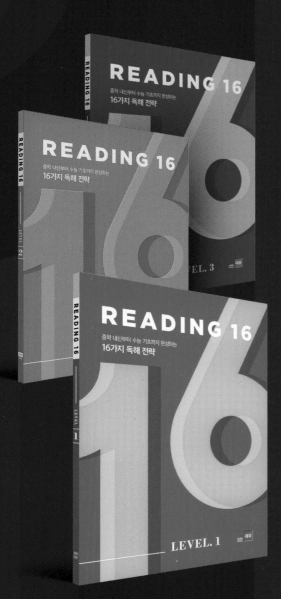

1 유형 소개

- 글의 중심 내용이 글의 주제에 해당하므로, 구체적인 진술보다는 일반적인 진술에서 주제를 찾는다.
- 글의 주제가 명시적으로 드러나지 않는 경우 내용을 종합해서 하나의 공통된 주제를 찾아야 하므로 글을 종합하여 추론하는 능력이 요구된다.

2 유형 전략

'글의 주제 파악' 유형은 일반적인 진술을 종합하여 답을 찾도록 한다.

Step 1 대부분의 글에는 주제문이 제시되어 있으므로 핵심 주제문을 찾도록 한다.

Step 2 주제문이 명확하게 제시되어 있지 않을 경우, 주요하게 흐르는 개념이나 생각, 혹은 사실에 대한 공통점을 찾는다.

Step 3 글에 있는 생각, 사실의 공통점을 종합해서 주제를 추론해 본다.

3 문제 풀기

Example 다음 글의 주제로 가장 적절한 것은? 정답 및 해설 p.03

My favorite class is physical education. I love sports and exercising in the gym. I enjoy everything from baseball to basketball to soccer. I'm top in my class for gymnastics and wrestling. When I grow up, I want to teach physical education. My teacher lets me help other students when they don't know something. He encouraged me to follow my dream. But he also told me

4 문제 해결

Step 1 주제문 찾기
한 문장으로 집약된 주제문이 없으므로 공통점이 있는 어구나 표현들을 찾아본다. My favorite class, physical education, love sports and exercising, baseball, basketball, gymnastics, wrestling 등 좋아하는 체육 종목이나 스포츠 등 체육과 관련된 것들이 많이 언급되고 있다.

Step 2 핵심적인 생각 또는 사실에 대한 공통점 찾기
문장 중간에 When I grow up, I want to teach physical education.(커서 체육을 가르치고 싶다)은 꿈을 말하고 있고, He encouraged me to follow my dream.(선생님이 꿈을 좋으라고 격려해 주셨다.)

쎄듀북닷컴(www.cedubook.com)에서 부가 자료를 무료로 다운로드할 수 있습니다.

쎄듀

쎄듀 초등 커리큘럼

	예비초	초1	초2	초3	초4	초5	초6
구문		신간 천일문 365 일력 |초1-3| 교육부 지정 초등 필수 영어 문장		초등코치 천일문 SENTENCE 1001개 통문장 암기로 완성하는 초등 영어의 기초			
문법		신간 왓츠 Grammar Start 시리즈 초등 기초 영문법 입문		초등코치 천일문 GRAMMAR 1001개 예문으로 배우는 초등 영문법			
					신간 왓츠 Grammar Plus 시리즈 초등 필수 영문법 마무리		
독해				신간 왓츠 리딩 70 / 80 / 90 / 100 A / B 쉽고 재미있게 완성되는 영어 독해력			
어휘				초등코치 천일문 VOCA&STORY 1001개의 초등 필수 어휘와 짧은 스토리			
		패턴으로 말하는 초등 필수 영단어 1 / 2 문장 패턴으로 완성하는 초등 필수 영단어					
ELT	Oh! My PHONICS 1 / 2 / 3 / 4 유·초등학생을 위한 첫 영어 파닉스						
		Oh! My SPEAKING 1 / 2 / 3 / 4 / 5 / 6 핵심 문장 패턴으로 더욱 쉬운 영어 말하기					
		Oh! My GRAMMAR 1 / 2 / 3 쓰기로 완성하는 첫 초등 영문법					

쎄듀 중등 커리큘럼

	예비중	중1	중2	중3
구문	신간 천일문 STARTER 1 / 2			중등 필수 구문 & 문법 총정리
문법	천일문 GRAMMAR LEVEL 1 / 2 / 3			예문 중심 문법 기본서
	GRAMMAR Q Starter 1, 2 / Intermediate 1, 2 / Advanced 1, 2			학기별 문법 기본서
	잘 풀리는 영문법 1 / 2 / 3			문제 중심 문법 적용서
	GRAMMAR PIC 1 / 2 / 3 / 4			이해가 쉬운 도식화된 문법서
			1센치 영문법	1권으로 핵심 문법 정리
문법+어법			첫단추 BASIC 문법·어법편 1 / 2	문법·어법의 기초
문법+쓰기	EGU 영단어&품사 / 문장 형식 / 동사 써먹기 / 문법 써먹기 / 구문 써먹기			서술형 기초 세우기와 문법 다지기
				올씀 1 기본 문장 PATTERN 내신 서술형 기본 문장 학습
쓰기	거침없이 Writing LEVEL 1 / 2 / 3			중등 교과서 내신 기출 서술형
		개정 중학 영어 쓰작 1 / 2 / 3		중등 교과서 패턴 드릴 서술형
어휘	어휘끝 중학 필수편	중학 필수어휘 1000개	어휘끝 중학 마스터편	고난도 중학어휘 +고등기초 어휘 1000개
독해	Reading Relay Starter 1, 2 / Challenger 1, 2 / Master 1, 2			타교과 연계 배경 지식 독해
		READING Q Starter 1, 2 / Intermediate 1, 2 / Advanced 1, 2		예측/추론/요약 사고력 독해
독해전략			리딩 플랫폼 1 / 2 / 3	논픽션 지문 독해
독해유형			Reading 16 LEVEL 1 / 2 / 3	수능 유형 맛보기 + 내신 대비
			첫단추 BASIC 독해편 1 / 2	수능 유형 독해 입문
듣기	Listening Q 유형편 / 1 / 2 / 3			유형별 듣기 전략 및 실전 대비
		쎄듀 빠르게 중학영어듣기 모의고사 1 / 2 / 3		교육청 듣기평가 대비